本书是国家社科基金项目"日常生活中诚信价值观的培育与践行研究"（批准号：14BKS080）的最终成果，入选2020年"苏州大学人文社科优秀学术专著出版资助计划"。

日常生活中诚信价值观的培育与践行研究

吴继霞　著

中国社会科学出版社

图书在版编目（CIP）数据

日常生活中诚信价值观的培育与践行研究 / 吴继霞著 . —北京：中国社会
科学出版社，2021.4

ISBN 978 - 7 - 5203 - 8159 - 8

Ⅰ.①日⋯　Ⅱ.①吴⋯　Ⅲ.①社会公德教育—价值论—研究—中国
Ⅳ.①D648.3

中国版本图书馆 CIP 数据核字（2021）第 051174 号

出 版 人	赵剑英
策划编辑	王丽媛
责任编辑	孙砚文
责任校对	刘　洋
责任印制	王　超

出　　　版	中国社会科学出版社
社　　　址	北京鼓楼西大街甲 158 号
邮　　　编	100720
网　　　址	http://www.csspw.cn
发 行 部	010 - 84083685
门 市 部	010 - 84029450
经　　　销	新华书店及其他书店

印　　　刷	北京明恒达印务有限公司
装　　　订	廊坊市广阳区广增装订厂
版　　　次	2021 年 4 月第 1 版
印　　　次	2021 年 4 月第 1 次印刷

开　　　本	710×1000　1/16
印　　　张	22.5
插　　　页	2
字　　　数	324 千字
定　　　价	119.00 元

目 录

绪论　诚信价值观与日常生活

诚信是和谐社会的重要指标，也是古今中外有识之士无法回避的课题。众所周知，诚信作为我国社会主义核心价值观的重要内容具有时代的意义和深远的影响。同时，它也是社会人际关系正常运作的基本道德规范和行为准则，对社会稳定及和谐人际关系极其重要。而与我们每个人的生存息息相关的日常生活，无时无刻不以某种方式在活动。然而，它又是最容易被我们视为理所当然，而较少去反思的领域。人要穿越日常生活，建立意义世界，诚信就赋予人与日常生活的关系以意义，从而作为一种生存方式。日常生活是诚信价值观得以形成和发展的重要场所，它也逐渐成为马克思主义理论研究中的一个重要范畴，蕴含着人类价值认同与社会共识建构的深层机制。因此，将诚信价值观与日常生活联系起来，考察诚信价值观内涵、诚信作为日常生活价值重建的立足点和现实途径、在日常生活中践行诚信价值观等问题，是从中国问题和中国语境出发形成的思考，具有理论意义和实践价值。

第一节　诚信价值观的内涵

价值观是反映人们内在诉求及深层信念的意识形态。而核心价值观又是任何社会都需要提炼的精神支柱和共同追求，从而适应和引领时代的发展。2012年11月，党的十八大报告精辟地概括了社会主义核心价值观的内涵，并用24个字分三个层次加以论述。其中，"诚信"作为公民个人层面的基本道德要求，是做人的命脉，也是我们一切价值的根基。2013 年中共中央为诚信等社会主义核心价值观的培育与践行提供了顶层规划与指导，而下发了《关于培育和践行社会主义核心价值观的意见》。2015 年中宣部和中央文明办又下发了《培育和践行社会主义核心价值观行动方案》，意味着这项社会工程又有了更为具体的行动方案。诚信是为人之本，从业之要，更是社会道德和价值评价的核心内容。当代中国的诚信内涵是在继承我国传统诚信基础上的转换，既符合马克思主义关于人的自由全面发展的理论，又是我国市场经济发展的道德基石以及制度优越性的重要体现。从而，诚信必然是社会主义核心价值观的重要内容。

一 诚信的含义及其当代特征

（一）诚信的含义

古今中外人们对于诚信的重视从来就没有间断过，但关于诚信是什么，则是仁者见仁，智者见智。在有着几千年文化传统的中国，"诚信"一词，孕育于商朝晚期至春秋时期，形成于战国时期。[①]"诚""信"二字最初并非在一起使用，明确提出"诚信"这个命题的是荀子。诚信在中国传统文化中是一种美德，提倡人作为个体应追求其本性和本真，提倡人作为社会的一分子信守诺言。

现代汉语对"诚信"多从规范层面取其"诚实守信"的基本意义，汉语字典中"诚信"还有"守信"之意。随着时代的演进，研究者努力挖掘中国传统诚信思想中的现代价值，并从现代角度重新对诚信进行阐释。同时，诚信又是个跨学科领域的研究话题，研究者常常用各种观点和结构内容来解释诚信概念。

---

① 厉飞飞：《大学生就业诚信及其与职业价值观关系研究》，硕士学位论文，苏州大学，2007 年。

现代伦理学者杨方分别对"诚"和"信"进行语义分析。① "诚信"指人在心理意图、言语和行动上对自己、他人、社会的真诚无妄、诚实无欺、信任无疑。蒋璟萍归纳作为道德诚信有三重含义：诚实、守信、信任。② 许永兵认为诚信是理性选择。③ 杨君武提出诚信是有限度的，至少会有三个方面的限度：个体理性的限度、根本利益的限度和社会正义的限度。④ 吴继霞从心理学角度界定诚信，认为诚信是指个体在一定关系中所表现出的以诚实、信用、信任为核心的比较稳定的心理品质和行为倾向。诚信，即诚实、信用、信任。此定义有三层含义：第一，诚实待人赢得信用；第二，以信用取信于人；第三，信任他人。⑤

中英文关于诚信的字典意义解释相似，多含有"诚实"（honesty）之意，但又不仅限于"诚实"。外文研究文献中"诚信"的英文表达多用 integrity 和 honesty。根据英文字典中，"诚信"（integrity）的第一释义，似乎更强调"坚持道德原则的诚实不欺"（honesty）。西方在进入 20 世纪后，80 年代后期到 90 年代，随着诚信概念的内涵的不断拓宽，对诚信概念的理解因此出现了多维视角：⑥ 第一，"诚信"作为个体的人格特质，在此基础上开发评价个体是否诚信的测评工具。⑦ 第二，"诚信"作为一种道德行为。⑧ 第三，"诚信"的多学科的观点。该视

---

① 杨方：《诚信内涵解析》，《道德与文明》2005 年第 3 期。杨方：《诚信内在结构解析》，《伦理学研究》2007 年第 4 期。

② 蒋璟萍：《诚信的伦理学分析》，中南大学出版社 2004 年版，第 46—53、147—158 页。

③ 许永兵：《中国企业诚信缺失的根源及对策：一个基于博弈论的分析》，《生产力研究》2004 年第 5 期。

④ 杨君武：《诚信的三个限度》，《伦理学研究》2006 年第 1 期。

⑤ 吴继霞：《诚信品格的养成》，安徽教育出版社 2009 年版，第 36 页。

⑥ 陈丽君、王重鸣：《中西方关于诚信的诠释及应用的异同与启示》，《哲学研究》2002 年第 8 期。

⑦ J. Camara Wayne, Schneider L. Dianne, "Integrity Tests：Facts and Unresolved Issues", *American Psychologist*, Vol. 49, No. 2, 1994, pp. 112 – 119.

⑧ T. E. Becker, "Integrity in Organizations：Beyond Honesty and Conscientiousness", *Academy of Management Review*, Vol. 23, No. 1, 1998, pp. 154 – 161.

角的研究者结合了经济学、管理学和心理学等多学科的观点。① 第四,
"诚信"是一种社会资本。② 从本质上看,中国长期坚持的是一种道
德诚信,西方所奉行的是制度诚信。③

随着我国诚信研究的进展,有学者提出,中国人的诚信的内在结
构是由诚实、信用、信任和责任心四因素构成;当代中国人诚信四因
素的关系特点表现为责任心因素的层次性,诚信四因素间的"关联
性"以及四因素结构与外部环境的"相互性"。④ 因此,从以上多个
研究视角看,诚信反映了一种人格特质,表现为一种人际关系,体现
着一种行为方式和蕴含着一种道德观与价值观,涉及诚实、责任、信
用、公正、信任、宜人、友善等内涵。

(二) 诚信的当代特征

诚信在当代社会呈现出去本体论、公共性、制度性特征。⑤ 张晶
与吴继霞则认为,古代诚信的当代价值转换体现在:一是自律向自律
与他律相结合转换;二是广泛自律向责任自律的转换。⑥ 因此,本书
认为诚信可以归纳为去本体论制度性、公共性和责任自律特征。

第一,诚信的去本体论制度性特征。社会主义市场经济条件下的契
约诚信的主体完全可以由陌生人组成,在利益实现的认同基础上,任何
时候都可以运用契约规则组成团体。诚信剥离了其原本所依赖的传统文
化,因而它在传统社会所具有的本体论特征已然消失,现代社会对诚信
制度的需求日益加剧,推进诚信的制度化和加强诚信制度的建设势在必
行。一个人如果不讲诚信,他不仅受到良心和道义上的谴责,还要受到
相应法律制度的制约和制裁,这样才能保证市场经济的有效运行。

---

① Muel Kaptein, " Integrity Management ", *European Management Journal*, Vol. 17,
No. 6, 1999, pp. 625 – 634.

② F. Fukuyama, " Social Capital and the Global Economy ", *Foreign Affairs*, Vol. 74,
No. 5, 1995, pp. 89 – 103.

③ 潘东旭、周德群:《现代企业诚信:理论与实证研究》,经济管理出版社 2006 年版。

④ 吴继霞、黄希庭:《诚信结构初探》,《心理学报》2012 年第 3 期。

⑤ 朱慧玲:《诚信的现代特征》,《道德与文明》2012 年第 3 期。

⑥ 张晶、吴继霞:《中国人诚信的当代价值内涵》,《东吴学术》2014 年第 6 期。

第二，诚信的公共性特征。在由熟人社会向陌生人社会的转变过程中，诚信由"天之道"转变成"人之道"，诚信的这种转变将更多地成为具体调节人们日常行为和经济关系的道德规范。可以说，诚信是社会系统运行的生命线，它不仅关涉经济、政治和各项社会事业能否繁荣，而且也关涉人们的生活是否安康、和谐、幸福。由于现代社会的诸多公共性转型等特征，诚信也被希望能够在日渐扩大的公共领域去规范和调节人们的行为，进而成为民众的公德。国内有学者针对我国社会主义市场经济中存在的诚信问题，用西方社会的信用观念以及契约精神，试图解决国内的诚信危机。只能说，信用是协调市场经济活动的必要规范之一，可以用于规范市场交易主体的行为。然而，信用不等于诚信，这在《诚信结构初探》[①] 一文有专门讨论。

第三，诚信的责任自律特征。随着社会的发展，经济水平的提高，人与人之间关系的变化，尤其是民众知识水平的提高，责任的重要性越来越受到肯定。一个人在履行承诺的时候，彰显的是他的责任和责任感。李白《侠客行》的诗句"三杯吐然诺，五岳倒为轻"形容承诺的分量比大山还重。马克思认为，人是一切社会关系的总和。在中国文化的"关系取向"[②] 的影响下，我们每一个人对工作、家庭、亲人、朋友都有一定的责任，正因为存在这样或那样的责任，才能对自己的行为有所约束。所以这就要求我们把传统诚信的自律性具体化，向责任自律转换，这不仅符合时代的要求，同时也体现了诚信在当代社会的现实意义。

二 诚信是社会主义核心价值观的重要内容

（一）诚信是马克思关于人的自由全面发展的重要指标

社会主义核心价值观建设，是人的思想建设和灵魂建设，重点是

---

① 吴继霞、黄希庭：《诚信结构初探》，《心理学报》2012 年第 3 期。

② K. S. Yang, "Chinese Social Orientation: An Integrative Analysis", In T. Y. Lin, W. S. Tseng and E. K. Yeh, eds., *Chinese Societies and Mental Health*, Hong Kong: Oxford University Press, 1995, pp. 19–39.

要造就具有正确世界观、人生观和价值观的中国特色社会主义建设者。马克思、恩格斯在《共产党宣言》中明确提出：每个人的自由发展，是一切人的自由发展的条件。① 所谓人的自由就是人能自由地选择自己劳动的领域，自由地选择创造的方向，自由地发展自身的各项能力，包括个人道德和人格的提高和完善。这种自由发展的状态是逐渐从个人开始实现的，它不是一下子就在全人类中同步出现，是一个自然与社会、物质与精神、文化与道德、主观与客观有机统一的综合性目标。

马克思主义关于人的自由全面发展的理论，在我国革命建设年代以及改革开放的新潮流中，都得到了贯彻发展和完善。建设什么样的社会、实现什么样的目标，人是决定性因素。党的十九大提出，要培育和践行社会主义核心价值观，就必须要以培养担当民族复兴大任的时代新人为着力点。② 从毛泽东思想、邓小平理论等，一直到习近平新时代中国特色社会主义思想，都有关于培育新人完善人格和提升道德的论述。培育和践行社会主义核心价值观，人的自由全面发展始终是一个重要指标。

就诚信的本质而言，诚信强调诚乎其中，信乎其外。换句话说，诚信一方面要强调个人道德的自律发展，做到内省和慎独，实现人的自主自觉精神和升华人格发展的境界；另一方面要求把人与人之间的诚实守信作为做人的基本行为规范，并谋求社会共同体的和谐相处。这就是人的自由全面发展的内在精神要求。因此，诚信是人的自由全面发展的重要指标。

（二）诚信是中国特色社会主义市场经济发展的道德基石

我们知道，在市场经济体系条件下，任何产品的生产、服务和销售完全是由市场机制所引导的。在资本主义的原始积累时期，曾经发生过"羊吃人"的现象。"现代经济学之父"亚当·斯密在其

---

① ［德］马克思、恩格斯：《共产党宣言》，人民出版社 2014 年版，第 51 页。

② 本书编写组：《党的十九大报告辅导读本》，人民出版社 2017 年版，第 41 页。

著作《道德情操论》中，曾提出了"内心的那个人"的概念。他认为，人们的理性、良知和道义是人类社会得以可能的道德基础，也是市场经济存在的道德基础和约束人们行为的条件。许多经济学研究的成果都表明，市场经济有诸多先天的缺陷和盲点，它只能令人不偷懒，但不能让人不撒谎及害人。资本主义市场经济存在一个重大的缺陷，即它背离了亚当·斯密所论述的市场经济的伦理基础，只是一味地追逐私人利益和剩余价值，而忽视了道德情操的约束。此缺陷在其发展过程中日渐暴露，进而使社会陷入了难以自拔的道德沦丧和人伦危机。

社会主义市场经济扬弃了资本主义市场经济发展存在的缺陷，保留了其成功的经验。在充分发挥市场这只看不见的手在资源配置中的决定性作用的同时，更好地发挥政府这只看得见的手的宏观调控作用，两者有机结合，可以使经济在健康的轨道上发展。各类交易主体的道德自律是确保公平和平等的内在基础，诚信是道德自律中的一块道德基石，契约和法律是维护社会主义市场经济公平平等的外在保障。因此，强调市场主体的道德约束，建构社会主义市场经济的基本伦理，在建立健全各类市场经济法规的同时，把公平交易作为最重要的交易准则，把诚信经营作为市场主体的基本规范是社会主义市场经济的应有之义。

（三）诚信是新时代中国特色社会主义制度优越性的重要体现

在习近平新时代中国特色社会主义思想中，要发展和完善社会主义核心价值观内容。这些内容既要共享人类文明的各种优秀成果，又要反映新时代社会主义制度的先进性，广大人民群众的价值追求，以及马克思主义的基本理论思想和共产主义的信念追求。也就是说，我们要学会正确处理制度性要求与普适性文明、民族独特性与人类共识文化的关系；既要充分吸收中华文明的优秀文化传统资源，反映新时代民众的共同愿望和理想追求，也要反映人类共同的理想和美好追求。我们既不全盘古化，也不全盘西化，而是要继承和发扬中华民族优秀文化传统，发掘和弘扬传统优秀文化精髓并赋予其时代价值，实现社会主义核心价值观的创造性转化和创新性发展。①

　　诚信是中华民族的优秀传统美德，在社会主义新时代条件下获得了新的内涵。它强调内心的道德自律，注重提升个人的道德境界和发展自主精神，也注重信用规则的遵守和他律，② 体现了新时代中国特色社会主义条件下，人的独立人格追求和自由全面发展，通过人的内在精神发展和外在需求体现社会主义制度优越性。它强调人与人之间相互信任、平等友善，强调和谐相处的人际交往规则，反映新时代人们之间的人际关系，从而也体现了社会主义制度优越性。诚信被纳入社会主义核心价值观的基本内容加以倡导和弘扬。

第二节　诚信是日常生活价值重建的
立足点和现实途径

　　诚信作为社会主义核心价值观的重要组成部分，要赢得人民群众的广泛认同并转化为行为自觉，还有许多工作要做。也就是说，诚信作为社会主义核心价值，要从理论界走向广大民众，从学术圈走向老百姓，从知到行，落实到广大民众的日常生活，使之真正成为人民群众的生活规范和行为自觉。诚信只有融入广大人民群众的生活实践之中，在日常生活中落地生根，让他们可以时刻感受到诚信的感召力和约束力，才能成为促进建设有中国特色社会主义的强大动力。③

一　日常生活的价值重建

（一）日常生活的含义

日常生活或生活世界（life of world）的概念最早是由西方现象学

---

① 金民卿：《诚信在社会主义核心价值观建构中的意义》，《前线》2014 年第 11 期。
② 张晶、吴继霞：《中国人诚信的当代价值内涵》，《东吴学术》2014 年第 6 期。
③ 邹小华：《社会主义核心价值认同的日常生活维度》，《理论与改革》2012 年第 5 期。

创始人胡塞尔相对于科学世界的概念而首先提出的。胡塞尔（Husserl）认为，生活世界是科学世界的基础，科学世界是在生活世界的基础上抽取一部分内容加以理论化、形式化的结果。① 它是一个我们生活于其中的实在、经验、直观的世界，是具体感性的、日常的、伸手可及的存在。② 因此我们可以认为，日常生活是指那些正规化的社会生活之外，以主体充分自主没有任何压力下的非正式人际互动为主要特征的生活内容及其领域，比如通过礼尚往来、友谊、闲聊漫谈等现实活动，从而构成了一个人的日常生活。③

日常生活有狭义和广义之分，狭义的日常生活主要是指以满足生命需要为直接指向；广义的日常生活则包括以个体从事日常的生产劳动、文化及产品的创造等社会性的活动以及相关对象。④ 赫勒（Heller）则认为，日常生活是"指同时使社会再生产成为可能的个体再生产要素的集合"⑤。她的这一观点，注意到了日常生活与个体存在二者之间的联系性。日常生活不仅仅是维持和延续个体生命的日用常行，同时还渗透着文化价值内涵。⑥ 因此，日常生活具有世俗性、非公共性、重复性和非正式性等特点。

第一，日常生活的世俗性特点。所谓"世俗"，《汉语大词典》的解释有四种：指当时社会的风俗习惯；尘世，世间；指俗人，普通人；流俗，庸俗。⑦ 日常生活虽然是世俗生活的一部分，却是融世俗性与娱乐性为一体的生活领域。在日常生活中，个人虽然也追求世俗目的，但这种目的，却不是直接的东西，而是由信任、娱乐和惬意的

---

① ［德］胡塞尔：《欧洲科学危机和超验现象学》，张庆熊译，上海译文出版社 1988 年版，第 61 页。

② 邹小华：《社会主义核心价值认同的日常生活维度》，《理论与改革》2012 年第 5 期。

③ 司汉武、李蓓、柯连君：《日常生活中的社会标记及其影响》，《职业时空》2013 年第 1 期。

④ 邹小华、胡伯项：《构建社会主义核心价值认同的日常生活世界》，《南昌大学学报》（人文社会科学版）2013 年第 1 期。

⑤ ［匈］阿格妮丝·赫勒：《日常生活》，重庆出版社 2010 年版，第 3 页。

⑥ 邹小华：《社会主义核心价值认同的日常生活维度》，《理论与改革》2012 年第 5 期。

⑦ 罗竹风主编：《汉语大词典》第一卷，上海辞书出版社 1986 年版，第 499 页。

互动带来的间接益处。

第二，日常生活的非公共性特点。日常生活区别于工作场所的公共行动，是私人之间的日常互动。这种互动不需要征得任何人同意，也不需要遵循外在的正式制度和规则的约束，纯粹是自由、自主的个人之间的私人交往。

第三，日常生活的重复性特点。自在的重复性思维与重复性实践成为日常生活的主要方式。因为日常生活所涉及的都是个体为了维护其直接生存所必不可少的基本因素和基本条件，它们也就较少变化，具有稳定性和不变性的特征构成了重复性思维。也就是说，个体的日常生活仍然维持着某种固定的模式，这就是日常生活的重复性，它用直接的、习惯性的、无意识的方式去支配个体行动。

第四，日常生活的非正式性特点。日常生活中的互动行为、互动方式是随意的，没有十分明确的目的，也没有正式规则来约束。俗话说，勿以恶小而为之，勿以善小而不为。事实上，正是琐屑小事显示出真实的自我，表现出一个人的社会化水平。在日常生活中，个人可以随意选择自己的交往对象和交往方式，不受正式的制度或准则限制，仅仅凭对他人的内在感受确定这种关系是否进一步的互动水平。

（二）日常生活是价值意义的根源

人的价值与生活是密不可分的。人的本质在于其社会性，人的生活和动物的生存之间的根本区别就是人不仅需要生活在一个物理世界中，更需要生活在一个解释的意义和价值世界里。生活的目的就是追求人生价值，因此维持人与社会的生存和发展构建意义的世界就显得至关重要。[①] 从本质上讲，人的精神生活比物质生活显得更为重要，"只有精神才是人的真正的本质"[②]。在马克思主义看来，对生活世界的理解，应该把它当作人的感性活动、当作实践去理解。这样的生活世界是丰富的，也是人们根据自己的需要和目的创造的、对人来说充

---

① 邹小华：《社会主义核心价值认同的日常生活维度》，《理论与改革》2012 年第 5 期。
② 《马克思恩格斯选集》第 3 卷，人民出版社 2002 年版，第 272 页。

满意义和价值的世界。①

　　生活世界不仅体现在个体外在喧闹、具体琐碎等的日常生计上，也体现在吃穿住行、饮食男女、日常交往等活动背后个体所拥有的知识储备、价值取向以及行为方式等方面。② 这样，生活世界会与人的生存意义和价值问题紧密联系起来，同时与社会运行的内在机制密切相连。由此，生活世界与文化、价值和意义相连，体现世道人心。③诚信价值观需要宣传、教育，更需要扎根于日常生活，认同"有价值生活"并进行选择，是千家炊烟、万家灯火中的守望相助。

　　（三）日常生活的批判与建构

　　社会主义诚信价值观所对应的应然的生活世界与自在的、实然的日常生活世界是有距离的，日常生活并不等于是有价值、有意义的生活。④

　　列斐伏尔、赫勒等西方哲学家对"日常生活"的批判与建构，让我们看到了日常生活中"细节如何构筑世界历史的过程"，真实的日常生活不仅是会发生在个体身上的小概率事件，也是丰富的社会事件。⑤ 有学者认为，作为现代化的基本精神和价值取向，由于日常生活世界的阻滞，它在我们的个体生活、公共场域、社会运行和制度安排中并没有作为本质性的机理和硬性规定而扎根，相当于是处于一种"无根的"像浮萍一样的状态。⑥ 因此，中国现代化的实现必须对日常生活进行批判与重建，其内涵和途径有：第一，要通过文化启蒙以及现代教育事业，运用科学理性和人本精神的理念重塑中国人；第二，注重民主化、理性化和法制化进程的社会运行体制，在非日常活

---

① 邹小华：《社会主义核心价值认同的日常生活维度》，《理论与改革》2012 年第 5 期。
② 邹小华、胡伯项：《构建社会主义核心价值认同的日常生活世界》，《南昌大学学报》（人文社会科学版）2013 年第 1 期。
③ 邹小华：《社会主义核心价值认同的日常生活维度》，《理论与改革》2012 年第 5 期。
④ 邹小华：《社会主义核心价值认同的日常生活维度》，《理论与改革》2012 年第 5 期。
⑤ 徐卫华：《社会主义核心价值观日常化：理论逻辑与实践启示——以赣西 Y 市"好人文化"培育实践为个案》，《福建行政学院学报》2019 年第 2 期。
⑥ 参见《现代化与文化阻滞力》，人民出版社 2005 年版，第 78 页。

动领域中建构起非日常的社会规范化运行机制；第三，动员普通民众积极主动地接受新的适合于现代工业文明的非日常价值观念，这些新价值观的获得是社会通过价值的重新评估和深刻的社会重组而成的。①唯其如此，以琐碎之事的形式表达出各种社会生活思想本质的日常生活的价值，才能体现出社会意识形态的发生过程。②

二　诚信是日常生活价值重建的立足点

（一）诚信是民众有尊严幸福生活的立足点

中国共产党的执政理念和社会主义核心价值体系在日常生活世界中的具体化，就是构建民众有尊严的幸福生活。贯穿党的十九大的一条主线就是坚持以人民为中心，十九大报告以不忘为人民谋幸福的初心与使命开宗明义，坚持"永远把人民对美好生活的向往作为奋斗目标""坚持在发展中保障和改善民生""增进民生福祉是发展的根本目的"，等等。③

在我们看来，要实现上述目标，使诚信价值观得到广大民众的认同，最重要的是构建民众日常生活的安全感和归宿感，亦即构建人民群众有尊严的幸福生活在现实生活中的实践指向。换句话说，健全政策、法规，保持其严肃性和连续性，杜绝"形象工程""政绩工程"，惠民是第一要务。

所谓的安全感，就是日常生活中民众的心情是放松的，没有恐惧和压力。走在街上的人不必担心有人会觊觎自己的背包；睡在屋里的人不担心自己一觉醒来发现屋子已经被拆；年轻的父母不必担心自己买到的婴儿奶粉会有毒；家长不必担心上小学的孩子一个人走路上学

---

① 参见《现代化与日常生活批判》，黑龙江教育出版社 1994 年版，第 255 页。

② 胡功胜：《"日常生活"的诱惑及其陷阱》，《福建论坛》（人文社会科学版）2017年第 6 期。

③ 习近平：《决胜全面建成小康社会　夺取新时代中国特色社会主义伟大胜利——在中国共产党第十九次全国代表大会上的报告》（2017 年 10 月 18 日），人民出版社 2017年版。

被骗子拐走等。① 这就是有尊严的幸福生活的体现。特别是食品安全方面，国家还在操心人民大众如何吃得安全、放心。毒奶粉事件过去很多年了，但妈妈们依然心有余悸，类似的社会事件造成了极其严重的不良影响。还有，类似于《我不是药神》电影所暴露出来的现实社会中的种种矛盾冲突：病人的生存、商人的利益、法律的准则……孰是孰非，孰对孰错，孰轻孰重，孰真孰假？让我们动容，令人深思。

归宿感的问题也同样影响民众对主流价值的认同。伴随着我国经济结构优化升级，城镇化建设的加速推进，社会流动和人口流动也日益广泛和频繁。城市外来人员，不仅仅是农民工，也包括灰领和白领、大学生等就业群体，与所在城市的接纳、包容以及自己的身份认同与价值认同将会对个体的内心产生影响并反映在行为上。因为传统社会角度，人们的根在自己的老家，落叶归根，很难对新环境建立起扎根此地的感受。他们常常会感到茫然：我是谁？我的根和归宿在这儿吗？除少数精英可以在所在地购买房屋并落户外，许多人会面临如何适应城市生活，如何融入城市社会，如何获得本地居民的权利，他们的子女如何在新的城市获得良好的教育等现实问题。加上科技的革命、后工业社会的来临，国际合作交流的频繁，人们更换工作的频率在增加，也因此需要频繁地更换居所。这就很容易造成外来人员像没有"根"的浮萍一样，没有归宿感。这种归宿感的缺乏必然影响其对所在城市的认同和信任。②

民众有尊严的幸福生活的基本需求就是安全感和归宿感，要全面构建民众有尊严的幸福生活，我们还要进一步深化改革。近年来，我国在消除腐败、缩小贫富差距、促进社会公平正义等方面取得了显著的成效，并建立起相应的体制和机制。尽管如此，我们仍然要继续保持政府政策制度的严肃性、延续性，唯其如此，才能政通人和。

---

① 邹小华：《社会主义核心价值认同的日常生活维度》，《理论与改革》2012 年第 5 期。
② 邹小华：《社会主义核心价值认同的日常生活维度》，《理论与改革》2012 年第 5 期。

（二）诚信是形成日常生活良序与良俗的立足点

人的生活世界包含着两个领域：一个是个人的"私人生活领域"，另一个是人与人交往过程中形成的"公共社会生活领域"，两者既有关联又相互区分。社会转型和流动带来的大量的"原子化"的个人和"碎片化"的社会，对公共社会生活产生影响。这种"碎片化"的特征容易造成社会基本秩序的不稳，而"原子化"也容易使个人感觉孤单、无助甚至走向绝望。与此同时，"原子化"和"碎片化"也容易造成民众价值观的混乱和对国家认同感的下降。① 因此，要培育讲诚信、有责任、讲文明的公民，必须通过构建良好的"公共生活"，从而形成日常生活良序和良俗的重要支点。

诚信在社会主义市场经济中，就是买者和卖者之间的那种默契的买卖关系。人们因为看中了某个品牌良好的商业信誉，而愿意去购买这个品牌的商品。同理，人们依据对银行的信用，愿意把自己的钱存入银行；人们确信司法机构能够履行司法公正的承诺，而愿意在法院打官司；人们知道友情本身就是以相互信任为最坚实的依托，而愿意相互结交为友；人们是因为相信教育机构能够忠实地承担起教书育人的重大责任，而愿意把子女教育托付给这些公共教育机构；等等。因此，诚信是形成日常生活良序的立足点。

通过对日常生活中大众诚信价值观的培育，提高践行其诚信道德的自主自觉，从而使人们形成乐意诚信的良好习惯。我们每一个人如果都能在利益多元、诱惑繁多的情况下，注重道德自律，妥善处理个人与社会、个人与他人的关系，自觉提升个人的道德情操，完善个人的人格状况，把诚信道德作为自己真正的自觉追求，以慎独精神来约束和检视自我，并把这种自主自觉精神贯穿到个人的日常生活和工作实际当中，形成习惯。同时，诚信价值观的培育，需要形成践行诚信道德的社会文化氛围。应加大诚信文化的宣传力度，营造诚信走遍天

---

① 邹小华、胡伯项：《构建社会主义核心价值认同的日常生活世界》，《南昌大学学报》（人文社会科学版）2013 年第 1 期。

下、不诚信寸步难行的诚信文化的氛围，使诚信价值观成为整个社会的集体认同，广大民众的思想共识，形成整个中华民族的集体意志；寻找身边的榜样，加强诚信道德模范的宣传，通过诚信文化仪式的方式，把诚信道德具象化、仪式化；开阔思路，加大我国诚信道德的正面引导和公益宣传力度，崇尚诚信光荣的社会氛围，使诚信道德成为民众日常生活中生存、生活方式的自觉需要。① 因此，诚信也是形成日常生活良俗的立足点。

新时代公共生活的良序与良俗如何进行构建呢？

第一，公共生活或公共领域需要宽容或包容。换句话说，人们只有在宽松、宽容的氛围下，才能做到知无不言、言无不尽。只有在这个时候，我们才能看到真正的公共生活和公共领域的形成。在那里，人们可以畅所欲言，愿意仗义执言、交流对话。否则，大家都不敢讲真话、实话，就不是真正的交流与对话。②

第二，公共生活需要公民互助共同体的形成。陌生人社会的到来，基于公民之间的责任，而不是基于血缘或地缘的关系，社会就必须形成相互扶持共同体，进而使每个人都过上有意义的生活。伴随着社会的发展，家庭、社会结构功能的变迁，国家和社会越来越多地承担起传统社会中家庭的责任，比如社会养老机构、对老弱病残的帮助以及福利社会的建立。无论是面对天灾还是其他危机，毫无疑问，一国之内的公民都是命运共同体。唯有大家相互扶持、相互帮助，才能共渡难关并获得集体安全感。③

第三，丰富和扩展大众的公共文化生活，提高人们的精神境界

---

① 金民卿：《诚信在社会主义核心价值观建构中的意义》，《前线》2014 年第 11 期。

② 邹小华、胡伯项：《构建社会主义核心价值认同的日常生活世界》，《南昌大学学报》（人文社会科学版）2013 年第 1 期。邹小华：《社会主义核心价值认同的日常生活维度》，《理论与改革》2012 年第 5 期。

③ 邹小华、牛汉原：《社会主义核心价值观认同的生活化路径——马克思主义哲学生存论视角》，《江西师范大学学报》（哲学社会科学版）2014 年第 2 期。

和道德情操。党的十八大来，随着新型城市建设与发展，城市基础设施有了很大的改善，社会主义新农村建设也大大改善了乡村面貌。尤其在大中城市，城市环境的美化、亮化工程的实施使市民出行、休闲、健身有了很大的便利，民众生活的人文景观变美了，大自然的青山绿水再现了。可以说，大众日常生活中精神文化生活的丰富就会对其润物无声地进行社会主义诚信价值观的培育，从而使其获得认同。

（三）诚信是践行道德法律规范约束的立足点

有人说："法律是显露的道德，道德是隐藏的法律。"对于诚信问题也要这样看。诚信道德是社会的隐性制度。① 社会治理过程中离不开诚信，因此对人的诚信社会行为进行引导与规范，通过与法律制度等"显性制度"交互影响，从而就可以共同构建社会秩序。

强化践行诚信道德的法律规范约束，使人们不敢不诚信。党的十八大以来，党和国家对社会诚信建设做出了一系列重要部署。比如，2014 年《社会信用体系建设规划纲要（2014—2020 年）》《关于推进诚信建设制度化的意见》等文件先后发布；2016 年《国务院关于加强政务诚信建设的指导意见》《国务院办公厅关于加强个人诚信体系建设的指导意见》以及《国务院关于建立完善守信联合激励和失信联合惩戒制度加快推进社会诚信建设的指导意见》等文件的相继出台。2017 年，党中央下发的《中长期青年发展规划（2016—2025 年）》文件中，将倡导和培育青年诚信品格、推进青年信用体系建设纳入了青年发展事业总体布局。与此同时，国家对建立以公民身份号码为唯一代码、统一共享的国家人口基础信息库，推动统一社会信用代码制度，建立公民统一社会信用代码制度、法人和其他组织统一社会信用代码制度等工作的推进，充分反映了我们国家在全面加强社会信息基础设施、基础制度、基础能力建设等方面所做的努力和有成效

---

① 朱辉宇：《道德在社会治理中的现实作用——基于道德作为"隐性制度"的分析》，《哲学动态》2015 年第 4 期。

的工作。① 这一系列的举措，都为诚信的法律规范做好了管理机制上的准备。

对于那些违背诚信道德准则和行为的组织和个人，必须进行批评指正和教育，加强规范约束和制度管制。对于那些极端利己、追求私利、严重背离诚信道德并给他人和社会带来危害行为和影响的组织和个人，则需要对其加以法律制裁，让其承担相应的法律责任和社会责任。② 比如，目前，我国的"失信黑名单"机制已经略显成熟，并与相关部门已经形成良好贯通和合作，落实的现实效果较好。根据《最高人民法院关于限制被执行人高消费的若干规定》和《最高人民法院关于公布失信被执行人名单信息的若干规定》等，法院执行部门可以对规定中罗列的失信被执行人进行信用惩戒，将他们的名单通过网络、流动字幕、报纸、电视、广播、法院公告栏等其他方式予以公布，并向金融监管机构、金融机构、政府相关部门、承担行政职能的事业单位及行业协会等通报，对失信被执行人予以各具体方面的信用惩戒。而且，人民法院还可以限制失信被执行人高消费，使其在申请银行贷款、乘坐飞机软卧、高消费等方面都受到限制。这样看来，现在"失信黑名单"已经形成较为有效的倒逼机制，进而规范公众的行为，甚至能够规范道德。

三　诚信观融入日常生活的现实途径

伴随着现代性文明的出现，日常生活理论逐渐成为诚信价值观引导的重要方法论。将诚信价值观引导融入日常生活具有根基性、渗透性、稳定性和博弈性。③ 在诚信价值观建设的过程中，我们要从个人对诚信价值观的认同感与社会诚信氛围、诚信的内在自觉与外在规

---

① 江必新：《以党的十九大精神为指导加强和创新社会治理》，《国家行政学院学报》2018 年第 1 期。

② 金民卿：《诚信在社会主义核心价值观建构中的意义》，《前线》2014 年第 11 期。

③ 马莲、付文忠：《青年价值观引导的日常生活向度探析——以马克思主义日常生活理论为视角》，《中国特色社会主义研究》2017 年第 3 期。

范、对诚信的自律约束与他律约束的结合上，促进诚信道德在大众日常生活中的影响力。与诚信相适应的日常生活，我们可以从三方面加以探讨：大众生活满意度的日常需求途径；大众认同的日常实践途径；大众道德理想建构的日常交往途径。

（一）与诚信相适应的大众生活满意度的日常生活需求途径

幸福指数、生活满意度在全球范围内都受到了越来越多的关注。改革开放以来，我国社会主义市场经济蓬勃发展，大众虽然在物质生活水平上有大幅提高，但在生活满意度上却不如意。随着经济飞速发展，人与人之间的不信任感却不断加深，而社会信任感是影响个人生活满意度的重要因素之一。有研究采用世界价值观调查（WVS）中国部分的数据有关影响居民生活满意度微观因素方面的变量，以及《中国统计年鉴》中有关影响居民生活满意度宏观因素方面的变量，在此基础上运用 Ordered Logit 估计方法，从实证的角度证实了社会信任与居民生活满意度之间的关系，并检验了其稳健性。即社会信任与居民生活满意度之间有显著的正相关性。① 由此，在大众日常生活中融入诚信观，有益于大众的生活满意度的提高。

（二）与诚信相适应的大众认同的日常生活实践途径

诚信价值观的形成本身是社会实践的结果。大众对诚信价值观的理解，要从现实生活出发，在现实社会生活中判断是非得失、做出价值选择，真正地在坚实感性的基础之上去把握它。因此，我们可以通过诚信价值观指导下的当代中国发展实践来体现诚信价值观的说服力和感召力。

大众总是按照他们的思维路径在自己的生活经验范围里自觉地进行选择。日常生活是由日常观念、交往和消费三大领域构成的场景。诚信价值观要真正被民众接受、理解和践行，必须实现与他们日常生活的对接，内化大众的价值追求，外化于大众的言行举止。因此，可

---

① 彭代彦、闫静：《社会信任感与生活满意度——基于世界价值观调查（WVS）中国部分数据的实证分析》，《当代经济研究》2014 年第 6 期。

以由三条途径去实践：将诚信融入日常观念，树立正确的诚信价值理念；将诚信融入日常交往，促进大众在行为规范中增强对诚信价值观的认同，在实践中推动诚信价值观的践行；将诚信融入日常消费，促进社会公平、和谐、可持续发展。

（三）与诚信相适应的大众道德理想建构的日常交往途径

改革开放以来，随着我国社会主义市场经济的不断推进，在我国各领域取得巨大成就的同时，诚信问题日益成为我国经济和社会生活中受到普遍关注的重要话题。日常生活交往中，人们在注重追求各种利益的同时，反而忽略了自身道德建设。社会的丰富性原本就是由人们之间各种各样的交往活动构成的，诚信则是维系人们之间交往活动的须臾不可断裂的纽带，没有它社会秩序就会混乱和无序。日常生活中，大众诸多的不诚信行为损害了中国传统文化中曾经以诚信为立身之本的道德精神，影响了中国社会的健康发展。因此，只有在大众道德理想建构的日常生活交往中融入诚信价值观，重新确立新时代大众的信誉观、义利观和荣辱观等，注重加强人们自身的道德建设，才能保证中国社会的健康发展和兴旺发达。

第三节　在日常生活中践行诚信价值观

习近平总书记指出："一种价值观要真正发挥作用，必须融入社会生活，让人们在实践中感知它、领悟它。"[1] 诚信观的培育与践行也是如此。新时代社会主义诚信价值观必须面对变化了的日常生活，从内容、形式等方面进行理论创新和传播手段创新，并在日常生活世界中践行诚信价值观。

---

[1]　习近平：《把培育和弘扬社会主义核心价值观作为凝魂聚气强基固本的基础工程》，《人民日报》2014年2月26日第1版。

一 着力构建诚信价值观的日常生活基础

日常生活世界作为大众最直接、最普遍的存在方式，无疑应成为大众理论联系实际的桥梁和纽带。大众在日常生活中自觉自愿践行社会主义诚信价值观，并对照它进一步深入体察和观照自己的劳动状况、生活状况、权利义务和幸福指数，认识自己的根本利益所在和自己努力的方向，从而体现诚信价值观对于大众健康生活方式和社会新风尚构建的先导性，进而对自己的日常生活世界进行有效引领和提升，从作用效果上可以使大众真正切实地感知诚信价值观与他们日常生活世界的内在不可分割性。[①]

（一）社区是连接人们日常生活的重要纽带

社区作为现代大众日常生活最常见的场所，也是其社会支持网络的主要载体。随着国家对社区治理工作的重视，社区各种功能的完善发展，越来越成为与大众生活密切相关的共同体。社区居委会及社区工作者引领和组织社区内各项活动，广大社区内居民在积极参与社区各种组织、各种活动发挥其主观能动性，就会使社区建设渐趋完善，各种功能得以建立和发挥。由此观之，大众既是各种功能实现的实施者，又是各种功能实现的受益者。社区也可以是居民相互支持的共同体，从而结成以社区为纽带的互动关系。因此，在社区治理和建设中，居民诚信价值观培育就是社区精神文明建设的重要组成部分。其中，社区的服务功能、文化功能通过大众喜闻乐见的方式对其诚信品德的养成会产生最为直接和有效的影响。

社区居委会作为社区的组织者和领导者，可以在社区建设中引领大众在日常生活中增进互动，营造诚信氛围，形成诚信光荣的社区。

（二）强化日常生活中传统节日及传统文化的公共性

我国的传统节日和传统文化在大众日常生活实践中能够不断传递

---

① 李少斐：《核心价值观回归大众生活世界之路径探索》，《前沿》2013 年第 1 期。

和延续着文化血脉。从个体、家庭、家族到社区、民族、国家，它与"乡愁"一样，"节日的味道"是一种让大众切实感受到民胞物与、家国天下的文化体验。中国人最为重视春节，大部分人都会在祭祖承训中过春节。改革开放以来，我国从不断加强的节日公共文化服务和国家媒体对节日文化的宣传报道，乡村、社区、城市各个层面自发组织的节日活动日益丰富。我们可以清晰地看到，全社会为维护节日社会文化祥和喜庆的传统文化生态所付出的不断努力和尝试，这种公共性的努力，从以一般物质生活保障为重心，逐步向以满足社会文化需求为重心转移。

国家从节日期间的访贫问苦以及对弱势群体的特别关注，到对解决拖欠农民工工资问题的行政介入，以及挖掘当地传统文化资源加以宣传，传承和普及涵养社会主义诚信价值观的礼节礼仪，尤其是一些饱含诚信价值观内容的礼仪制度，形成一个强大的诚信价值观感染场。比如，2017 年由中共山东省委宣传部、山东省纪委宣传部、山东广播电视台联合出品的 6 集电视纪录片《齐鲁家风》之一的《诚信天下》，生动讲述了"齐鲁家风"如何在孔孟文化的孕育中滋长，纪录片中的具体的人物形象生动鲜活，他们关于"诚信天下"的精神就体现在日常生活中，并在新时代创造性转化和创新性发展中展现风采。

（三）赋予诚信价值观以大众公共性法则和规范的表现形式

制度是规范和制约人们互相关系和行为的规则和设置，现代大众日常生活要求构建公共生活，而包括公共生活在内的任何制度的设立都是依据一定的价值观进行的。因此，诚信价值观是大众公共生活制度化实现的重要途径。[1] 邓小平曾说，好的制度可以使坏人无法任意横行，不好的制度可以使好人无法充分做好事，甚至会走向反面。因此，我们要用好的社会管理制度、大众公共性法则和规范去保障大众

---

① 杨清望、刘世杰：《论社会主义核心价值观对我国荣誉法律体系的完善》，《学术交流》2019 年第 8 期。

的诚信价值观的培育和践行。①

　　也因此要求党政系统、企业商贸服务业、社会公共系统等行业要结合各自职能，针对新时代面临的诚信问题适时对各自的行业行为规范准则进行检查和修订，建立健全并落实各自诚信价值观的规章制度，同时进一步将诚信价值观固化于大众的日常生活准则中，比如市民文明公约、乡规民约、学生守则等具体行为准则中的诚信要求和规定，融进各行业行为的准则中，形成以践行诚信价值观为荣、违背诚信为耻的制度硬环境，让诚信价值观稳定而又持久地影响大众的思想观念、价值取向，同时也成为大众日常生活的基本准则。

二　大众是日常生活诚信价值观培育和践行的主体力量

　　社会整体诚信水平的提升有赖于每一个社会成员诚信水平的提升，而提升社会整体诚信水平的有效途径和关键环节正是增强每一个诚信主体的自觉自律。大众是日常生活中践行诚信价值观的主体力量。培育和践行诚信价值观，要汇集大众的智慧力量，要从思想上，也要从实践上突出广大人民群众的主体地位。及时发现、总结和推广大众自己创造的新鲜经验和成果，使他们主动参与、自觉参与，挖掘一批大众身边模范践行诚信价值观的"草根"典型，并使诚信价值观真正融入大众的思想观念，成为行为规范，发挥实际作用，② 从而真正维护和实现了大众的根本利益。

　　（一）日常生活诚信价值观培育和践行需要大众的广泛参与

　　大众是先进文化的创造者和传承者，也是培育和践行诚信价值观的主体。《关于培育和践行社会主义核心价值观的意见》（以下简称《意见》）提出：坚持改进创新，善于运用群众喜闻乐见的方式，搭建群众便于参与的平台。可见日常生活中的构建公共生活，给大众搭建参与的平台很重要。《意见》还指出：积极推进理念创新、手段创

---

① 李少斐：《核心价值观回归大众生活世界之路径探索》，《前沿》2013 年第 1 期。
② 李少斐：《核心价值观回归大众生活世界之路径探索》，《前沿》2013 年第 1 期。

新和基层工作创新，增强工作的吸引力、感染力。因此，日常生活中培育和践行诚信价值观给广大管理者提出新的和高的要求，开辟大众乐于参与的渠道，吸引大众的广泛参与。

关于诚信价值观的理论宣传需要大众的传承，大众既是宣传的对象又是宣传的主动参与者。如何宣传以及宣传效果如何，取决于大众的参与度。宣传教育必须同人们的思想道德情感契合，用他们喜闻乐见的方式来进行。因为占领宣传教育阵地并不等于取得宣传效果，如何赢得大众认知、认同才是关键。理论宣传不能形式化，也不能追求标新立异，要有真实的内涵，理论既要具有真理性，又应具备人文的道义人性。

诚信价值观践行的效果要看大众是否认同并外化到日常生活中。诚信价值观的践行不是抽象和空洞的，而是具体的，动员人们从身边小事做起、从一点一滴做起，必须坚持由易到难、由近及远。工作的重点应该是通过各种活动的开展，引导人们形成实践习惯。大量接地气、便于参与的群众性精神文明创建活动的开展，可以引导人们在实践中理解和体验诚信价值观的精髓。

（二）日常生活诚信价值观培育和践行可以汇集大众的智慧

人们常说群众的智慧是无穷的，其实它更能体现在日常生活中。人的认知不可避免地会有时代的烙印，日常生活的世俗性、人情化特征会影响大众的价值观。就中国日常生活对诚信的影响而言，先进的思想会对大众的智慧起到积极作用从而催人奋进和创造，而落后的文化意识则会削弱大众的创造性。历史的教训告诉我们，没有凝聚力的大众只能以个体的形式展现对于历史创造的不同方向的作用。诚信价值观是当代中国人的集体价值共识，也代表了中华民族伟大复兴的历史方向，是大众智慧的结晶。

因此，以诚信价值观引领大众喜闻乐见的活动，挖掘和汇集大众日常生活和生存等方面的智慧，一举多得。

（三）日常生活诚信价值观培育和践行就是维护和实现大众的根本利益

习近平总书记曾多次对群众利益发表论述，他在党的十八届一中全会上指出：检验我们一切工作的成效，最终都要看人民是否真正得到了实惠，人民生活是否真正得到了改善，人民权益是否真正得到了保障。[①] 关注群众利益，尊重群众主体地位，也要充分认识到人民群众的利益是一切工作出发点和归宿，只有这样，才能保证党的路线方针政策贯彻执行，我们才能有底气去引领推动诚信价值观的培育与践行。[②]

大众是历史的主体，无产阶级政党就是主体的核心，必须发挥出核心的模范作用。大众判断党是不是代表他们的根本利益，最直观的就是看党风、政风，就是从身边党员干部的言行与实际工作中对我们党做出价值判断和情感选择。践行诚信价值观是党的群众路线教育实践活动的重要内容，要加强党性党风教育，以良好的党风政风带动社会风气的好转。因此，加强对党员干部价值观的教育和正确引导，反对形式主义、享乐主义、官僚主义之风，发挥党员干部的示范和模范作用，才能维护和实现民族的根本利益。

三 着力强化诚信价值观的日常生活维度

正如本章前文论述的那样，日常生活是以主体充分自主的非正式人际互动为主要特征的生活内容。赫勒认为，人们日常生活的认知模式和行为模式可以概括为五个方面：实用主义、可能性原则、模仿、类比、过分一般化。[③] 因此，要着力强化诚信价值观的日常生活维度，就要遵循这些特点和规律，可以归纳为以下三方面加以论述。

---

① 习近平：《坚持和运用好毛泽东思想活的灵魂》，载《习近平谈治国理政》第一卷，外文出版社 2018 年版，第 70 页。
② 卢勇：《论培育和践行社会主义核心价值观的人民主体思想》，《理论月刊》2015 年第 4 期。
③ ［匈］阿格妮丝·赫勒：《日常生活》，重庆出版社 2010 年版，第 177—192 页。

（一）将诚信价值观以人们喜闻乐见的方式呈现在日常生活中

日常生活中，诚信价值观是抽象的，深眠于大众的内心深处；同时，它又是具体的，体现在人们的吃穿住行、邻里交往等生活中。诚信价值观念只有以人们喜闻乐见的方式呈现，才会收到最好的效果。比如，北京市朝阳区曾经围绕核心价值观、诚信建设等主题，通过取材于大众生活、吸纳大众参演等方式，拍摄多部微电影，让居民在角色扮演中体会和践行诚信价值观、做诚信人、做好邻居，收到很好的效果。① 又比如，通过举办节日文化等活动，让大众感受诚信。用社会剧、心理剧的方式，反映日常生活中的诚信问题以及解决方式，都是可能的方向。

（二）为政者是诚信价值观在日常生活中的重要载体

子曰："足食，足兵，民信之矣。"在孔子看来，要想国家强大富有、人们安居乐业，最重要的不是食物和足够的兵，而是为政者要做到取信于民。王安石在《商鞅》诗中说："自古驱民在信诚，一言为重百金轻。"他的意思是在劝告统治者要以诚信为重，要取信于民，千万不可以轻诺寡信，做背信弃义之事。可见，自古至今为政者都非常重视诚信。

汉语词典关于"载体"的基本解释，是指能传递能量或运载其他物质的物体。之所以说为政者是诚信价值观在日常生活中的重要载体，是因为为政者的言行传递出的信息和能量民众是能够感知的。因此为政者或者领导不论在工作上，还是生活中都要以身示范，传递诚信正能量，这样就能带动大家一同进步。

（三）将诚信价值观转化为大众公共意识

观念形态的价值观，在没有转化为大多数人所信奉的价值观念的时候，我们还不能称其为真正的价值观。只有当这种观念转化为大众自觉的公共意识，它才是真正的价值观。大众公共意识作为一种现代

---

① 《以群众喜闻乐见的形式传递核心价值观》，北京朝阳文明网，http://bj.wenming.cn/chy/tpxw/201511/t20151112_2960038.shtml，2015 年 11 月 9 日。

意识，是大众对自己在国家和社会中的身份地位的自觉意识，是作为民主法治社会中的基本单元的公民对自身身份、权利、义务，包括自己应当遵循的价值、伦理和道德观念的理性认识和自觉。因此，诚信价值观只有转化为大众自觉的公共意识，才能落地生根于社会和人民之中。

诚信价值观离我们并不遥远，只有处于日常生活中的每位大众把自己的思考、领悟和为人处事方式与诚信价值观紧密结合起来，文明社会才能真正到来，我们国家也才能成为真正意义上的文明强国。

第一章　日常生活世界诚信维系的必要性

日常生活是人们所面对的最本原的生存与生活形态，涵盖饮食起居、语言交往、休闲劳作、婚丧嫁娶等人们熟知的各个领域。从而在这些日常生活中，也一定有诚信问题的存在和诚信维系的必要性。日常生活世界作为其载体，为社会生活提供基本意义，并构成现实生活的基本方面。① 在日常生活世界中，人们为维持个体的生存与再生产开展周而复始的实践活动，自发地累积并形成风俗、习惯、常识、经验等基本的日常生活基本结构，这些结构又以"润物细无声"的方式内化到人们的意识中，被熟练地用以解决日常问题，最终通过模仿、教育等方式不断渗透给下一代。日常生活正是以这样的方式客观地记录和反映着社会历史的发展与变迁。

第一节　现代日常生活的特征

德国现象学家胡塞尔最早提出"生活世界"的初始意义，他认为"日常生活世界是自然科学被遗忘的意义基础"①，并提出回到"日常生活世界"中去解决问题。日常生活批判大师、法国哲学家列斐伏尔（Lefebvre）将日常生活与科学、哲学、艺术等人类精神领域比作土壤与花、树的关系，他强调"茂盛的鲜花和树木不应使我们忘记它们身

① ［德］胡塞尔：《欧洲科学危机和超验现象学》，张庆熊译，上海译文出版社1988年版，第58页。

下的土壤，这片土壤也拥有自身隐秘的生活及其丰富性"；此外"日常生活是联系各种活动的纽带，各类社会关系都是在日常生活的背景下以局部的、片面的和不完整的方式展现出来的"。① 日常生活被看作人类精神领域和社会活动的基础与前提，只有当理性回归日常生活，我们才能更全面地把握社会的根源与本质。

然而，日常生活的高度自然性和熟悉性使其长期以来被视作一个给定的、已知的世界，成为理所当然和毋庸置疑的代名词，这延误了人们对日常生活的审视与反思，使它的能量与价值淹没在看似纷繁琐碎的表象之中，"日常生活"及其批判便由此产生。"日常生活"批判的提出受到研究者们的广泛关注与重视，日常生活的研究视角是探讨社会理论建构与践行的有效途径。为深入了解日常生活这一"含糊而又复杂的概念"②，我们将从内涵界定、日常生活的基本特征与现代特征三个方面对其进行阐述。

一 日常生活的内涵界定

关于"日常生活"的内涵，在传统理论建构时期并未给出明确界定。胡塞尔对"生活世界"做了初步描述，他认为"生活世界是朝我们涌现的、发生的直观对象的总体，是自然态度中的世界，也是作为唯一实在的、通过知觉实际地被给予的、经验到并且能够被经验的世界"③。"生活世界"等同于"日常生活世界"，但有别于"日常生活"，两者的区别在于是否具有目的结构。存在主义创始人海德格尔（Heidegger）将"日常生活"或"日常共在"解释为"人们在日常生活中表现出来的庸庸碌碌、平均状态、公众意见、卸除存在之责与迎

---

① ［法］列斐伏尔：《日常生活批判》，叶齐茂等译，社会科学文献出版社 2017 年版，第 86 页。
② 黄楠森：《马克思主义与"以人为本"——回答以人为本研究中的几点疑问》，《中国高教研究》2004 年第 4 期。
③ ［德］胡塞尔：《现象学与哲学的危机》，吕祥译，国际文化出版公司 1988 年版，第 58 页。

合等日常共处同在的状态"①。列斐伏尔前期对日常生活进行了大量细致的描述，"日常生活就是不断的重复"；"日常生活是生计、衣服、亲人、邻居、环境……等等具有物质文化性质的东西"。② 日常生活被看作是人们为了维持个人生存和再生产，每天周而复始进行实践活动的真实生活。

在前期理论发展的基础上，阿格妮丝·赫勒对"日常生活"做了明确界定，认为其是"同时使社会再生产成为可能的个体再生产要素的集合"③。国内较早开展"日常生活"相关研究的学者对"日常生活"的概念做了进一步明晰，认为"日常生活是以个人的直接环境（家庭和天然共同体）为基本寓所，旨在维持个体生存和再生产的各种各样活动的总称。其中最为基本的是以个体的肉体生命延续为目的的生活资料获取与消费活动，以日常语言为媒介、以血缘和天然情感为基础的个体的交往活动，以及伴随上述各种活动的日常思维或观念活动"④。郑震则以非二元论的角度将日常生活定义为，"在社会生活中对于社会行动者或行动者群体而言具有高度的熟悉性和重复性的奠基性的实践活动，日常生活的时空是一个为人们所熟知和不断重复的时空，是一切社会生活的社会历史性的基础"⑤。这也是目前国内研究中最常用的概念之一。

二　日常生活的基本特征

虽然学者们从不同角度对"日常生活"的内涵进行了阐述，但仅凭这些一般性的定义，我们难以深入地理解日常生活，也无法清晰地分辨日常生活与非日常生活的区别。因此，我们将从日常生活的基本

---

① ［德］海德格尔：《存在与时间》，陈嘉映等译，生活·读书·新知三联书店1999年版，第140页。

② 吴宁：《日常生活批判》，人民出版社2007年版，第163—165页。

③ ［匈］阿格妮丝·赫勒：《日常生活》，重庆出版社2010年版，第3页。

④ 参见《现代化进程中的日常生活批判》，《天津社会科学》1991年第3期。

⑤ 郑震：《论日常生活》，《社会学研究》2013年第1期。

特征来进一步把握"日常生活"的内涵与本质。

捷克哲学家科西克（Kosik）在《具体辩证法》中对日常生活的基本特征进行了概括，主要包括：（1）自然性和自在性，他认为日常是一个可信、熟识和惯常行为的世界，日常生活是下意识的、不假思索的活动，它们未被明确地察觉和关注，一切活动与生活方式都被转变为无意识的、本能的机制，被当作世界的已知部分而自然地存在与被接受；（2）重复性和替代性：日常生活各类活动的运行一直处于周而复始的状态，带有明显的重复性，同时日常生活也具有一定的可替代性，主要包括时间和主体的可替换性，即日常的任意一天可以替换为另一天，日常的任意一主体可以替换为另一主体。①

列斐伏尔并未专门对日常生活的特征进行总结，但学者们根据其论述大致梳理出如下几点：（1）个体相关性，日常生活是个体的生活实践，日常生活与每个人具体的、实际的生存与生活直接相关；（2）习惯性和重复性，人们在日常生活中的生存与再生产往往依靠重复的实践活动，因此它具有明显的重复性，同时实践的重复性也会让个体驾轻就熟，自然而然形成习惯；（3）平凡性和世俗性，日常生活是个体再生产要素的集合，包含了日常生活中杂碎、普通、习以为常的各类事物，同时日常生活中各类经验、常识、习俗、文化等是通过自下而上的生产要素与重复实践反复积累而成，因此日常生活具有世俗性；（4）除以上基本特征外，列斐伏尔还认为日常生活属于现代性的动力学范畴，拥有超常的动力和瞬间式的创造能量，具备流动性、易变性、多面性等特征。总的来说，日常生活是重复性与创造性的统一体。②

---

① ［捷］科西克：《具体的辩证法》，傅小平译，社会科学文献出版社 1989 年版，第43 页。

② 吴宁：《日常生活批判——列斐伏尔哲学思想研究》，人民出版社 2007 年版，第171 页。许大平：《日常生活批判及其当代意义》，博士学位论文，复旦大学，2003 年。刘怀玉：《现代日常生活批判道路的开拓与探索——列斐伏尔哲学思想研究》，博士学位论文，南京大学，2003 年。

阿格妮丝·赫勒主要针对活动规律和行为特点对日常生活特征进行了详细阐述，主要包括以下几点：（1）重复性：赫勒主要强调的是思维和实践的重复性，人们在日常活动中面对新问题或新体验时，通常习惯性地将其纳入先验或自发的日常归类模式中来解决，而不是优先运用创造性思维和实践；（2）规范性：日常生活通常以给定的规则规范或已形成的风俗习惯作为准绳，人们依照规范自然而然地去遵循和实践；（3）经验性和习惯性：在日常生活中，人们通常根据经过积累或模仿而获取的经验和规则，而非理论或科学论证来自发地管理和决定自己的行动；（4）实用性：在日常生活的行为活动中，相较于深层次原因的探究，人们往往更追求活动的实用性和经济性，以最小投入换最大产出；（5）情境性：日常生活主体的实践活动通常被置于自然的生活环境中，日常生活中的言语、习惯和行为等都与特定的情境密切相关。①

有学者从一般图式、内部结构等不同角度对日常生活的本质特征进行了概括和总结：（1）日常生活是一个自在运行的领域，在日常生活中，人们根据给定的归类模式和重复性实践（思维）进行实践活动；（2）日常生活是一个"以过去为定向"的领域，人们依靠已形成的经验、习惯、人际关系等因素来维系日常生活；（3）日常生活是一个被人们看作理所当然、熟悉自在且未分化的领域，人们往往以非批判的姿态来与之相处。②

强艳基于前人研究，并结合生活与实践的基本特点，将日常生活的特征归纳为：（1）重复性与发展性的统一：日常生活总是在实践活动中周而复始地重复与强化，但同时日常生活不是机械地重复，它会随着社会的发展而自然、缓慢地发展，通过日渐积累实现质变；（2）实践性与文化性的统一：日常生活中实践是人们赖以生存与再生产的基本途径，同时日常生活也会在实践中不断累积形成风俗、习

---

① ［匈］阿格妮丝·赫勒：《日常生活》，重庆出版社 2010 年版，第 137—138 页。
② 参见《现代化进程中的日常生活批判》，《天津社会科学》1991 年第 3 期。

惯、传统等文化特征；（3）社会性与个体性的统一：日常生活是由个体生活与实践所构成。同时，人作为日常生活的主体又具有社会性，正如马克思所说，"我是作为社会人活动的……我本身的存在就是社会的活动"；（4）客观性与主观性的统一：日常生活是以人和社会要素为基础而存在的，因此日常生活受客观存在的制约。同时，日常生活又是由人们通过主观能动性创造而成，具有一定的主观性和能动性。①

综上所述，学者们对日常生活特征的描述虽不尽相同，但总的来说"自然性与世俗性""熟悉性与重复性"是他们共同关注的核心特征。日常生活的基本特征决定了它在人类社会发展中所起到的作用：首先，日常生活的重复性和熟悉性可以使人们自发地根据已存在的图式和结构熟练地进行生存和再生产活动，这为人们的创造性思维和实践提供了空间和精力；其次，日常生活的自然性和世俗性等特征，容易使人们处于习以为常的状态，而忽略了对其进行批判，使得在非干预状态下形成的日常生活结构和图式带有强烈的非理性色彩或出现异化；最后，日常生活的自发性和自在性等特征往往会伴随惰性和保守性，使人们安于现状而满足于机械地接受与重复，这消解和压抑了人的主体意识与创造性，同时也侵蚀了社会发展的内在动力与活力。在此基础上，学者们开始探讨日常生活的现代化批判与转型。

三 日常生活的现代特征

随着社会的发展，现代性革命带来了新的生存方式、文化制度和价值观念，列斐伏尔在《现代世界中的日常生活》一书中对日常生活中的现代化新特征做了大致描述：（1）技术在日常生活中被广泛运用，从而引发一系列新问题，例如人们常常处于无法满足基本需求却还享受着超前消费的矛盾之中；（2）现代日常生活中劳作与休闲

---

① 强艳：《大学生社会主义核心价值观日常生活化研究》，硕士学位论文，兰州大学，2017年。

的地位与所占比例发生了变化，传统日常生活中劳作占绝对主导地位，而现代日常生活中劳作和休闲出现分化，并由工作与休闲、家庭生活与私人生活共同构成；（3）现代日常生活的重心已从物质生活转向精神生活，生活主体开始寻求宗教、道德、艺术、心理等内在需要；（4）社会主义作为一种经济政治制度，其本质是要建立一种全新的现代日常生活方式。[①]

正如列斐伏尔所描述的新特征，当社会逐渐发展到以商品经济、现代科技为基础的现代化阶段时，社会需要日常生活主体和结构具备与之相适应的理性、主体性、创造性、契约性等特征，然而由于长久沉积的日常生活结构过于沉重和顽固，人们惯常地依赖非理性或异化的传统图式过着重复、机械的日常生活。此时，日常生活世界主体严重滞后于社会的现代化进程。当传统的日常生活结构与现代化存在冲突时，若一味地推进现代化进程，日常生活将会在冲突与矛盾的牵扯下成为"压抑而支离破碎的领域"[②]，逐渐发展成为一种突出的病症。同时，滞后的日常生活主体及结构也会成为现代化进程中的内在阻力与制约。因此，依靠强制实行的理论与政策难以推动社会全面而彻底的转型。日常生活的问题归根到底需要回到日常生活中解决，这意味着日常生活主体意识的根本改变，意味着新的日常生活图式的形成，意味着日常生活世界的批判性重建。

总的来说，日常生活是总体性解决与解放现代性的革命策源地。[③]只有当一项理论思想或政策不是自上而下地强行实施，而是真正进入到相关民众的日常生活中，被民众广泛地实践与重复，并最终转化为人们习以为常的共同结构和图式，这一政策或思想才能真正地获得其

---

① 刘怀玉：《现代日常生活批判道路的开拓与探索》，博士学位论文，南京大学，2003 年。

② 刘怀玉：《日常生活批判：走向微观具体存在论的哲学》，《吉林大学社会科学学报》2007 年第 5 期。

③ 刘怀玉：《论列斐伏尔对现代日常生活的瞬间想象与节奏分析》，《西南大学学报》（社会科学版）2012 年第 3 期。

有效性并得以广泛践行。中国由于其悠久的历史文化和复杂的社会构成，日常生活领域庞大且结构顽固，面临着异常沉重的枷锁与羁绊，中国实现现代化必须面对日常生活的批判与重建。① 诚信作为中国传统美德，在日常生活中已形成以主观自律为支撑、以人格为前提、以家庭和熟人为模式的图式与结构，这与以他律、契约和陌生人为主要特征的现代化诚信结构存在分歧，也从一定程度上阻碍了中国诚信价值观的教育与践行。如何将现代诚信价值观转换成一种日常生活中自发的道德共同体是我们面临的重要问题，这归根到底需要我们从日常生活中去汲取，再渗透到日常生活中去。

第二节　违背诚信的代价及修复难度

诚信作为一种基本的道德类型，在古今中外的社会文化中有着举足轻重的地位，被称为社会的"阿基米德支点"。② 诚信被公认为是个体为人行事的准则以及社会良好运行的基础，同时也是社会对人们的共同要求。③ 即便社会几经变迁，人们对于诚信的呼吁依然不绝于耳。然而，诚信需要道德意志的坚守。日常生活中，个体或组织因为某些原因做出违背诚信的事也时有发生，但是代价沉重，其修复难度也极高。

一　诚信是社会对人们的共同要求

在中国传统文化中，诚信观有着悠久而丰富的积淀，"诚信"于商朝晚期萌芽，春秋至战国时期形成，秦汉时期得到规范，宋明时期呈现出哲理化倾向，明清时期则走向实用化。④ "诚"与"信"最初并非放在一起使用。在传统道德中，"诚"被看作是内在的自我体验

---

① 参见《现代化与日常生活批判》，人民出版社 2005 年版，第 13 页。
② 张春：《我国政府诚信建设的法律途径探讨》，硕士学位论文，苏州大学，2010 年。
③ 吴继霞：《诚信品格的养成》，安徽教育出版社 2009 年版，第 36 页。
④ 陈劲、张大均：《中国传统诚信观的演变及其特征》，《道德与文明》2007 年第 3 期。

和道德品质，从《周易·乾》中的"修辞立其诚，所以居业也"①到《孟子·离娄上》的"诚者天之道也；思诚者人之道也"②。从《中庸》的"诚者，物之始终，不诚无物"③到《四书章句集注》中的"诚其意者，自修之首也"④。"诚"被看作是道德之源，是为人处世的基本法则，是提升道德修养的重要途径。"信"则是"诚"在道德实践中的规约和具体表现。例如儒家的"人而无信，不知其可也"⑤，就将"信"看作为人处世的首要准则。又如道家的"信言不美，美言不信"⑥，墨家的"志强智达，言信行果"⑦，以及"四教""五常"都将"信"作为一项重要的社会道德规范和个人品质的评价标准。此外，人们还将"信"的重要性延伸到了治理国家和维护社会秩序方面，例如"敬事而信"，"民无信不立"，"上好信，则民莫敢不用情"等。⑧"诚"与"信"之间相辅相成，"诚"是"信"的基础，"信"是"诚"的外在体现。⑨正如《说文解字》中所说："诚，信也，从言成声。信，诚也，从人从言。"⑩"诚信"一词最早在管仲的《管子·枢言》中合为一体，"诚信者，天下之结也"代表了先秦诸子的共识。⑪

诚信在中国传统文化中处于顶峰位置，诚信的重要价值也被中国传统社会反复强调，本书将其主要归纳为以下四类：（1）将诚信视为人

---

① 黄寿祺、张善文：《周易译注》，上海古籍出版社 2007 年版，第 97 页。

② 杨伯峻译注：《孟子译注》，中华书局 1960 年版，第 23—25 页。

③ 王国轩、张燕婴译注：《论语·大学·中庸》，中华书局 2010 年版，第 324 页。

④ （宋）朱熹：《四书章句集注·中庸章句》，上海书店 1987 年版，第 18 页。

⑤ 王国轩、张燕婴译注：《论语·大学·中庸》，中华书局 2010 年版，第 26 页。

⑥ （魏）王弼注：《老子道德经注校释》，楼宇列校释，中华书局 2008 年版，第 191—192 页。

⑦ 方勇译注：《墨子》，中华书局 2011 年版，第 30 页。

⑧ 王国轩、张燕婴译注：《论语·大学·中庸》，中华书局 2010 年版，第 13、140、150 页。

⑨ 岳珊：《大学生诚信缺失及其教育对策研究》，硕士学位论文，太原理工大学，2011 年。

⑩ （汉）许慎撰、（宋）徐铉杨校定：《说文解字》，中华书局 1963 年版，第 52 页。

⑪ 吴继霞、黄希庭：《诚信结构初探》，《心理学报》2012 年第 3 期。

类与自然的基本法则，如"诚者，天之道也；思诚者，人之道也"①；
（2）将诚信作为与人交往的基本准则，如"朋友笃信诚"②"与朋友
交，言而有信"③；（3）将诚信作为修身养性的途径和智慧的体现，如
"君子养心莫善于诚"④"诚则明矣，明则诚矣"⑤；（4）将诚信作为国
家昌盛、君臣相处的"事君之道"，如"信，国之宝也，民之所庇
也"⑥。总的来说，诚信是中国古代道德思想的基石，其社会价值不可
替代，从个体层面来说，诚信是古代仁人志士修身养性、成就理想人
格的重要前提和途径。从社会层面来说，诚信是治理国家、达善天下
的重要基础。诚信观被华夏儿女内化成为骨血并不断传承下去。

　　中国现代社会延续着对诚信的重视与推崇。著名哲学家冯友兰认
为，一个社会的成立需依靠其分子之互助，而互助的前提是互信，
"诚信是社会成员之间互助的基础，没有诚信，社会将不复存在"⑦。
学者宋连利提出，"人无诚信不立、家无诚信不和睦、业无诚信不兴
旺、国无诚信不稳定、世无诚信不安宁"⑧，强调了诚信对于社会各
个领域的重要性。陈根法更是将诚信比作"开启生命深处的亮点"
以及"价值之源""理想之源"。⑨ 在继承古代德性诚信精髓的同时，
中国现代诚信还被赋予了新的时代意义，诚信的价值延伸到契约、经
济、法律、教育、心理等其他领域，浸润着日常生活的每个角落。中
国现代社会的诚信已成为协调各种利益关系的原则之一，对各种个体

---

① 王国轩、张燕婴译注：《论语·大学·中庸》，中华书局 2010 年版，第 318 页。
② （唐）陈子昂：《陈子昂集》，徐鹏校点，上海古籍出版社 2013 年版，第 282 页。
③ 王国轩、张燕婴译注：《论语·大学·中庸》，中华书局 2010 年版，第 14 页。
④ （战国）荀况、（唐）杨倞注：《荀子》，耿芸标校，上海古籍出版社 2014 年版，第
4 页。
⑤ 王国轩、张燕婴译注：《论语·大学·中庸》，中华书局 2010 年版，第 320 页。
⑥ 刘利译注：《左传》，中华书局 2007 年版，第 78 页。
⑦ 冯友兰：《三松堂全集》，河南人民出版社 2000 年版，第 340 页。
⑧ 宋连利：《传统诚信及其当代价值》，《道德与文明》2002 年第 3 期。
⑨ 陈根法：《儒家诚信之德及其现代意义》，《南京政治学院学报》2002 年第 1 期。

行为、群体实践活动等内容起到规范和约束作用。① 在党的十八大会议上，"诚信"被明确纳入社会主义核心价值观，被认为是公民必须恪守的基本道德准则，是个人行为层面的社会主义核心价值观基本理念的凝练，也是社会主义道德建设的重点内容。由此可见，诚信在中国现代社会道德转型中的重要性不言而喻。②

总的来说，诚信是中华民族的传统美德，也是当代社会的价值操守。在现代社会生活中，诚信之人能受到赞许与尊重，而失信之人则往往难以得到大众认同。有研究在调查国内居民对诚信的态度时显示，92%的调查对象在与他人交往时十分看重诚信，只有少数持无所谓的态度。③ 这体现出中国社会对"恪守诚信"这一核心道德的重视与坚守。

诚信在国外社会文化中也备受推崇。西方诚信观最早发源于古希腊时期，早期集中于宗教与伦理学领域，圣经中的"摩西十诫"将"不作伪证"视为重要的道德戒律。《旧约·箴言》中提到："行事诚实的，为上帝所喜悦。"④ 基督教将"信"作为基本伦理要求及三大德性之一。亚里士多德（Aristotle）在自己的著作中多次提及"真诚"这一道德品质。⑤ 英国历史学家莱基（Lecky）在《欧洲伦理生活史》中十分推崇虔诚与信用，并将其纳入道德科目中。⑥ 巴尔扎克（H. Balzac）曾这样描述诚实的人格，"一个清澈如水的人以及诚实不欺的人格，不管在哪个阶层中，即便是心术不正的人也会对他肃然起敬"⑦。美国教育学家波伊尔（L. Boyer）提出七种基本美德，其中即

---

① 郑晶晶：《社会主义核心价值观的中华优秀传统文化底蕴研究》，博士学位论文，大连海事大学，2017 年。

② 《胡锦涛在中国共产党第十八次全国代表大会上的报告》，《人民日报》2012 年 11 月 18 日。

③ 郭冰冰：《当代大学生诚信缺失及对策研究》，硕士学位论文，吉林农业大学，2017 年。

④ 龙男男：《中西诚信文化比较研究》，硕士学位论文，哈尔滨工业大学，2013 年。

⑤ 刘次林：《以学定教：道德教育的另一种思路》，教育科学出版社 2008 年版，第147 页。

⑥ 戴木才：《论德行养成教育》，《江西师范大学学报》（哲学社会科学版）2000 年第 3 期。

⑦ 赖廷谦：《思想道德修养》，四川教育出版社 1999 年版，第 272—273 页。

包括"诚实"这一项。[①] 贝内特（W. Bennett）在其所著《美德书》中提出九种核心德目，"诚实"位列其中，他还指出，诚实是尊重自己和他人的表现，诚实展示的是一种具有普遍人性的特质，是一种向往光明的性情。[②] 此外，美国学者尤斯拉纳（M. Uslaner）强调信任的道德价值，认为道德信任是一种对他人会共同遵守基本道德的信任，进而产生对信任的信仰。[③]

相较于中国对自律与人格信任的诚信观的重视，国外现代诚信信念更偏重于他律及契约信任，诚信在西方经济学、社会学等领域的价值极受关注。在经济学领域，早在古希腊时期亚里士多德就曾在其著作中强调，信用和公正是在经济交往中需要遵守的伦理原则。[④] 哲学家托马斯·阿奎（Thomas Aquinas）提出在商品交易中应坚持信用的原则，坚决反对欺诈行为。[⑤] 英国著名古典经济学家亚当·斯密（Adam Smith）在其论述中强调了诚信的重要性，他认为诚信是保证商业和制造业繁荣的根本所在。[⑥] 马克斯·韦伯（Max Weber）则在《经济与社会》一书中提及诚信对经济繁荣的重要意义，认为诚信是市场交易关系维持合法性的前提。[⑦] 熊比特（J. Schumpeter）提出诚信创造的理论，他认为诚信在被用作流通手段和支付手段的过程中创造出资本和财富。[⑧] 肯尼思·阿罗（Kenneth J. Arrow）则指出，商业

---

① ［美］厄内斯特·波伊尔：《基础学校——一个学习化的社区大家庭》，王晓平等译，人民教育出版社 1998 年版，第 151—152 页。

② ［美］威廉·贝内特：《美德书》，何吉贤等译，中央编译出版社 2000 年版，第 538 页。

③ E. M. Uslaner, "Trust as a Moral Value", in D. Castiglione, J. W. van Deth, G. Wolleb, *The Handbook of Social Capital*, Oxford: Oxford University Press, 2008, pp. 101 – 121.

④ 王进：《中西方诚信观比较——兼论我国现代诚信观的构建》，硕士学位论文，华中师范大学，2008 年。

⑤ 孙国志、张炎培：《信用经济：启动中国经济腾飞之钥》，企业管理出版社 2005 年版，第 15 页。

⑥ ［英］坎南编著：《亚当·斯密：关于法律、警察、岁入及军备的演讲》，陈福生等译，商务印书馆 1962 年版，第 261 页。

⑦ ［德］马克斯·韦伯：《经济与社会》（下），林荣远译，商务印书馆 1997 年版，第 708—709 页。

⑧ ［美］熊彼特：《经济发展理论》，何畏等译，商务印书馆 1997 年版，第 15 页。

交易本身具有信任成分，诚信是社会系统赖以运行的润滑剂，具有真正的经济价值。① 随着现代经济的发展，信任在经济领域的作用愈加凸显，普华永道事务所通过调查分析后指出，便利性和成本节约是经济的指路明灯，但信任是最终让经济运转和增长的因素。② Ahmad 和 Hall 也通过实证研究证实了信任是现代社会经济增长的决定性因素之一。③ Botsman 和 Rogers 则强调，在当今共享经济的背景下，诚信被认为发挥着基础而重要的作用，甚至被称为共享经济的货币。④

而在社会学领域，德国社会学家齐美尔（G. Simmel）最早对信任进行了针对性研究，他在《社会学：关于社会化形式的研究》中把信任置于极高的地位，并指出"信赖是社会之内最重要的综合力量之一"，离开了信任的社会生活将不能持续，社会自身也将变成一盘散沙。⑤ 洛克（J. Locke）、卢梭（J. Rousseau）等相继提出社会契约论思想，⑥"履行契约、重视信用"的核心思想被广泛传播并根植于西方人的社会意识之中。著名社会学家卢曼（Luman）指出，信任的存在可以降低人与人之间社会互动过程中的复杂性，是一种能使人们之间关系简单化的机制。⑦ 法国社会学家阿兰·佩雷菲特（Alan Peyrefitte）则提出，对社会发展起决定性影响的文化、宗教、社会和政治行动的精髓是对人所持的信任态度。⑧ 此外，布尔迪厄（P. Bourdieu）

---

① 李向阳：《企业诚信、企业行为与市场机制》，经济科学出版社1999年版，第153页。

② PwC, "Share Economy: Repräsentative Bevölkerungsbefragung", https://www. pwc. de/de/digitale-transformation/assets/pwc-bevoelkerungsbefragung-share-economy. pdf, 2016 – 1 – 16.

③ M. Ahmad and S. G. Hall, "Trust-Based Social Capital, Economic Growth and Property Rights: Explaining the Relationship", *International Journal of Social Economics*, Vol. 44, No. 1, 2017, pp. 21 – 52.

④ R. Botsman, R. Rogers, *What's Mine is Yours: The Rise of Collaborative Consumption*, New York, 2010.

⑤ ［德］盖奥尔格·西美尔：《社会学：关于社会化形式的研究》，林荣远译，华夏出版社2002年版，第178—179页。

⑥ 龙男男：《中西诚信文化比较研究》，硕士学位论文，哈尔滨工业大学，2013年。

⑦ ［德］卢曼：《信任：一个社会复杂性的简化机制》，瞿铁鹏、李强译，上海人民出版社2005年版，第31—40页。

⑧ ［法］阿兰·佩雷菲特：《信任社会》，邱海婴译，商务印书馆2005年版，第7页。

提出了社会资本概念，并将信任视作其重要元素之一。罗伯特·帕特南（Robert D. Putnam）则称信任是社会资本的核心部分，信任能通过促进行动协调来提高社会效率，并可作为解释社会发展现象的关键因素。① Engber 则通过实证研究证实，社会信任是衡量社会资本总体水平的最重要指标，对社会发展进程有着重要的推动作用。Gur 和 Bjørnskov 也强调社会信任在社会资本中有着举足轻重的作用，有助于经济增长，促进社会发展。②

"全球生活价值教育项目"在其提出的全球 12 项核心德目中，将"诚实"列入其中。由此可见，诚信是全世界认可和提倡的道德品质。在伦理学领域，诚信是人们公认的基本美德和价值取向，是个人综合素质的基本评价标准；在心理学领域，诚信是一种积极的人格特质，是人们日常生活与交往过程中重点追求的心理特质；在经济学领域，诚信是契约精神的灵魂，是市场经济良好运行的基本保障；在社会学领域，诚信是社会良好运行的基本保障和润滑剂，滋养着社会生活的各个角落。总的来说，诚信是人类社会的共同要求。

二　诚信违背的沉重代价

如前所述，诚信是人类社会的道德准则和共同要求，缺少诚信的个体、组织甚至社会难以维持下去。然而，从"瘦肉精猪肉""三鹿奶粉"等劣质商品充斥市场，到产品参数不实等企业弄虚作假的不断上演，从"翟天临学术不端"等学术道德问题的曝光到"网购信息虚假""网站诈骗"等网络诚信缺失的泛滥，日常生活中的诚信已被严重透支，社会普遍出现信用危机。大量的理论研究与生活实践经验证明，诚信的缺失与违背会对个体和群体造成极大的消极影响。人们

① ［美］罗伯特·帕特南：《使民主运转起来》，王列、赖海榕译，江西人民出版社 2001 年版，第 207 页。

② Nurullah Gur, Christian Bjørnskov, "Trust and Delegation: Theory and Evidence", *Journal of Comparative Economics*, Vol. 45, No. 3, 2017, pp. 644 – 657.

会因为信任违背而承受严重的经济、情感、社会、法律等代价。[1] 同时，信任方对违背方产生的溢出效应，[2] 更会蔓延到社会与个人的方方面面，影响到日常生活的正常运行和良好社会氛围的构建。

（一）诚信违背的经济代价

在社会经济高速发展的今天，诚信是市场经济的灵魂，诚信的缺失势必会影响市场的正常运行，造成重大的经济损失。[3] 根据中国企业联合会的数据统计，我国每年因合同欺诈造成的直接损失约 55 亿元，因逃废债务而造成的直接损失约 1800 亿元，而制假售假和劣质产品造成的各类损失不少于 2000 亿元。[4] 诚信违背对经济的影响主要体现在社会和个体两个层面：

在社会层面上，诚信缺失对市场经济及企业发展有着严重阻碍作用，Knack 和 Keefer 通过对 29 个市场经济体研究后发现，人们之间的信任水平与经济增长呈正相关，每减少 1 个标准差的信任水平会带来 1.15% 的经济下降。[5] Algan 和 Cahuc 对 106 个国家的人均收入与社会信任数据进行对比分析后发现，一个国家的普遍信任正向预测其人均收入，且信任每减少一个标准差会导致人均收入样本均值下降 6.8%。[6] Connelly，Crook 和 Combs 通过元分析结构方程模型研究了不同维度的信任对不同类型的交易成本产生的不对称影响，结果发

---

[1]　W. P. Bottom, K. Gibson, S. E. Daniels & J. K. Murnighan, "When Talk Is Not Cheap: Substantive Penance and Expression So Fintentinre Building Cooperation", *Organization Science*, Vol. 13, No. 5, 2002, pp. 497 – 513.

[2]　K. T. Dirks, R. J. Lewicki & A. Zaheer, "Repairing Relationships Within and Between Organizations: Building a Conceptual Foundation", *Academy of Management Review*, Vol. 34, No. 1, 2009, pp. 68 – 84.

[3]　Hawlitschek Florian, Teubner Timm & Weinhardt Christof, "Trust in the Sharing Economy", *Die Unternehmung*, Vol. 59, No. 42, 2016, pp. 1 – 26.

[4]　郝晓敏：《个人诚信缺失问题及对策》，《河南社会科学》2006 年第 4 期。

[5]　S. Knack & P. Keefer, "Does Social Capital Have an Economic Pay off: Across-Country Investigation", *The Quarterly Journal of Economics*, Vol. 112, No. 4, 1997, pp. 1251 – 1288.

[6]　Y. Algan, P. Cahuc, "Trust and Human Development: Overview and Policy", P. Aghion and S. Durlauf eds., *Handbook of Economic Growth*, 2013, North Holland, Elsevier.

现，基于诚信的信任在降低交易成本方面是基于能力的信任的 10 倍。[①] Hawlitschek，Teubner 和 Weinhardt 建立了信任在共享经济中的概念研究模型，并通过问卷调查证实了信任在共享经济中的重要作用。Kasmaoui 等采用 2010—2014 年世界价值观调查数据专门对阿拉伯地区的信任与经济之间的关系研究，结果显示该地区的信任水平与经济增长呈显著正相关。[②] 在国内相关研究中，崔巍和陈琨发现信任显著促进国内经济的增长，信任每提升 1 个百分点，经济增长率随之提高 0.064 个百分点。[③] 齐春宇等的研究则发现，在改革开放后，我国信任与人均 GDP 水平呈显著正相关，信任与经济增长的速度也存在相关性。[④]

在个人层面上，个人诚信缺失也会造成严重的经济损失。例如车贷、房贷逾期缴纳等现象的剧增，据央行截止到 2013 年年底的数据统计，在个人汽车消费贷款余额约 2000 亿元中，有超过 945 亿元的贷款无法收回。[⑤] 又如恶意拖欠手机费、恶意透支信用卡等现象屡见不鲜，有媒体报道显示，据广州市某煤气公司统计，截止到 2005 年该公司有欠费用户约 15000 户，历年欠费总金额达 641 万元，且呈逐年大幅增长的趋势。[⑥] 2017 年 5 月，悟空单车在运营五个月后退出共享单车市场，

---

① Brian L. Connelly，Russell Crook & James G. Comb，"Competence and Integrity Based Trust in Interorganizational Relationships: Which Matters More?"，*Journal of Management*，Vol. 44，No. 3，2015，pp. 919 – 945.

② K. Kasmaoui，M. Mughal，J. Bouoiyour，"Does Trust Influence Economic Growth? Evidence from the Arab World"，*Economics Bulletin*，Vol. 38，No. 2，2018，pp. 880 – 891.

③ 崔巍、陈琨：《社会信任对经济增长的影响——基于经济收敛模型的视角》，《经济与管理研究》2016 年第 8 期。

④ 齐春宇、孙力军、李修彪：《信任与经济增长：1949—2014——基于 1934 年中国 21 省民间借贷利率测度信任》，《现代经济探讨》2018 年第 5 期。

⑤ 刘苗荣：《个人诚信缺失的主要表现及其对策研究》，《产业与科技论坛》2012 年第 15 期。

⑥ 王海军：《拖欠煤气费可能上"黑名单"》，http://news.sohu.com/20050620/n226002299.shtml，2005 年 6 月 20 日。

官网宣布已投放市场的单车中有90%已丢失或损坏，累计损失上百万元。① 个人诚信违背对社会经济造成严重损害的同时，还会对个体自身经济造成消极影响，Weller 和 Thulin 验证了"诚实—谦卑"这一人格特质可以使个体在社会生活中面临更少的风险，个人利益会得到更好的保障。② 随着市场经济的发展，个人征信体系的不断完善，个体在日常生活中的失信行为将被记录，个体会遭到网络支付与购物账号冻结、个人资产划扣、申请贷款、保险、信用卡和就业被拒等限制，或需偿付高额的信用成本，这些都会给个体经济生活带来严重损失。

（二）诚信违背的情感代价

人们交往过程中的信任关系建构是以情感关联为基础的，情绪情感水平会对信任认知与行为造成影响，而诚信违背又势必会诱发消极情感，信任与情感之间密不可分、相互影响。③ 除此之外，信任作为一种元情感，还能通过主体之间的情感联系间接诱发出其他情感。④ 例如，Lindstrom 和 Mohseni 采用来自瑞典18—80 岁公民的 2004 年公共健康调查数据进行分析，发现一般低社会信任水平和低政治信任水平的个体存在显著的心理健康问题，原因可能在于青年一代在就业中遇到挫折等问题。⑤ 韦耀阳的研究显示人际信任与孤独感呈正相关，人际信任缺失的个体，在现实生活中更倾向于回避人际交往活动，孤独感也更为强烈。⑥ 王鑫将诚信缺失看作是一种消极应对方式，会间

---

① 韩元佳：《重庆悟空单车退出市场》，http：//www. hxnews. com/news/gn/gnxw/201706/20/1240294. shtml，2017 年6 月20 日。

② J. A. Weller & E. W. Thulin，"Do Honest People Take Fewer Risks? Personality Correlates of Risk-taking to Achieve Gains and Avoid Losses in HEXACO Space"，*Personality and Individual Differences*，Vol. 53，No. 7，2012，pp. 923 – 926.

③ 白春阳：《现代社会信任问题研究》，博士学位论文，中国人民大学，2006 年。

④ Belli Simone & Broncano Fernando，"Rust as a Meta-Emotion"，*Metaphilosophy*，Vol. 48，No. 4，2017，pp. 430 – 448.

⑤ M. Lindstrom & M. Mohseni，"Social Capital，Political Trust and Self-Reported Psychological Health：A Population-based Study"，*Social Science & Medicine*，Vol. 68，No. 3，2009，pp. 436 – 443.

⑥ 韦耀阳：《高中生人际信任、社会支持及孤独感关系的研究》，《菏泽学院学报》2005 年第2 期。

接对自身或他人的心理及情绪状态产生消极影响。① 刘家僖、蔡太生和谢爱通过对 130 名抑郁症患者与 76 名常人进行对比，发现人际不信任与抑郁症状呈显著相关关系，人际不信任的抑郁症患者通过消极应对方式的中介作用导致抑郁症状的加重。② 刘金通过社会资本、心理资本与情绪劳动的关系研究发现，公司内部的关系网络不紧密，会导致员工间的关系信任减少，企业员工则会更倾向于动用心理资本对情绪进行伪装，而过多的情绪劳动最终会对个体的情绪及心理健康造成负性影响。③ 罗朝明则从社会学的角度指出，信任的实质是一种社会情感，信任危机会带来充斥于全社会的存在性焦虑或恐惧。④ 贾彦茹等通过实证研究进一步证明，人际信任可以调节社会排斥对社交焦虑的影响，人际信任水平低的个体，其原始的社会脱离程度往往会高于他人，因此在经受社会排斥后更易诱发社交焦虑。⑤

（三）诚信违背的社会代价

从社会层面上来说，诚信的缺失与违背会给社会整体或特定的组织群体带来无可挽回的消极影响，根据已有研究大致概括为以下几类：

一是诚信缺失会阻碍社会资源的共享与整合。张可军、廖建桥和张鹏程以高校科研团队与在校进修的企业管理者为对象进行调查，结果显示团队员工之间的信任与员工贡献知识和组合知识的意愿、行为以及能力呈正相关，成员间信任的缺失会限制团队的知识整合程度。⑥ Hawlitschek 等研究证实不同信任类型（包括对平台的信任、对平台上

---

① 王鑫：《人际交往诚信问题研究》，博士学位论文，华东师范大学，2014 年。

② 刘家僖、蔡太生、谢爱：《抑郁症患者应对方式对抑郁症状的影响：人际不信任的中介作用》，《中国健康心理学杂志》2017 年第 3 期。

③ 刘金：《社会资本、心理资本与情绪劳动的关系研究》，硕士学位论文，延边大学，2015 年。

④ 罗朝明：《信任、情感与社会结构》，《中国社会心理学评论》2017 年第 2 期。

⑤ 贾彦茹、张守臣、金童林、张璐、赵思琦、李琦：《大学生社会排斥对社交焦虑的影响：负面评价恐惧与人际信任的作用》，《心理科学》2019 年第 3 期。

⑥ 张可军、廖建桥、张鹏程：《变革型领导对知识整合影响：信任为中介变量》，《科研管理》2011 年第 3 期。

服务提供方的信任和对所分享产品的信任）对用户参与 Uber、Airb-
nb、Share Desk 等共享经济的行为意愿皆有显著影响。① 武真的研究
发现，在知识型平台中，用户的个人信任倾向与其价值共创行为呈显
著正相关，个人信任倾向低的用户通常更不愿意在平台上分享自己的
知识，参与知识平台的价值共创。②

二是教育诚信缺失会影响学校的社会信任度及形象，为社会人才
的培育埋下隐患。谢胜文通过对教育诚信的现状及其消极影响的综合
探讨，指出教育教学活动诚信缺失（如考试暗示、言行不一等现
象）、学术研究诚信缺失（如学术腐败、科研越轨等现象）和教育管
理诚信缺失（如虚假宣传、随意收费等现象）不仅对学校和教师的
社会形象和教育的公信力造成负面影响，同时教师还会通过其权威的
形象对学生产生恶性示范效应，影响社会人才的教育与培养。③ 李华
在对大学生学术诚信问题的研究中指出，大学生学术诚信缺失会造成
高校学术资源的浪费和学术创新的停滞，同时影响大学的社会功能和
社会信任度，加剧社会风气的败坏。④

三是信任还对社会发展进程产生一定影响。王聘基于 CGSS2010
数据分析了信任对我国中产阶层政治参与的影响，发现信任对我国中
产阶层的政治参与度有促进作用，可以推动我国的政治民主化。⑤ 马
红鸽的研究发现，个体对村干部和社会保障政策的信任度与其参加新
农保的积极性呈正相关，且制度信任越高的个体参保的年份越早。⑥
王翠翠等人发现，社会信任特别是制度信任会影响农户合作参与电商

---

① Florian Hawlitschek, Timm Teubner & Christof Weinhardt, "Trust in the Sharing Econo-
my", *Die Unternehmung*, Vol. 70, No. 1, 2016, pp. 1–26.

② 武真：《信任视角下知识型平台用户价值共创影响因素及机制研究》，硕士学位论
文，北京邮电大学，2019 年。

③ 谢胜文：《教育诚信研究》，硕士学位论文，湖南师范大学，2007 年。

④ 李华：《大学生学术诚信问题研究》，硕士学位论文，浙江师范大学，2015 年。

⑤ 王聘：《信任对中产阶层政治参与的影响——参与意识与参与行为的偏差性分析》，
硕士学位论文，东南大学，2016 年。

⑥ 马红鸽：《个人禀赋、社会信任与新农保参与研究——基于新农保参与过程选择的
视角》，《统计与信息论坛》2016 年第 3 期。

经营的行为决策，对社会和制度缺乏信任的农户合作参与电商经营的意愿和行为有所减少。①

四是信任还与问题行为的产生有着密切关系，低信任水平容易引发暴力、犯罪行为等社会问题。Candenhead 和 Richman 通过临床与非临床的样本对比后发现，人际信任水平可以负向预测攻击行为，表现为低信任个体容易出现高攻击行为及引发暴力伤害事件。② 徐昕和卢荣荣对 2000 年至 2006 年的医疗暴力个案等经验材料进行分析后得出，医疗暴力的最关键因素是信任的缺失，由于中国处于转型期，社会冲突较多且强烈，社会信任水平有所下降，导致患方产生极端焦虑和愤怒的情绪，继而直接引发暴力行为。③ 王慧通过对954 名犯罪青少年进行问卷调查，发现父母依恋信任与犯罪青少年的躯体攻击、间接攻击、愤怒、敌意和总攻击行为皆呈显著负相关，这说明对父母依恋的信任可以有效减少青少年的负性情绪和攻击行为。④

此外，随着诚信在社会各个领域的渗透，诚信违背还会对个人或组织造成多个方面的消极影响。首先，由于社会对诚信价值观的认可与重视，诚信违背极易造成其社会形象的损害和社会地位的下降，人际信任与人际关系受损，严重时还会遭到道德舆论的谴责。其次，随着个人征信体系的建立，国家试图通过完善全面的失信惩戒制度来将诚信违背消灭在萌芽状态。违背诚信的个人或组织将面临市场性惩戒、行政性惩戒、司法性惩戒、社会性惩戒等严厉的惩戒，例如公布

---

① 王翠翠、夏春萍、蔡轶雷、欣悦：《社会信任对农户合作参与电商经营的影响》，《中国农业大学学报》2019 年第 2 期。

② C. A. Candenhead & L. Richman, "The Effects of Interpersonal Trust and Group Status on Pro-Social and Aggressive Behaviors", *Social Behavior and Personality*, Vol. 24, No. 2, 1996, pp. 169 - 184.

③ 徐昕、卢荣荣：《暴力与不信任——转型中国的医疗暴力研究，2000—2006》，《法制与社会发展》2008 年第 1 期。

④ 王慧：《重庆市犯罪青少年攻击行为特征、影响因素及随访研究》，硕士学位论文，重庆医科大学，2011 年。

失信名单、取消政策优惠与资格、限制交通出行或高消费、严控发展空间或行业进入等，严重者还将移送至司法机关，追究相应的民事或刑事责任。在现代社会编织的诚信网络体系下，诚信违背必将"牵一发而动全身"，给个人带来难以弥补的严重代价。

三　违背诚信难以修复和宽恕

除了人们对诚信价值观的高度内化和认同，以及诚信违背所带来的沉重代价，从微观心理作用机制的角度来说，诚信及诚信违背在社会交往中难以被修复。

诚信贯穿于社会交往的整个过程中。在社会关系建立前，个体往往会倾向于寻找各种信息以及自己所处的情景以预测或检验他人的可信度，并根据判断结果决定是否建立人际关系。[①] 而在关系建立过程中，对于还未发展到一定相互理解水平下的短期信任关系，也较易出现侵犯或背叛信任的现象。[②] 通常情况下，信任关系是建立在双方长期、持续的互动过程中保持互不侵害利益的基础上的，[③] 因此信任关系的建立及发展是缓慢且脆弱的。

在社会交往过程中，双方所感知到的信任水平也会与其宽恕水平有着直接又密切的联系。Molden 和 Finkel 在研究人际宽恕中信任和承诺的作用时得出，由关系促进型伴侣之间的信任程度可以显著预测其宽恕行为，亲密关系中情侣间信任程度越低，双方在关系中的宽恕行为就越少。[④] Mukashema 和 Mullet 以卢旺达种族灭绝事件受害者为对

---

① 赵娜、周明洁、陈爽、李永鑫、张建新：《信任的跨文化差异研究：视角与方法》，《心理科学》2014 年第 4 期。

② 严瑜、吴霞：《从信任违背到信任修复：道德情绪的作用机制》，《心理科学进展》2016 年第 4 期。

③ Michael P. Haselhuhn, Maurice E. Schweitzer, Laura J. Kray, Jessica A. Kenned, "Perceptions of High Integrity Can Persist After Deception: How Implicit Beliefs Moderate Trust Erosion", *Journal of Business Ethics*, Vol. 145, No. 1, 2017, pp. 215 - 225.

④ D. C. Molden & E. J. Finkel, "Motivationsf or Promotion and Prevention and the Role of Trust and Commitmentin Interpersonal Forgiveness", *Journal of Experimental Social Psychology*, Vol. 46, No. 2, 2010, pp. 255 - 268.

象进行研究并发现，包含信任的人际和解情绪与无条件宽恕之间呈显著正相关，信任的缺失会导致无条件宽恕水平的降低。[①] 孙乃娟和李辉的研究发现，消费者在产品群发性危机爆发前所累积的产品信任感可以正向影响爆发后消费者的宽恕意愿，即消费者对产品的信任感有效影响消费者对产品危机的宽恕意愿。[②] 范心怡研究了同伴信任和观点采择对宽恕感的影响，结果显示同伴信任水平与宽恕感之间呈正相关。[③] 此外，还有研究间接揭示了人际信任与宽恕的关系。孔德姣对高中生自尊、人际信任与宽恕心理之间的关系进行研究，结果表明人际信任与宽恕的各维度皆呈显著正相关。[④] 赵梓晴通过对高中生自悯、人际信任和宽恕特质的关系研究，发现高中生的普遍信任能显著正向影响其宽恕特质水平。[⑤] 这些研究共同说明，个体的信任水平在一定条件下能显著预测其宽恕水平，个体对他人信任水平的降低会导致其宽恕水平的降低。这进一步说明，当存在诚信违背现象时，个体对对方的信任程度可能会有所降低，而其对违背者的宽恕水平也会随之降低。

当社会关系因诚信缺失和信任违背而破裂时，对信任进行修复则是十分困难的。2009 年，国外著名学术期刊 *Academy of Management Review* 曾专门推出关于信任修复的主题论坛。信任修复已被公认为是当今社会最重要的未解问题之一。[⑥] 已有研究表明，受损的信任关系

---

① I. Mukashema, E. Mullet, "Unconditional Forgiveness, Reconciliation Sentiment, and Mental Health Among Victims of Genocidein Rwanda", *Social Indicators Research*, Vol. 113, No. 1, 2013, pp. 121 – 132.

② 孙乃娟、李辉：《群发性产品危机后消费者宽恕形成机理研究：顾客参与的动态驱动效应》，《中央财经大学学报》2017 年第 2 期。

③ 范心怡：《同伴信任、观点采择对宽恕感的影响》，硕士学位论文，上海师范大学，2018 年。

④ 孔德姣：《高中生宽恕心理与其自尊、人际信任的关系》，硕士学位论文，河南大学，2009 年。

⑤ 赵梓晴：《高中生自悯、人际信任与宽恕的关系》，硕士学位论文，北京林业大学，2014 年。

⑥ R. Bachmann, N. Gillespie & R. Priem, "Repairing Trust in Organizations and Institutions: Toward a Conceptual Framework", *Organization Studies*, Vol. 36, No. 9, 2015, pp. 1123 – 1142.

只能在一定程度上得到修复，且需要花费很长的时间与精力，甚至在某些情况下信任关系难以彻底恢复。① 而 Dirks，Lewicki 和 Zaheer 的研究则进一步证明，不仅信任修复存在难度，"修复"后的关系也易遭到再次破坏，因违背产生的创伤会持续存在以至关系难以复原。② 诚信的脆弱性以及修复的困难性告诉我们，诚信关系一旦破裂便很难再"破镜重圆"。

综上所述，在社会生活与交往中，社会成员总是倾向于避免与违背诚信的个体建立关系，也难以接受和原谅诚信违背行为，其主要是因为：第一，从道德评判的角度，诚信是根植于人们意识中的传统道德规范，作为一种基本结构自然而然地指导着人们的日常生活实践，恪守诚信已成为个体一种本能的倾向。第二，从利益的获取与权衡的角度，与失信者交往可能会导致个体或社会的经济、情感或社会地位受损，甚至遭受道德谴责和法律法规的制裁。对失信者的宽恕或为以后埋下隐患的种子，出于趋利避害的本能，人们会更倾向于远离失信之人。第三，从心理影响机制的角度，信任一旦遭到破坏，信任方的宽恕水平会随之下降，即使双方进行积极主动的关系修复，也再难达到初始状态，而失信经历又会让信任关系产生裂痕，继而影响到后续的信任关系和行为决策。

第三节　诚信是构建大众生活满意度的前提

诚信渗透于一切的社会活动中，从宏观层面上看，诚信是经济发

---

① Corey K. Fallon，April Rose Panganiban，Peter Chiu & Gerald Matthews，"The Effects of a Trust Violation and Trust Repair in a Distributed Team Decision-Making Task：Exploring the Affective Component of Trust"，*Advances in Social & Occupational Ergonomics*，Vol. 487，No. 27，2016，pp. 447 – 459. 姚琦、乐国安、赖凯声、张渌、薛婷：《信任修复：研究现状及挑战》，《心理科学进展》2012 年第 6 期。

② K. T. Dirks，R. J. Lewicki & A. Zaheer，"Repairing Relationships Within and Between Organizations：Building a Conceptual Foundation"，*Academy of Management Review*，Vol. 34，No. 1，2009，pp. 68 – 84.

展与繁荣的基础，是整个社会有序运行的基本保障。① 而从日常生活的微观层面上来看，诚信是大众提升个人心理健康水平、形成积极心态的必要前提。根据诚信的不同行为主体，我们主要从国家诚信、社会诚信和个人诚信三个层面对诚信与大众生活满意度、主观幸福感、积极情绪等积极心理特质之间的关系进行阐述。

一 国家诚信是构筑诚信社会的基础和前提

国家诚信主要体现在制度诚信和政府诚信两方面，它是构筑诚信社会的基础与前提。人民对国家制度与政府机构的信任，既能有助于国家各个领域的顺利发展，还有利于人民社会认同感和归属感的提升、和谐人际氛围的营造，进而对人民的主观幸福感产生显著的促进效应。② 政府与制度诚信并不是遥不可及的，而是与人们的日常生活息息相关。

目前，已有较多学者专门针对制度诚信和政府诚信对大众生活满意度及幸福感的直接或间接影响展开研究：在制度诚信上，裴志军通过社会愿景、社会网络等多方面，验证了居民的制度信任对生活满意度有显著的影响。③ Portela 等人通过对社会资本各维度与居民幸福感的关系探究，发现制度信任与居民幸福感呈高度正相关。④ Hudson 的研究提出，高水平的制度信任既有助于培养和创造更好的社会资本，还能促进居民形成乐观而稳定的社会预期，从而增进居民幸福感。⑤

---

① J. A. Simpson, "Psychological Foundations of Trust", *Current Directions in Psychological Science*, Vol. 16, No. 5, 2007, pp. 264 – 268.

② J. F. Helliwell & R. D. Putnam, "'The Social Context of Well-Being', Philosophical Transactions of the Royal Society of London, Series B", *Biological Sciences*, No. 359, 2004, pp. 1435 – 1446.

③ 裴志军：《家庭社会资本、相对收入与主观幸福感：一个浙西农村的实证研究》，《农业经济问题》2010 年第 7 期。

④ M. Portela, I. Neira, Mar Salinas Maria, Jimenez, "Social Capital and Subjective Well – Being in Europe: A New Approach on Social Capital", *Social Indicators Research*, Vol. 114, No. 2, 2013, pp. 493 – 511.

⑤ J. Hudson, "Institutional Trust and Subjective Well-Being Across the EU", *Kyklos*, Vol. 59, No. 1, 2006, pp. 43 – 62.

在政府诚信上，Holmberg 和 Bothstein 的研究指出，政府可以自身的良好表现增进居民间的社会信任，继而提升居民的幸福感。① Rothstein，Samanni 和 Teorell 则证实，信任因素作为政府质量的一部分，是直接影响居民主观幸福感的主要路径之一。② Soukiazis 和 Ramos 利用欧洲生活质量调查的微观数据对葡萄牙公民生活满意度的主要影响因素做了分析，结果表明政府信任是影响当地居民生活满意度的重要因素之一。③ 何凌云和鲁元平运用 CGSS2006 数据分析了国内地方政府官员腐败对居民幸福的影响，证实了地方政府官员腐败通过恶化社会信任水平，进而降低居民的主观幸福感。④ 吴若冰和马念谊则通过数据分析考察了国内地方政府质量对居民幸福感的影响，结果显示国内地方政府的公信力对当地居民的幸福感也具有正向影响。⑤

二　社会诚信能预测人们主观幸福感的走向

社会诚信主要涵盖了社会整体或某一社会领域、组织群体的具体诚信表现。无论是发达国家还是发展中国家，社会信任都被证实对人们的主观幸福感有着积极的改善作用，也能在一定程度上预测人们主观幸福感的走向。⑥

---

① Sören Holmberg, Bo Rothstein, "Dying of Corruption", *Health Economics, Policy and Law*, Vol. 6, No. 4, 2010, pp. 529 – 547.

② Bo Rothstein, Marcus Samanni, Jan Teorell, "Explaining the Welfarestate: Power Resources vs. the Quality of Government", *European Political Science Review*, Vol. 4, No. 1, 2012, pp. 1 – 28.

③ Elias Soukiazis & Sara Ramos, "The Structure of Subjective Well-Being and Its Determinants: A Micro-Data Study for Portugal", *Social Indicators Research*, Vol. 126, No. 3, 2016, pp. 1375 – 1399.

④ 何凌云、鲁元平:《腐败、社会信任与居民主观幸福感》,《第十一届中国制度经济学年会论文汇编》, 2011 年, 第 340—354 页。

⑤ 吴若冰、马念谊:《政府质量: 国家治理现代化评价的结构性替代指标》,《社会科学家》2015 年第 1 期。

⑥ L. Becchetti, R. Massari & P. Naticchioni, "Why Has Happiness Inequality Increased? Suggestions for Promoting Social Cohesion", *ECINEQ Working Paper Series*, Vol. 17, No. 7, 2010, pp. 1 – 35.

　　关于社会整体诚信氛围对大众生活满意度和幸福感的影响，已被国内外较多研究所证实：Tokuda，Fujii 和 Inoguchi 采集了来自 29 个亚洲国家 39082 名调查对象的横向数据来探讨个体及总体社会信任对幸福感的影响，结果发现两者皆与幸福感呈显著正相关。[①] Helliwell，Huang 和 Wang 使用盖洛普世界民意测验、世界价值观调查和欧洲社会调查三大国际调查数据来分析信任与幸福感之间的关系，结果显示生活在一个高度信任的环境中更能使人们适应逆境并感到幸福。[②] Musson 和 Rousselière 调查了社会资本对主观幸福感的影响，发现社会资本中的社会信任能显著预测居民的主观幸福感。[③] 在国内研究中，袁浩和马丹的研究证实，居民的社会信任越强烈，其主观幸福水平就越高。[④] 米健利用世界价值观调查数据进行分析后同样证实，社会信任对我国居民主观幸福感有明显的正性影响。[⑤] 何蜜月利用 2015 年中国社会状况综合调查的 10249 个数据，对我国居民主观幸福感及其影响因素进行了研究，进一步证实社会信任对我国居民主观幸福感的重要影响。[⑥] 王磊则根据中国社科院"2014 年中国家庭幸福感热点问题调查"的数据分析得出，社会信任与家庭幸福感呈显著正相关，即良好的社会信任更容易让民众体验到家庭及个人的幸福。[⑦]

---

① Y. Tokuda, S. Fujii & T. Inoguchi, "Individual and Country-Level Effects of Social Trust on Happiness: The Asia Barometer Survey", *Journal of Applied Social Psychology*, Vol. 40, No. 10, 2010, pp. 2574 – 2593.

② John F. Helliwell, Haifang Huang & Shun Wang, "New Evidence on Trust and Well-Being", *The National Bureau of Economic Research*, Vol. 31, No. 15, 2016, pp. 1 – 22.

③ Anne Musson & Damien Rousselière, "Social Capital and Subjective Well-Being", *Wealth (s) and Subjective Well-Being*, No. 76, 2019, pp. 353 – 374.

④ 袁浩、马丹：《社会质量视野下的主观幸福感——基于上海的经验研究》，《吉林大学社会科学学报》2011 年第 4 期。

⑤ 米健：《中国居民主观幸福感影响因素的经济学分析》，博士学位论文，中国农业科学院，2011 年。

⑥ 何蜜月：《我国居民主观幸福感及其影响因素研究》，硕士学位论文，贵州民族大学，2018 年。

⑦ 王磊：《社会信任与家庭幸福感的关系初探——基于中国家庭幸福感热点问题调查数据的研究》，《中国社会心理学评论》2018 年第 1 期。

同时，研究者们也从不同社会群体与组织的角度对大众生活满意度与幸福感的影响进行了探讨，本书主要从以下几个方面加以阐述：（1）在企业或社会组织中，领导及同事的信任水平会对我们的生活和工作幸福感产生影响。曾丽碧的研究表明，诚信型领导通过其对员工的尊重和重视以及较强的领导特质，让员工产生组织认同感，从而提高员工在工作中的幸福感。① 宋萌的研究则显示，诚信型领导通过内化道德观、平衡处理、关系透明和诚信行为四个方面来进行自我调节，并通过正面示范以培养诚信员工，营造出一个诚信的组织氛围，增加员工的工作幸福感。② Ilies 等人进一步通过诚信型领导与下属幸福感的影响模型建构发现其影响路径，即个人和组织对诚信领导的识别会直接正向影响领导者的幸福感，继而再间接影响下属的幸福感。③ Yin，Huang 和 Wang 研究工作环境特征对教师这一群体幸福感的影响，结果显示，对同事的信任有利于教师幸福感的提升。④ （2）商家的诚信，主要包括商品的质量和服务，它们不仅直接影响大众生活质量，也会间接地对消费者的生活满意度与幸福感产生影响。近几年，消费过程中的虚假广告、伪劣质量、信息不实等负面信息的曝光给大众带来极大伤害，消费者与商家之间的信任危机不断加深。刘明明在其研究中提出，消费者信任包括对消费环境的信任（商品质量和消费权益两方面），对社会信任有着重大影响，消费者信任通过增强社会信任来增强公众的主观幸福感。⑤ 安静则通过数据分析对俄罗斯居民

① 曾丽碧：《诚信领导与员工工作幸福感关系的实证研究》，硕士学位论文，暨南大学，2013 年。

② 宋萌：《诚信型领导与员工绩效的关系研究——心理资本的中介作用》，硕士学位论文，华中师范大学，2015 年。

③ R. Ilies，F. P. Morgeson，J. D. Nahrgang，"Authentic Leadership and Eudaemonic Well-Being: Understanding Leader-Follower Outcomes"，*Leadership Quarterly*，Vol. 16，No. 3，2005，pp. 373 – 394.

④ Hongbiao Yin，Shenghua Huang & Wenlan Wang，"Work Environment Characteristics and Teacher Well-Being: The Mediation of Emotion Regulation Strategies"，*Environmental Research and Public Health*，Vol. 13，No. 9，2016，pp. 1 – 16.

⑤ 刘明明：《社会信任对公众主观幸福感的研究》，《学习与实践》2016 年第 1 期。

社会资本与主观幸福感的关系做了探讨，同样发现消费信任通过总体社会信任对当地居民的主观幸福感产生影响。[①]（3）教育和学术诚信对教师和受教育群体的生活满意度及幸福感也有着显著影响，孟凡静在综合探讨高校教师职业道德内化及其促进机制的研究中提到，自觉遵守学术诚信等职业道德修养，可以帮助高校教师群体调节无序的心理状态，获得心理平衡和主观幸福感。[②] 王霞在论述教育的信任危机与重建问题时提到，教育以"信"为基本特征，没有信任的教育活动难以为继，因公众对教育领域的信任危机而产生的怀疑、担忧、逃避等情绪会影响大众的生活满意度。[③]（4）随着互联网的普及与盛行，网络诈骗及贷款、网络商品信息不实、网络信息泄露等网络诚信缺失现象不断涌现，这危害到网络社会秩序的同时，也直接影响到大众的日常生活质量和幸福感。孙金玉通过研究发现，网络人际信任可以影响大学生的主观幸福感，大学生常通过网络自我暴露来增强网络人际信任和网络社会支持，继而提升主观幸福感。[④] 张茜茹发现，大学生对网络社交媒体的信任与总体主观幸福感以及积极情绪均呈显著正相关。[⑤] Sabatini 和 Sarracino 也对社交网络与主观幸福感的关系进行了研究，证实了信任对主观幸福感有显著预测作用，社交网络通过信任的中介作用对个体的主观幸福感产生影响。[⑥] Kim 等人研究了信任对旅游网站价值的影响，结果发现信任对功能价值和享乐价值都有显

① 安静：《转型期俄罗斯社会资本对居民主观幸福感的影响》，硕士学位论文，辽宁大学，2017 年。

② 孟凡静：《高校教师职业道德内化及其促进机制研究》，硕士学位论文，西安科技大学，2012 年。

③ 王霞：《教育的诚信危机与重建》，《西北师大学报》（社会科学版）2019 年第 5 期。

④ 孙金玉：《大学生网络自我表露、网络人际信任与网络社会支持的关系研究》，硕士学位论文，吉林大学，2014 年。

⑤ 张茜茹：《大学生社交媒体依赖的测量及其与主观幸福感的关系》，山西师范大学，2015 年。

⑥ Fabio Sabatini & Francesco Sarracino, "Online Networks and Subjective Well-Being", *Kyklos*, Vol. 70, No. 3, 2017, pp. 456 – 480.

著影响，两者皆能为老年消费者带来幸福感。[1]

三　诚信的人更幸福

个人诚信是指自然人在社会生活中诚实无欺、讲求信用的行为表现。[2] 个人诚信包括个体在各类社会活动和社会关系中的具体诚信表现，社会活动中的个体诚信在前文已有所涉及，这里主要围绕人际关系、亲密关系、亲子关系等社会关系中个人诚信对生活满意度及幸福感的影响进行阐述。

在个体间的人际关系上，信任是人际交往的调和剂，缺少信任的人际关系通常脆弱且难以深入。郭敏以来自中国、英国、德国和日本四个不同国家的 568 名大学生作为调查对象，探讨了四国大学生人际信任与主观幸福感的现状、关系及文化差异，研究结果显示各国现状存在显著差异，且除英国外，其他三个国家大学生的人际信任与主观幸福感皆存在显著相关。[3] 王希平以 1000 名在校大学生为被试对自我和谐、人际信任与主观幸福感之间的关系进行研究，结果发现人际信任、自我和谐与主观幸福感存在两两正相关关系，人际信任可以分别正向预测自我和谐以及主观幸福感。[4] 此外，在针对居民幸福感的研究上，Lou 根据 ABS（Asian Barometer Survey）的数据进行分析后发现，人际信任显著预测居民幸福，相信"周边人可信任"的受访者对生活有更积极的信念。[5] Leung 等通过实证研究也证实了人际间的

---

① Joonhyeong Joseph Kim, Minjung Nam & Insin Kim, "The Effect of Trust on Value on Travel Websites: Enhancing Well-Being and Word-of-Mouth among the Elderly", *Journal of Travel & Tourism Marketing*, Vol. 36, No. 1, 2019, pp. 1 - 14.

② 徐强：《法律保障下的个人诚信建立问题研究》，《征信》2014 年第 4 期。

③ 郭敏：《四个国家大学生主观幸福感与人际信任相关性的跨文化研究》，硕士学位论文，内蒙古师范大学，2007 年。

④ 王希平：《大学生自我和谐、人际信任与主观幸福感的关系研究》，硕士学位论文，河北大学，2011 年。

⑤ Diqing Lou, "Marching Toward a Harmonious Society: Happiness, Regime Satisfaction, and Government Performance in Contemporary Urban China", *Asian Politics & Policy*, Vol. 1, No. 3, 2009, pp. 508 - 525.

信任关系能够给居民以安全感和归属感。① 高珺以代际差异的视角，对人际信任与当代中国居民生活满意度做了分析比较，结果显示人际信任与居民满意度之间存在显著正相关，且在人际信任的影响程度上，年轻一代比年长一代更重视人际信任因素对生活满意度的影响。②

在亲密关系上，由于人们对爱情与婚姻往往带有忠诚、专一、责任等积极的期待，因此在亲密关系的建立及发展过程中，信任是最被渴求的品质之一，③ 其对亲密关系的作用不言而喻。张洁尉选取大学生、研究生及已工作人员为对象，调查青年恋爱信任与主观幸福感的关系，结果显示青年恋爱信任与主观幸福感显著相关。④ 刘通对信任在大学生宽恕与恋爱满意度中的中介作用进行了研究，证实了大学生信任水平对恋爱满意度的显著预测作用，以及信任在宽恕与恋爱满意度之间的中介作用。⑤ 王淑芹则系统探讨了不同的信任类型与婚姻的质量、稳定和满意度之间的密切关系，工具性信任的婚姻较为脆弱和易变，认知性感情信任的婚姻具有一定的稳定性和满意度，而带有信念性感情信任的婚姻能达到爱情与婚姻的高度统一，给婚姻带来高质量和高满意度。⑥

在家庭关系上，家庭成员之间的信任关系及信任氛围也会直接影响到个体的生活满意度及幸福感。徐映梅和夏伦利用世界价值观调查数据分析了近20年来中国居民主观幸福感的变化情况，发现对家庭

---

① Ambrose Leung, Chery Kier, Tak Fung, Linda Fung & Robert Sproule, "Searching for Happiness: The Importance of Social Capital", *Journal of Happiness Studies*, Vol. 12, No. 3, 2011, pp. 443 – 462.

② 高珺：《人际信任与当代中国居民生活满意度》，硕士学位论文，天津大学，2017年。

③ 杜平：《性别不信任及其多样化生产——打工青年信任与亲密关系的互动分析》，《妇女研究论丛》2019年第2期。

④ 张洁尉：《青年恋爱信任、工作与主观幸福感的关系调查》，《保健医学研究与实践》2010年第3期。

⑤ 刘通：《大学生宽恕与恋爱满意度的关系研究——以信任为中介变量》，硕士学位论文，吉林大学，2017年。

⑥ 王淑芹：《论婚姻与信用》，《齐鲁学刊》2006年第1期。

成员信任的人，幸福感更强，且其更为幸福的概率是不信任家庭的近60倍。[①] 何昕彤在关于家庭教养方式与主观幸福感的关系研究中发现，信任鼓励型的家庭教养方式与个体主观幸福感中的生活满意度及积极情绪皆呈显著正相关，说明父母给予孩子的信任对孩子的生活满意度和积极情绪皆有重要影响。[②] 马万超在研究社会资本对居民幸福感的内在影响机制中证明，亲戚信任与居民幸福感呈显著正相关，健康在其中起着中介作用，即是说，亲戚间的信任关系对个体的身体健康产生影响，继而显著影响居民的幸福感。[③]

此外，还有研究专门探讨其他信任关系对主观幸福感和满意度的影响，例如 Lazzara 等探讨了患者对团队合作的理解在癌症治疗中的作用，结果显示，患者的信任与其满意度以及坚持治疗、改善结果有关。[④] Martínez 等在探讨心理健康、人际信任与主观幸福感的研究中发现，对陌生人的信任是预防心理健康疾病的保护因素之一。[⑤] Bai，Gong 和 Feng 对社会信任、差别结构和主观幸福感之间的关系进行了探究，结果表明对陌生人的信任也与主观幸福感显著相关。[⑥]

综上所述，诚信在国家、社会和个人等多层次、多领域中对大众的积极心理状态产生直接或间接的影响，诚信所提供的良好社会氛围是大众日常生活的必要需求，也是构建大众生活满意度、提升主观幸福感的重要前提。

[①] 徐映梅、夏伦：《中国居民主观幸福感影响因素分析——一个综合分析框架》，《中南财经政法大学学报》2014 年第 2 期。

[②] 何昕彤：《大学生家庭教养方式、人格与主观幸福感的关系研究》，硕士学位论文，吉林师范大学，2016 年。

[③] 马万超：《社会资本影响居民幸福感内在机制的实证研究》，《社会科学》2018 年第 2 期。

[④] H. Elizabeth, Lazzara, et al., "Understanding Teamwork in the Provision of Cancer Care: Highlighting the Role of Trust", *Journal of Oncology Practice*, Vol. 12, No. 11, 2016, pp. 1084 - 1090.

[⑤] Lina María Martínez, Daniela Estrada & Sergio I. Prada, "Mental Health, Interpersonal Trust and Subjective Well-Being in a High Violence Context", *SSM-Population Health*, Vol. 8, 2019, pp. 1 - 6.

[⑥] Caiquan Bai, Yuan Gong & Chen Feng, "Social Trust, Pattern of Difference, and Subjective Well-Being", *SAGE Open*, Vol. 9, No. 3, 2019, pp. 1 - 17.

第二章　日常生活中诚信价值观的影响因素

《河南程氏遗书》云：学者不可以不诚，不诚无以为善，不诚无以为君子。修学不以诚，则学杂；为事不以诚，则事败；自谋不以诚，则是欺其心而自弃其忠；与人不以诚，则是丧其德而增人之怨。[①]自古以来，一个人无论是在社会中立足还是与他人交际，诚信都被看作是一种基本的规范和行为准则。诚信在历朝历代中对维护封建统治，巩固社会秩序，规范个体行为，促进经济发展起到重要作用。

时至今日，时代变迁，人类社会文化形态、社会规则、道德观念、价值取向等都发生了翻天覆地的变化，但在所有的道德准则之中，人们认同感最高的准则之一仍然是诚信。自中华人民共和国成立起，我国就已有意识地培育适应社会的诚信文化。尤其是进入 21 世纪后，社会主义核心价值观的基本内容之一就是诚信，诚信建设已被纳入相关的法律法规和相应的文件中，诚信建设取得了显著的成就，不仅建立了失信惩戒和守信激励机制，完善了相关法律法规，在教育和宣传方面也取得了一定的成效。目前，各行各业的信用指数开始呈上升趋势。尽管如此，当前社会诚信缺失问题依然突出，各行各业诚信缺失的案例层出不穷，给当前社会经济发展、社会稳定和人民生活造成不利影响。一方面，由于建立在宗族血缘关系上的传统诚信与当前市场经济文化不能很好地契合，导致当前社会诚信缺失。另一方面，改革开放后，我国现代商业文

---

① （宋）程颢、程颐：《二程集》，中华书局 1981 年版，第 25 页。

明快速发展，但与之相适应的现代信用制度却迟迟没有建立起来，导致诚信缺失现象层出不穷。除此之外，诚信作为一种人格特质，与个体的自我意识、认知能力等心理因素密切相关，人的有限理性决定了个体不可能综合考虑所有信息，做出不诚信的行为或者诚信行为，从而对日常生活中人们的诚信价值观产生影响。

第一节　诚信建设成就的因素

在中国古代，统治阶级就已有意识的对诚信进行建设和维护，虽然没有形成明确的诚信建设体系，但对诚信的提倡和强调在一定程度上维护了封建统治和社会稳定。中华人民共和国成立以后，对诚信的建设经历了从隐性教育到显性建设的过程。目前，"诚信"已被确立为科学立法、严格执法、公正司法和全民守法的价值导向，并建立了符合当前社会特征的征信制度。

一　早期诚信建设的思想基础

诚信作为公认的一项道德规范和基本素养，自古就受到统治阶级和思想家的重视。中国古代虽然没有系统的和具体的诚信建设方法和指导方针，但对诚信的建设和维护依然十分注重。丁海涛经过系统考察，认为中国古代社会诚信建设主要依据"人性本善，诚信可教"的思想，通过"为政者的诚信示范，系统性的诚信教育，诚信修养的自我磨炼和社会诚信制度的维系"四种途径和方法，来追求"言必诚信，行必忠正"的诚信建设目标。其真正的目的是为了维护封建统治，为了让民众忠诚于统治阶级，[①] 强调的是宗族家庭对诚信的监督管理作用。由于经济发展水平、政治制度等的差异，我国古代社会对诚信的建设和维护必然存在一定的时代局限性。

---

① 丁海涛：《中国特色社会主义诚信建设研究》，博士学位论文，陕西师范大学，2017 年，第 47—64 页。

到了现代社会，由于政治制度和经济体制的改革以及文化变迁等因素，诚信缺失问题越来越严重。在中华人民共和国成立之初，我国面临着一个百废待兴的局面：反革命活动较为猖獗，各种投机倒把、哄抬物价、坑蒙拐骗的活动较多，社会信任度不高，人际交往间也充满了不信任。但是在经过党和政府推行的一系列改革措施，社会主义诚信建设初见成效，从隐性教育逐渐转为显性建设。①

二 当代诚信建设推进的历程

（一）隐性教育到显性建设的转变

在中华人民共和国成立之初，我国还没有明确提出诚信建设，但对诚信的要求都隐含于各个文件和开展的相关工作中。② 此时国家百废待兴，社会贫穷混乱。针对当时的社会现状，1949 年 9 月，中国人民政治协商会议通过的《中国人民政治协商会议共同纲领》向全国人民明确提出了五爱公德，这就是"爱祖国、爱人民、爱劳动、爱科学、爱护公共财物"，并要求国民必须共同遵循这五种基本道德规范。③ 这"五爱"是党和国家第一次具体提出的思想道德建设目标，标志着一个良好的开端。在其后的国民经济恢复期，政府在经济领域开展"三反"④ "五反"⑤ 运动、进行土地改革、稳定物价等社会运动；在政治领域开展整顿党风、镇压反革命、打击不法分子等政治活动，从而赢得了民众对新政府的信任和支持，也树立了新政府诚实守信的形象，扭转了当时一些不良的社会风气。

---

① 丁海涛：《中国特色社会主义诚信建设研究》，博士学位论文，陕西师范大学，2017 年，第 69 页。王小锡主编：《社会主义核心价值观研究丛书：诚信篇》，江苏人民出版社 2015 年版，第 145 页。

② 王小锡主编：《社会主义核心价值观研究丛书：诚信篇》，江苏人民出版社 2015 年版，第 145 页。

③ 韦冬主编：《中国共产党思想道德建设史》（上），山东人民出版社 2015 年版，第 307 页。

④ "三反"是指反对贪污，反对浪费，反对官僚主义。

⑤ "五反"是指反对行贿，反对偷税漏税，反对盗窃国家财产，反对偷工减料，反对盗窃经济情报。

在社会主义改造阶段，党和人民政府基于之前的工作成果，继续推进政治领域和经济领域的思想道德建设工作。在经济领域，主要开展"新三反"运动，① 纠"五多"运动，② 进行三大改造；在政治领域，注重党员的思想道德教育，培养德才兼备的干部以身作则，使其对社会起到带头引领的作用。

在社会主义建设时期，由于党和政府在全社会范围内起到带头引领的作用，所以，这一时期诚信建设的主体依然是党和政府，诚信建设的领域主要是政治领域和经济领域。在政治领域，主要通过批评主观主义、自由浮夸的作风来要求党员不说假话、不作假；同时，在经济领域开展彻查和纠正"五风"③ 来肃清经济的假账、不明账，巩固民众对党和政府的信任与支持。

经过上述各个阶段的努力，诚信建设已经初见成效，诚信观念得到了极大的提高。但由于我国处于社会主义建设的探索阶段，有些方面也存在失信行为，如"大跃进"时期的虚报产量，"文化大革命"对诚信建设的冲击，在一定程度上对诚信建设成果造成破坏。但也有学者认为，当时的失信和现在的失信本质上是有差异的。前者是由于客观原因导致，而后者更多的是由于主观因素造成。④

1978 年十一届三中全会召开以后，我国开始具体化对失信行为的治理和整顿，但由于时代背景的变迁，有学者⑤认为，这一时期诚信建设呈现出新的特征。首先，诚信建设的主体由党和政府转为公民个体；其次，个人失信开始不断伴随经济失信出现。在新的时代背景下，党和政府对道德建设提出了新的时代要求。第一件事是，1979

---

① "新三反"是指反对官僚主义，反对命令主义，反对违法乱纪。

② "五多"是指任务多，会议集训多，公文报表册多，组织多，积极分子兼职多。

③ "五风"是指共产风，浮夸风，命令风，干部特殊风，生产瞎指挥风。

④ 丁海涛：《中国特色社会主义诚信建设研究》，博士学位论文，陕西师范大学，2017 年。

⑤ 王小锡主编：《社会主义核心价值观研究丛书：诚信篇》，江苏人民出版社 2015 年版，第 150 页。

年，十一届四中全会明确提出了"建设社会主义精神文明"的概念，表明我国从之前的注重经济建设到兼顾精神文明建设的转变。① 第二件事是，邓小平同志在 1980 年提出要培养"有理想、有道德、有文化、有纪律"的四有新人目标，将"有道德、有文化"明确作为人才培养的目标之一。第三件事是，1981 年，我国开展的"五讲四美"② 文明礼貌活动，对公民的品德、思想和精神进一步提出了要求。随着改革开放的不断深入和经济的进一步发展，以经济领域为主导，我国开始出现"失信危机"。同时，党和政府也加强了诚信文化建设，如在 1986 年 9 月，中共中央文件中就明确提出"诚实守信"的概念，并将其写入社会主义精神文明建设的纲领性文件中。

1992 年 10 月，十四大正式提出建立社会主义市场经济体制。市场经济体制的确立使经济飞速发展，伴随着社会制度的改革，精神文明建设较为缓慢，从而导致失信危机进一步加剧。但相对来说，这一阶段的诚信建设更加被党和政府所重视。1996 年 10 月，十四届六中全会将"诚实守信"纳入职业道德建设内容中，并要求各行各业都必须遵守这一职业道德，这一重大举措标志着我国诚信建设由隐性教育阶段转为显性建设阶段。

（二）《公民道德建设实施纲要》的颁布及实施

党的十一届三中全会特别是十四大以后，我国加强了社会主义精神文明建设，其中公民道德建设迈出了新的步伐，同时社会道德风尚也有一定的改善。但是，此阶段我国公民道德建设方面仍然存在着许多问题。如不讲信用、欺骗敲诈仍时有发生，见利忘义、以权谋私的现象仍然存在，社会各个领域都出现了一些道德失范的问题。

在这样的时代背景下，中共中央于 2001 年颁布了《公民道德建

---

① 余玉花、邓安能：《改革开放以来中国诚信建设的部署、实践和经验》，《思想教育研究》2018 年第 12 期。

② "五讲"是指讲文明，讲礼貌，讲卫生，讲秩序，讲道德。"四美"是指心灵美，语言美，行为美，环境美。

设实施纲要》（以下简称《纲要》），首次将诚信直接纳入公民的基本道德规范，提出"明礼诚信"的概念，这一举措标志着我国诚信建设时代的到来。《纲要》针对市场经济发展过程中存在的坑蒙拐骗和欺诈行为等现象指出，要建立起与社会主义市场经济体制相适应的道德体系，除了靠法律法规的强制性制约外，也需要依靠道德建设为市场经济的快速健康发展保驾护航。要大力提倡以信待人、遵纪守法、诚实信用的传统美德。2002 年 11 月，党的十六大报告又强调，要建立与社会主义市场经济相适应、与法律法规相协调、与我国传统美德相承接的社会主义思想道德体系，就必须以"诚信"为社会主义思想道德建设的一个重要着力点和切入点。① 在此年 10 月，十六届三中全会针对经济领域诚信建设提出，要加快建立社会信用制度。这显示出，思想道德建设已经具体化到具体领域的信用制度建设。

（三）社会主义核心价值观的提出

"八荣八耻"的社会主义荣辱观于 2006 年被提出，在"以诚实守信为荣、以见利忘义为耻"的荣辱观中，"诚实守信"被从基本道德规范提升到了人生观、价值观和世界观的高度。② 2007 年，党的十七大报告把"诚信意识"确定为加强思想道德建设的重点。2011 年十七届六中全会提出要把"诚信建设摆在突出位置，大力推进政务诚信、商务诚信、社会诚信和司法公信建设，开展道德领域突出问题专项教育和治理"③。同时，提出要下大力气治理当今社会的诚信危机，建立健全覆盖全社会的征信系统，加大对失信行为惩戒力度，在全社会广泛形成守信光荣、失信可耻的氛围。

2012 年 11 月，党的十八大报告对"社会主义核心价值观"做出了新的概括，并从国家、社会和个人三个层面概括了社会主义核心价

---

① 傅建成：《社会主义思想道德体系的"相适应"、"相协调"、"相承接"》，《求是》2003 年第 10 期。

② 丁海涛：《中国特色社会主义诚信建设研究》，博士学位论文，陕西师范大学，2017 年，第 74 页。

③ 曾建平、邹平林：《社会转型时期的诚信与道德建设》，《道德与文明》2013 年第 5 期。

值观的基本内容，其中诚信作为个人价值取向的内容之一被明确确立为"社会主义核心价值观"的重要维度，强调公民应该诚实劳动、信守承诺、诚恳待人。谢春涛认为，社会主义核心价值观的"24个字内涵丰富、涵盖面广，与中国特色社会主义发展要求相契合，与中华优秀传统文化和人类文明优秀成果相承接"[①]。2016年"诚信"被确立为科学立法、严格执法、公正司法和全民守法的价值导向。综上，从一系列的政策和文件规定可以看出，诚信越来越得到党和国家的高度重视，对于诚信体系的建设也逐渐具体、详细和完善。

三　作为社会主义核心价值观的诚信建设成就

自十八大报告首次将"诚信"纳入社会主义核心价值观后，经过党和政府的努力，目前我国在诚信建设方面取得了重大进步。首先，指导诚信体系建设的相关政策制度不断完善；其次，初步建立了覆盖全社会范围的征信系统；最后，全社会的信用指数开始上升，失信惩戒效果明显。

（一）相关政策制度的完善

自从党的十八大提出要"加强政务诚信、商务诚信、社会诚信和司法公信建设"[②] 后，以习近平同志为核心的党中央高度重视诚信体系建设。在党的十八届三中全会上，提出要"建立健全社会征信体系，褒扬诚信，惩戒失信"[③]。《"十二五"规划纲要》又提出了加快社会信用体系建设的总体要求。根据以上文件的指导意见，2014年制定并出台的《社会信用体系建设规划纲要（2014—2020年)》要求以推进诚信文化

---

① 隋笑飞、黄小希：《〈关于培育和践行社会主义核心价值观的意见〉解读》，中华人民共和国中央人民政府网，http：//www. gov. cn/jrzg/2013 – 12/23/content_ 2553144. htm，2013 年 12 月 23 日。

② 胡锦涛：《坚定不移沿着中国特色社会主义道路前进 为全面建成小康社会而奋斗——在中国共产党第十八次全国代表大会上的报告》（2012 年 11 月 8 日），人民出版社 2012 年版。

③ 2013 年 11 月 12 日中国共产党第十八届中央委员会第三次全体会议通过的《中共中央关于全面深化改革若干重大问题的决定》（单行本），人民出版社 2013 年版。

建设、建立守信激励和失信惩戒机制为重点，建立健全信用法律法规，形成守信光荣、失信可耻的社会诚信氛围，提高全社会的诚信意识和信用水平，争取在 2020 年建立健全覆盖全社会的征信制度。2014 年 7 月，发布《关于推进诚信建设制度化的意见》，针对推进诚信建设制度化提出了 7 个方面 21 条具体意见，具有非常强的指导性和实践性。

2017 年 10 月，十九大报告提出要推进诚信建设和志愿服务制度化，强化社会责任意识、规则意识和奉献意识。[①] 2018 年 8 月，中央精神文明建设指导委员会印发了《关于集中治理诚信缺失突出问题　提升全社会诚信水平的工作方案》，组织有关部门针对人民群众普遍关注的诚信缺失问题和经济社会领域出现的失信突出问题，集中开展 19 项专项治理。

青少年作为国家的未来和希望，在青年中培育和践行社会主义核心价值观具有积极作用。所以，在 2017 年 4 月，国务院颁布并实施《中长期青年发展规划（2016—2025 年）》，号召推进青年信用体系建设，并将倡导和培育青年诚信品格纳入青年发展事业总体布局的工作规划中。一方面，在青年的教育、就业、创业等阶段进一步建设并完善青年信用体系。另一方面，开展诚信教育，积极培养青年的诚信意识和诚信理念，引导青年树立起诚实守信的道德品质。

当前，中国特色社会主义已经进入新时代，新时代对公民道德建设会有新的和更高的要求。2019 年 10 月中共中央、国务院印发《新时代公民道德建设实施纲要》是对 2001 年党中央颁布的《公民道德建设实施纲要》内容的升级版，这是新时代加强公民道德建设的纲领性文件，并提出要"持续推进诚信建设"等指导性和实践性意见。

（二）守信激励与失信惩戒机制的建立和完善

在一系列政策的号召和实施下，我国在诚信建设方面坚持以人为本、教育为先和政府主导、多方参与的原则，在政务领域、商务领

---

① 习近平：《决胜全面建成小康社会　夺取新时代中国特色社会主义伟大胜利——在中国共产党第十九次全国代表大会上的报告》（2017 年 10 月 18 日），人民出版社 2017 年版，第 43 页。

域、社会领域以及司法领域中展开诚信建设。

破解诚信危机的关键是建立健全覆盖全社会范围的征信制度,① 所以,党和人民政府高度重视社会信用体系建设的工作。为了建立健全激励守信、惩戒失信的机制,大力推动诚信建设,2014 年 3 月,中央文明办等八部门印发并实施《"构建诚信 惩戒失信"合作备忘录》,规定了失信人员将会被限制出境、高消费等,如限制乘坐飞机、高铁、列车软卧等,限制贷款或办理信用卡。另外,失信个体不得担任企业的法人、董事、高级管理人员等职务。② 2014 年的《社会信用体系建设规划纲要 (2014—2020 年)》要求在 2020 年建立健全覆盖全社会的征信制度。针对如何推进征信制度建设,2014 年《关于推进诚信建设制度化的意见》中提出,一方面要加快征信系统的建设,另一方面要建立信用信息共享机制。连维良表示,将首先在全社会加快建立统一信用代码制度。③ 信用代码制度是指以公民身份证号码和组织机构代码为基础的统一社会信用代码制度。通过信用代码制度建立包括金融、工商登记、税收缴纳、社保缴费、交通违章等信用信息的信用体系,一方面可实现信用信息资源共享,并使每一个法人和自然人都有详细的信用档案;另一方面在施行守信激励和失信惩戒制度时就有了执行的信息依据。

在 2014 年的《社会信用体系建设规划纲要 (2014—2020 年)》出台后,征信制度不断得到完善。2016 年 9 月,《关于加快推进失信被执行人信用监督、警示和惩戒机制建设的意见》出台并要求:(1)进一步加强联合惩戒力度。对失信被执行人进行全方位、多角度的限制,如,限制从事特定行业或项目,限制获得政府支持或补贴,限制任职资格,限制获得荣誉和授信,限制高消费及有关消费,限制出境

---

① 王春霞:《破解诚信问题的核心是健全征信制度——母婴行业诚信调查系列之五》,《中国妇女报》2019 年 7 月 26 日第 2 版。

② 徐嫣、王博:《论失信联合惩戒视野下社会组织信用监管制度的构建》,《法律适用》2017 年第 5 期。

③ 黄卓:《信用代码制度推进信用建设》,www. wenming. cn/wmpl_ pd/ycz1/201408/t20140807_ 2105440. shtml,原载贵州文明网,2014 年 8 月 7 日。

等。（2）加强信息公开与共享。不仅对失信被执行人的信息通过网络和媒体公开，而且对信用信息也通过共享平台进行共享，从而建立起完整有效的共享体制机制。（3）完善相关制度机制。进一步提高执行查控工作能力，完善失信被执行人名单制度和党政机关支持人民法院执行工作制度。（4）加强组织领导。

另外，根据诚信建设的总体要求，除了建立和完善激励与惩戒机制外，我国也开展了一系列诚信宣传教育，如，为了加强青年诚信宣传教育，推进青年信用体系建设而开展的"诚信点亮中国"全国巡回活动，从 2017 年开始，已连续开展了三年。通过在青年群体中举办信用知识讲座，诚信文化作品创意比赛等活动，来提升和增强青年诚信意识和信用理念，引导其积极助力诚信社会建设。[①]

经过党和国家的一系列诚信建设的举措，守信激励与失信惩戒机制得以建立和完善。目前，失信惩戒机制的作用越来越明显，对社会生活中的失信行为起到了威慑作用，比如高铁霸座现象得到了一定程度的惩戒。社会整体的信用指数开始呈上升趋势。

（三）诚信综合治理初见成效

重拳之下，必有成效。最高人民法院结合实际拿出的硬招，比如：被全城疯狂转发的"失信曝光台"微信、限制乘坐飞机和高铁……一个个耳熟能详的新招，失信惩戒措施层层加码，并随着《最高人民法院关于公布失信被执行人名单信息的若干规定》《关于加快推进失信被执行人信用监督、警示和惩戒机制建设的意见》等系列硬核制度的纷纷出台，使得"一处失信、处处受限"的信用惩戒大格局正在构筑成型。失信惩戒在很大程度上督促了失信被执行人主动履约，也加深了"无信难立"的社会认知。[②]

---

① 吴佳佳：《2018 "诚信点亮中国" 青年诚信宣讲活动举行》，经济日报—中国经济网，http://www.ce.cn/xwzx/gnsz/gdxw/201811/29/t20181129_ 30903241. shtml，2018 年 11 月 29 日。

② 黄舒萍：《让失信惩戒长出 "牙齿"》，《人民法院报》，http://jszx. court. gov. cn/main/ExecuteComment/282431. jhtml，2020 年 12 月 29 日。

表 2 - 1 - 1

2005—2018 年中国信用小康指数与各行业信用指数

年度	2005	2006	2007	2008	2009	2010	2011	2012	2013	2014	2015	2016	2017	2018
中国信用小康指数	60.2	60.1	60.0	60.4	61.1	61.7	62.7	64.3	66.7	70.5	71.7	74.1	77.8	83.1
政府信用	60.5	60.5	60.6	61.5	62.2	63.0	65.0	67.8	70.1	74.1	77.8	81.1	83.7	89.2
人际信用	66.3	66.1	66.0	66.2	67.0	67.7	67.8	68.0	70.2	67.8	66.8	68.7	73.1	78.3
企业信用	53.7	53.4	53.1	53	53.6	54.1	54.5	56.0	58.5	68.2	68.4	70.0	74.6	79.7

资料来源：中国小康网，http://www.chinaxiaokang.com/。

在一系列的政策实施下，诚信建设初见成效，我国各行业的信用指数呈上升趋势。《求是》杂志社创办的《小康》杂志从 2005 年开始，每年都会针对诚信建设问题开展相关调查。结果发现，从 2005 年至 2011 年，中国信用小康指数持续走低（见表 2 - 1 - 1 和图 2 - 1 - 1）。但从 2011 年开始，随着党和国家对诚信建设的重视，并伴随一系列相关政策的实施，中国信用小康指数开始缓慢上升（见表 2 - 1 - 1 和图 2 - 1 - 1），到 2018 年，已达到 83.1。

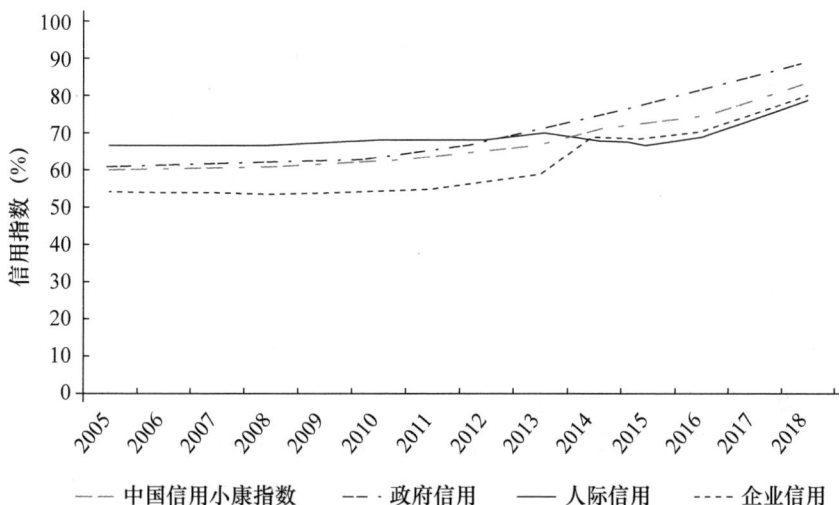

图 2 - 1 - 1　2005—2018 年中国信用小康指数与各行业信用指数折线图

　　另外，从图 2 - 1 - 1 也可形象地看出，除了中国整体的信用小康指数在上升外，人民群众普遍关心的其他三个主要领域——政府、人际和企业——小康指数也从 2011 年开始呈现缓慢上升趋势。其中，政府信用的增长相对来说最高，2018 年已达到 89.2，远高于中国信用小康平均指数。

　　除此之外，对诚信问题的原因分析、影响因素、历史渊源的考察和理论基础的探索等也在不断推进，这一点仅从研究者的相关科研项目数量上就可管窥一二，这些研究成果可以作为诚信建设研究和实践的参考资料和理论基础。

　　当然，社会诚信建设在取得成效的同时，也存在一些不足。杨柳青认为，由于整个社会失信代价过小，政务诚信和商务诚信建设力度不够，诚信文化建设存在冷热不均、主体不明、偏重形式、缺乏实效的问题。① 另外，存在的问题有公民诚信意识还比较薄弱，诚信建设

① 杨柳青：《社会诚信文化建设的问题、原因与对策》，《长春教育学院学报》2018 年第 1 期。

的法治环境有待改进，征信制度也有待进一步完善等。这也是未来诚信建设需要努力改进的地方。

第二节 社会诚信问题的因素

作为当前社会精神文明建设的重要组成部分，良好的诚信可保证市场经济活动的有序运行，是政府公信力的保证，也是国家经济发展和社会稳定的基石。因此，如何推进诚信建设是当今社会面临的一个重要命题。其中，厘清影响诚信建设的消极因素是保证诚信建设顺利进行的首要任务。影响诚信建设的因素主要分为两方面：一方面源自传统文化中的诚信观和当今社会经济、政治、文化等的发展要求不契合。另一方面，源自当前社会背景下呈现出的一系列新的诚信问题。

一 当前社会诚信问题的存在

随着现代化历史进程的推进和社会政治、经济、文化领域的一系列变革，以及经济全球化和价值观多元化的发展，尤其是我国改革开放以后，各种诚信危机事件不同程度地出现在各行各业中。

比如频频发生的食品安全事件不断牵动民众的神经。从早年的"皮革奶"事件、"苏丹红鸭蛋"事件、三鹿"三聚氰胺奶粉"事件，到2010年的地沟油事件、其后的"染色馒头"事件、瘦肉精事件、病死猪肉事件、硫磺熏制"毒生姜"、湖南"镉大米"、"僵尸肉"流入餐桌事件，再到近两年随着外卖行业的兴起出现的小作坊卫生问题等，让广大民众对食品行业充满了怀疑和不信任。其原因固然有市场监管方面的缺陷，但不法商家为了追求个人利益而置诚信原则于不顾才是其根本因素。为了提高产量，有人盲目使用违禁激素；为了使面粉和粉丝增白，有人将有毒化学品"吊白块"掺和其中；为了增加猪的瘦肉率，有人在饲料中掺上"瘦肉精"；为了节省成本，奶茶店竟用发霉变质的水果榨果汁；为了个人的经济利益，将过期变质的冻肉流回餐桌。不法商家的这种背信弃义、违反道德的做法不仅会损害消费者的切身利益，产生不可估量的损失，最终也会让自己陷入诚信危机，自食恶果。

除了食品安全领域，关系到个体切身利益的日常消费品也总是因为各种假冒伪劣产品而让民众提心吊胆，如假冒伪劣的化妆用品、假酒假烟、冒名商品等。为了谋取个人利益，不法商家不顾公众利益，在产品中掺杂、掺假，以次充好、以假充真、以旧充新，肆意破坏大众对产品的信任，不仅损害了真正名牌的名誉，还会造成经济损失。诚信缺失让整个社会充满危险和欺诈。出门可能会遇到"碰瓷"，帮助他人可能反被讹诈，许久不联系的亲朋好友可能是传销组织的一分子，出行所住酒店有可能存在偷拍摄像头，游玩可能会碰到"宰客"，网聊的对象可能是同性之人，身边的网贷案件和电信诈骗案件层出不穷，花样翻新……这一系列的欺瞒诈骗事件无不透露出整个社会诚信缺失的严重性。

就连教育领域在近十年来，也是诚信缺失事件频发。2005年，黄禹锡干细胞学术造假的丑闻是21世纪早期影响最大的学术诚信缺失事件之一，其后一系列学术不端行为让教育行业不断蒙羞，学术尊严不断受到冲击，如，2010年，唐骏的"学历门"事件；2014年，北大博士生于艳茹所发论文涉嫌抄袭国外专著；2017年，国际《肿瘤生物学》大规模撤稿107篇；2019年，知名演员翟天临被指认论文涉嫌造假……就连一些教授博导，也开始不断违背学术诚信原则，制造假论文，相关新闻层出不穷，如，"高校副教授被曝抄袭本科生毕业论文""大学教授论文抄袭，竟说'踢篮球'""大学教授论文被指抄袭，'错别字也雷同'"……所以，教育诚信问题已不容忽视。教育是民族振兴、社会进步的重要基石，习近平曾提出，教育是提高人民综合素质、促进人的全面发展的重要途径。教育是对中华民族伟大复兴具有决定性意义的事业。[①] 因此，教育诚信是诚信建设的基础

---

① 习近平：《做党和人民满意的好老师——同北京师范大学师生代表座谈时的讲话》（2014年9月9日），人民出版社2014年版，第2页。

和核心，是当前社会必须严肃对待的最基本问题。

另外，民众最为关心的其他领域，如经济建设领域、政府领域、医疗卫生领域等，也存在一定程度的诚信缺失问题，如，经济建设领域的拖欠赖账、合同违约、偷税漏税、财务造假等；政府领域的面子工程、虚报政绩、掺水工程等；医疗卫生领域的药物造假、毒胶囊、长生生物问题疫苗事件等。

除了具体领域爆出的诚信危机，相关调查数据也提供了证据。从2005 年起，《小康》杂志社中国全面小康研究中心每年都会联合清华大学媒介调查实验室，在全国范围内开展"中国人信用大调查"。2010—2011 年度中国信用小康指数为62.7 分，从2011 年至2017 年，连续6 年的调查结果都处于低位运行态势。① 在政府信用、企业信用、人际信用、媒体信用、公益信用、家庭信用、教育信用、电商诚信、网络诚信、诚信教育等众多领域，最受公众关注的是政府信用，其次是人际信用，再次是网络信用。企业信用和教育信用分别排第四和第五。② 另外，2013 年中国社会科学院发布的《中国社会心态蓝皮书》结果显示，整个中国社会出现反向情绪。人与人之间的不信任感日趋强烈，受访者中低于50% 的认为社会上大多数人是可信的，超过70% 的受访者不相信陌生人。调查结果还显示，不同行业和不同阶层间的不信任感也在进一步加深和固化。人们对商业和企业的信任度最低，官民、警民、医患、民商等社会关系的不信任程度居高不下。③另外，发表在 *Science* 的一篇针对公民诚信和经济利益诱惑的关系的研究文章显示，在调查的 40 个国家中，虽然公民诚实的绝对增长值是稳定的，但公民诚实的比率因国家而异，中国公民诚信在 40 个国

---

① 欧阳海燕：《2011 中国人信用大调查——诚信危机刺痛中国》，《小康》2011 年第 8 期。
② 刘彦华：《2017 中国信用小康指数：77.8 信用奖惩在升温》，《小康》2017 年第 22 期。
③ 王俊秀、杨宜音主编：《中国社会心态研究报告（2012—2013）》，社会科学文献出版社 2013 年版，第 23 页。

家中排名落后。① 由此可见中国当前诚信危机的严重程度。

诚信缺失将会导致严重的社会问题。如果生活中没有诚信，那么，承诺就会被打破，合同就会被毁约，公民逃避纳税，政府就会变得腐败。所以，无论是在传统社会中，还是如今的市场经济时代，诚信行为都是经济和社会生活的核心特征。无论是对个人、组织还是整个社会，违反诚信的行为都是代价高昂的，尤其是在经济领域。

从社会经济发展的长远角度看，诚信缺失会阻碍经济发展。有研究者②探讨了中国政府诚信与企业投资率的关系，发现政府诚信与上市公司的投资率呈正相关，与企业投资不足呈负相关，较高的政府诚信减少了非国有企业的投资不足。研究者认为，加强政府诚信将有利于促进中国社会的经济转型。诚信与经济发展之间这种长期而稳定的关系不仅存在于中国当前经济社会中，在对全球多个国家进行调查研究时均发现相似的结果。如，Hugh-Jones③通过网络测验了 15 个国家（其中包括中国、印度、日本和韩国四个亚洲国家）的公民诚信度，结果发现各国的诚信存在很大差异，中国是诚信度最低的四个国家之一。但是，各国的平均诚信度均与其国内的人均 GDP 呈正相关，虽然这种与 GDP 的关系主要是指 1950 年之前的 GDP 差异，而非 1950 年以来的 GDP 增长。但作者究其原因，认为在历史早期，完善的经济制度尚未建立，经济往来中的公平公正主要靠诚信维系。随着市场经济的建立，与之相匹配的监督管理机制还不完善。

有学者④认为，经济领域是诚信缺失最严重的领域之一，并以经济领域为中心，向政治、教育等领域扩散和蔓延。其中，政府领域的

---

① C. Alain, A. M. Michel, T. David & L. Z. Christian, "Civic Honesty around the Globe", *Science*, Vol. 365, No. 6448, 2019, pp. 70 – 73.

② J. Du, W. Li, B. Lin, Y. Wang, "Government Integrity and Corporate Investment Efficiency", *China Journal of Accounting Research*, Vol. 11, No. 3, 2018, pp. 47 – 66.

③ D. Hugh-Jones, "Honesty, Beliefs about Honesty, and Economic Growth in 15 Countries", *Journal of Economic Behavior & Organization*, Vol. 127, 2016, pp. 99 – 114.

④ 韩玉伟、金国峰：《诚信论》，沈阳出版社 2005 年版，第 51 页。余玉花：《论诚信价值观》，《思想理论教育导刊》2016 年第 3 期。

诚信缺失会对整个社会起到负面的推动示范作用。[①] 李松指出，诚信是治国的关键法宝，是官德的重要内容，官德毁，则民德降，认为社会诚信建设的前提是政府先正己。[②] 教育领域的诚信缺失问题尤为引人关注，教育作为培养人才并促进其社会化和个性化的一项专门化的社会活动，诚信关乎其意义和价值。国内早期关于诚信的研究也是始于教育领域，主要聚焦于大学生的诚信价值观和诚信缺失问题。[③] 近些年来，随着数据造假、论文抄袭、考试舞弊、拖欠贷款、就业简历造假等事件的频发，研究者们越来越重视教育领域的诚信缺失的原因分析以及对策制定，如针对论文抄袭现象开发学术不端检测系统。但在某种程度上，学术不端检测系统又显现出教育领域诚信缺失的严重性和方法上的窘迫性。教育、科研和学术已经沦落到被动地需要靠学术不端检测系统来维护其价值和尊严。显然，技术手段和一切外在的法律法规都不是挽救诚信的终极方法，培养学生和公民诚信的人格特质、诚信意识以及行为准则才是教育乃至整个社会的根本方法和必由之路。在学术领域，诚信相关研究还有很长的路要走。

二 传统诚信观在市场经济条件下的弱化

对诚信的注重是中华民族悠久的道德传统，自春秋战国时期就已有思想家，如管仲、老子、荀子、孔子等人对其进行阐述和评价。不同时代的思想家们对诚信内涵的诠释日趋丰富，诚信含义逐渐超出道德本体层面，体现在道德的实践层面，具体表现为社会成员将其作为一种内在于心、外显于行的处事原则和道德规范。[④] 如，"人而无信，

---

① 陈平主编：《新中国诚信变迁：现象与思辨》，中山大学出版社 2010 年版，第257—260 页。

② 李松：《诚信：中国社会的第一项修炼》，新华出版社 2013 年版，第3—52 页。

③ 吴继霞、黄希庭：《诚信心理学研究的理论思考》，《西南大学学报》（社会科学版）2010 年第 6 期。

④ 丁海涛：《中国特色社会主义诚信建设研究》，博士学位论文，陕西师范大学，2017 年，第 23 页。

不知其可也。大车无輗，小车无軏，其何以行之哉?"（《论语·为政》）"吾日三省吾身，为人谋而不忠乎? 与朋友交而不信乎? 传而不习乎?"（《论语·学而》）"诚者，物之终始，不诚无物，故君子诚之为贵。"（《中庸》）正因为中国传统文化对诚信的重视和强调，所以，在中国历史上，有诸多关于诚信的故事和词语，如商鞅的"立木取信"、曾子杀猪、桥下之盟等普通百姓耳熟能详的诚信故事，以及"一诺千金""一言既出，驷马难追""一言九鼎"等词语。也因此，才形成了中华民族源远流长的重承诺、守信用的浓厚文化氛围和优良道德传统。由此可见，诚信作为一种全民遵守的基本道德规范和行为准则，是多么受古人的推崇。这种重视和推崇也可从各种经典古籍中提及的"诚信"数量上管窥一二。根据研究者统计，"信"字在《论语》整篇中大概一共出现了 38 次，而作为伦理概念使用的有 36 次。① 而"诚"在《大学》中有 8 次被提及，在《中庸》有 25 次被提及。②

虽然传统诚信在维护整个社会和谐稳定和经济发展过程中扮演了重要角色，对中华文明的发展起到了极为重要的作用，但是，传统诚信观是建立在维护封建统治的基础之上，通过提倡仁、义、礼、智、信等三纲五常的儒家伦理思想为统治阶级服务。具体表现为三点：其一，传统诚信观是建立在宗法社会基础上，缺少社会公共性和普遍性；其二，传统诚信主要依靠血缘、亲情来维系，而缺少个人自主性和理性；其三，传统诚信观是一种道德观，不具备法律法规的思想。③因此，传统文化下的诚信建设也体现出了古代社会背景下独有的特点④：（1）讲究"内省"，强调"修身"；（2）言传身教，见贤思齐；

---

① 陶辉兵：《浅析〈论语〉"诚信"思想对践行"诚信观"的借鉴作用》，《南昌教育学院学报》2017 年第 3 期。

② 李慧敏：《诚信与教育》，中国政法大学出版社 2015 年版，第 25 页。

③ 金建萍、杨谦：《比较视域下诚信价值观的现代意蕴》，《中国特色社会主义研究》2015 年第 4 期。

④ 丁海涛：《中国特色社会主义诚信建设研究》，博士学位论文，陕西师范大学，2017 年，第 52—57 页。

（3）注重"官德"，上行下效；（4）礼乐结合，化民成俗。即依靠道德自律和礼仪习俗维护社会诚信的运行，正如梁漱溟在对比中西方的社会运行机制时对我国古代社会进行评价所说的：不靠宗教而靠道德，不靠法律而靠礼俗，不靠强制而靠自力。① 因此，传统社会中的这种靠公民自觉和宗族血缘关系维系的诚信必然在当前经济市场条件下的社会中难以奏效。

三　多维视角下的诚信问题

目前，针对诚信缺失原因以及对策研究，各个学科之间还没有形成一个统一的观点。② 探寻其原因，主要因为相关研究的学者的学术背景不同，研究出发点和所依据的理论有别。但即使观点相左，却不存在对错之分，甚至在这样多领域、多角度的观点碰撞下，可以为诚信问题提供更深入独到的见解，为诚信建设更好地建言献策。

从伦理学角度分析，张宗艳认为，诚信属于伦理范畴，不是道德范畴，处理的是社会性的东西。它是调节人与社会、国家之间关系的外在规范。③ 所以，诚信的本质是一种来自传统社会中的个人意义上的道德自觉，受到传统思想中的等级思想和伦理规范的制约，没有相应的制度对其进行规范。在当代的市场经济的冲击下，容易导致道德的沦丧和滑坡。因此最基本的措施是从传统的儒家思想出发，结合实际情况，加强国民的思想政治教育，提高其道德素质。

社会学学者对诚信危机产生的原因，各自也存在差异。翟学伟将社会整体性纳入诚信缺失的原因分析中，认为中国社会信用危机在总体上主要根源于社会的同质化特征。④ 高学德认为，民众对陌生人的

---

① 梁漱溟：《中国文化要义》，学林出版社 1987 年版，第 212 页。

② 翟学伟：《信用危机的社会性根源》，《江苏社会科学》2014 年第 1 期。

③ 张宗艳：《社会主义诚信价值观确立的逻辑环节》，《辽宁大学学报》（哲学社会科学版）2015 年第 2 期。

④ 翟学伟：《信用危机的社会性根源》，《江苏社会科学》2014 年第 1 期。翟学伟：《同质化社会诱生信用危机》，《北京日报》2015 年 9 月 7 日第 18 版。

不信任，是源自以熟人关系为代表的关系信任的当代中国社会信任的主要模式。目前，还未建立起基于职业群体和陌生人的社会信任模式。① 邹建平则认为，中国文化近代化的过程是一个传统道德系统分崩离析和权力重建现代道德的过程，结构调整涉及社会的各个层次，研究者称之为一次范式的崩溃及重组。② 诚信缺失的根本原因是我国迟迟没有建立起现代信用制度，以及适应现代商业文明的诚信文化系统。所以，吸取我国传统诚信观中的精华，同时借鉴西方国家信用管理经验，并将诚信作为法律原则，提高人们的道德意识是建设符合我国国情的诚信体系的必由之路。

经济学相关学者则从当前的社会经济体制出发，认为市场经济是属于契约经济。契约精神主要源自西方，随着改革开放和市场经济的建立，契约精神逐渐成为市场经济环境下诚信维系的主要精神动力。但在自古强调诚信是靠修身养性和个体自觉的文化背景下，靠契约精神维系的诚信不能够和中国传统文化强调的自觉自律的诚信之间很好地契合是导致当前诚信缺失的一大原因。如史瑞杰在《诚信导论新编》中就认为，传统诚信观的基本价值取向是"驱民"和"使民"。它是带有封建等级制度的道德义务单向性的特征，其传统诚信观主要依赖情感而非契约来束缚，从而就造成了人们诚信关系的脆弱性和不稳定性，以及在当前契约经济制度中寸步难行的局面。③ 因此，诚信缺失行为大多集中于经济领域，如欠账拖款、假冒伪劣、商业欺诈、偷税漏税等行为多存在于经济活动中。所以，根治诚信的办法首先是整顿市场经济秩序，建立信用评估体系、失信惩罚制度等与市场经济相适应的监督管理制度。

法律学者认为，市场经济是法制经济，中国的法制不够完善，导

---

① 高学德：《中国社会信任调查报告》，载王俊秀、陈满琪主编《中国社会心态研究报告（2016）》，社会科学文献出版社 2016 年版，第 117—141 页。

② 邹建平：《诚信论》，天津人民出版社 2005 年版，第 1—107 页。

③ 史瑞杰：《诚信导论新编》，北京大学出版社 2015 年版，第 30—56 页。

致许多社会经济问题无法可依，甚至执法不严。魏建国从中国传统诚信观念出发，挖掘传统文化中的法律因素。他认为中国传统文化中的诚信具有浓厚的人伦信任特质，这种特质在很大程度上制约了当前法律文化的形成。[1] 尽管传统社会中也有一定的法律法规用以维护社会秩序，但其主要目的是维护封建统治。因此，构建法治社会必须改变人们的信任关系，并逐渐培育起人们对法律制度的心理依赖，进而孕育出法治精神。

但从诚信的本质讲，注重培养人们对法律法规的心理依赖和法律意识并不利于诚信价值观的养成，因为诚信不仅是一种道德品质和道德行为，同时也是一种人格特征和中国人特有的行事风格。吴继霞和黄希庭[2]认为，诚信是个体在一定关系中所表现出的以诚实、信用、信任为核心的比较稳定的心理品质和行为倾向。所以，从诚信也是一种人格特质的内涵看，诚信的养成需要时间的积淀和培育。而法律的强制性特征促使法律只能起到一定的监督惩戒作用，并不能作为建设诚信文化的主要工具和手段。因此，如果仅仅关注社会制度的建设和法律法规的完善与执行情况，结果只会使社会失信名单更长而已，除此之外别无益处。

除了从社会变迁、制度建设、法律法规等宏观角度探讨和研究诚信的内涵、起源、现状以及诚信建设方式方法外，也有研究者聚焦于诚信作为一种人格特质的相对微观层面的因素，如包括自我意识、人格特点、个体差异性等主观因素的人的有限理性假说。

第三节　人的有限理性的因素

马克思曾说：资本有了百分之二十的利润便活跃起来，有了百分

---

[1]　魏建国：《诚信建设与良法之治互动中的法治现代化》，法律出版社 2013 年版，第159—168 页。

[2]　吴继霞、黄希庭：《诚信心理学研究的理论思考》，《西南大学学报》（社会科学版）2010 年第 6 期。

之五十的利润就会铤而走险，有了百分之百的利润就敢践踏一切法律，有了百分之三百的利润就敢冒绞首的危险。① 这句话描述了资本主义条件下市场经济运行的特点，也表明经济利益和法律法规或伦理道德有时候并不能兼得，个体可能会为了追求利益最大化而放弃伦理道德，通过谎言、诡计、欺诈等手段获取利益。但是，个体真的是这样的"实利人"或"唯利人"吗？有限理性理论就对此不认可。

一　何为有限理性

有限理性模型（Bounded Rationality Model），顾名思义，人的理性是有限的，既不是完全理性，也不是完全不理性。它是美国学者赫伯特·西蒙（Herbert A. Simon）在研究组织中的决策制定时提出的理论模型。在该模型提出之前，古典和新古典理性"经济人"假说一直占据统领地位，它赋予了人类无所不能的理性，认为人总是具备完整一致且十分理性的偏好体系，使其在面对多种选择时始终能够进行无限复杂的运算，做出最优解，争取自身利益最大化。但"经济人"假设是对现实人的高度抽象简化，只反映了人自私自利而理性的一面，它不断受到经济学家们的反对或批评，② 其中之一就是赫伯特·西蒙。

赫伯特·西蒙早年就读于芝加哥大学，通过自学和正规教育，他获得了许多政治学、经济学和数学方面的知识。在取得政治学学士学位后，西蒙应聘到国际城市管理者协会（International City Managers' Association，ICMA）工作，这期间他对计算机和计量学等产生了浓厚的兴趣。1939 年，西蒙在加州大学伯克利分校担任一个研究小组的主任期间，开始对组织管理和决策心理进行钻研，加上他之前广泛涉猎的学术背景让他对组织机构如何决策这一问题有了自己独到的见解和看法，并在他的博士论文《管理行为》（1943）中对这一问题进行了探

---

① 转引自徐纯先《浅论民法之诚实信用原则》，《改革与战略》2003 年第 10 期。

② 陈美衍：《"经济人"假设与人的有限理性》，《经济评论》2006 年第 5 期。

讨。其博士论文包括对有限理论的基础和上层建筑的阐释，并且对有限理论的研究贯穿他的整个学术生涯，成了西蒙此后 50 多年的研究工作的指导原则。① 另外，他的博士论文也是他的同名代表作《管理行为》（1947 年出版）的雏形。

西蒙在他的著作《管理行为》中，对有限理性进行了详细的阐述。他认为，人的理性是处于完全理性和完全非理性之间的一种有限理性。因为个体行为受到以下因素的影响：首先，客观环境是复杂多变的，不确定的，信息是不完全的。他指出，单一个体的行为不可能达到完全理性的高度，因为他必须考虑足够多的备选方案数量，需要足够多的评价备选方案信息，成本太高。其次，人的认知能力是有限的，个体的知识并不完备，人对环境的计算能力和认识能力是有限的，人不可能把所有参数都综合到一个函数式中，更不可能精确地计算出所有备选方案的实施后果。也就是说个体对所处环境只能有片面的了解和认识。最后，个体行为会受记忆、习惯等心理因素的影响，真实的体验往往难以预期，未来是不可预测的。② 西蒙在 1955 年，发表了《理性决策的行为模型》这篇他在经济学领域最为著名的文章。他再次对有限理性进行了详细的阐述，认为决策者只能在综合考虑风险和收益等因素的情况下做出自己较为满意的抉择，而非"最大"或"最优"的选择。③ 1978 年，因为西蒙对经济组织内的决策过程和制定的开创性的理论贡献，他获得了诺贝尔经济学奖。

可以看出，西蒙对经济行为和组织决策的研究中除了考虑环境的复杂多变，还考虑到了个体的心理因素，如认知能力有限，情感的作用，时间压力等，这与西蒙广泛涉猎多个学科的学术成长背景是分不

---

① ［美］赫伯特·西蒙：《科学迷宫里的顽童与大师：赫伯特·西蒙自传》，陈丽芳译，中译出版社 2018 年版，第 114 页。

② 王烁：《赫伯特·西蒙有限理性概念考察及其启示》，《太原师范学院学报》（社会科学版）2019 年第 1 期。

③ H. A. Simon, "A Behavioral Model of Rational Choice", *The Quarterly Journal of Economics*, Vol. 69, No. 1, 1955, pp. 99 – 118.

开的。尤其是心理学对他的影响，使他将心理学原理运用于经济行为的探讨。在早期认为人是完全理性的"经济人"假设模型中，研究者完全忽略了人的心理因素，如自我意识、认知能力、时间压力等对个体决策行为的影响。而西蒙则从人是经济行为和组织决策活动的主体出发，考虑到了在商业行为中人的心理因素在具体的决策行为和经济活动中的作用。也正是西蒙将经济行为和人的心理因素结合在一起探讨的做法，不仅让他获得了经济领域的一系列荣誉，也让他获得了心理学领域的表彰，如1958年，西蒙荣获美国心理学会杰出贡献奖。

那么，在复杂的现实世界中，人的心理因素是具体如何影响人的行为决策呢？尤其是当经济利益和个体的诚信心理产生冲突的时候，个体的心理因素是如何影响个体在经济利益和诚信行为之间权衡利弊呢？

二　自我意识对个体诚信行为的影响

（一）印象管理促进诚信行为

理性利己主义的经典经济模型表明，在其他条件相同的情况下，诚实行为将会随着物质利益的增加而降低。这一点与"经济人"假说一致，即人会理性地分析利弊得失，追求自身利益最大化。但Alain，Michel，David 和 Christain[①] 则认为，人不总是追求利益最大化。当人们可以从不诚实行为中获得巨大利益时，虽然他的作弊欲望会增加，但将自己视为小偷的心理成本也会增加，有时候后者会主宰前者。为了检验这一假说，Alain 等人在全球 40 个国家的 355 个城市进行了实地实验，他们在每个国家的银行、邮局、酒店、剧院或博物馆等文化场所，警察局或法院等场所投放透明钱包，共投放了 17303 个钱包，然后测量了捡到钱包的人是否会联系失主归还钱包。结果发现，几乎所有国家中，与没有钱的钱包相比，绝大多数公民更有可能返还包含

---

① C. Alain, A. M. Michel, T. David & L. Z. Christain, "Civic Honesty around the Globe", *Science*, Vol. 365, No. 6448, 2019, pp. 70 – 73.

钱的钱包（13.45 美元）（No Money 条件下的返还率为 40%，Money 条件下的返还率为 51%）。也就是说，向钱包中添加钱会增加捡到钱包的公民向失主返还钱包的可能性。另外，将钱包中的金额从原来的 13.45 美元增加到 94.15 美元，这一结果依然存在，甚至比原来的返还率更高（No Money 条件为 46%，Money 条件为 61%，Big Money 为 72%）。

为了解释这一研究结果，Alain 等通过数据分析和探讨，排除了三种可能性：（1）捡到钱包的公民担心不归还钱包会受到法律惩罚；（2）捡到钱包的公民有可能将钱包中的现金收入囊中后归还钱包；（3）捡钱包者希望在归还时可以收取费用。最后，他们认为不归还钱包的自我形象成本可能会随着钱包中的金额数量的增加而增加。即当人们选择将他人丢失的钱包据为己有，并从丢失的钱包中获得巨大经济利益的时候，随着钱包内的资金的数量的上涨，将自己视为小偷的心理成本也会随之增加。而且，心理成本的增加可能超过不诚信的边际经济效益。

因此，个体在面对不诚信行为中的经济利益诱惑时，并不总是追求个人利益最大化，其影响因素之一就是负面的自我形象成本，背后的心理机制则是印象管理。印象管理是指人们总是试图管理和控制他人对自己印象的形成。[①] 一般来说，人们倾向于以一种符合情景要求和社会期望的角色来展现自己，以确保他人对自己的评价是积极的，如聪明的，助人为乐的，诚实可信的。当获得经济利益需要以负面自我形象为代价时，个体出于维护自我形象可能会减少不诚信行为，放弃追求个人利益最大化。这与完全理性模型的观点，即个体是自私自利的，总是会追求个人利益最大化，刚好相反。

（二）环境中的监督信号促进诚信行为

另一个类似的例子是声誉机制（reputation mechanism）导致的社会公德行为。因为人们经常关注自己的行为结果所获得的声誉，故而

---

① ［美］迈尔斯：《社会心理学》，侯玉波等译，人民邮电出版社 2016 年版，第 52—76 页。

在发现有人观察或者感受到可能会被他人观察时，倾向于表现出社会赞许的行为。一个典型的例子是眼睛效应所诱发的诚信行为。Bateson，Nettle 和 Roberts[1] 在美国哥伦比亚大学心理学系实施了这一实验，他们将印有眼睛的图片张贴在自动售卖饮品的柜子上，并使其和人们的眼睛保持高低相当，以便人们在购买饮品时一眼就可以看到。实验结果发现，与张贴鲜花图片的控制组相比，有眼睛图片的实验组被试在购买饮品时投入诚信箱的钱更多。其中，诚信箱（honesty box 或 honour box）是指一种饮品付款制度，顾客在购买商品后凭信用自觉地将钱投入诚信箱，这一制度在其实验实施所在地已施行多年。Bateson 等人首次在现实情境下通过实施这一方案验证了眼睛效应对诚信行为的影响。

眼睛效应的另一个机制是避免违反规范。有研究者[2]将亲社会说谎（prosocial lying）作为因变量，考察眼睛效应对其的影响。实验要求被试在电脑上掷骰子以赚取资金（实则由研究者提供），并告诉被试所赚取资金将被捐给地震和海啸灾区，捐款金额大小将根据被试报告的自己掷出的骰子上面的数字大小来确定。实验结果发现，控制组被试（即电脑屏幕没有眼睛的组），为了让灾区人民获得更多捐款，倾向于夸大自己投掷骰子上的数字，表现出亲社会说谎行为；但在有眼睛的电脑上投掷骰子的实验组被试，亲社会说谎的倾向消失了。实验结果表明，通过诚信来避免违反规范的动机，比通过违反规范做出亲社会行为以获得良好声誉的动机更强烈。

张雪姣和刘聪慧[3]认为，眼睛效应之所以会使个体在没有他人在

---

① M. Bateson, D. Nettle, G. Roberts, "Cues of Being Watched Enhance Cooperation in a Real-World Setting", *Biology Letters*, Vol. 2, No. 3, 2006, pp. 412 – 414.

② R. Oda, Y. Kato, K. Hiraishi, "The Watching-Eye Effect on Prosocial Lying", *Evolutionary Psychology*, Vol. 13, No. 3, 2015, pp. 146 – 154.

③ 张雪姣、刘聪慧：《亲社会行为中的"眼睛效应"》，《心理科学进展》2017 年第 3 期。

场的情况下也表现出诚信行为，是因为眼睛线索给人们提供了一种微弱的监督信号，对人们产生了一种内隐的社会压力，通过影响人们遵守规则的意愿进而增加诚信行为。所以，张雪姣和刘聪慧认为可以将眼睛效应应用于需要人们自觉遵守规则的场合，如自助购物超市或者无人商店、无人监考的考场、经常出现违反交通规则现象的地方等，以减少人们的偷盗行为和不诚信行为，提高个体遵守社会规则的行为和诚信行为。眼睛效应的应用实施成本低，操作简单方便，而且可以起到第三方监督的作用，使人们的行为更符合社会规则，因而，可以在日常生活中加以推广。

（三）提高自我意识可促进诚信行为

除了在环境中设置眼睛线索外，在环境中放置镜子也可以增加个体的诚信行为。因为照镜子可以影响个体的自我意识，提高自我意识能够增强对社会规则和道德规范的遵守，降低自我意识则与违反社会规范行为相关联。[1] Bender，O'Connor 和 Evans[2] 要求学龄前儿童（3岁或 4 岁）在没有主试在场的情况下，不要看玩具。结果发现，相比环境中没有镜子的儿童，暴露在镜子环境中的儿童更有可能说出偷看玩具的事实，表现得更为诚实。这是因为镜子引起了个体对自我的关注，进而引发自我评价，认为自己不符合社会规范的个体就会因此调整自己的行为以符合社会规范。这一现象不仅出现在学龄前儿童身上，研究者在大学生身上也发现了类似的结果。Diener 和 Wallbom[3]发现，在没有镜子的房间里的大学生，有 71% 的个体作弊；而在有镜子的房间里，只有 7% 的大学生作弊。由此可见，镜子极大地提高

---

[1]　J. Ross, J. R. Anderson, R. N. Campbell, "Situational Changes in Self-Awareness Influence 3-and 4-Year-Olds' Self-Regulation", *Journal of Experimental Child Psychology*, Vol. 108, No. 1, 2011, pp. 126 – 138.

[2]　J. Bender, A. M. O'Connor, A. D. Evans, "Mirror, Mirror on the Wall: Increasing Young Children's Honesty Through Inducing Self-Awareness", *Journal of Experimental Child Psychology*, Vol. 167, 2018, pp. 414 – 422.

[3]　E. Diener, M. Wallbom, "Effects of Self-Awareness on Anti-Normative Behavior", *Journal of Research in Personality*, Vol. 10, No. 1, 1976, pp. 107 – 111.

了个体的诚信行为。

综上所述，基于印象管理和维护声誉以及避免违反规范的动机，个体面对利益诱惑时，有可能放弃追求个人利益最大化的行为，而选择更为被社会规则认可的行为，如表现得更为诚信，放弃作弊以遵守相关规则。换句话说，面对经济利益诱惑，个体不仅考虑他们行为的经济后果，还考虑行为本身。另外，提高个体自我意识也会使个体在诚信和个体利益相冲突的时候，选择诚信而非个人利益。这些结果都与有限理性假设一致，即由于个体所处环境复杂多变，认知资源有限，具有情绪情感和自我意识等非理性因素，所以个体理解和解决问题的思维能力非常有限，一般会根据当下有限的信息做出令自己满意或符合所处环境中的社会规范的行为或决策。

三　时间压力对个体诚信行为的影响

有研究者①认为人们之所以有说谎、实施诡计诈骗或欺骗行为，除了我们的个体自身的因素（认知资源、情绪、记忆等）限制外，还因为面临着时间压力，所以在短暂的时间里，个体没有时间对一个问题全面地考虑清楚其中的复杂关系并评估做出行动后果。同时，诚信也不利于个体维系人际关系，纯粹的"言行一致、表里如一"不利于个体的生存。有时候，善意的谎言可能会更利于人际互动。另外，研究者②也认为在社交互动中，人们有一种快速做出决定的动机和冲动，因为花费时间仔细考虑可用的选择会表明自己自私自利的一面。这一点在一项道德判断任务中已得到证明，阅读失物招领者的简

---

① 吴继霞、黄希庭：《诚信心理学研究的理论思考》，《西南大学学报》（社会科学版）2010 年第 6 期。

② M. Hoffman, E. Yoeli, M. A. Nowak, "Cooperate Without Looking: Why We Care What People Think and Not Just What They Do", *Proceedings of the National Academy of Sciences*, Vol. 112, No. 6, 2015, pp. 1727 – 1732. J. J. Jordan, M. Hoffman, M. A. Nowak, D. G. Rand, "Uncalculating Cooperation Is Used to Signal Trustworthiness", *Proceedings of the National Academy of Sciences*, Vol. 113, No. 31, 2016, pp. 8658 – 8663.

介的被试，对那些毫不犹豫地归还失物的招领者的判断，比对那些犹豫的失物招领者的判断更积极。①

因此，时间压力对个体诚信行为的影响是一个值得关注的主题。那么，在时间压力下，个体会表现得更为诚信吗？

（一）高压时间诱发个体不诚信行为

面对额外的金钱，个体的第一反应可能是偷偷拿走，因为为自身谋福利是一种自动倾向。② Haidt 认为个体一般都会根据最初的自动化的直觉行事，然后才会对自己的行为进行有意识的推理。③ 也就是说，只有当人们有足够长的时间深思熟虑，并且找不到说谎的理由时，他们才会克制自己不说谎，即诚信是长时间里深思熟虑克服无意识行为倾向的结果。Shalvi，Eldar 和 Bereby-Meyer 采用"杯下骰子"任务（die-under-cup task）来探讨时间压力对诚信的影响。④ 杯子上面有一个小孔，只有被试可以看到结果。实验要求被试滚三次骰子，但只报告他们第一次滚出的骰子上面的数字以获取他们的报酬，报酬为骰子上面的数字的十倍。结果发现，要求 20 秒内报告的被试的说谎行为明显高于报告时间不受限的被试。研究者在第二个实验中要求被试滚一次骰子就立马报告，并且时间控制在 8 秒内。结果发现，即使在人们对说谎缺乏自我辩解时，时间压力也会引发说谎。

以上结果与 Haidt 提出的社会直觉主义模型（Social Intuitionist Model，SIM）有关，该模型认为道德判断首先是由直觉情感反应驱动的，然后是对证明最初直觉合理性的理由的事后搜索。⑤ 例如，在利

① C. R. Critcher, Y. Inbar, D. A. Pizarro, "How Quick Decisions Illuminate Moral Character", *Social Psychological and Personality Science*, Vol. 4, No. 3, 2013, pp. 308 – 315.

② S. Shalvi, O. Eldar, Y. Bereby-Meyer, "Honesty Requires Time (and Lack of Justifications)", *Psychological Science*, Vol. 23, No. 10, 2012, pp. 1264 – 1270.

③ J. Haidt, "The New Synthesis in Moral Psychology", *Science*, Vol. 316, No. 5827, 2007, pp. 998 – 1002.

④ S. Shalvi, O. Eldar, Y. Bereby-Meyer, "Honesty Requires Time (and Lack of Justifications)", *Psychological Science*, Vol. 23, No. 10, 2012, pp. 1264 – 1270.

⑤ J. Haidt, "The Emotional Dog and Its Rational Tail: A Social Intuitionist Approach to Moral Judgment", *Psychological Review*, Vol. 108, No. 4, 2001, pp. 814 – 834.

益诱惑下，个体直觉首先会从利己主义出发，然后才为行为的合理性找理由，但后者需要更多时间。Gilbert，Pelham 和 Krull 认为这个推理过程由两阶段组成，即最初的表征阶段和其后的纠正阶段。① 研究者认为表征阶段需要较少的认知资源，纠正阶段则需要更多的资源，而调动资源所需时间也更多。所以，在高压时间下，个体没有时间判断或纠正行为的时候，就更有可能表现出不诚信行为。

（二）时间压力促进诚信行为的发生

但是，也有研究者②发现了与之相反的结果，他们在一次性匿名欺骗游戏中，通过金钱奖赏诱发被试的欺骗动机，即被试如果报告自己所在组的号码，自己和另一个被试会各得到 0.10 美元；报告另一个组的号码，则被试自己会得到 0.20 美元，而另一被试只能得到 0.09 美元。但由于信息的不完全性，在说谎还是诚信的选择中，被试需要足够时间来计算选择哪种策略可以最大化自己的收益。结果发现，与延迟时间（30 秒）组被试相比，压力时间（5 秒）下的被试表现得更为诚实。Capraro 认为，这一研究结果支持了社会启发式假说（Social Heuristics Hypothesis，SHH）。该假说认为，当人们没有时间（或者更普遍地说，没有认知资源）评估所有可用的替代方案以达到利益最大化时，他们往往依赖于过去生活中所获得的最优选择。③ 也就是说，人们会将过去社交活动中取得成功的策略内化，然后将其应用于和他们过去生活中遇到的情况类似的社交活动中。因此，在他们遇到一个新的或者说非典型的情况

① D. T. Gilbert, B. W. Pelham, D. S. Krull, "On Cognitive Busyness: When Person Perceivers Meet Persons Perceived", *Journal of Personality and Social Psychology*, Vol. 54, No. 5, 1988, pp. 733 – 740.

② Valerio Capraro, "Does the Truth Come Naturally? Time Pressure Increases Honesty in One-Shot Deception Games", *Economics Letters*, Vol. 158, 2017, pp. 54 – 57.

③ D. G. Rand, V. L. Brescoll, J. A. C. Everett, V. Capraro, H. Barcelo, "Social Heuristics and Social Roles: Intuition Favors Altruism for Women but not for Men", *Journal of Experimental Psychology: General*, Vol. 145, No. 4, 2016, pp. 389 – 396. D. G. Rand, A. Peysakhovich, G. T. Kraft-Todd, G. E. Newman, O. Wurzbacher, M. A. Nowak, J. D. Greene, "Social Heuristics Shape Intuitive Cooperation", *Nature Communications*, Vol. 5, No. 1, 2014, pp. 1560 – 1563.

时，他们倾向于依赖过去的策略，也就是启发式，并将其作为他们当前的直觉反应。

根据社会启发式假说，在日常的大多数情况下，人们互动的对象基本是稳定的（如与朋友、家人、同事的互动）。在这样的人际交往中，不诚信行为虽然短期内对个体有利，但从长远时间来看，诚信行为则更为有利（如带来良好的声誉）。随着时间推移，诚信行为被逐渐内化为一种社交互动中的默认策略，因此，在时间压力下，个体可能会减少思考的过程，依赖于惯性思维，即根据以往的经验或内化策略，直觉性地选择诚信。

综上所述，关于时间压力对个体诚信行为的影响，研究者有不同的观点，并且都通过实验对各自的观点进行验证，也得到了相应的理论的支撑。那么，这两种相反的观点之间有何异同呢？他们之间是否有共通的地方呢？这需要未来的研究进行深入的检验和探讨。在此，本研究对这两种观点梳理发现，Shalvi 等人认为时间压力下个体更为不诚信，主要是基于人性是自私自利的，直觉反应或无意识反应考虑自身利益，个体天生具有为自己谋福利的冲动，克服这种冲突是需要时间和认知资源的。[①] 而 Capraro 认为高压下个体更为诚信则是基于个体对当前的情景反应是基于个体过去的内化的经验（诚信可以获得利益），没有对个体的人性进行定义。[②] 所以据此推测，如果个体生活在一个欺诈的环境中，内化的经验是不诚信更为有利，那么，在时间压力下，个体是否更为不诚信？这一推论有待进一步验证。需要说明的是，Shalvi 等人的实验是诱发个体在拥有基本利益的基础上追求更多利益，而 Capraro 的实验设置则是，个体过分追求个体利益最大化有可能让他人利益减少。

---

① S. Shalvi, O. Eldar, Y. Bereby-Meyer, "Honesty Requires Time (and Lack of Justifications)", *Psychological Science*, Vol. 23, No. 10, 2012, pp. 1264 – 1270.

② Valerio Capraro, "Does the Truth Come Naturally? Time Pressure Increases Honesty in One-Shot Deception Games", *Economics Letters*, Vol. 158, 2017, pp. 54 – 57.

四　其他因素对个体诚信行为的影响

除了时间压力影响诚信外，另外，还有自我资源损耗和睡眠不足等因素也会对诚信行为产生影响。例如，关于自我损耗和欺骗之间的关系的研究表明，相比认知资源未损耗的个体，认知资源被损耗的个体更容易撒谎。而且在面对作弊的机会时，自我控制资源匮乏会降低个体的道德意识，导致个体表现出更多的不诚信行为。[1] 另外，睡眠不足会导致个体自我控制能力降低，而自我控制能力影响个体的道德行为，所以，有研究者发现，睡眠不足的人更有可能在实验室和工作环境中从事不道德的行为。[2]

总而言之，由于环境的复杂性、信息的不完全、个体的心理因素等，人们并不总是理性地追求个人利益最大化，也有可能因为声誉、时间有限、情感因素等反而追求自己的行为符合社会规范和伦理道德，甚至放弃个人利益。正如黑格尔所说：意志理性都不是人性的选择和自决的唯一来源，而是出于偶然的动机以及这种动机对感性外在世界的依赖。[3] 因此，个体的有限理性为当前社会诚信建设提供了信心和动力，也提供了方法论上的一些思考和建议。

---

① F. Gino, M. E. Schweitzer, N. L. Mead, D. Ariely, "Unable to Resist Temptation: How Self-Control Depletion Promotes Unethical Behavior", *Organizational Behavior and Human Performance*, Vol. 115, No. 2, 2011, pp. 191 – 203.

② C. M. Barnes, J. Schaubroeck, M. Huth, S. Ghumman, "Lack of Sleep and Unethical Conduct", *Organizational Behavior and Human Performance*, Vol. 115, No. 2, 2011, pp. 169 – 180.

③ 转引自卞绍斌《法则与自由：康德定言命令公式的规范性阐释》，《学术月刊》2018 年第 3 期。

第三章　日常生活中诚信维系的难度

党的十八大提出了社会主义核心价值观，明确指出了国家、社会和个人层面的基本价值准则，其中诚信作为个人层面的重要维度一直以来备受关注。古有尾生为信守诺言抱柱而死、晋文公为感恩守信退避三舍；今有黄大发为村民饮水，用36年的时光从青年至花甲恪守着一个承诺——为全村老少打造生命之渠。因此诚信不仅仅是存在于书本的一个口号，更需要我们去实践。古今中外对诚信问题进行了充分的探讨，诚信是什么？怎么定义？个体对诚信的理解是一致的吗？为什么会存在不诚信的行为？通过对上述问题的思考，我们发现对于诚信是什么的问题仍存在分歧，学者们至今也没有达成统一。同时由于个体差异的存在，我们每个人对诚信的理解与践行是不同的。我们的日常生活中并不是处处充满着诚信，同诚信所对立的谎言与欺骗作为一种生存策略在日常生活中是非常普遍的。正是因为上述问题的存在使得日常生活中如何维系诚信，就变得有些棘手。每个人对诚信的理解是不同的，在你看来的失信行为，在他人眼里却是合理的；为了生存或不同的立场，人们不得不说谎，这些都是需要我们去思考的。

第一节　诚信的特质、状态与中国人的行事风格

诚信一直以来就影响着我们生活的方方面面，古今中外关于诚信问题的探讨也日益多元化、科学化。各领域，譬如经济学、社会学和心理学等对于诚信是什么的问题都给出了本学科的最佳解释。基于时

代不同、学科迥异，关于诚信的理论研究也是各有千秋。心理学领域内就诚信是一种人格特质还是一种对于情境的反应状态一直存在分歧，但笔者提出了一种整合的理论，同时认为对于中国人来说，诚信是我们的一种行事风格。

一　诚信的理论研究

我国古代有许多关于诚信的论述，中西方在早期的关于诚信的解释上各有侧重。发展到近代以来对于信任呈现了四种研究取向。同时因为诚信与我们的道德发展是息息相关的，因此心理学家研究了道德发展与诚信的关系，提出了著名的理论观点。

（一）中西方诚信观的差异

自古以来，学者们从来没有放弃过关于诚信问题的探讨。"诚信"二字最早出自儒学经典——《礼记·祭统》。文中如是说："是故贤者之祭也，致其诚信，与其忠敬。"意思是：贤德者通过祭祀表达他的诚信、忠诚和信仰。古语有言"民无信不立"（《论语·颜渊》），"小信诚则大信立"（《韩非子·解老》），"四海之广，不患无贤，而患在信用之不至尔"（《请录用杨纮等》），以及一诺千金、言而有信、驷马难追等这些我们口口相传的成语，无不告诫我们诚信乃立身之本。可以看出中国古代将诚信作为个人道德修养的一部分，重视修身养性与品格的培养。

与我国的传统诚信观不同，西方社会的诚信观立足于宗教、哲学和法律的层面，强调社会成员要遵循两个诚信原则：一是遵守契约规则，二是忠于上帝。西方社会的诚信观主张通过宗教、利益等外在关系影响社会成员的诚信认知，更加强调通过外在的契约规则来约束其社会成员的失信行为。[①] 位于意大利罗马的科斯美汀圣母教堂中有一处闻名世界的古迹——"真理之口"，相传它能够验证人们的谎言，

---

① 向征：《中西诚信知行观与诚信知行冲突和解探究》，《首都师范大学学报》（社会科学版）2017 年第 5 期。

是原始的"测谎仪"。"你们不可偷盗，不可欺骗，也不可彼此说谎"（圣经《利未记》19：11）。圣经中还有许多诸如此类的论述，以此告诫信徒诚实守信。罗马法更是将诚信原则融入其法律法规，例如罗马法中关于重要物品的契约（信托、质押等），法典通过详细区分物品获得之初的诚信要素，去解释被转让者是否通过善意、诚信的方式获得该物品，借此方式来判断被转让者持有该物品是否合法。①

（二）信任理论的四种取向

我国学者杨中芳、彭泗清通过研究发现，我国传统的儒学思想认为"诚信"是本义，"信任"是扩展义，同样的在西方文献中也有对"诚信""信任"的重要性的论述分析。"诚信"与"信任"二者是密不可分的，能够推动社会的发展。② 20 世纪 50 年代以来西方心理学家陆续展开了对"信任"的心理学研究。学者们探讨了信任的概念、结构、研究方法、影响因素，等等。关于信任的定义，学者们各持己见、众说纷纭，至今仍没有达成一致的看法。由此派生了四种研究信任的取向。③

1. 信任是一种对情境的反应

倾向于这种取向的学者认为信任是一种对情境的反应，是个体在特定情境下所表现出来的特定心理状态与行为。代表人物有著名心理学家多伊奇（Deutsch）④，他通过实验发现个体之间的信任程度会依据实验情境的变化而变化。这种信任研究取向将情境视为自变量，而信任则是跟随情境变化的因变量。因为情境不是固定不变的，所以作为因变量的信任也会因时而变，因时而动。在人际交往中，个体在不

---

① 李婧琳：《古罗马诚信观的罗马法转化及对中国的启示》，《首都师范大学学报》（社会科学版）2018 年第 3 期。

② 杨中芳、彭泗清：《中国人人际信任的概念化：一个人际关系的观点》，《社会学研究》1999 年第 2 期。

③ 彭泗清：《中国社会学年鉴（1995—1998）》，社会科学文献出版社 2000 年版，第290—297 页。

④ M. Deutsch, "Trust and Suspicion", *The Journal of Conflict Resolution*, No. 2, 1958, pp. 265 – 279.

同的情境刺激下所表现出来的信任反应也是不同的。

2. 信任是一种人格特质

持该取向的学者认为信任是人格特质的一种表现，是个体通过社会学习而形成的一种比较稳定的人格特点。代表人物有罗特（Rotter）、赖茨曼（Wrightsman）等。罗特（Rotter）将信任定义为人们对他人言语、承诺、书面陈述的可信度的一种概括性期望，主要是指对他人言行的信任。赖茨曼（Wrightsman）将信任定义为一种信念，是构成人格特质的一部分，具备这种信念的个体倾向于他人都是有诚意并且善良的，这样的个体更愿意相信他人。该定义包含了对他人的动机和人格方面的信任。①

3. 信任是人际关系的产物

该取向认为信任是经由个体间的人际关系而产生的。代表人物有路易斯（Lewis）和魏格特（Weigert），两位学者认为人际信任有两个维度，一是理性维度，二是情感维度。并且他们提出这两个重要维度可以形成两种不同的信任类型。第一种是认知性信任，这种信任主要是在经过理智思考后判断他人是否可信的基础上而产生的信任；第二种是情感性信任，与第一种信任不同，此种信任具有一定的盲目性，是因为此种信任是个体在对他人的强烈情感基础上产生的。而且他们认为在社会结构不断更替和社会流动性急剧增加的当下，更多的社会关系将以认知性信任和非情感性信任为基础。

4. 信任是社会制度和文化规范的产物

代表人物有巴伯尔（Barber）、卢曼（Luhmann）等。他们认为信任是一种社会现象，法律制度和社会规范是信任建立的基础。法律法规制约着人们的行为，使个体因忌惮法律惩罚而守法守信。文化规范中所倡导的诚实守信等原则通过社会学习逐渐被人们认可接受并体现在个体的日常生活中，体现了一个公民的道德修养。若违约失信，不

---

① 李晔：《师生信任及其对学生的影响》，博士学位论文，华中师范大学，2007年，第3页。

仅与个体内化的价值观相冲突，也同整个社会文化所认可的价值观相违背。

（三）与诚信相关的研究——道德发展的研究

我国古代将诚信作为评价一个人道德修养的重要指标。诚信行为与个人的道德品质和道德价值观是密切联系的，研究道德发展规律和发展趋势对我们研究诚信有一定的借鉴和启发意义。对于道德发展的研究，有三个著名的理论。①

1. 精神分析学派的人格理论

该学派认为人格由三部分的结构构成，分别是本我、自我和超我。其中，本我代表的是最原始的、最接近动物本能的方面，遵循快乐原则；自我则是人的意识结构的部分，遵循现实原则；超我则代表道德标准和人类生活的最高标准，它指导个体应该怎样活动，若做了违背良心的事情就会产生犯罪感。

2. 社会学习论学派

班杜拉认为，道德是通过观察、学习、模仿而获得的。即个体观察他人的道德行为及其行为结果，将这一道德行为用于实践并得到强化。最终将道德行为逐渐内化，形成一种非常稳定的道德观和道德行为。

3. 认知学习论学派

儿童受认知程度的限制导致不同程度的规则理解，从而造成儿童在道德判断上存在差异。有关研究中最具代表性的是皮亚杰（J. Piaget）和科尔伯格（L. Kohlberg）。②

皮亚杰是第一个系统研究儿童道德认知问题的心理学专家。他提出了道德发展阶段理论。皮亚杰运用对偶故事法研究儿童道德判断发展水平。通过实验研究，皮亚杰认为儿童的道德发展是一个从他律逐

---

① 桂亚莉：《大学生诚信心理初步研究》，硕士学位论文，西南师范大学，2004 年，第 7 页。

② 林崇德：《发展心理学》，人民教育出版社 2016 年版，第 35—36、44、227—229 页。

渐发展为自律的过程，并且将儿童的道德发展划分为四个连续的阶段。

第一阶段，前道德阶段（1—2岁）：行为直接受行为结果的支配，对事件的起因并不能充分理解，这一阶段的儿童无所谓道德，也无所谓不道德。第二阶段，他律道德阶段（2—8岁）：此阶段的儿童认为道德规则是绝对的、权威的、固定不变的。因而判断行为是否道德完全依据行为的结果。这一时期儿童的道德判断是以他律的、绝对的规则以及对权威的绝对遵守和盲目崇拜为主要特点。第三阶段，自律或合作道德阶段（8—11、12岁）：这一阶段儿童的思维已达到具体运算阶段，此阶段儿童的思维具备了可逆性，开始意识到道德不是一成不变的，而是大家一致商量同意的，为保证社会合理有序运行，我们每个人都应该遵守并维护道德原则。第四阶段，公正道德阶段（11、12岁以后）：这一阶段儿童开始出现利他主义倾向，倾向于公道、平等，觉察到平等公正应该具体问题具体分析，要匹配每个人情况的特殊性。

在皮亚杰研究的基础上，科尔伯格提出了个体道德发展的"三水平六阶段"理论。柯尔伯格使用的是道德两难法，将道德判断分为三个水平六个阶段。

第一水平是前习俗水平。这一水平下，行为所造成的直接后果是儿童进行判断的关键。包括第一阶段服从与避免惩罚阶段和第二阶段朴素的利己主义阶段。

第二水平是习俗水平。儿童开始体会到维护集体期望和社会要求的重要性，主要为满足他人及社会期望，具体分为第三阶段好男孩—好女孩的定向阶段和第四阶段维护权威和社会秩序阶段。

第三水平是后习俗水平。个体自觉遵守自己选择的道德准则，以自觉守约、行使权利、履行义务判断道德价值为特征。同时个体意识到规则规范是由人制定实施的，逐渐产生一种基于全人类的正义和尊严，超越规则甚至法律的道德原则，分为第五阶段社会契约定向阶段和第六阶段遵循普遍的道德原则阶段。

二　诚信的特质与状态的争论

正如前文所述有关信任的研究有四种取向，心理学家对于信任的研究大都围绕着前两种进行。特质决定诚信行为还是情境决定诚信行为就变成了心理学家研究的一个重要命题。

（一）诚信的特质论

卡特尔提出了人格特质的结构网络模型，他明确了 16 种根源人格特质，其中怀疑性因素体现了与信任的关系。在这一因素得分低者表现为对他人信赖随和，得分高者表现为怀疑不信任他人。经典的人格特质理论——大五人格理论运用词汇学的方法对卡特尔的特质变量进行分析后发现了五个相对稳定的因素，后来在诸多心理学家的验证下逐渐达成共识。这五个因素分别是外倾性、宜人性、责任心、神经质或情绪稳定性、开放性。其中第二个因素宜人性就体现了信任特质。[1] Ashton 和 Lee[2] 等学者在经典五因素模型的基础上提出了六因素人格模型，该人格模型添加了一个新的人格维度——"诚实—谦虚"（honesty—humility）因素。Ashton 和 Lee 在后续的研究中也明确指出将"诚实—谦虚"因素作为一个单独维度进行评价是非常必要的。[3]

不论是五因素人格模型还是六因素人格模型都是根植于西方的文化与价值观，所以我国学者一直致力于人格理论的本土化研究。但是中西方的人格理论却在诚信维度对于人格模型的重要性上有着相同的看法。最终我国学者立足于我国国情经过实证研究提出了适用于中国人的人格特质理论，比较著名的有人格六因素模型和人格七因素模

---

① 彭聃龄：《普通心理学》，北京师范大学出版社 2012 年版，第 501—503 页。

② Michael C. Ashton, K. Lee, M. Perugini, P. Szarota, et al., "A Six Factor Structure of Personality-Descriptive Adjectives: Solutions form Psycholexical Studies in Seven Languages", *Journal of Personality and Social Psychology*, Vol. 86, No. 2, 2004, pp. 356 – 366.

③ Michael C. Ashton, Kibeom Lee, "Honesty-Humility, the Big Five, and the Five-Factor Model", *Journal of Personality*, Vol. 73, No. 5, 2005, pp. 1321 – 1353.

型。六因素模型指出中国人人格特质包含情绪稳定性（N）、外向性
（E）、宜人性（A）、责任性（C）、开放性（O）、人际关系性（IR）
6 个因素。[①] 其中宜人性因素包含了信任与怀疑的解释并且在中国文
化背景下得到了验证。七因素模型认为中国人人格结构包括外向性、
善良、行事风格、才干、情绪性、人际关系和处世态度。[②] 善良维度
是指我国文化认知中"好人"的所有特征，具体表现为对他人真诚
不欺、诚实守信、刚正不阿和重情重义等。其中诚实守信是指个体的
信用特征，在这一维度得分高的个体诚实、守信、言行一致和表里如
一，而得分低者在人际交往中往往不真实、表里不一、说谎和欺骗
他人。[③]

（二）诚信的情境论

诚信行为会因情境的改变而变化，例如"一个小宝两个样"说的
就是隐藏自己的真实品行，在家里任性顽皮不服管教，而在学校看见
老师却隐藏自己的调皮，表现得极为乖巧。同一个体在不同的情境下
会表现出不同的诚信行为，不同个体在同一情境下的诚信行为也
不同。

西方学者展开了一系列的实验研究，赫曼（Hyman）认为不诚信
行为与复杂多样的社会情境有关。心理学家哈桑和梅（Hartshone &
May）在关于儿童诚实的研究中发现学龄儿童不会在所有情境中都保
持诚实，几乎大部分的孩子都会根据不同的情境表现不同的非诚信
行为。[④]

我国学者同样通过实验证明欺骗是一种情境性的行为，研究者结

---

① 张建新、周明洁：《中国人人格结构探索——人格特质六因素假说》，《心理科学进
展》2006 年第 4 期。

② 王登峰、崔红：《人格结构的中西方差异与中国人的人格特点》，《心理科学进展》
2007 年第 2 期。

③ 王登峰、崔红：《中国人的人格特点（Ⅱ）：善良》，《心理学探新》2005 年第 3 期。

④ 吴继霞、黄希庭：《诚信心理学研究的理论思考》，《西南大学学报》（社会科学
版）2010 年第 6 期。

合了情境探讨儿童在不同情境下的欺骗行为。结果显示儿童的性别、对手年龄和对手性别三因素之间存在交互作用，儿童更倾向于欺骗成年女性以及自己的异性伙伴。① 傅根跃设置了两个情境——为集体情境和为个人情境，旨在探讨 7 岁、9 岁和 11 岁儿童在这两个情境下对隐瞒撒谎或实话实说的解释与评价。研究结果显示不同年龄儿童的选择是不同的，并且即使随着年龄的增长在同一情境下的原因与解释也不同；并且指出当儿童年纪渐长，他们对个人真话的态度逐渐趋于负向，而对有利于集体的谎言的态度渐趋正向。② 在惩罚情境中，儿童会为避免惩罚表现出更多的欺骗行为。例如，小孩子犯错，实话实说必是一顿毒打，所以为了逃避惩罚而选择撒谎。③ 其实为了获得奖励我们也会撒谎。传闻褒姒有倾国之貌但个性冷淡，即使对周幽王也极少展笑颜，所以周幽王为博美人褒姒一笑，以火把点燃城防狼烟戏弄诸侯于城墙外，美人见各诸侯从四面八方匆忙赶来却被诓骗的狼狈样子，果然"不负众望"一展笑颜，但是周幽王却因谎报军情而失信于各诸侯，最终以致灭国。

　　CCTV 12 频道的"法律讲堂"栏目中讲述了这样一个案例，周波教跳舞的女主播与其男友为吸引更多的粉丝计划了一场假的慈善公益直播。女主播联系了自己在西南某山区支教的同学，骗取同学信任，由同学牵线联系了山区 15 名空巢老人。直播当天二人给空巢老人带了米面粮油以及每人 2000 元钱。直播过程中二人不断号召网友捐款，但是直播一结束就将 2000 元钱收了回去，网友们的捐款也收入自己囊中。这一场闹剧被同学看在眼里，她难以忍受这样的欺骗行为，后经其举报女主播和其男友最终得到了法律的制裁。网络信息时代下，

---

① 史冰、苏彦捷：《儿童面对不同对象的欺骗表现及其相关的社会性特点》，《心理学报》2007 年第 1 期。

② 傅根跃、王玲凤：《为集体或为个人情境下小学儿童对说谎或说真话的理解和道德评价》，《心理科学》2005 年第 4 期。

③ 参见曾敏霞《青少年道德自我概念与诚信行为关系的实证研究》，硕士学位论文，广州大学，2012 年。

获取信息便捷化的同时也意味着高替代性。所以在这样一种情况下，为搏出位、保持热度，直播平台可以说无所不用其极。案例中的二人在物欲横流的时代迷失了本心不惜诈捐，但是那位支教老师却坚持诚信，同处于一个场景，即使受到利诱仍然要揭露老同学欺骗老人、欺骗网友的不端事实。

（三）诚信的整合论

围绕着特质决定行为还是情景决定行为这个问题，学术界一直没有达成一致的看法。经典的人格心理学重视对特质的研究；而社会认知心理学的研究重视特定的人与环境的交互过程。学者们各持己见，在各自的领域中开展研究，并且也取得了诸如上文提到的一定的成就。

那可能就存在这样一个问题，我们是否有足够的证据去明确地将特质与情境对人的影响割裂开来？二者的界限是否如此清晰以至于井水不犯河水？面对这些争论，吴继霞和黄希庭则认为发展一种整合的理论模型是非常必要的。[①] 然而从状态与特质整合的角度，诚信研究要建立一种整合模式将面临更多的问题。比如，诚信作为一种特质，它处于何种水平，是中枢特质还是边缘特质，是首要特质还是次要特质，等等；如果在整合的水平上反映诚信，面临的不确定性将会更多。这类问题将给诚信的整合研究带来许多具体的研究问题。

三　诚信还是中国人的行事风格

行事风格是指我们在特定社会文化背景下所表现的处事之道，是一种区别于其他文化的处世哲学，包括对如何生存、如何自处等的看法与行为。中国人的"大七"人格中将"行事风格"作为一个重要维度是这样定义的：反映人们做事方法与对事态度即行事风格。这两种定义都体现了诚信的研究不能泛泛而谈，要立足于我国国情，具体

---

① 吴继霞、黄希庭：《诚信心理学研究的理论思考》，《西南大学学报》（社会科学版）2010 年第 6 期。

问题具体分析。

前文关于我国古代的诚信观论述中，我们提到我国的诚信观认为诚信与个人的道德修养息息相关。我国的诚信观所主张的诚信是一种由内而发的诚信，是自律的、非强迫的诚信，是评价一个人德行的重要指标。我国的诚信观自萌芽之初就深受儒学文化的影响，加之历代统治者对儒学文化的推崇，使得我国的诚信观具有独特的文化背景与历史沿革。维果斯基认为社会历史文化能够影响人们的心理发展，我们文化中所倡导的这种道德诚信通过个体的社会化逐渐被个体接受并内化。所以在这样的一种文化氛围下，诚信就成了中国人的一种行事风格。

中国人的诚信讲求内省，即反省自己的所思所为是否有不当之处并加以改正。"君子内省不疚，无恶于志。君子之所不可及者，其唯人之所不见乎。"（《中庸·第三十三章》）意思是君子内省时心中没有愧疚，没有恶念。正是由于君子注重自己的内省，所以君子有高于平常人的德行。所以"吾日三省吾身。为人谋而不忠乎？与朋友交而不信乎？传不习乎？"（《论语·学而》）君子每天都从以下方面自省——答应帮助人家的事情是否尽心尽力？在和朋友的相处中是否保持诚信？是否及时温习了课业？体现了一种责任诚信、人际诚信以及学术诚信。因此内省以反思自己，真诚面对自己，从心底发出诚信，最终修身养性、提升道德修养。

中国人的诚信讲求慎独自律，即在无人监督的情况下仍注重言行，时刻遵循基本的道德规则。广西壮族自治区的江口村有一个传承了百年的"无人菜市场"，所谓"无人"是指蔬菜的卖家不在摊位前，蔬菜由卖家清晨时分放置竹篮中并标记价格，比如"一把1元"或"一把2元"，买家自由挑选并自觉诚信支付。虽然摊位无人看管，但是卖家归来清点钱数时却分文不少，买菜的人也从无赖账。

中国人的诚信普遍受到辩证主义的影响，即我们遵循着一种绝对诚信与相对诚信的辩证统一。"兵不厌诈"的意思是两军交战要善于采取一定的手段迷惑敌人，比如空城计、草船借箭、诈降。或者革命先烈被捕后坚持信仰，即使酷刑加身也不告诉敌人我方情报等，因此诚信并不意味着不分场合、不分敌我地实话实说。

独特的文化和辩证主义的思维特征使得诚信作为中国人的一种行事风格别具特色，有研究指出儒家学派的"性善论"使得中国人在道德方面整体上非常严格，也对人提出了更高的道德要求。① 所以中国人的诚信是自成体系的，讲求自觉辩证，长此以往就形成了独特的诚信行事风格。

第二节　人们对诚信的理解存在个体差异

一　何为诚信

如何定义诚信也是学者们面临的一个难题，吴继霞从人格心理学角度界定诚信，认为诚信是指个体在一定关系中所表现出的以诚实、信用、信任为核心的比较稳定的心理品质和行为倾向。诚信，即诚实、信用、信任。这个定义有三层含义：第一，诚实待人赢得信用；第二，以信用取信于人；第三，信任他人。②

关于诚信结构的研究，我国学者涉猎较少，但依然不妨碍有一些优秀的研究能够给我们提供借鉴。陈劲采用词汇假设法编制古代和现代中国人诚信术语词表。运用古代诚信术语词表，以他评法进行问卷调查，研究发现古代中国人诚信心理结构正性维度包括义、敬、真、仁、勇，负性维度包括虚滑、欺诈、轻妄、奸狡。运用自评法和他评法发现现代中国人诚信心理结构包括严谨性、宜人性、友善性、公正性四个维度构成的正性取向，虚假、自私、世故、钻营四个维度组成

---

① 吴言动、王非、彭凯平：《东西方文化的人性观差异及其对道德认知的影响》，《心理科学探新》2019 年第 1 期。

② 吴继霞：《诚信品格的养成》，安徽教育出版社 2009 年版，第 36 页。

负性取向。① 赵子真、吴继霞、吕倩倩和李世娟依据词汇学假设，通过人格词评定的研究手段对诚信人格结构进行了探索性和验证性研究，得出诚信人格结构由实干重义、诚实信用、公正无欺和忠实可靠四个正性取向的维度和自私欺人、钻营世故、多谋寡信、虚伪不实四个负性取向的维度构成。②

吴继霞、黄希庭运用质性研究的范式研究了中国人的诚信结构。他们运用扎根理论的一般流程，以深度访谈的方法收集资料，最后构建了两个理论：一是诚信由诚实、信用、信任和责任心四因素构成；二是诚信四因素关系特点及其结构。③

（一）诚信结构四因素

1. 诚实

研究发现诚实由诚意、直率、实在构成。诚意是指在日常生活中待人诚恳、以心换心、以诚换诚。直率就是在日常生活中实践诚信观念，即坦诚、有一说一。实在是指为人真实、不做作、不虚伪。

诚实主要是指笃实、诚意、直率，所作所为与所思所想保持一致。也就是说诚实的人在人际交往中说真话、不隐瞒不欺骗、不掩盖或歪曲事实、言行一致。

2. 信用

信用是对行为的一种规范要求，是指人与人在合作、交往中对他人诚实守信。信用作为一种心理现象，是一个社会认可的"自我"，也是个人社会影响力的代称。

首先，信用就是要重"承诺"，比如说到做到。其次，信誉是要靠自己打拼而来的，需要自己亲身实践去赢得别人的信任。最后，当

---

① 陈劲：《中国人诚信心理结构及其特征》，博士学位论文，西南大学，2007 年。

② 赵子真、吴继霞、吕倩倩、李世娟：《诚信人格特质初探》，《心理科学》2009 年第 3 期。

③ 吴继霞、黄希庭：《诚信结构初探》，《心理科学》2012 年第 3 期。

一个人有了"信誉"也就意味着他因诚实守信而声名在外，那么他也就会有信用。

3. 信任

信任包括被信任、信任他人和公共意识三部分。

第一，一个人若是想赢得他人的信任最重要的是自己要做一个诚实守信的人，只有自己以诚待人才能获得别人的尊重与信任。第二，不辜负他人信任。如果自己接受他人委托，那么就要尽力办好这件事。第三，正直公正。

信任别人，首先是为了长远利益考虑。例如古时君臣之间，用人不疑是为了长远的江山社稷。在现代商业合作中，合作双方为了共同的利益选择信任彼此相互合作以谋求 $1+1>2$。其次如果一个人讲诚信并且有能力，我们就可以信任他。

公共意识的建立需要个人的主观努力以及社会的客观约束来保证。首先个体要自觉遵守履行诚信原则。其次要倡导诚实守信的社会文化与价值观，让人们生活在一个处处讲诚信的社会环境中。最终在这样一个大环境中，人们自觉遵守诚信原则，依靠每一个人的努力培育诚实守信的意识，把诚信变成一种公共意识根植于每一个社会成员的意识中。

4. 责任心

责任心是一种重要的人格特质，是个体在其认知水平基础上，对自己所承担责任的自觉意识和积极履行的行为倾向。责任心由两个部分的内容组成。其一是责任认知，是指作为一个社会成员我们扮演着不同的社会角色，是子女抑或是父母、教师抑或是医生，我们对工作、家人、学生、患者就负有一定的责任。我们希望家人过得更好、自己工作有所成就，正因为我们清楚地认识到自己肩上所承担的责任，所以会时刻注意自己言行。其二是责任感，是指个体执行任务时态度端正与否。我们在日常的学习、生活与工作中都需要责任感。这意味着诚信不是一句空话还要付诸实践，要落实到实践中的具体活动中。

（二）诚信四因素关系特点及其结构

四因素关系特点及其结构体现在：责任心因素的层次性；四因素间的关联性；诚实因素的基础性；四因素关系的整体性；四因素结构的相互性等方面。

1. 责任心因素层次性

责任心因素由三个层次构成：第一生存问题，为生计铤而走险违背本心；第二，坚持诚信的原则；第三慎独，即使没有监督也要坚持诚信。责任心因素的层次性能够很好地反映不同的个体的处境和责任。

2. 诚信四因素间的关联性

责任心是诚实、信用和信任因素的必要条件，但不是充分条件。第一，没有责任心就做不到诚实，保持责任心未必一定诚实。第二，没有责任心就没有信用，保持责任心未必就达到信用。第三，没有责任心就不能获得信任，保持责任心未必一定获得信任。

3. 诚实是信用和信任因素的基础

诚实表现在实在、诚意、坦率，个体的所思所想所做相协调。诚实是基础性的因素，信用就是对他人诚实守信，同时赢得信任等。首先是做诚实的人，然后才能产生信誉、信用，信守承诺，最后才能获得别人的信任。

4. 诚信四因素关系的整体性

诚信的四因素关系的整体性是指人的诚信是诚实、信用、信任和责任心四个因素构成的一个统一的整体，不能割裂开来。在判断一个人是否诚信时应根据诚信的四因素结构综合考量。判断一个人是否诚信时不仅要看他处理某件事情的结果，而且要看他在处理这件事情的过程中是否有责任心、坚持诚实和信用以及能否赢得别人的信任等。诚信包括诚实、信用、信任和责任心四个因素或者四个子系统。这些具有独立功能的子系统以及子系统之间的关联性，都是统一协调在人的诚信整体之中。离开了人的诚信的整体的协调，这些子系统及其相互作用便失去了意义。

5. 诚信四因素关系结构与外部环境相互性

诚信的外部环境主要是指人际层面和社会文化层面，包含社会的价值观和社会规范。人的社会性体现个体的诚信不是封闭的系统，而是开放的系统，它与外部环境是互动的关系。环境影响人的诚信，诚信的人也会改变环境。具体说，如果社会大环境倡导人们重诚实，讲信用、信任和责任心，那么生活在这样环境下的人们受大环境的影响也会成为这样的人。而具备这些特质的人们在学习、生活和工作中处处贯彻诚信，长此以往也会改变我们的社会大环境。

二 理解诚信的个体差异

因个体自身的特点、学科背景、早期经验等因素的不同，所以不同个体对诚信的理解和实现也各有不同，即所谓诚信理解的个体差异性。具体表现为：

（一）年龄差异

如前所述，在一项关于 7 岁、9 岁和 11 岁儿童对撒谎与实话实说的评价解释与选择的实验中发现，不同年龄的儿童对同一情境下撒谎与实话实说的解释与评价是不同的。具体表现为当诚实原则和为集体观念发生冲突时，7 岁儿童因受诚实原则影响较大，所以他们更重视诚实原则；为集体观念与诚实原则对于 9 岁儿童来说是同等重要的，他们会同时考虑这两个因素；然而 11 岁儿童则认为集体更为重要，约有 26.3% 的儿童认为为了集体说谎不是说谎。[①] 这是因为处于小学阶段的儿童的道德发展逐步开始自觉运用道德认知来评价道德行为，这是一个循序渐进的过程。而由于道德认知发展水平的限制，低年级儿童表现为注重言行一致。随着年龄的增长意识到权威并非不可改变

---

① 傅根跃、王玲凤：《为集体或为个人情境下小学儿童对说谎或说真话的理解和道德评价》，《心理科学》2005 年第 4 期。

而出现为了个人或集体利益言行不一致的行为。

（二）性别差异

有研究指出欺骗存在性别差异。这种不诚信的行为具体表现在择偶的初识阶段，通常男性为了吸引心仪的异性会表现得比平常更加谦逊有礼并夸大自己在工作中的重要性以凸显其能力出众；而女性的不诚信行为则聚焦在提升外表吸引力上，比如穿漂亮的能够隐藏或放大自身特征的衣服。① 可以看出男女在有关择偶方面所表现的不诚信行为是不同的，这也是由于二者对择偶诚信的理解差异造成的。从进化心理学的角度来说，男性在择偶方面考量较多的是女性生育后代的能力，比如面容姣好、体态匀称、浓密秀发等都表示女性的健康状况与营养情况良好，能够生育哺育后代；而女性在择偶方面倾向于寻找有足够能力养护后代的异性，这通常需要男性足够有才能，能够担负一家之主的责任。这些似乎深藏于基因密码之中，同时人们彼此深谙此道，有预谋、有计划地按照彼此的期望表现自己。曾有研究证实诚信水平存在性别差异，具体表现为女生在"诚实"和"无欺"两个方面的得分显著高于男生。②

（三）文化背景差异

本章第一节中我们比较了中西方诚信观念的差异。我国诚信观重视道德修养，强调修身养性，主张通过自我约束，实现内心修养与外在行为的和谐，强调道德自律，诚信于己，即使无人监督也要遵守诚信原则。西方诚信观建立在契约观念、宗教思想以及法律法规的基础上，主张通过宗教、利益、情景等外在关系约束社会成员的行为。由于社会大环境所倡导的诚信观不同而我们又处于环境中，通过社会学习将各自文化中所倡导的诚信观逐渐内化，由此决定了中西方人们对

---

① G. Haselton Martie, M. Buss David, Oubaid Viktor, et al., "Sex, Lies, and Strategic Interference: the Psychology of Deception Between the Sexes", *Personality & Social Psychology Bulletin*, Vol. 31, No. 1, 2005, pp. 3 – 23.

② 桂亚莉：《大学生诚信心理初步研究》，硕士学位论文，西南师范大学，2004 年。

于诚信的解释和所表现的诚信行为注定是不同的。并且中西方的大文化环境也是不同的，中国文化强调内敛含蓄不张扬，而西方文化主张自由、张扬个性。例如在面对别人的夸奖"你真漂亮"时，西方人大都会诚恳地表示感谢并欣然接受。而中国人则会含蓄地一笑或者回答说："哪里漂亮，今天气色很差！"即使这个夸奖符合事实，中国人通常也不会直接承认，因为我们所倡导的含蓄低调告诉我们这样并不是说谎。通常我们中国人将"有空来家吃饭"这句话理解为一种表达友好的客套话，不算谎言。而西方人不了解中国的客套文化，他们会将这句话理解为字面的真实意思，即你在邀请他们去家中赴宴。

（四）经验差异

每个人的生活环境不同，其所经历的诚信和不诚信事件也不同。我们每个人会根据自身的经验理解诚信与表现诚信行为。经典故事——狼来了，村民们在淘气娃第一次与第二次撒谎时都选择了信任，即使第一次谎言就知道自己被戏弄，村民们也依然选择相信。可是第三次，鉴于前两次的被欺骗经验，村民们将第三次的求救行为理解为欺骗行为。这就是因为先前经验所得到的经验教训而做出的对诚信的理解和行为表现，相同的还有"烽火戏诸侯"的故事。《三国演义》中诸葛亮的空城计亦是如此。司马懿凭借自己与诸葛亮多次交战的经验以及对诸葛亮的分析断定空城计有诈，这也是基于经验不同所导致的对诚信理解的个体差异。人们通常依据他们早先的与诚信相关的经验进行推断，以此来建立对他人的一般看法。

（五）马基雅维利主义者

马基雅维利是意大利著名政治家和历史学家，他认为一切以利益至上，为达目的可以不择手段。马基雅维利主义者重视效率，与他人保持距离，愿意操纵他人，甚至利用他人赢得较多利益。克里斯蒂（Christie）和盖斯（Geis）归纳总结了马基雅维利主义领导者的主要特征：第一，待人冷漠；第二，摒弃传统道德；第三，运用工具性的观念看待他人；第四，只注重事件的完成时，却不在乎事件的将来时，不屑于树立长远目标。同时有研究指出马基雅维利主义可以显著预测个人资源浪费、查而不举、偷盗、贪污、敲诈勒索等诸如此类的不道德行为。信奉马基雅维利主义的个体常常不屑于遵守传统道德，擅于利用他人为自己攫取更多的利益。① 所以如果马基雅维利主义者与普通人相比，他们应该不屑于谈论诚信，毕竟在他们看来利益才是最高追求。为了利益什么都可以舍弃，违背道德当然也是可以的，至于欺骗只是达成目标的手段而已。是否有益自身、是否能够更多获得利益，才是他们评判行为的最佳标准。

（六）水平差异

由于道德认知水平的差异，个体对于诚信概念与行为的解释和实践的程度也不同。例如有的人认为诚信是不辜负自己；有的人则认为要不愧于天，不愧于地；有的是小家安乐的平淡；有的则是修身、治国、平天下的雄壮。这种水平的差异也表现在知识背景上，例如对于经济学家来说，市场经济中如何维护诚信或商业行为中的诚信是他们关注的重点；商家关注的则是诚信经营、赢得口碑；对于顾客来说关注的则是商品是否货真价实、是否值得购买。

三　诚信的测量

古印度有一种测量谎言的方法——嚼炒米法。准备一把炒米，让身陷非诚信指控的嫌疑人将炒米放进口中咀嚼然后吐出，观察炒米的干湿程度，撒谎者由于紧张唾液分泌较少。还有前文之中提到的"真理之口"都是相同的原理。利用说谎者心虚、怕被发现的心理进行简单的测谎。1895 年罗姆布罗所（Lombroso）就利用血压记录仪器作为简易测谎仪，用于对犯罪行为的研究。美国心理学家胡格·缪斯腾伯格（Hugo Munsterberg）借助人体的四种生理指标来测量诚信，他第一次提出"测谎仪"这种说法使得测谎技术逐渐走向正轨，越来

① 赵君、廖建桥：《马基雅维利主义研究综述》，《华东经济管理》2013 年第 4 期。

越具有科学性。随后，关于诚信主题的研究获得许多研究者的关注，对于诚信态度、意图和行为测查的方法大概有：量表或问卷等自我报告法；矩阵任务等行为测查法；生理记录仪、测谎仪以及事件相关电位等仪器法。①

对于诚信的测量，我国学者倾向于采用两种方法：一种是以年级为依据测查不同发展阶段的儿童的诚信状态与发展水平；另一种则是重在揭示诚信的结构与组成要素。我国学者魏源基于我国的本土文化与国情修订了《基本人格诚实量表》，使之更适合中国人。该量表共有六个维度，分别是自我效能、条理性、责任感、成就驱力、自我约束与谨慎。学者魏源在这一基础上编制了更符合中国人的诚实观问卷，该问卷主要意在测量被试周边个体的诚信水平、被试对公共赏罚机制的态度、被试对当前行为诚信与否的评价、被试的人性观、爱面子观和胆量六个方面。桂亚莉运用探索性因素分析的方法将自编大学生诚信问卷分为两个分问卷。其一是"诚"分问卷，包括诚实和无欺两个维度；其二是"信"分问卷，包括信任、重诺、守信和信用四个维度。国外诚信测量主要分成两类，即以甄选员工为目的的诚信测量和以培养大学生学术诚信为目的的诚信测量。对于诚信测量，西方国家有两个公认的词语，即 Integrity Tests 和 Honesty Tests。国外学者在筛选诚信员工时倾向于采用里德报告、员工甄选量表和斯坦顿测量这三种测量方法。这些方法因其形式为纸笔测验，可大范围施测而应用广泛，主要用来选拔与现金、商业安全密切相关的从业人员。唐纳德·迈克卡博研究发现，大学生存在诚信缺失行为，主要表现为在学术方面的不诚实，并且这种情况大有愈演愈烈的态势。②

---

① 桂亚莉：《大学生诚信心理初步研究》，硕士学位论文，西南师范大学，2004 年。

② 王丹、傅维利：《诚信测量研究的若干问题》，《教育评论》2009 年第 5 期。管文娟：《当代大学生诚信水平及其干预研究》，硕士学位论文，苏州大学，2007 年。桂亚莉：《大学生诚信心理初步研究》，硕士学位论文，西南师范大学，2004 年。

第三节　日常生活中说谎是一种生存策略

一　说谎的概念

贾姆·马斯普（Jaume Masip）等研究者对"说谎"的概念做了具体的界定，他们认为说谎是个体以操控他人相信说谎者本人的信念为目的，以隐藏、捏造事实为方法，主要借助语言和非语言的手段而形成的，并且无论说谎者是否达成目的，我们都可判定他说谎。说谎包括三个要素：意图要素、信息要素和信念要素。分述如下：①

意图要素。它是指无论欺骗是否成功，说谎者必须要有欺骗谎言接收者的主观意图。即说谎者故意扭曲事实真相，有目的地将错误信息传递给被欺骗者。因此我们在判定是否说谎时仅仅根据信息是否正确是不够的，我们最需要明确的是传递者有无主观欺骗的意图。如果传递者在传递信息过程中有意歪曲事实，那么即可断定他在说谎或欺骗。例如一个诈骗犯在实施诈骗时，他有欺骗被害人的主观想法，即使他的诈骗没有成功，我们也可以断定他说谎了。

信息要素。它是指虚假的信息，我们可以从三个方面来理解信息要素：信息操控的策略、信息操控的属性和信息操控的载体。第一，信息操控的策略有隐瞒和伪造信息。所谓的隐瞒指的是"省略"真实的信息，即通过隐藏部分真实信息进行欺骗。例如"章莹颖案"的凶犯曾在法庭上拒不交代章莹颖的尸体所在何处，隐瞒藏尸地点，妄图隐瞒其残忍罪行。伪造或虚构是指编造虚假的、不存在的信息。例如"狼来了"的故事中，狼并没有出现却说狼来了，这就是编造事实不存在的信息。第二，信息操控的属性是指根据被操控的信息属性，将谎言划分为事实性谎言和情绪性谎言。例如 2018 年的"乐清失联男孩案"，起初男孩母亲声称自己的孩子放学未归，多次痛哭流

---

① 邵爱国：《关于说谎的道德认知研究》，博士学位论文，南京师范大学，2007 年，第 9 页。

涕，也焦急地寻找着孩子。但是，案件的真相却是孩子母亲为测试孩子父亲而自导自演的一出闹剧。该事件中孩子没有失踪却谎称孩子失踪，隐瞒事实可以构成事实性谎言。而因欺骗成功内心多少是有庆幸的成分在，同时因孩子并未失踪内心并无担忧却要表现得焦急万分痛苦异常，这种隐藏真实情绪、表现虚假情绪的就是情绪性谎言。第三，信息操控的载体是指谎言的表现形式可以是言语的也可以是非言语的。言语式的谎言很好理解，非言语的谎言可以是一个手势也可以是一个动作。例如，烽火戏诸侯，明修栈道、暗度陈仓，这些典故都是一种典型的非言语谎言。

信念要素。它是指说谎者在认为所传递的信息是虚假信念的基础上，使得被欺骗者产生或维系一种所接收的信息为真的信念。即说谎者志在使被欺骗者相信自己的谎言的一种信念与坚持。传达假信息的行为就是欺骗的意图，这种行为意味着说谎者明知真而说假、明知假而说真的行为。例如传销组织有一套自己的欺骗技巧，每天的课程也好还是每天喊的口号也好，通过对被欺骗人的信息轰炸以达成欺骗目的。技巧手段都是辅助工具，这些技巧和工具所传达的都是说谎者对于欺骗的势在必得。

二　谎言的种类

我们已经明确了谎言的概念，但是谎言的分类却是各式各样的，一般分为以下几种。

（一）事实性谎言和情绪性谎言

根据被操控的信息属性，可以将谎言划分为事实性谎言和情绪性谎言。

前者是指说谎者隐瞒或编造的信息是客观世界所直面的情况，包括事物、事件、事态等。例如，孩子明明没有失踪却编造不存在的事实报案声称孩子失踪，或者贩毒者藏匿毒品但是面对警察询问，为了逃避惩罚声称自己没有藏匿毒品，这都属于事实性谎言。而情绪性谎言是指被隐瞒或编造的信息是主体表现的一种情绪，例如，明明很难过却在家人询问时微笑回答"我很好"，这种藏起伤心表现的开心就是情绪性谎言。再比如，在公司取得重大业绩时，全体员工心情澎湃、异常激动，然而领导者虽然内心也很激动，但是为了稳住局势同时为了提醒员工不可骄傲而故作镇静，这也属于情绪性谎言。当然在现实的谎言中，这两种谎言也可以同时出现，就像上文中的"乐清失联男孩案"，男孩的母亲就运用了这两种谎言。似乎情绪性的谎言能为事实性的谎言提供佐证一般，大家都被男孩母亲声嘶力竭的哭喊所迷惑。

（二）利他谎言、利己不损人谎言和利己损人谎言①

根据谎言受益的对象可以将谎言分为利他谎言、利己不损人谎言和利己损人谎言三种。

其中，利他谎言是指谎言能够使被欺骗者获益。例如小孩子打疫苗时怕疼而拒绝去医院，这个时候家长经常会骗孩子说："走啊！宝宝，带你去超市！"或者家长骗孩子药是甜的等，这种谎言就是利他谎言。利己不损人谎言是指谎言的受益人是说谎者本人，但是这种欺骗行为并不会给被欺骗的人带来任何损失。例如一个非常胆小的人，他的内心非常害怕，却在别人询问时，坚称自己不害怕。这种谎言就没有给被欺骗者造成损失。利己损人谎言是指谎言的最终受益人是说谎者本人，但是在自己获益的同时却给被欺骗者造成了损失。例如卖假药者，过分夸大自己药品的实际作用，欺骗消费者以获得经济利益，却给被害人的身体健康造成了严重影响。或者新闻频频爆出的骗婚案件，骗婚者常常以结婚、彩礼等理由骗取被害人大量财物，这不仅给被害人带来了财产损失，也带来了难以磨灭的情感伤害。

（三）善意谎言和恶意谎言

根据说谎者的目的可以将谎言分为善意谎言和恶意谎言。善意谎

① 吕倩倩：《说谎的可接受度研究》，硕士学位论文，苏州大学，2010年。

言是指说谎者是站在被欺骗者的立场上，出于保护被欺骗者的想法而说谎。例如影视剧中经常见到这样一个情景，病人身患绝症，时日无多。医生与家人担心病人承受不住这种打击会加重病情从而影响治疗，所以家人与医生一起向病人隐瞒其真实病情。或者公交车让座的时候通常会说："我下一站就下了，您坐！"但是却往往没有在下一站下车，只是为了让被让座者安心坐下而说的善意谎言。恶意的谎言在酝酿之初就是以伤害被欺骗人为目的的。例如各种类型的诈骗案，骗子虽花言巧语、巧言令色，但是在这看似无害的语言背后却是一把一把的伤人利器。有些摊贩缺斤少两或者在秤上做手脚都是恶意的谎言，这种通过侵害他人攫取利益的行为都是恶意谎言。

（四）马克斯·艾格特的谎言分类①

人力资源专家马克斯·艾格特另辟蹊径研究了职场中存在的谎言，他认为首先在面试过程中就会有许多不同类型的谎言。因此他为企业的面试官们总结了以下六种常见谎言类型：

第一，善意式谎言。一些求职者为了增强自己的竞争力，往往喜欢在求职简历中美化自己。例如："我完全信守团队精神，我具备很强的集体荣誉感，我善于与他人合作"；"我有优秀的社交技巧和阅读能力""我完全是值得信赖和忠诚的""我熟练掌握各种办公软件""我的执行能力很强"等。当然这些内容也有可能是真实的描述，但关键在于这些陈述是"谁说的？证据在哪里？怎么求证呢？"对于这种谎言最好的解决方案就是忽略这些陈述，直接验证一下，例如要求应聘者进行办公软件实际操作。

第二，利他式谎言。这种谎言企图掩盖事实真相，使不了解真相的人看起来撒谎者好像是在帮助他人。比如他们不会说离开上一份工作是因为他们的经理横行霸道，或公司前景黯淡，或薪水少得可怜，或公司人际关系复杂，而是说辞职是为了寻找新的挑战，仰慕公司实

---

① ［美］艾瑞克：《反洗脑Ⅱ》，北京联合出版社 2016 年版，第 157 页。

力抑或是寻求新的飞跃。

第三，遗漏式谎言。这种谎言最为常见，求职者有意或者无意地省略一部分事实。比如，故意不提他们自己在学校时成绩的细节，类似于挂科、不及格之类的。因为这可能是他们糟糕的污点或者公司不录用他们的理由。或者有段工作经历故意略去不说，可能是因为他们在那段时间频繁地更换工作。

第四，防守式谎言。比如当你询问求职者先前老板的管理风格、求职者离开的理由、他们的健康情况、离职前的工资状况或与前公司同事的人际关系等，你常常会收到一系列模糊的表达，如"和我的同事一样""跟其他人差不多""还不错""还可以"。类似这种的就是防守式谎言。

第五，夸大式谎言。这种谎言往往见之于求职者描述集体负责某个项目经历时。比如"今年的合计翻了一倍""我负责预算超过三百万"。经常很难证实这些成绩是求职者自己取得的还是他人取得的，并且很难验证该求职者在集体成就中贡献几何，这都是不确定的因素。

第六，嵌入式谎言。这是一个容易使面试官困惑的诡计。比如"我真的喜欢在牛津时度过的那些时光"，这究竟是什么意思呢？似乎是在表示自己曾经就学于牛津，但是很突然的这样一段回忆式描述基本和面试是毫无关系的。有些求职者喜欢夸大或者描述一些过去的工作经历，无外乎是想暗示自己多么优秀。

三　说谎是一种生存策略

"说谎"是普遍存在的，可以说这个世界上到处都充斥着谎言，那么我们为什么要说谎呢？最朴素的一个理由，就是为了生存。当然人类的生存不仅仅只是简单的温饱和活下去而已，但是怎么活得有尊严、有质量、有理想、人际和谐以及有所成就等都是我们为生存而值得考虑的。马斯洛的需要层次理论可以为我们提供解释，马斯洛将需求分为生理需要、安全需要、爱和归属感的需要、尊重的需要和自我实现的需要五种。这五种需要像阶梯一样从低到高，按层次逐级递升，当某一层次的需要得到满足，就会向高层次的需要发展，追求更高层次的需要就成为驱使我们的动力。

所以，为了满足生存需要我们不得不"说谎"，不妨依据"需要层次理论"谈一下为了满足不同层次的需要，我们在实际中对"说谎"策略的运用。

（一）为满足生理需要的谎言

生理需要包含着最基本的水、食物等，是保障有机体存活最基本的需要。说谎似乎是人类的专属名词，但是动植物界也存在着难以分辨的"谎言"。"生石花"原产于非洲南部的荒漠戈壁，外表形似一颗奇怪的石头，两片叶子圆润，颜色呈灰绿色、灰棕色或棕黄色，与沙漠融为一体。这样的伪装帮助它们逃过了各种食草动物的饕餮之口；变色龙会根据环境变换身体的颜色以隐藏自己不被发现。动植物会"说谎"无外乎两个原因：第一个原因是与生存环境融为一体不被捕食者发现；第二个原因则是隐藏自身便于捕猎。总之，这些"谎言"的最终目的都是为了自身生存以及种族的繁衍生息。

进入文明时代以来，人类如果要想获取维系生命的生存资料必须依靠一定的谋生手段。春节晚会必备节目——魔术，大家一定都见识过其精彩变幻，如隔空取物、大变活人、折纸变玫瑰、密室逃脱，等等。但是，这个世界上并不存在所谓的魔法，这些魔术只不过是通过一些机关设置，还有一些巧妙的手法完成的，可以说也是一种谎言。魔术不仅仅为博君一笑，同时这也是魔术师的一种谋生手段。早在我国西汉时魔术被称为"幻术"，那时起就已经成了江湖艺人街边卖艺谋生的手段，所谓有钱的捧个钱场，没钱的捧个人场。魔术虽为欺骗，但也是一种善意的谎言，观众获得了快乐而魔术师是凭手艺吃饭，所得正当。但是有一种谎言，虽为谋生，却令人唾弃，那就是各种各样的诈骗。街头随处可见乞讨者，他们当中有一部分人利用大家的同情心，伪装成残疾人或重病患者，更有甚者将拐卖来的儿童人为致残。为骗取钱财不择手段，极其残忍，罔顾国法！还有就是近年来屡见不鲜的骗婚案件，不法分子看准了部分地区"娶媳妇难"的问题，利用大龄男青年对于组建家庭的急切心情进行诈骗。像这种以诈骗为生的职业诈骗团伙，不仅危害他人财产安全及身心健康，同时也触犯了相关的法律规定。

（二）为实现安全需要的谎言

安全需要是指我们需要一个安定的环境生存，涉及人身安全、财产权，等等。有时候说谎不仅能够保护自己，甚至能够保护他人。例如，当你一人下班回家时，有一个不怀好意的人过来跟你搭讪："美女，自己一个人？"此时你会怎么做？实话实说？还是告诉他："不，我男朋友在前面等我。"然后尽快联系亲人来接你或者向他人求助。实话实说只会让不法分子断定你是一人落单，很可能被纠缠。但是如果选择欺骗他，多少他都会有所忌惮，在他思考判断你的回答是否可信的这段时间里，你可以求助。再比如抢劫一类的案件中，通常警方都会提醒我们不要激怒犯罪嫌疑人，像"你跑不了，我要报警"之类的话只会让犯罪嫌疑人失去理智。在那些智退歹徒的案件里，受害人大都能理智冷静地面对犯罪嫌疑人。虽然他们在面对手持凶器的施害者时，内心也是紧张慌乱的，却表现得冷静从容，这里可以说是一种情绪性的谎言。"只要你不伤害我，做什么都可以，我不会报警"之类的说法大多是为稳住施害者的情绪，避免自己受到伤害，脱离危险后还是会报警的。影视剧中所表现的绑架案，绑匪提出自己的条件：不准报警，交赎金，否则撕票。此时被要挟的一方通常都是说："我不会报警的，我在尽力地筹措钱款。"而画面一转，严阵以待的警方正在监听着绑匪与被害人的电话，同时利用电话追踪定位绑匪位置。这种谎言一是保护自己的财产安全，二是保护被绑架人的生命安全。所以谎言有时候不仅能够保护自己，还能够保护他人。

（三）为获得归属与爱的谎言

这一层次的需要也是一种社交需要，我们生活在社会大环境中，免不了与他人接触。我们渴望与他人相处融洽，被团体接纳，等等。在此过程中我们会碰到各式各样的人，与他们相处时，我们如何处理人际交往的问题，直接影响着我们人际关系的和谐程度，因此我们需要学会巧妙地处理这些问题。在人际交往中，有时候实话实说不一定有利于人际交往的和谐，而有时候适当的谎言或许会成为人际交往的润滑剂。我想你一定遇到过下列情形，思考下你会选择怎么做。

情形一：你的新同事昨天购置了一套新衣服，今天兴高采烈地穿到公司，并且询问大家这件衣服她穿着怎么样？此时的你会选择怎么做？A. 你穿着真好看，特别显气色！B. 这件衣服不适合你，显得你特别黑，身材也不好，暴露了你所有的缺点。

情形二：亲戚的孩子吃满月酒，当孩子的奶奶把孩子抱出来的时候，亲戚们都夸赞说这孩子长得真好，虎头虎脑，精气神十足！孩子奶奶听了大家的夸赞后喜笑颜开。但是，说实话，这个刚满月的孩子在你看来却觉得他长得黑，眼睛肿，并没有十分好看。这个时候你会怎么做？A. 附和亲戚们的说法，孩子很可爱，虎头虎脑，胖乎乎的。B. 告诉孩子奶奶你的真实想法，你觉得孩子长得黑，眼睛肿并不好看，旁边的亲戚都在骗她。

情形三：妻子在丈夫生日的时候，为了给丈夫一个惊喜，准备了一桌饭菜。但是由于妻子不擅长做饭，所以做得并不好，有的咸，有的淡，卖相也不好看。妻子很愧疚，觉得自己很没用，做饭都学不会。此时身为丈夫的你会怎么做？A. 没有关系，你今天勇敢地踏出做饭的第一步就已经很厉害了！B. 你做得确实不好吃，这个西红柿鸡蛋太咸了，那个太辣了，这个你油放多了！你的确不适合做家务！

上述三种情形应该是比较常见的情形，情形中的人物关系也可以换成是同学、朋友和亲子关系。面对上述这三种情形，大多数人都会选择第一种做法，虽然没有说实话、没有实事求是，但是让别人高兴或者鼓励了对方，并且也有利于人际关系的和谐。如果有小部分人选择第二种做法，那么生活中其他人对他的评价一定是情商低、不会说话、说话太直、容易得罪人等。所以在人际关系中，这样的谎话是无伤大雅的。没有给对方造成什么损失，既让你我高兴，又兼有鼓励他人的作用。那这种谎言，我们何乐而不为呢？

（四）为得到尊重的谎言

尊重不仅仅是获得别人的尊重同时也包括个体的自尊。南宋末年有误国之相——贾似道。贾似道在发迹前只不过一市井混混，不务正业、被人唾弃。因其姐姐是皇帝宠妃，混入朝堂。后因蒙古违约进攻南宋，贾似道被派去前线带兵出征，然而他根本不通军事，带兵打仗根本不在行。于是出征后穷尽办法与敌军议和，最终因忽必烈急于回国争夺汗位，贾似道乘此机会以称臣、进贡为条件与蒙军签订和约。在忽必烈撤退之时，贾似道还表演了一出追击敌军的戏码，并借此向朝廷呈送战胜的捷报，大赞自己克敌制胜之道。皇帝全然不知此次"胜仗"的真正原因，大喜过望给贾似道加官晋爵，大力表扬，班师回朝日更是百官恭迎。此时他不再是那个人人唾弃的市井混混，而是权倾朝野、一人之下万人之上、百官"倚重"的能臣。他谎报军情用一国江山换来了浮华一世，却留下千古骂名。我们常说的成语附庸风雅，意思是指缺乏文化修养的人为了装点门面、抬高身份而结交文人，装作知识分子参加有关文化的活动，企图借助谎言提升自己的身份。这是因为我国古代认为"万般皆下品，唯有读书高"，意为读书有文化修养的人才是最值得敬重的，所以商贾贵胄通过这种方式展现自己的学识修养获取社会地位，受他人尊重。

（五）为自我实现需要的谎言

自我实现，主要是指完善自我、发挥潜能，是最高层次的需要，体现了一种对于人生理想以及境界的追求。央视的"感动中国"节目中，有一位令大家印象深刻的学者，那就是被称为我国"卫星之父"的孙家栋。秉持着对祖国和航天事业的热爱，他的一生都献给我国的航天事业，即使九十岁的高龄仍为祖国的航天事业殚精竭虑。然而研究之初，所有的研究人员都不能透露自己供职何处，所做何事，即"上不告父母，下不告妻儿"。就这样从他 1958 年进入国防部到 1985 年，近三十年的时间孙家栋的家人都不知道他从事着一项怎样伟大的工作。虽然这项工作需要保密，他不得不向亲人说谎，但他热爱自己的祖国，愿意为祖国实现自己的价值，发挥潜能。

　　本章我们研究了诚信的理论、定义、结构、个体差异，并且解释了为什么会有谎言的出现以及谎言的具体种类。我们发现虽然诚信是个人的重要品质也是国家层面所倡导的，但是日常生活中基于各种各样的原因，维系诚信却是有难度的。米兰·昆德拉曾在其著作《不可承受的生命之轻》之中这样写道："要活在真实中，不欺骗自己也不欺骗别人，除非与世隔绝。一旦有旁人见证我们的行为，不管我们乐意不乐意，都得适应旁观我们的目光，我们所做的一切便无一是真了。有公众在场，考虑公众，就是活在谎言中。"因为有些场合不得不说谎，而有的谎言却不该存在，如何把握谎言的尺度使得日常生活中诚信的维系变得有难度。

第四章 以诚信价值观引领和规范日常生活

　　诚信与日常生活息息相关，在日常生活的点点滴滴中得到体现。日常生活是社会主义核心价值观形成的根源；日常生活领域为人们践行核心价值观提供了最基本的"场域"。随着时代的飞速发展，人们生活水平极大提高，理所当然对于诚信方面有着更高的要求并希望提高日常生活质量。如何以诚信价值观引领和规范日常生活是我们亟待解决的问题。在解决这个问题之前，我们首先需要对"日常生活"的概念进行阐述，以及探讨日常生活的世俗性表现为何种现象。绝大多数人看到"日常生活"会不加思考，仅凭主观经验加以解释，这不可避免带来一些混乱，因此我们需要对"日常生活"以及日常生活世俗性进行解释。我们还需要在日常生活的基础上对其进行批判性重建。日常生活的批判理论可以帮助我们解决这一问题。最后，我们会说明诚信价值观将如何引领并规范日常生活。

第一节　日常生活的世俗性

　　随着时代的快速发展，人们逐渐注意到"日常生活"这一名词，与这一名词相关的理论也开始引起人们的注意，对"日常生活"的研究也逐渐成为人文社科研究的焦点。而在 20 世纪以前，人们对"日常生活"的关注是相对不足的，这一局面的改变得益于文学艺术等领域出现了"日常生活转向"。从理论层面看，"日常生活"在哲学、历史学、政治学、社会学、文化学等领域都进入了反思与批判的阶段。从文学艺术的角度看，"日常生活"已经成为审美文化最感性、最基本的体验。① 日常生活这一名词越来越频繁地出现，而在学术界，"日常生活"也早已成为一个非常流行的术语，但是绝大多数人只是简单肤浅地按照经验进行理解，理所当然不加反思地胡乱使用日常生活这一概念，诚然一定程度上使得这些日常生活理论探讨的影响扩大，与此同时，理论混乱也不可避免地出现。因此，我们首先需要阐述的是"日常生活"是什么，然后再回答日常生活的世俗性问题。

一　日常生活理论

（一）各种不同的日常生活理论

目前存在着各种不同的日常生活理论。例如，在胡塞尔的哲学术语当中，他将"日常生活世界"也叫作"生活周围的世界"或者"周围世界"。我们周围的世界是一个只有在精神领域才有一席之地的世界，他认为"我们在各自的生活世界中生活，我们的全部忧虑和劳作都适用于这个世界，这里所表明的就是一种纯粹在精神领域中发生的事实"②。也就是说，胡塞尔将"日常生活世界"定义为存在于我们的日常生活之中的精神领域中的事实。哈贝马斯的"生活世界"理论直接来源于胡塞尔，他坦然承认吸收了胡塞尔关于生活世界的核心内容，哈贝马斯的观点认为"生活世界的概念是在交往活动中作为关系表现出来的，应该遵循现象学生活世界分析的线索"③。与胡塞尔不同，海德格尔用"此在"这一概念代表人的存在，"此在"想要

---

① 宋音希：《回归生活世界：日常生活批判理论之发展探微》，《特区实践与理论》2018年第4期。
② ［德］胡塞尔：《欧洲科学危机与超验现象学》，张庆熊译，上海译文出版社1988年版，第3页。
③ ［德］哈贝马斯：《交往行动理论》，洪佩郁、蔺青译，重庆出版社1994年版，第165页。

表明的意义并非存在者是什么，而是他如何存在着，即存在的各种可能性，在日常生活中，每一个此在都处于日常共在中，人们是被"抛入"这个世界中，人在日常共在中的一切都是由"常人"所掌握的。而列斐伏尔认为，随着在我们日常生活的各个方面都表现出异化现象，日常生活世界的意义显得愈加重要。个体在日常生活世界中生活、成长、发展，社会文化在日常生活世界中孕育、丰富、流传。谈到他的思想内涵，换种说法，日常生活是那些特别的而又专门化的结构性活动所选择分析出的残渣。在列斐伏尔看来，在很多时空下，日常生活是与劳动或者工作有关的。① 对于赫勒来说，她对日常生活的定义更多在于家庭邻里层面。她的思想在其著作《日常生活》中得到充分体现，她认为："只有个体再生产出自身，他们才能再生产出社会。我们可以把日常生活定义为个体再生产要素的集合，这种集合可以将社会再生产成为一种可能。"② 显而易见，在赫勒的思想中，日常生活更多的是环境的意思，环境是社会的一部分，而人类个体的生存依赖于这个环境。赫勒进一步在其日常生活批判中表明，当前的重中之重在于揭示在日常生活中，哪些活动图式是内在的，是起着支配性作用的，而不必拘泥于分析日常生活具体的活动，比如衣食住行，这些并非重点。

上述这些有着相似名称的日常生活理论，在价值内涵方面却存在着相当大的差异。可以看到，虽然对于生活世界的理解定义各有异同，我们仍然可以探索到隐藏在不同之处背后的共同之处，换句话说，生活世界在本质上可以称作是一个文化的世界。也就是说，有意识或无意识的文化模式或者文化精神是文化哲学致力于探索的，这是人类存在的基本方式，也是社会运转的潜在机制，而这些文化模式、文化精神是基于日常生活的。反过来看，生活世界的本质规定性及其内在机制也是文化所蕴含的意义价值。可以看出，哲学理性关注的并

---

① 武胜男：《列斐伏尔与赫勒日常生活批判理论比较》，《学术交流》2017 年第 4 期。
② ［匈］阿格妮丝·赫勒：《日常生活》，重庆出版社 1990 年版，第 3 页。

非具体繁杂的琐事，而是行为活动背后的原因，例如文化、价值取向、传统习俗等，即关注的是日常生活世界的缘由。在讨论完生活世界的本质后，我们需要关注不同的生活世界理论的价值取向差异。例如，胡塞尔意在将生活世界视为超越文化危机的价值源泉；海德格尔以及列斐伏尔批判现代日常生活本身的一种异化，这种异化是由于日常生活被工业文明所割裂；至于赫勒，她希望人类能够超越日常存在状态，成为有力量、富有创新精神的个体，因而她更多地在批判日常生活本身。在中国的历史长河中，中国社会有其独特的非历史感文化模式，并且有着极其发达的传统日常生活世界。在一定程度上，我们似乎与赫勒的日常生活世界理论更为接近，而非其他理论。[①]

（二）赫勒的日常生活理论

在此，我们以赫勒的日常生活理论为基础展开对日常生活基本内涵的阐述。首先对于日常生活范畴的界定，赫勒指出只有个体再生产出自身，他们才能再生产出社会。我们可以把日常生活定义为个体再生产要素的集合，这种集合可以将社会再生产成为一种可能。[②] 简而言之，在赫勒的思想中，个人是可以直接塑造他的生活世界的，也就是个人的直接环境。她将日常生活的概念定义为个体再生产要素的集合。个体再生产要不断地再生产出个体自身，在此基础上，社会得以再生产。赫勒认为"日常生活本身就是毫无保留的客体化"，类本质的对象化领域可以包括人类活动各个领域。她借鉴了马克思以及卢卡奇的概念，建立了日常生活理论。[③]

赫勒对日常生活的限定从自然和社会两个视角展开，从自然视角来看，赫勒把可作为人的类本质活动的对象化划分为自为存在，也就是把个体再生产以及日常生活与哲学、艺术、政治科学划为一类。然

---

① 参见《中国日常生活批判的理论视野》，《求是学刊》2005 年第 6 期。

② ［匈］阿格妮丝·赫勒：《日常生活》，重庆出版社 1990 年版，第 3 页。

③ 曾晞：《日常生活的理论内涵及其当代效应——读阿格妮丝·赫勒的〈日常生活〉》，《内蒙古师范大学学报》（哲学社会科学版）2017 年第 3 期。

而从社会角度来看，日常生活的主体并不能称作自为存在，而只能是自在的类本质对象化。因为他们并未形成与类本质之间的自觉关系，而不像从事自为的类本质活动如科学、艺术等那样，活动主体与类本质之间已将形成了自觉的联系。对于每个人来说，日常生活结构与图式是给定的。因此，赫勒将日常生活界定为"自在的类本质对象化"。①

赫勒把人的活动划分成了包括工作、道德、宗教、政治与法、科学、哲学及艺术这五个不同方面。划分依据是在日常活动与非日常活动之间，二者有着不同的共存程度。

第一介绍的是工作。在所有活动中，工作可视为日常生活与非日常生活共存程度最高的一种。这里所说的工作并不是一个狭义的概念，仅仅指代工作本身，其还包括对工作的执行还有执行过程。所以工作一方面可以是日常活动，另一方面又可直接称作类本质活动。

第二要说的是道德。此处的道德是指个体私人行为与个体所处环境所倡导的价值与规则之间的关系。意即当个体主动克服自己的排他需要并且使自己的行为符合公认的价值观与规则时所表现出来的行为就是道德的行为，只要涉及人与人的关系，道德行为就普遍存在。

第三就是宗教。宗教是一个理想状态下的共同体，是群体成员在宗教所倡导的价值系统引领下形成的。宗教能够影响信众生活的方方面面，"宗教总是日常生活的组织者，而且常常是它的主要组织者"。虽然宗教能够影响到个体日常生活，但是宗教并不能完全地支配个体生活。社会的其他方面，比如法律法规、科学文化、公约良俗等对个体的日常生活都有一定的指导意义。

第四要讨论的是政治与法。对政治概念的理解可大可小。从狭义的角度来看，政治是指统治阶级为巩固和维护政权而进行的各种活动。从宏观的角度来看，政治是指我们自愿采取的维护个体赖以生存

———————————

① 许大平：《日常生活批判及其当代意义》，博士学位论文，复旦大学，2003 年，第97 页。

的社会环境稳定的所有活动。但是只有当政治活动形成于处在社会分工条件下的"个人"的简单再生产之中时，它才是我们日常生活的有机组成部分。现如今随着人类文明的繁荣，法律法规在人们日常生活中扮演的角色越来越重要。法律法规具有独特的强制性、不可违抗性以及惩罚性，所以法律能够强有力地规范人们的行为。

最后一点就是科学、哲学和艺术。科学、哲学以及艺术是最远离日常生活的领域。它们的意义是在日常生活领域中获得的，这三者最开始是一种"自在的类本质"对象化活动。但是后来，这三者变成了"自为的类本质"活动，因为它们并不与日常生活直接发生联系，而是从日常生活当中抽离独立出来。①

二　日常生活的世俗性特征

上文中我们了解了日常生活的相关理论及概念，以下我们将说明日常生活的世俗性及其相关概念与特征。

（一）世俗性相关概念

世俗性是指世俗生活的总体特征。从社会学的角度来说，世俗性指的是由传统社会向现代社会转型过程中建立在物质世界基础之上的日常生活的发达及随之而来的人类思想和行为的增强。而世俗生活或世俗世界指的是以日常生活为依托的丰富开放的现实生活。在历史发展嬗变的过程中，因受到来自宗教、超验理念、伦理纲常以及意识形态等诸多因素影响，人类世俗生活的具体形态会不断发生变化，表现为活动场景、风俗文化、人文关系、道德观念等具体内容的演变，但人类世俗生活的基本内涵具有自身的本体性规定性与延续性。"世俗性"可以说是一个漫长的社会变化历程，是基于时间跨度之上的变化。人们在日常生活中越来越少地求助于超自然力量，譬如上帝、宗教等无处不在的影响，人们的日常生活不再过于依赖宗教生活，而更加注重现实世界中实在的

---

① 范为：《赫勒的日常生活理论思想评析》，《中外企业家》2016 年第 5 期。

知识。①

　（二）日常生活的世俗性特征

　　查尔斯·泰勒对世俗性的特征进行了描述，主要从两个方面展开。对于第一种描述，世俗性的重点在于共同的制度与实践。所不同的是，现代西方摆脱了与上帝的联系，但是前现代政治组织都以各种方式有某种联系。也就是说，政治与教会是分离的，于是宗教信仰的有无并不是一件公事了，更多的是一件私事。政治社会也被视为一个由各种宗教的信徒和非信徒组成的社会。换句话说，你可以完全参与政治而不必与上帝打交道，这在世俗社会中是完全可行的。第二种描述方面，是基于公共空间的。这些空间已经删除了上帝或任何参考的最终实相。另一方面，是我们所遵循的规范和原则，我们在经济、政治、文化、教育、专业和娱乐活动领域所进行的审议，通常不会被要求求助于上帝或任何宗教。我们采取行动所依据的考虑因素是每个领域的合理性所固有的。这与早期形成了鲜明的对比。当时，基督教信仰建立了权威的规则，通常来自神职人员，这些规则在任何领域都不容易被忽视。②

　　世俗性通常可表现为政教分离。阿伦特曾以古希腊社会为例，划分了私人领域与公共领域。私人领域指以家庭为中心的生命活动领域，也是私人经验的领域，在此领域内，对物质必需品与生命的关切处于支配性地位。公共领域的物质形态是由各种人工物品所组成的世界，其实践形态则是由日常的各种交往构成，而其价值形态则是功利性的。③ 相对于宗教超越领域而言，私人领域与公共领域均属于世俗领域。这两种领域相应的由两方面的活动组成，一种是私人领域的活动，即以劳动为核心的生命活动；另一种是公共领域的活动、言行，

---

①　郑莉：《现代性语境下的世俗化理论研究》，《宗教社会学》2013 年第 1 期。
②　吕绍勋：《查尔斯·泰勒与世俗化理论》，博士学位论文，复旦大学，2011 年。
③　陶东风：《阿伦特与哈贝马斯的两种世俗化理论》，tdfblog. blog. sohu. com/308225331. html，2015 年 3 月 21 日。

即政治实践或政治生活。阿伦特将世俗公共领域称为"世界",其根本特性就是其公共性。如果我们处于一个健康良好的公共世界,所有的人会积极活动并参与各项集体活动与事务;如果处于一个公共世界混乱、世风败坏的时代,人们可能更多地沉迷于物质消费或个人经验,养成自恋型人格,表现为对世界的逃离。①

个体对于日常生活是有所认知的。他们完全可以认识到自身存在的普通平凡以及不足,并认为自己如果要成为一个有价值的人,获得一个有意义的认识历程,是需要受到教育才能得以实现的。那么如何获得提升便成为一个令人困扰的问题,因为这往往是非常艰难的。当教育的相关性质被群众的要求决定时,就会出现以下情况:人们其实并不知道自己真正想要的是什么,他们只要求最平常的事,而这些东西可以用最简单的语言来表达。人们想要学习的东西是那些在生活中实际上可以得到的东西。他们希望与生活保持密切联系,从这个意义上说,他们了解一切使生活方便和舒适的东西,包括大城市的交通。他们想要培养个性,他们的意思一方面是实用性,他们会错误地称之为效率,另一方面是自由,做他们喜欢的任何事的权利,他们称之为自发性。他们憎恨理想目标的严格性,因为这种目标不需要效用,而是需要存在的等级制度。在这种日常精神状态下,他们想要的是能够和平共处的个体,而不是那些拒绝承担基本责任的人。首先,人们倾向于受工具理性的指导,所以效用是第一原则,效用可以像货币一样经由尺度进行衡量。其次,自然主义的道德观念为个性化提供了基础。人类的一切自然利益都有自由的权利,没有道德等级。第三,采取漠视或者拒绝的态度对待那些理想化的生活。②

(三)世俗性的后果

在泰勒看来,世俗化的后果主要表现在三个方面:政治层面、公

---

① 吕绍勋:《查尔斯·泰勒与世俗化理论》,博士学位论文,复旦大学,2011 年,第155 页。

② 陶东风:《从两种世俗化视角看当代中国大众文化》,《中国文学研究》2014 年第 2 期。

共领域层面以及信仰状况。在政治层面，政府的组织已经不再基于对上帝或对最高实在的信仰从事政治行为时，也无须与信仰有关。公共领域层面，当我们从事大部分公共行为时，我们所遵循的准则规则，与上帝和宗教信仰无关。我们所依赖的仅仅是事物内在的合理性。在信仰方面，我们不再将信仰上帝视为必需的选择，而仅仅是一种选择。世俗性作为世俗世界的特征，其后果也可表现为两个相关方面：政治层面及公共领域层面。

第一，政治层面。显而易见，良好的政治会尽可能地帮助人们获得财富，并且还能够合理地控制或释放他们的欲望。现代政治的目标是协调世界各种因素，促进各自的作用，从而可以使得各个公民的利益得到最大化。① 但这般行为是极其不安全的，而且如果没有宗教政治，就意味着世俗的个人存在与其普遍基础是分离的，而没有中心点的政治立法原则仍然是抽象的。② 还有一种把宗教信仰钉在政治上的做法。这种政治不可能真正是全体人民的道德和物质福祉。尽管如此，我们只能假定具体的政治机制有错，而不是政治原则有错。现代人即使对所有的政治形式都表示怀疑，也不会对政治本身感到失望，这反映了现代人对自己能够控制世界的信心。有一些激进的观点认为，现代社会中的一切都是政治性的，所有的哲学和宗教只有在政治行动中体现出来，才有意义。没有什么比政治更重要，我们负责政治秩序的建设，所以我们可以自由地建设我们认为合适的政治秩序。现代政治将所有愿望相对化的原因是，我们的自信使我们能够按照自己的意愿建造世界。这就是现代政治的世俗主义。③

第二，公共领域层面。世俗性表现为脱离一切超验的东西，它

---

① 吕绍勋：《查尔斯·泰勒与世俗化理论》，博士学位论文，复旦大学，2011 年，第42 页。

② 吕绍勋：《查尔斯·泰勒与世俗化理论》，博士学位论文，复旦大学，2011 年，第42 页。

③ 吕绍勋：《西方现代政治：对〈圣经〉传统与古典传统的双重反叛》，《中南大学学报》（社会科学版）2013 年第 5 期。

遵循的是一种内在化原则。在我们看来，每个个体的独立以及理性自由是所有价值认识和建立道德秩序的基础。由于反结构性的社会秩序的压制，以及对政治哲学的追求，有人试图在公共社会和政治领域用一种普遍性的原则来建立一个完善的体系。世俗时代对日常生活的这些内容都可以包括在内，也就是说对于高于日常生活或者与日常生活不相符的生活是持反对态度的。这也导致了世俗化在不同层面产生了各种危机。例如对于一个有意义的身份框架，很多现代人在不同方面是缺失的，特别是在道德层面上的缺失，进而会导致现代人各种不同的身份危机。这种现代自我的身份认同危机主要有几个原因：首先现代自我受到来自抽象系统的影响，要求理性对这个系统的绝对控制，这种自我也称作是反思自我。其次，在这个反思的抽象性系统之中，没有道德根基的位置，而这个内部系统所构建的道德功能的根基也是极其不稳定的。第三，道德根基被压抑的重要原因之一就是现代人希望追求世俗幸福，并且希望在日常生活中获得肯定。①

由于日常生活的世俗性，我们需要进行改变以重建日常生活。

第二节　日常生活的批判性重建

在了解了日常生活的世俗性之后，我们需要对日常生活进行批判性重建，在此问题上，我们需要了解相关的日常生活批判理论，以此帮助我们对日常生活进行重建。

一　日常生活批判理论

（一）列斐伏尔的日常生活批判

列斐伏尔的日常生活批判理论以马克思的异化理论为立足点。列斐

---

① 吕绍勋：《查尔斯·泰勒与世俗化理论》，博士学位论文，复旦大学，2011年，第46页。

伏尔关于"日常生活批判"的定义简单来说就是通过对异化形式进行详尽丰富的描述，然后进行批判。这里的异化形式指的是诸如家庭、两性之间、各种活动场所、语言或其他互动交往方式、意识形态中的异化形式等。在列斐伏尔看来，要想对日常生活进行研究，我们需要能够自觉站在日常生活之外，跳出既定的范围，做一个真正的观察者和批判者，与研究对象之间保持一定的距离，这样我们才能做到真正客观，否则你就会身在局中，不能理解真正的意义与奥妙。列斐伏尔扩展了生产的意义，也扩展了生活空间的意义。他强烈反对任何将空间仅仅视为容器或环境的做法，列斐伏尔将其视为一种中性的环境，在这种环境中，生命得以延续。空间确实是一种环境，因为它很显然是所有活动必须发生的基础，但空间不仅是一种媒介，而且是一种地理形态、建筑环境、象征意义和日常生活的相互联系。存在方式和自然景观是一个整体，尽管其中充满了空间应该是什么样的紧张关系和相互竞争的版本。人们不仅为一块地盘而战，而且为它所构成的那种现实而战。列斐伏尔将生活世界引入马克思主义研究，最令人信服的原因之一就是他深刻地意识到日常生活最原始、最真实的面目在哲学的控制下逐渐被掩藏，因此对哲学进行一定程度的批判势在必行。对哲学进行批判之后带来的结果便是对日常生活进行批判。对日常生活进行批判，可以促进人类解放、文明进步甚至社会转型，揭露资本主义的虚假性与危险性，个体的主体性危机也暴露无遗。因此，在马克思主义视角下，研究者逐步展开崭新的研究对象和研究领域——日常生活。①

在当今社会日常生活中，有两大特征在消失，一方面在于个性特征逐渐消退，另一方面在于总体情况下，日常生活发生异化。列斐伏尔对日常生活的批判也正是聚焦于这两点。在列斐伏尔看来，以往社会当中，万物各有其风格，万事皆有其个性，正因为风格迥异才使得

---

① 霍广田：《列斐伏尔日常生活批判理论及其现实意义》，《哈尔滨师范大学社会科学学报》2018 年第 6 期。

社会丰富多彩，现今这些丰富性却慢慢不见了。[①] 那么导致这一现象的原因存在于何处呢？有学者认为一方面，在于人与人之间的距离过大，这种分离是社会大生产造成的；还在于人们的生活过于被控于大众传媒手中。列斐伏尔的观点表明资本家未来追逐利益，鼓励消费。在大众传媒的控制引导下，本该由人类主导的行为仿佛成了被动行为，我们本该作为消费行为的主体，却变成了被大众传媒控制的客体。我们的消费行为不再是面向真实的物品，更像是对广告编织的虚假的意向进行消费。铺天盖地的广告宣传下，人们的消费对象不再真实，变得缥缈虚无。另一方面，随着机器的不断更新与使用，机器开始制约社会分工并成为人类的主人，奴役着人类。列斐伏尔表明异化现象是无法制止的，只要社会在发展，异化现象不可避免。而社会变革与社会进步的出现可以来自于人们对异化现象的抵制。但是无论如何，总会有各种不同的新的异化现象产生，即使在某一个阶段中可以得到短暂的缓和。列斐伏尔呼吁人们将革命重点放在日常生活内部，使得人们可以在工作场所、在家中摆脱异化。[②]

（二）赫勒的日常生活批判

赫勒认为日常生活主体很难脱离日常生活所提供的基本生存条件而独自生活，但主体的日常生活可以转换到自为的生活领域促进自身发展。赫勒的日常生活批判即日常生活人道化，主要在于使主体自身得到改变，将已经形成的思维方式与行为习惯内化为个体能力之中，然后根据自身需求自由选择合适的价值体系合理安排生活。在这之中，科学、哲学和艺术代表着自为性比较高的活动，这些活动可以激发主体的创造性，使得个体能够逐渐提升到由"自在存在"到"自为存在"再到"为我们存在"的生活境界。要实现这种目标，我们

---

① 霍广田：《列斐伏尔日常生活批判理论及其现实意义》，《哈尔滨师范大学社会科学学报》2018 年第 6 期。

② 霍广田：《列斐伏尔日常生活批判理论及其现实意义》，《哈尔滨师范大学社会科学学报》2018 年第 6 期。

需要改变对传统日常知识的态度和不平等交往形式，摆脱对个体个性的限制。赫勒认为，对日常生活的批判就是要使每个人都把日常生活变成自己的存在，然后把地球变成自己的家园，通过自由自觉的个体的形成来确立我们的日常生活，日常生活批判的目的正在于此。①

二 日常生活批判性重建的内容

（一）日常生活批判性重建的背景

我国是农业大国，正处于现代化进程当中。而在我国社会却存在沉重的传统与日常生活结构，我国传统的农业文明下的日常生活世界为人提供一种熟悉感、安全感、亲近感和"在家"的感觉。在这个熟悉的环境之中，人们不必探索"为什么"的问题，只要知道"是什么"就可以使自身生存下去。但这种熟悉亲切的日常生活世界如温水煮青蛙一样在慢慢侵蚀我们的主体精神，同时会抑制主体创造性思维与创造性时间的展现，这毋庸置疑会在无形中阻碍中国人走向现代化，这也正是日常生活批判与重建的原因所在。随着时代发展，我国人民开始迈出以往传统的日常生活世界，国人思维方式也在不断变化发展，与国家发展齐头并进。这无疑依赖于我国市场经济飞速发展，以及政治创新的启动发挥的巨大作用。与此同时，人民开始转变为日常生活和非日常生活两者兼具的主体，而不再仅仅只是作为日常生活的主体而存在。② 因而日常生活的批判性重建变得尤为重要。

（二）日常生活批判性重建的内容

有学者曾从两个方面提出过日常生活批判的内容：第一方面是从三个步骤进行。第一步需要从各个不同方面对日常生活领域进行清晰

---

① 何长辉：《日常生活批判与大学生思想政治教育》，《中共福建省委党校学报》2014年第 11 期。

② 杨威：《启蒙与批判：日常生活世界的文化重建之路》，《北京大学学报》（哲学社会科学版）2006 年第 S1 期。

的界定，可以包括但不仅限于日常生活的内涵及其外延、时空，还有图式结果等方面进行这项活动，也就是在最开始我们需要构建出对于日常生活理论的范式。第二步我们需要解释日常生活的内涵，解释可从日常消费、交往、观念世界依次进行。随后需要从整体上对日常生活的运行特征进行细致解释。最后在这一系列进程中，日常生活得以在理论上成型。此外，在现代化进程的语境中，分析日常生活批判各个方面的内在结构和文化图式是非常重要的，我们日常生活批评的价值取向可以直接由它决定。① 在分析日常生活世界的内在结构和基本图式的过程中，有学者认为主要有四个方面的要素：自由活动模式、经验活动图式、自然主义根基以及自发调节系统。我们日常生活的世界是一个未分化的自然领域，它直接影响和塑造着活动的自发主体。这种自发的日常主体是农业文明条件下的一种典型的活动主体，它与工业文明条件下自由、自觉、创造性的非日常活动主体不相容，后者具有技术理性和人文性的基本品质。因此，一个民族要实现文化的转型和自身的现代化，就必须经历对日常生活世界的批判性重建过程，从而超越传统的日常生活结构和图式对人的创造活动的束缚，从日常生活的自由自发状态到非日常生活的自由自觉状态跃迁。这就是批判日常生活的目的。②

　　日常生活批判理论将我们所处的社会划分成一个金字塔的模式。该模式的底层结构由我们人类的日常生活活动所组成，该层主要以维持生存为目标，主要包括吃、穿、住、行、繁衍后代等基本活动；非日常的社会活动处于结构的第二层，该层级主要涉及政治、经济和公共事物等活动；最后，该模式的最顶层是非日常的人类精神和知识方面，该层级主要涉及哲学、科学、艺术等活动。最顶端的活动领域及中间层的活动领域组成了我们社会中的非日常生活世界，并与模式最

---

　　①　欣文等：《日常生活批判：一种真正植根于生活世界的文化哲学》，《学术月刊》2006 年第 1 期。

　　②　许大平：《日常生活批判及其当代意义》，博士学位论文，复旦大学，2003 年，第 5 页。

底端的日常生活世界遥相呼应。二者相结合起来既能够从政治经济运行规律上又能从日常生活世界的内在的文化图式上，来指导和规范人们的行事和人们所处社会的运转机制。①

二 日常生活批判性重建的阻碍与解决途径

中国传统日常生活世界相当发达，这是因为我国具有成熟的传统农业文明。这种成熟可以表现为以小农经济为主体的自给自足的、稳定的自然经济、家庭本位的社会结构、基于情感和血缘关系的发达的自发伦理规范和礼俗体系等。因此从根本上来说，中国传统社会是一个巨大的日常生活世界。有学者将中国传统农业文明的经济社会关系作为核心，探讨了由其发展演变而出的日常生活世界。而关于此日常生活世界对现代性的文化阻滞力，有以下几点。

第一，自然的或人情化的日常文化图式与经验性的日常文化图式之间的关系、影响。其中，前者是以家庭本位、血缘关系、天然情感、伦理纲常等构筑的，后者是由经验、习惯、传统、风俗、礼俗、家规家法自发调节的。这两种不同的日常文化图式以及它们之间的关系造就了中国民众的生存模式，这种生存模式表现为中国人自发的、重复的、缺乏创新和超越的生存模式。但从文化心理学的角度来看，这样的生存模式却对不同形式的创新与转型有着下意识的拒斥。②

第二，自然、经验、人情化的文化模式对中国人生活的影响。这种影响不仅表现在传统日常生活世界的文化图式中，也体现在非日常的社会活动以及精神生产活动之中。这种自然、经验和人情化的文化模式成了社会的内在机理和主导性文化精神，主要表现在社会的日常运行和精神生产的自在化。以儒家为例的伦理学说便是基于此，试图

---

① 参见《开拓文化哲学的新领地：日常生活批判》，《哲学动态》1995 年第 1 期。
② 欣文等：《日常生活批判：一种真正植根于生活世界的文化哲学》，《学术月刊》2006 年第 1 期。

通过将每一个个体带入到一个给定的、自由的、自然的关联之中，进而使人能够通过习惯经验，自发地自然存在。①

第三，也是更为严重的是，传统日常生活世界的自在自发的文化图式在当下全球化的社会转型中全面反弹。新的社会模式中的理性、法治、契约等精神遭遇到了经验、人情的阻拦，阻滞了文明现代化的发展。②

要想打造日常生活的批判性重建模式，在当今我国的现代化背景之下，我们可以从三个角度来进行阐述。首先，从文化性的角度来看，这种模式有利于展现在传统文化中日常生活的地位；其次，从价值学的角度来看，揭示了日常生活结构和图式对人类生存和社会发展的积极和消极影响，从而展示和阐释了日常生活的转变和重建作为现代化进程的本质；再次，我们可以从历史学角度展开，阐述从传统到现今日常生活的转变。③

在我们了解了日常生活批判性重建的阻碍之后，如何消除阻碍便成为我们需要解决的问题。简单来说，可以归纳为以下几点：第一，我们需要走出传统日常生活的禁锢，发展出与现代工业文明相适应的生存方式，学会适应现实生存方式的变迁，而不仅仅是单纯的文化启蒙。对传统日常生活方式进行扬弃，以创造性思维与创造性实践去重建日常生活。第二，我们在加大重视社会文化教育的力度的同时，还需要注重互联网媒体的参与作用，为了消除传统日常生活取向中所产生的种种障碍，我们需要通过大众传媒巩固和发展技术理性和人文精神，使之成为广大人民群众的主导价值目标。④ 第三，还需要做到防止非日常生活领域受到已有生活图示的干扰影响，保证非日常生活区

① 欣文等：《日常生活批判：一种真正植根于生活世界的文化哲学》，《学术月刊》2006年第1期。

② 欣文等：《日常生活批判：一种真正植根于生活世界的文化哲学》，《学术月刊》2006年第1期。

③ 欣文等：《日常生活批判：一种真正植根于生活世界的文化哲学》，《学术月刊》2006年第1期。

④ 杨威：《启蒙与批判：日常生活世界的文化重建之路》，《北京大学学报》（哲学社会科学版）2006年第S1期。

的独立性是我们必须要重视与注意的。同时，社会运行机制的建立必须符合民主、法制、理性的特性，这样使得每一个活动主体出现在非日常社会活动领域时可以是非日常生活的态度。人不仅能够有效地运用日常重复实践的经验图式，创造性思维和创造性实践也能够自觉进行。①

第三节　诚信价值观对日常生活的引领与规范

一　诚信与诚信价值观

（一）什么是诚信

诚信几乎体现在我们生活的方方面面。对于个体而言，诚信可以凸显其良好素质的人格魅力与人格力量；对于企业而言，诚信能够提高它的企业形象，赢得良好口碑；对于国家而言，诚信可以展现其国际形象。吴继霞曾在其著作中从中西方的不同角度对诚信的概念进行分析。② 首先西方在进入 20 世纪以后，从多个视角理解诚信概念。

第一，诚信是个体的个性特质，目前在人事选拔领域大量进行诚信测验。第二，诚信是一种道德行为，要求个体遵循合乎道德的规则。第三，诚信具有跨界特点，该视角研究者结合了心理学、经济学和管理学等多学科的特点。第四，诚信是一种社会资本，不仅存在于家庭这种最小最基本的社会群体，还体现在国家这个最大的群体中，其他群体也同样体现这种社会资本。而在中国，诚与信最初并非在一起使用。随着时代的推进，研究者努力挖掘中国传统诚信思想的现代价值，并从现代角度重新对诚信进行阐释。他们主要根据哲学伦理学意义上的诚信内涵，从宗教学、心理学、社会学等

---

① 陈雪飞：《日常与狂欢：当代原生性艺术在生活世界的重构》，《艺术百家》2008年第 1 期。

② 吴继霞：《诚信品格的养成》，安徽教育出版社 2009 年版，第 6—10 页。

方面研究了诚信的内涵及其相关问题。《现代汉语词典》对诚信的解释是：诚信——诚实守信用；生意人应当以诚信为本。在这儿诚信优良的含义是，人与人交往时应当说真话，不掩盖或歪曲事实真相；还要讲信用遵守诺言。这两层含义都说明诚信是为人处世的道德准则，是一个道德范畴。从心理学上说，诚信是得到社会认知和肯定的行为规则，是人们对自己和他人行为、对所处的组织和制度以及对使人类对自身生存有了基本认识的自然秩序和道德社会秩序的期待状态。具体来说诚信有下列行为含义：尊重事实；行为前后一致；形式可靠；理性地做出选择和决定；没有自相矛盾的行为。对比中西方对诚信概念的分析，中国所表现出的是一种道德诚信，西方则是制度诚信。

现代诚信的思想正在将中西概念进行融合。西方合理的诚信理念已经开始融入现代中国人的诚信观之中。因此，诚信可以定义为个体在一定关系中所表现出来的，以诚实、信用、信任为核心的比较稳定的心理品质和行为倾向。诚信，即诚实，信用信任有三层含义，第一诚实待人赢得信用，第二以信用取信于他人，第三信任他人。

（二）诚信价值观

1. 什么是诚信价值观

诚信价值观可以说是某一社会群体判断社会事务是否具有诚信时所依据的是非标准，所遵循的行为准则；是人们对于什么是诚信、如何评判诚信、怎样创造诚信世界等一系列问题的观点；是人们对诚信的基本看法。诚信价值观不仅是个人对诚信的内涵的界定，当一个社会中多数人形成了对诚信的基本看法，就会形成社会主流的诚信价值观，进而可以影响整个社会的诚信构建与诚信状态。我们可以将诚信价值观划分为三个版块，包括诚信价值目标、诚信价值手段以及诚信价值评价。首先，个体如何判断肯定并追求价值，此为诚信价值目标，而这一部分也是诚信价值观最为核心的一部分。诚信价值目标也可以分为两部分，即个人取向与社会取向。其次，诚信价值手段的含义就是指个体采取不同的方法和手段而实现一定的信用价值。可以包括注重承诺守信，不轻易违背诺言；诚实无欺；能够做到言行一致。再次，诚信价值评价是指主体对诚信言行以及产生的效果进行评价，做出判断，这项操作基于一定的诚信道德标准。①

为推进中国特色社会主义伟大事业、实现中华民族伟大复兴中国梦，党的十八大提出积极培育和践行社会主义核心价值观，提出要"深入开展道德领域突出问题专项教育和治理，加强政务诚信、商务诚信、社会诚信和司法公信建设"②。积极培育和践行社会主义核心价值观的重要内容之一就是倡导"爱国、敬业、诚信、友善"，③ 充分体现了经济社会发展到一定阶段的必然要求。而诚信是社会主义核心价值观从公民个人层面提出的价值准则，是公民基本道德规范，它涵盖了公民道德行为各个环节，贯穿了社会公德、职业道德、家庭美德、个人品德各方面。习近平总书记指出："一个民族、一个国家的核心价值观必须同这个民族、这个国家的历史文化相契合，同这个民族、这个国家的人民正在进行的奋斗相结合，同这个民族、这个国家需要解决的时代问题相适应。"④ 从这段发言中我们收获良多，也可以找到将诚信列入社会主义核心价值观的原因：其一，诚信是我国传统美德，我们需要将这种传统美德传承下去；其二，诚信是我国亟待发展的精神力量之一。

2. 诚信价值观的功能

作为一种社会主流价值观，诚信价值观无时无刻、随时随地都在影响着个体、群体以及整个社会。诚信价值观可以影响处于社会之中的个体的思想与行为，也可以影响整个国家的政治、经

---

① 付茂玲：《大学生践行诚信价值观的意义与路径探析》，《教育现代化》2016 年第 3 期。

② 胡锦涛：《坚定不移沿着中国特色社会主义道路前进　为全面建成小康社会而奋斗——在中国共产党第十八次全国代表大会上的报告》，人民出版社 2012 年版。

③ 李津燕、张珣：《政务诚信与政府公信力提升路径》，《学习月刊》2018 年第 12 期。

④ 习近平：《青年要自觉践行社会主义核心价值观——在北京大学师生座谈会上的讲话》，人民出版社 2014 年版，第 8 页。

济、文化。我们利用诚信价值观引领日常生活，需要知道诚信价值观的功能。

第一，教育功能。诚信价值观渗透在现代化社会的各个方面，无时无刻不在影响着社会成员的思想与行为。通过诚信价值观的教育，通过大众传媒的宣扬以及榜样行为的示范，我们可以将诚信价值观所包含的价值理念、行为准则等思想传递给所有的社会成员。社会成员接受诚信价值观，并内化为自身的知识经验，在日常生活中自觉遵循诚信准则，维护诚信行为，并对抗非诚信行为与思想。在这个过程中，诚信价值观的影响被扩大，社会成员的精神境界得到提高。

第二，评价功能。诚信价值观自带一套价值评价标准，帮助社会成员界定诚信与不诚信的界限。它提倡诚实守信，鄙弃弄虚作假，具有其鲜明的指向性及规定性。诚信价值观所包含的评价标准可以使各行各业人员时刻警醒，时刻注意强化诚信意识，并将这套标准变为自身的评价标准。社会成员利用标准对他人行为做出评价，当符合标准时，可以从中学习；不符合标准便会加以修正。

第三，激励功能。诚信价值观具有激励功能。从个人层面上说，当个体表现出符合诚信价值观的行为与思想时，这种积极行为便会得到旁人的赞扬与社会的肯定，因此他会更愿意表现出诚信行为；当个体做出违反诚信价值观的行为时便会受到责备。同理，诚信是立业之本，如果一个企业时刻牢记诚信价值观，那么这个企业将会收获更多的利益，没有诚信的企业早晚会自食恶果。上升到整个社会层面，当人们表现出诚信，那么必然会收获一个更加有秩序、更加和谐的社会，诚信价值观的激励作用由此表现出来。

二　诚信价值观如何引领与规范日常生活

社会主义核心价值观形成的根源是日常生活，那么诚信价值观也应当源于日常生活。人们践行诚信价值观的基本"场域"也就是日常生活。[①] 前文我们提到，生活世界不仅表现为具体、琐屑的日常生计活动，也体现在衣食住行、饮食男女、日常交往等活动背后的知识储备、价值取向、行为方式等。人的存在意义及价值必然与日常生活密切相关。想要以诚信价值观引领并规范日常生活，我们必须回归日常生活。如果诚信价值观没有回归日常生活，仅仅作为理论呈现，束之高阁，不落到实处，也不过是空中楼阁，不免落入一片虚无的境况。正如人所说，若想要一种主流价值观被接受、被认同，必须能够扎根于一个相应的日常世界，以其作为依托，否则就只是一种形式说教，毫无意义。[②] 因此，我们要将诚信价值观回归人们的日常生活，让人们在日常生活中去实践并进行检验。如此这般，诚信价值观强大的力量与精神内涵才能为人们所感知，才能起到引领与规范日常生活的作用。

我们从以下几个方面阐述实现由诚信价值观引领与规范日常生活的途径。

（一）加强诚信教育

1. 加强家庭诚信教育

家庭对孩童诚信的启蒙与发展起到关键性作用。古有"曾子杀猪"的故事，至今仍为佳话；也有"狼来了"的故事讲述自食其果。我们很容易从中得到启示：家庭是培养孩子诚信的基地，对孩子诚信品格的塑造有着极其重要的影响。

首先我们需要重视父母与家人的榜样作用。孩童的模仿能力极强，他们非常擅长观察大人的行为并以此为榜样，之后复制大人的行为。这种行为我们可以称之为观察学习，是著名心理学家班杜拉的社会学习理论中的一个基本概念。在我们平时的生活中，很多不诚信行为并不足以引起人们的重视，很多人甚至因此获得利益。当家长在孩

---

① 万峰宇、徐生：《论社会主义核心价值观回归于日常生活》，《齐齐哈尔大学学报》（哲学社会科学版）2017 年第 12 期。

② 邹小华、胡伯项：《构建社会主义核心价值认同的日常生活世界》，《南昌大学学报》（人文社会科学版）2013 年第 1 期。

子面前表现出不诚信行为，例如言行不一、出尔反尔、不遵守诺言，孩子就会观察模仿并学习家长的行为。尤其当家长的行为并没有受到谴责而获得暂时的利益时，孩子更容易表现出不诚信行为。家长的一言一行都潜移默化地影响着孩子，因此，家长的言传身教显得尤为重要。家长应该严格要求自身，做到言而有信，形成良好的家庭诚信氛围，发挥父母的榜样作用。当父母表现出错误行为时，要能够自省并可以放下父母的权威向孩子坦陈错误。这样可以使孩子获得平等与尊重，诚信的家庭教育因而更易让孩子接受。父母要善于从日常小事中发掘诚信与不诚信的行为，教导孩子辨别行为，引导孩子形成诚信的观念。此外，当孩子表现出诚信行为或思想时，如果父母能够对此积极反应，比如夸奖，也能够强化孩子的诚信观念。

简而言之，孩子诚信意识的形成与家庭教育关系密切，家长应起到自身榜样作用言传身教，配合适当奖惩制度培养孩子的诚信观念，帮助其养成良好诚信行为习惯。

2. 加强学校诚信教育

进入学校，儿童已经初步形成诚信观念，但这种诚信观念还不成熟，带有很大的片面性。在学校，儿童可以系统地学习诚信相关知识，并随着年龄的增长以及在与同伴、同学的交互作用下逐渐形成较为成熟的诚信价值观。因此学校扮演了非常重要的角色。

我们首先将目光转向学校与班集体的诚信教育环境。环境对诚信的塑造是潜移默化的，我们要利用好环境是指为同学们诚信意识的形成服务。可以推出有关诚信主题的板报，开展诚信相关主题讲座，制定诚信守则。要将抽象的诚信概念具体化，落到学校班级的方方面面，使学生时时刻刻注意自省。发挥好老师的带头作用与同伴的榜样作用，尤其是同伴群体的作用，学生会将自身与同伴比较，学习对方优点。根据不同年龄阶段孩子的学习能力与认知能力，科学制定诚信教育的课程内容，有目的、有计划地对学生施加影响。为学生树立正确诚信观念，积极引导学生在日常生活中学习并内化诚信价值观，逐渐形成良好的诚信意识，以高诚信要求自身并在日常生活中再现诚信言行等。[①] 坚持贯彻实施诚信守则，提高失信成本。理论与实践相结合，在实践与反馈中培养师生的诚信价值观念。

3. 加强全社会各领域的诚信教育

家庭与学校是社会微小的组成部分，其中的活动是在社会中展开的，我们在家庭与学校中形成的价值观还需得到社会的检验，受到社会的影响与制约。一方面，我们接受社会的考察，另一方面，社会的诚信状况也会反过来影响家庭及学校的诚信教育。全社会的诚信教育我们可通过以下措施来促进。第一，引入经济奖罚机制，守信者得到鼓励，不守信者则会被惩罚。从而依据诚信价值观所创造的诚信社会促进社会经济增长和发展，满足人们的物质和精神需要。第二，重视中国传统优良文化的价值，以中华传统美德中的诚信思想为养料滋养诚信价值观，丰富诚信价值观。诚信价值观与文化息息相关、不可分割，因而我们有理由相信诚信价值观是能够被贯彻下去并落到实处的。中国上下五千年，尾生抱柱、一诺千金、立木为信，这些故事为我们所铭记，诚信思想代代相传，利用好传统美德，促进社会诚信。第三，净化社会生态环境。诚信价值观的培育是在良好的社会生态环境中进行的，有了良好的社会生态环境，诚信价值观得以更深层次地渗透，进而可以创造出更加优良的社会氛围，形成良性循环。不诚信现象在我国四处丛生，诚信的法制建设应该加强，遏制不良现象的发生。加快推进社会主义民主建设，与法制建设相结合。通过内部监督与外部监督相结合的方式创新，运用法制与民主的机制建设，为培育诚信价值观创造适宜的生态环境。[②]

我们需要加强社会各领域的诚信教育，做到家庭—学校—社会相辅相成，形成全民诚信的氛围，推进全体成员的诚信教育。

---

① 付茂玲：《大学生践行诚信价值观的意义与路径探析》，《教育现代化》2016 年第 3 期。
② 李玲：《构建诚信价值观的路径探析》，《法制与社会》2016 年第 29 期。

（二）加强大众传媒对诚信价值观的引导

1. 充分认识大众传媒对日常生活化建构的深刻影响

诚信价值观与文化密切相关，渗透于五千多年的中华文明之中传承至今，且诚信价值观作为思想政治教育的重要组成部分，完全可以被贯彻且落实。① 从古至今，诚信作为中国传统优良品质以故事、成语等形式代代相传。我们需要与时俱进，充分利用新的传播媒介，创新宣传方式。互联网使人们的生活发生了翻天覆地的变化，不断地影响着人们的学习行为、思想内容以及价值取向等，也因此影响着思想理论的传播。② 在信息时代不停的技术轰炸中，意识形态的运作机制也在不断地改变与创新。有理由相信通过大众传媒传播的意识形态将影响到人们日常生活的方方面面，而诚信价值观必将可以通过大众传媒传送到人民大众心中。因此，我们不仅需要关注思想内容本身，还要关注思想内容的传播渠道，实现内容与形式的共同创新、协同发展。

2. 充分利用大众媒体的优点进行引导

当今社会，社会成员不仅仅通过课本和老师来获得信息、学习知识。QQ、微信、微博等软件的出现冲击着传统的学习方式。网络能够带来及时、迅速、多样的信息，一方面，社会成员通过这些传播媒介能够更快捷地交流沟通并获取信息，有助于在全社会形成诚信氛围。另一方面这些媒介信息混杂，有很多虚假、负面的内容。我们要利用大众传媒及时便捷的特点积极传播诚信价值观念，实现诚信教育的全面开展，我们还需严格把控不良信息的传播。大众媒体要向大众传播正确的观念，坚持不懈地宣传党的理论和党的主张，坚决维护党中央的领导，及时传递党中央的声音，并真实反应人民群众的声音。在社会舆论的导向过程中，大众传媒承担着不可或缺的作用。为了营造诚实守信的良好社会氛围，社会公共媒体应大力宣扬诚实守信的美

---

① 李玲：《构建诚信价值观的路径探析》，《法制与社会》2016 年第 29 期。

② 尤国珍：《时代要求与创新路径：日常生活维度下的意识形态建设》，《河南大学学报》（社会科学版）2019 年第 4 期。

德，批判不诚实的思想行为；对于诚信行为应及时表扬甚至奖励，促进群众更多诚信行为，而对于失信者应坚决批评谴责。要做到态度上坚定，不模棱两可，坚定不移地弘扬社会主义诚信价值观。①

做到诚信价值观日常生活化，我们首先要做到的就是创新，不仅要创新诚信价值观的内容，更要创新诚信价值观传播的路径，互联网现今作为宣传诚信工作的重要阵地，提供了与往日书本等不同的传播途径，定将加快诚信价值观的传播脚步。其次，我们要做到接纳。自古以来，我们有取其精华、去其糟粕一说，互联网虽有其弊端，但科技不断发展，社会不断进步，我们要以开放的心态接纳互联网，甚至以后更多的、更新的传播媒体。要想推动诚信价值观日常生活化，更好地引领规范日常生活，我们要增强其内容包括传播途径的吸引力、感召力、影响力，在潜移默化中扩大诚信价值观的影响。

3. 重视大众媒体传播内容的通俗性

媒体传播的诚信价值观内容能吸引越来越多的人，应当避免内容晦涩及使用难懂的语言，避免高谈阔论，要增强宣传内容的亲和力、时代性、通俗性、大众性、回应性。为增强诚信价值观在日常生活中的亲和力，要能够与时俱进，不断根据国情的变化进行适宜的话语表达；时代性需表现为不能生搬硬套以往的意识形态话语，要能够具体情况具体分析，赋予诚信价值观新的时代特征与时代特色；通俗性与大众性表现为能够报道人民所闻、所见、所想，使用通俗易懂的语言阐述新思想，进而号召人民群众学习；回应性则是大众传媒能够听取人民的意见，并能够反馈意见，对不足之处加以修正，实现诚信价值观与生活性话语相交融。

（三）重视诚信榜样的力量②

榜样作为典型模范，他的带头与表率作用能够激励其他人民群众

---

① 崔三常、田玉敏：《比较视域下的诚信价值观保障机制探析》，《未来与发展》2017年第10期。

② 李玲：《构建诚信价值观的路径探析》，《法制与社会》2016年第29期。

去了解并学习诚信价值观的内容。

1. 树立社会榜样，发挥引领作用

榜样是一种无声的语言，榜样的力量不容小觑。榜样的具体形象让群众有了参照，更能够领会诚信的含义及其言行标准，容易受到感染进而促进日常生活中诚信言行的出现。树立社会榜样的目的在于加强群众的思想道德建设，培育社会主义诚信价值观。① 全国诚实守信模范武秀君，五年代夫偿还 270 万元；向胜元两年结清 32 万元住院费，用"诚信"回报"仁心"。诚信事件时刻上演，这些模范人物的先进事迹感动了无数人，激励了无数人。在社会发展进程中，树立社会榜样是必不可少的一环。班杜拉观察过程学习理论认为学习过程包括：注意过程、保持过程、复制过程、动机过程。观察学习理论对榜样学习理论也具有非常重要的现实意义。树立社会榜样做到的第一步就是让群众注意到榜样言行举止及思想。社会榜样的存在有利于营造积极向上的社会诚信氛围，此氛围有利于群众内化诚信思想行为，进一步展现出诚信。因此，榜样的存在对培育和践行诚信价值观具有极其重要的引导作用。并且，在榜样学习过程中，人们也会自觉抵制不诚信思想行为，进一步促进诚信价值观的培育践行。

2. 树立干部榜样，发挥表率作用

这一点我们可以从两点把握：腐败官员的预防与制裁及先进干部的树立。党的十八大以来，以习近平同志为核心的党中央大力推进反腐败的进程，提出坚持"老虎""苍蝇"一起打，为反腐败工作定下了总基调。无数领导干部贪污腐败的事件浮现在大众眼前，引起群众的热议，值得我们深切反思。在这一过程中，我们发现这一举措赢得了人民群众的心。中华人民共和国成立以来，也涌现了一批批廉洁为民的好干部，孔繁森、焦裕禄、沈浩……他们的事迹感动了无数中国人，也激励了无数中国人。新形势下，为践行诚信价值观，领导干部

---

① 李玲：《构建诚信价值观的路径探析》，《法制与社会》2016 年第 29 期。

应该带头学习实践，要身体力行，言出必行，在全社会中营造诚实守信的良好风气。领导干部要能够以身作则，在日常点滴中做到讲诚信，重承诺，不断提升自己的诚信素质，树立公平公正的诚信价值观。

（四）完善诚信机制

1. 制定并完善相关法律法规

诚信价值观的树立需要法律法规的参与。在诚信法制建设的过程中，需要法律制度的制定与约束。诚信是中华民族的传统美德，更是社会主义核心价值观的重要内容，诚信需要靠道德维持，也需要法律的加持。我国古代也非常重视诚信的法律法规，重诚信、恶诈伪是贯穿中国古代的一项基本精神。而在当今民法理论中，诚实信用原则也占据重要地位，被称为"帝王条款"。让诚信者处处受益、失信者寸步难行是塑造诚信社会良好风气的重要宗旨，通过激励及惩罚的方式让人们深刻认识诚信，培育社会主义诚信价值观。很多社会现象反映出国人不守诚信的行为思想，缺乏"契约精神"。而西方法律理念中契约精神在亚里士多德的交换正义观念中便得以展现。以契约精神为核心衍生出的契约守信与我国的"诚信"不谋而合，西方契约守信更多是先法律而后道德，在我国，诚信则更多先道德再法律。但是，在历史上中国也不乏承诺的践行，现代中国正以习近平新时代中国特色社会主义思想为指导，坚定地走在现代化建设道路上。我们所面临的失信问题，需要在中国的语境下寻找答案。需借鉴国内外在诚信法治建设方面的成功经验与有效方法，根据我国法律法规的现实，研究出一套适合我国的信用建设的基本法律法规和制度，[①] 促进诚信价值观更好地培育与践行。

2. 在各个行业领域制定规范

通过对各领域制定行业规范，加强行业内个体的道德约束，建立道

---

① 王鹏宇：《诚信价值观培育研究》，硕士学位论文，河南理工大学，2014 年。

德培养机制，树立诚信价值观，使社会形成诚实守信的整体氛围。

诚信价值观引领并规范日常生活，成为人们日常生活中的自觉行为指引，这是一个漫长的过程。对此，我们要看到诚信价值观引领良好生活世界的建构的长期性和艰巨性。价值、精神、文化建设关乎人心，最忌讳的是急功近利，必须下大力气，从制度建设、价值引领、党风与社会风气的改善、生活良俗与良序的逐步养成等方面下扎扎实实的功夫才能达到社会主义核心价值的渗透、融合、认同，进而达到诚信价值观的培育与有价值的生活世界建设的有机融合。①

---

① 邹小华、胡伯项：《构建社会主义核心价值认同的日常生活世界》，《南昌大学学报》（人文社会科学版）2013 年第 1 期。

第五章　大众对诚信价值的认知图式、情感体验和现实诉求

　　党的十九大报告重申了诚信的重要意义，突出强调：诚信建设和志愿服务的进一步强化和完善，是提高人民社会责任意识、规则理念和奉献精神的重要举措。诚信作为中华优秀传统文化基因，长久以来都是为人处世、立世立人的核心要素。

　　在当前市场经济飞速发展的前提下，社会对诚信的需求日益凸显，表现在对诚信内涵的多元化解释和对诚信价值的高度赞同。诚信价值是客体对自我或团体效益所带来的积极影响和效用。且诚信作为一种自古以来的重要的道德资源，不仅具有深远的伦理价值，并且随着全球化的浪潮广泛地融入社会的各个领域，并由此衍生出政治、经济、文化、人文价值等现象。由此可见，对诚信价值的深入理解和内化，能够协助当前的道德、文化和社会等领域的诚信建设。① 而唯有真正了解日常生活中大众对诚信价值的认知图式、情感体验和现实诉求，诚信道德建设才能落地生根、开枝散叶。

第一节　大众对诚信价值的认知图式

　　现代汉语对"大众"一词的解释为众多的人，也泛指民众、群众。而据古籍的引证解释也都围绕着民众、群众而展开。其中《吕氏春秋·季夏》将"大众"解释为对夫役、军卒人等的总称；而东汉

---

① 李永胜：《诚信价值论》，《理论界》2006 年第 4 期。

及以后的古籍中则对"大众"一词的解释越来越趋近于现代汉语解释，即泛指民众、群众。

　　那么何为"认知图式"？巴特利特（Bartlett）将认知图式看作是个体对过去经验的一种组织形式。[①] 此外，心理学家皮亚杰（Piaget）将认知图式定义为一种动作的结构或组织。[②] 简而言之，图式就是人们在认识某一事物时脑海中贮存的一个解释框架。

　　也就是说，认知图式就是一种人脑对外界信息的编码、整合并产生主体认知的方式。[③] 图式往往包含了对认知对象的整体理解，包含了通过经验知识而对事物概念的理解。当我们用图式去解释认知对象时，首先必须调动图式中体现着认知对象典型属性的"原型"，进行宏观的把握。然后借用图式中体现着认知对象特殊属性的"范例"，就形成了对一个事物的微观把握。通过对图式中"原型"与"图式"的调用，我们就对认知对象有了初步的了解。图式从注意、信息编码、信息提取等方面影响着人们的认知推理和评估过程。所以"大众对诚信价值的认知图式"是指民众、群众对"诚信价值"的思考、理解、认知。

　　本节拟采用"历时—共时"分析范式，探讨大众对诚信价值的认知图式。大体说来，"历时态"指的是时间维度，而"共时态"通常是就空间维度而言的。就时间维度而言，大众对诚信价值的认知图式并非固化的，而是呈现出流动性、变易性的特征；从空间维度看，大众对诚信价值的认知图式体现出多样化态势，即使在同一国家、同一地区和社会群体中，也表现为不同的特征。

一　大众的诚信价值历时态认知图式

（一）中国诚信价值的历史考察

　　自西周开始，诚信便被当时的人们奉为一种道德规范，据《尚

---

①　鲁忠义：《认知图式与知识获得》，《河北师范学院学报》（社会科学版）1991 年第 3 期。
②　［瑞士］皮亚杰：《儿童心理学》，商务印书馆 1981 年版。
③　蒋永福、刘敬茹：《认知图式与信息接受》，《图书馆建设》1999 年第 3 期。

书·尧典》记载，尧德行广大，讲究诚信，"允恭克让，光披四表，格于上下"。《孔传》将"允"解释为"信"，① 就是"信实""诚信"的意思，"允恭克让"就是诚信恭敬且能让贤。舜在继位尧做部族首领后，亦践行前人诚信的美德，并希望百官能够成为仁厚、诚信之人（《尚书·舜典》）。《史记·夏本纪》记载，"禹为人敏给克勤；其德不违，其仁可亲，其言可信。"② 说明当时的统治者就十分重视"诚信"，并将其奉为执政兴国的重要手段。殷朝开国明君商汤也讲求诚信，《尚书·汤誓》载，商汤在讨伐夏桀时所发布的誓词中说："尔无不信，朕不食言。"孔颖达有云："我终不食尽其言为虚伪不实。"③ "不食言"就是不违背诺言，即讲诚信。西周文王、武王政务公平，赏罚分明，诚信公正，内圣外王，光辉昭显于天下。《逸周书·官人解》："父子之间观其孝慈，兄弟之间观其和友，君臣之间观其忠惠，乡党之间观其信诚。"这里的"信诚"实际上表达的是"诚信"之意，说明"诚信"自西周时就已经是深入广大人民内心的基本道德准则，并指导人与人之间的交往礼仪等。

春秋战国时期是百家争鸣的文化、思想大迸发的黄金时期，这一时期的儒学大家纷纷提出对当今社会影响深远的理论、学说。其中也不乏众多的儒学大师对诚信观念发展的贡献，他们对诚信观念做了进一步的系统性的论证，赋予诚信观念以理性光辉。例如，孔、孟就对诚信的内涵及其重要性进行了深刻的解读。孔子认为，"人而无信，不知其可也"。也就是说一个人如果连诚信这种品质都没有的话，那么他无论做什么都不会得到好的成就，他将诚信作为人立身处世的根基。而孟子则认为，"诚者，天之道也。思诚者，人之道也。"意思是诚信是一种自然规律，而对人来说，遵守诚信原则就是最基本的人

① （唐）孔颖达：《尚书正义》，载阮元《十三经注疏》（上册），中华书局 1981 年版，第 119 页。
② （西汉）司马迁：《史记》第一册，中华书局 1975 年版，第 51 页。
③ （唐）孔颖达：《尚书正义》，载阮元《十三经注疏》（上册），中华书局 1981 年版，第 160 页。

道规律。① 另外，无为派代表人物庄子认为，"真者，精诚之至也，不精不诚，不能动人"。意思是，真诚的人、能够做到完全的诚信的人能够打动所有人，而不真实、不诚信的人则做不到这一点。（《庄子·渔父》）墨家学说创始人墨子也肯定了诚信的价值。他认为"言必信，行必果，使言行之和，犹合符节也，无言而不行也"。即人一定要对说出的话践行、守诺，言行一致才是一个人为人处世的立身之本，而不应该言行不一致。② 管仲关于诚信的阐释分为两个方面，首先对于圣人的诚信他是这样说的："圣人之诺己也，先论其理义，计其可否。义则诺，不义则已；可则诺，不可则已。"意思是说，圣人在做出承诺之前会先思考这件事情是否符合理义，如果是符合道义的就可以承诺，如果不是道义的就不会做出承诺。所以圣人做出的承诺大多是可信的。而对于小人的诚信他是这样描述的："小人不义亦诺，不可亦诺，言而必诺，故其诺未必信也。"意思是，小人不会去考虑这件事情是否符合理义，他们随随便便就会许下诺言，所以他们的诺言常常是不可信的。（《管子·形势解》）荀子认为，"天地为大矣，不诚不能化万物；圣人为知矣，不诚不能化万民；父子为亲矣，不诚则疏；君上为尊矣，不诚则卑。夫诚者，君子之所守也，而政事之本也"。意思是，天地广博、辽阔，然而如果它不诚信的话，是不能够哺育万物的；圣人作为先知，若不诚信的话是不能感化人民的；父子是血亲，若两者之间不能诚信的话，必然会产生疏离；天子是无上尊贵的，如果他不能诚信的话，就会遭到臣子的鄙视。所以说，诚信是君子所必须遵守的，亦是为政的根本。（《荀子·不苟》）由上可知，诸子百家均把诚信作为一项极重要的万物准则进行了鞭辟入里的分析和阐释。一方面，他们从天道、为政、社会等领域阐述了诚信的重要性，规劝人们把诚信作为为人处世的立身之本，获得成就的重要保障

---

① 见《论语》中的《为政》《学而》《颜渊》《子路》。见《孟子》中的《离娄》《滕文公上》。

② 见《墨子》中的《兼爱》《耕拄》。

和基础；另一方面，运用辩证的观点阐述了"信"与"诚"的关系——"诚"是"信"的内在基础，"信"是"诚"的外在表现，二者互为表里，相互促进。

到了宋明时期，随着理学的兴起和繁盛，哲学家们亦对诚信的研究达到了一个新的高峰，他们将诚信与忠、义、理、智、信等及统治者的思想融合起来，使得这一时期诚信的内涵更加饱满，观点更加鲜明。程颢和程颐对诚信持二者为有机统一的整体这一观点："诚则信矣，信则诚矣。"（《二程集·河南程氏遗书》卷二十五）哲学家陆九渊认为："忠与信初非有二也。特由其不欺于中而言之，则名之以忠；由其不妄于外而言之，则名之以信。"就是说忠与信是统一的整体，对自我不欺瞒就是忠，对他人不妄言就是信。（《陆九渊集》卷三十二）由此可见这一时期的哲学家们将"诚""信"看成是有机的统一体，并将符合统治阶级思想的"忠"看成是对诚信的进一步阐释。

随着社会历史的进步和人类文明的演进，诚信早已超出了传统的伦理范畴，广泛地融入社会、法律、政治及经济活动的各个方面，并在各个领域形成了其特有的价值基础。中华人民共和国成立以来，我国的民事、商事立法的历史要追溯到改革开放时期，这一时期的相关立法活动如火如荼地开展开来，并从法律上规定了诚信作为市场和社会活动规范的重要性。然而，这一时期国家将诚信的重要性以立法的形式展现出来，与民众的认知接受和内化程度是分离的，大多数民众的诚信法律化意识比较低。党的十八大首次提出"社会主义核心价值观"，将诚信提升到"核心价值观"的重要地位，为诚信建设的法治化提供了坚实的政治保障。

总之，中国传统社会的诚信更注重诚，注重个人的内在修养，追求的是一种境界，表现的是一种纯粹的自觉自为。后来随着时代的变迁，"诚信"价值也逐渐发生了改变，完成了由自律向自律与他律相结合的转换，以及广泛自律向责任自律的转换。"诚信"作为中国自古以来的传统美德早已深入人心，既成为人们的世界观，又成为指导人们身言力行的方法论。

（二）西方诚信价值的历史考察

诚信与商业行为的结合是西方诚信观的外在表现，这是一种为社会组织广泛接受的约定，是正义的表现，这也造就了西方诚信的基本内涵。古罗马的文明以其完备的法律而闻名于世，在这一时期，诚信观念也被法学家所广泛地融入罗马法中，这种将诚信植根于契约精神的做法使得诚信观念以立法的形式得以保存并为人民所恪守，成为现代法律条文中契约诚信理念的法律基础。

创作于古希腊文明时代的伟大著作《荷马史诗》中已有关于诚信的论述，它认为守诺是衡量一个英雄基本美德的标准。城邦政治时代，诚信就被认为是城邦公民最重要的道德表现。苏格拉底之所以伟大，除了他对哲学、教育等领域的贡献，还在于他对承诺、对信义的坚守。即使面对死亡，他也决不向不诚信的行为妥协，他忠于自己作为雅典城邦公民的承诺和准则。诚信精神的传承在亚里士多德的《尼各马可伦理学》这一著作中也有表现，它从三个层面来探讨诚信的内涵。一是诚信是一种介于自我夸耀与自我贬低之间的道德品质；二是诚信体现着公正；三是诚信是商品交易中的基本原则。

由上述分析可知，早期西方的诚信观念更多地被作为一种城邦公民品德，诚信观念的状态仍然处于萌芽阶段。[①] 但是我们也清楚地看到，随着商品交易行为的扩大及城邦政治的兴盛，诚信的内涵更多地被解读为一种守诺、遵约、信用的行为。这也是这一时期诚信观念发展的显著特点。

在吸取了古希腊文明衰败教训的基础之上，古罗马文明的建立则是依靠一系列完备且发达的法律文本（如十二铜表法）和法学思想治世。而这其中，诚信则是开展法律活动的基本法理原则。据徐国栋研究显示，在优士丁尼（Justinian）的《法学阶梯》中"诚信"一词

---

① 徐国栋：《客观诚信与主观诚信的对立统一问题——以罗马法为中心》，《中国社会科学》2001 年第 6 期。

被提及就有 38 处；而在《法典》中，"诚信"一词被提及的竟有 117 处之多；另外在《学说编纂》中，"诚信"一词约出现了 462 次。①实体法中诚信原则扮演着举足轻重的地位，而其在程序法中的重要性亦可见一斑，最直接的表现就是"诚信诉讼"的产生，诚信作为一种高级道德品质获得了法律层面的认可。古罗马著名政治家西塞罗（Cicero）就曾这样直接地表达过他对诚信的狂热追捧，他认为人们得以进入天堂所必须具有的品质必然包括了诚信、美好、虔诚和智识。②就这样"诚信"不仅被作为法律条文载入律法法典中，同时也从道德层面加深了人们对"诚信价值"的深刻认知和高度认同。

中世纪以来，随着经院哲学的繁荣发展，诚信的发展既囊括了基督教的救赎道德，亦继承了古罗马以来所强调的契约精神。这一时期的诚信带有浓厚的道德形而上学色彩，更多地将诚信视为一种对上帝旨意的尊奉，而不仅仅是出于世俗的交往。

在功利主义代表人密尔（Mill，也译穆勒）、边沁（Bentham）来看，诚信的重要性主要是得益于它所带来的实际利益。休谟（Hume）认为，"承诺是人与人之间'签订'的协议，而协议能够创造出新的动机，而符号或标志的创造能够保证人们的行为得当，并且使所有人的利益得到最大的保障"③。所以功利主义者的使命在于时刻保持对利益追求的灵敏嗅觉，他们仅仅将诚信当作获得利益的工具而不是一种道德情操。但是功利主义者们也承认利益的平等性是平等社会存在的基础。④所以，他们认为诚信作为一种普世原则而存在的原因就是因为它能够维系着社会的整体利益。

康德（Kant）将诚信视为一种责任，且这个责任是一种"绝对命令"。在其著作《道德行为上学原理》中，他将人的责任按照对自己

---

① 李长伟：《追求卓越——古典公民教育探析》，《湖南师范大学教育科学学报》2013年第 6 期。

② ［古罗马］西塞罗：《论义务》，王焕生译，中国政法大学出版社 1999 年版，第 193 页。

③ ［英］休谟：《人性论》下，关文运译，商务印书馆 1980 年版，第 562 页。

④ 周辅成：《西方伦理学名著选辑》下，商务印书馆 1987 年版，第 260 页。

和对他人、完全责任和不完全责任原则分为四种：对自己的完全责任、对他人的完全责任、对自己的不完全责任和对他人的不完全责任。在他看来，诚信应是一种对他人的完全责任。在康德看来，当一个人以身处困难时期为由而对他人许下的承诺不负责任时，那么这样的做法就会使得人们一切的诺言和信用变得毫无价值，人们也不会再选择信任他。① 这段话告诉我们诚信本身就具有价值，不应该成为人们追逐利益的工具。当人们把作为"道德律"的诚信用作获取利益的手段时，其付出的代价将是巨大且不可挽回的。在社会生活中，任何的不真实、欺骗都是不被允许的。

纵向来看，西方社会对诚信的这种认知是存在物质基础的。正如恩格斯认为的那样："随着现代政治、经济水平的提高，在文明初期的哄骗和欺诈手段就越来越不被现代社会所容……那里商业道德必然发展到一定的水平。"②

二　大众的诚信价值共时态认知图式

（一）诚信价值的资本化、制度化

资本主义商业活动的快速发展必然带来诚信观念与其商业活动的交融与完善，诚信作为一种特殊资本成为组成资本主义商业活动的重要元素，并在越来越发达的市场经济中发挥着重要的作用。资本主义市场经济的发展和繁荣与信用观念演变和完善是一个交织的过程。市场经济是物质基础，信用观念是动力。二者相互交融，相互促进，共同推进资本主义生产方式的变革。③ 但正如马克思所指出的，社会生产资料（资本和土地所有权）的私有化是信用制度产生的前提。这就决定了信用制度存在固有的二重性特点：其一，信用制度作为资本主义生产的动力，反而被用来剥削和压榨他人的劳动，用以满足

---

① ［德］康德：《道德形而上学原理》，苗力田译，上海人民出版社2002年版，第40页。
② 《马克思恩格斯文集》第2卷，人民出版社2009年版，第366页。
③ 《马克思恩格斯文集》第1卷，人民出版社2009年版，第685页。

少数人的发财致富梦想，这就使得信用制度发展成为一种纯粹的欺诈制度。其二，信用制度作为一种动力能够促使新的生产方式出现，并在这个过程中承担着过渡的角色。① 在私有制的前提下，"信用"沦为了"利益"的工具。资本主义私有制的存在即是宣告了信用制度的"破产"，而诚信显然只有在克服私有制的基础上才能真正实现。

然而即使是信用制度本身就具有双重性，但是这种制度的存在或多或少也起到了强化社会信用观念的作用。而人的主观能动性提升、对诚信发展迫切需求等原因，导致信用观念也以超前的速度走在市场经济发展的前面，并成为为社会各领域、各层面所广泛接受的行为规范和指导市场经济发展的重要原则。

（二）多学科背景下的诚信价值研究

由于学科的特殊性，对诚信的研究在经济学领域主要是围绕"信用"展开的，并且几乎已成为所有经济学理论所绕不开的话题。首先，自由经济学家米尔顿·费里德曼（Milton Friedman）从交易成本角度入手阐释诚信在经济学领域的作用，他认为诚信观念作为一种有利资源不仅能够降低交易成本，更重要的是它还能够提高市场经济效率。他认为，企业的社会责任就是获取利益，而为了达到这一目的所遵行的运作方式就是在雇主们的意愿下，在遵守一定的社会规则（法律层面和道德层面）的前提下，尽可能多地获取利益。② 同时米尔顿·费里德曼也在他的著作《资本主义与自由》中这样论述：在资本主义市场经济体制中，企业唯一的社会责任就以遵守法律和规章制度为前提，利用一切可以利用的资源以实现利益的最大化。也就是说，他倡导的这种企业家的商业活动是在诚信的基础上进行的。③ 经

---

① 《马克思恩格斯文集》第 7 卷，人民出版社 2009 年版，第 500 页。

② ［美］米尔顿·弗里德曼：《弗里德曼文萃》，高榕、范恒山译，北京经济学院出版社 1991 年版，第 43 页。

③ ［美］米尔顿·弗里德曼：《资本主义与自由》，张瑞玉译，商务印书馆 1986 年版，第 16 页。

济史学家熊彼特（Schumpeter）的创新理论则认为信用制度是实现创新的重要条件，以此强化信用制度在市场经济活动中的重要作用。新制度经济学家诺斯（North）、刘易斯（Lewis）则提出市场经济的运行不能只靠某种单一制度，而应该"双轨"并行，即同时执行正式制度和非正式制度。他们认为"正式制度"的执行成本过高，且受到"有限理性"的限制，使得推行的制度不能够得到彻底及有效的执行，这就可能阻碍市场经济的活力。而将诚信观念作为一种为大多数市场经济的主体所广泛接受的"行为准则""共同意识"，使其活跃起来充当"非正式制度"的功能，两种制度的结合作用才能共同促进市场经济活动的有效和活力。

而诚信在社会学领域的研究则围绕"信任"而展开。经典社会学家，如西美尔（Simmel）、迪尔凯姆（Durkheim，又译为杜尔凯姆、涂尔干、杜尔干等）等人提出，人与人之间的联结方式在社会转型的过程中发生了深刻的改变，并导致了整个社会秩序由"单一联结"向"多维联结"的生态性转换。这就导致了，一直以来维系传统社会秩序的准则、规范和意识产生了巨变。在传统社会中，诚信得以维系的单元仅限于血缘关系、熟人团体或者等级秩序，但是到了现代社会，人们获得了更多的自由和自我意识，他们均以独立的个体或单元而存在，并在社会交往活动中形成一种生态化秩序，也就是说，传统的"共同意识"在现代社会已丧失了存在的物质基础。

在早期资本主义发展中的极端利己主义、垄断统治和勾心斗角的行为就是这种"共同意识"崩塌的原始表现。而关于这一点，西美尔在其著作《货币哲学》中也有所表述：一旦逃脱了用以维系社会秩序的一般性信任的束缚，社会将会变成一盘散沙。[①] 综上，几乎所有社会学家都将"信任"当作维系社会良好秩序的纽带和道德基础，并作为最重要的综合力量对社会稳定和发展产生广泛而深刻的影响。[②]

---

① ［德］西美尔：《货币哲学》，陈戎女等译，华夏出版社 2002 年版，第 111 页。
② ［德］西美尔：《社会学》，林荣远译，华夏出版社 2002 年版，第 251 页。

而心理学家则从个体角度出发对信任的心理机制进行了探讨。例如心理学家 Deutsch 的"囚徒困境"实验结果显示，人际信任对外界刺激因素更加敏感，受外界影响更大。信任的发生机制在于个体对这件事情的发生产生憧憬，从而采取一系列的行为来实现这种心理期待，而当个体的心理预期与当前行为结果产生巨大的反差时，负向的心理影响就会战胜当初由个体的心理期待所带来的正向心理影响。而 Luhmann 则从社会的宏观层面研究信任，他认为信任是一种社会和文化规范。①

现代社会的复杂性常常导致人们需要花费巨大的心理成本来应对生活中的"事件"。而人们有限理性的不足则需要人们通过系统性的信任来弥补，并以此来增强自身内心的安全感。福山（Fukuyama）的社团信任理念认为：信任是在明确个体的社团角色及拥有共同社团规范的基础上社团成员间彼此对诚实、合作行为的憧憬。② 福山认为，信任是最重要的社会资本，它比物质资本和人力资本更深远地影响着经济竞争力和社会现代化的有效提升。在对现代社会制度和信任关系深入研究后吉登斯（Giddens）认为，信任是个体与个体之间或个体对系统在依赖性水平上所投入的信心，这种信心是对诚实行为坚守和爱人能力的信念等。③ 透过以上谈及的关于信任的多种论述，我们可以看到清晰的诚信观念的纵向发展脉络。诚信观念的研究经历了从原始的粗犷、单一模式到多样化、生态化的转变，并在这一过程中，不断地注入时代性的内涵。即使在诚信观念和内涵不断衍生的大背景下，人们对诚信的理解呈现出多维度、独特性等的鲜明特征，但是人们依然能够将诚信作为一种社会准则和规范来约束自己的社会行为，将诚信作为一种普遍性的伦理原则去遵守和传播。诚信观念的发展和

---

① M. Deutsch, "Trust and Suspicion", *The Journal of Conflict Resolution*, Vol. 2, No. 4, 1958, p. 265.

② ［美］弗兰西斯·福山：《信任：社会道德与繁荣的创造》，李宛容译，远方出版社1998年版，第35页。

③ ［英］安东尼·吉登斯：《现代性的后果》，田禾译，译林出版社2000年版，第30页。

演变是一个螺旋上升的过程，从最初的朴素诚信观到因自由市场经济
而导致诚信观的崩塌，再到如今诚信观念的强势回归，诚信观念的发
展进程也印证了人类社会文明的发展历程。诚信观念作为一种对人类
文明影响深远的价值观，不仅对个体的道德水平的提高有着深远的影
响，更是以更广泛的社会资本（力量）体现在政治生活、经济生活
和职业生活等公共领域，发挥着促进政治清明、有序；调节经济健
康、活力及培养公民品德纯良、高尚的重要作用。[①]

第二节 大众对诚信价值的情感体验

情感在心理学上的释义是人对评判客观事物能否满足自己的需要
所产生的态度体验，即情感是人们对自己与所处的客观世界所结成的
价值关系的感受和评价。当人们的需要或欲望被满足时就会产生正向
的情感体验，反之，当人们的需要或欲望的实现受到阻碍时则会产生
负向的情感体验。

而大众对诚信价值的情感体验主要论述的是人民群众在面对诚信时
的内心感受，及其对个体需要满足与否的评价。反过来说，也就是民众
不同的内心感受和情感体验对诚信价值认同所产生的不同的结果。

一 情感认知层面上大众对诚信价值的感知

情绪往往表现为复杂的结构，它在同一时间可能包含着多种子情
绪，又或者是在一段时间内多种情绪连续不断地出现。Belli 等人认
为，人们对某人或某件事情等的信任是一种内化的实践，是行动之前
的"内部"步骤，所以将信任当作是一种元情绪。[②] 顾名思义，元情

---

① 李嘉莉、党志峰：《西方诚信观念：历史嬗变中的综合》，《伦理学研究》2014 年
第 4 期。

② S. Belli, F. Broncano, "Trust as a Meta-Emotion", *Metaphilosophy*, Vol. 48, No. 4,
2017, pp. 430 – 448.

绪（meta-emotion）亦是情绪的一种，它是对情绪的感知或识别的情绪，例如在日常生活中，一方面，我们会产生各种各样的情绪（高兴、伤心、难过等），另一方面，又要对自身的情绪进行必要的监控和调节，也就是说，元情绪其实是对情绪的再识别。①

元情绪对我们来说具有双重意义，首先元情绪是一种关于另一种情绪的情绪，其次它又是一种情绪纽带，产生并呈现一阶情绪。而在"诚信"方面则取决于"信任"的类型，例如，乘公交车这一行为，我们对公交司机的信任（即相信他能够安全地把我们运送到目的地）就属于一阶情绪；而在我们的日常生活中，信任存在的最主要的形式是两个主体间通过长时间而建立起来的元情绪。

缺乏诚信或想象（自我想象）与他人之间缺乏信任，可能会招致嫉妒，从而打破双方主体间的信任基础，使双方主体产生隔阂。这种信任与我们对公交司机的信任完全不同，对公交司机的信任是一种短期的期许，而在长期关系中，我们需要另一种信任来建立更可靠的关系。在这一过程中，各主体之间都需要努力去营造一个持续的、线性的信任过程，以维持社交活动中与他人的牢固的情感联系。Roberts 认为"人际关系就是双方思考、行动和感受关系特征（好与坏）的过程"。即使是在同一生活背景下，每个人的元情绪的表现形式也不尽相同，那么对同一事件的不同看法和解释就会导致"隔阂"（不诚信）的产生。② 由此可见，诚信被看作是一种元情绪，二者相互融合、无法割裂。

无论是古代还是现代，哲学家、美学家、文人和艺术家都在思考"善"与"美"之间的关系。例如，古希腊哲学家柏拉图曾说过，"善是美"③。亚里士多德还说，"美是善，它引起快乐是因为

① J. M. Gottman, L. F. Katz, C. Hooven, "Parental Meta-Emotion Philosophy and the Emotional Life of Families: Theoretical Models and Preliminary Data", *Journal of Family Psychology*, Vol. 10, No. 3, 1996, pp. 243 – 268.

② R. C. Roberts, *Emotions in the Moral Life*, Cambridge University Press, 2013.

③ E. Hamilton & H. Cairns, eds., *The Collected Dialogues of Plato: Including the Letters*, Pantheon Books, 1961, p. 373.

它是好的"。中国古代思想家孔子也提出了"美善统一，以善为美"的思想。①

　　研究人员进行了许多关于外在美与道德关系的研究，一些研究结果表明，一个人的体态美可以影响他人对自己内在品格的判断，这种结果支持了"美即是善"的刻板印象。Dion，Berscheid 和 Walster 发现，给被试展示出具有不同身体吸引力的人的照片，与此同时要求他们评估那些人的个人特质，结果发现，被试更倾向于将那些更具有身体吸引力的人判断为更友好、热情、可靠和礼貌。② 这种根据人的外表来判断一个人的内在品质的现象在社会生活中随处可见。例如，一般认为好学生拥有更好的品格；③ 外表出色的员工更容易获得晋升；④ 外表优秀的政治家更容易赢得选民的尊重和支持；⑤ 迷人的律师更容易获得客户的信任；⑥ 甚至在模拟法庭中，"法官"也更倾向于对更具吸引力的"罪犯"给予较轻的惩罚。⑦ 同样的，对人的内在品格的判断也会影响人们对其外表的评判，这一结果也支持了"善即是美"的刻板印象。⑧ Gross 和 Crofton 发现，当给被试呈现对图片刺激上的人的

　　① R. T. Ames, "The Analects of Confucius: A Philosophical Translation", *Ballantine Books*, June 2010, p. 25.

　　② K. Dion, E. Berscheid, E. Walster, "What is Beautiful is Good", *Journal of Personality and Social Psychology*, Vol. 24, No. 3, 1972, pp. 285 – 290.

　　③ M. L. Shannon, C. P. Stark, "The Influence of Physical Appearance on Personnel Selection", *Social Behavior and Personality: An International Journal*, Vol. 31, No. 6, 2003, pp. 613 – 623.

　　④ R. L. Dipboye, R. D. Arvey & D. E. Terpstra, "Sex and Physical Attractiveness of Raters and Applicants as Determinants of Resumé Evaluations", *Journal of Applied Psychology*, Vol. 62, No. 3, 1977, p. 288.

　　⑤ M. G. Efrain, E. W. J. Patterson, "Voters Vote Beautiful: The Effect of Physical Appearance on a National Election", *Canadian Journal of Behavioural Science Revue Canadienne des Sciences du Comportement*, Vol. 6, No. 4, 1974, pp. 352 – 356.

　　⑥ G. A. Pfann, J. E. Biddle, D. S. Hamermesh, et al., "Business Success and Businesses' Beauty Capital", *Economics Letters*, Vol. 67, No. 2, 2000, pp. 201 – 207.

　　⑦ S. J. Mckelvie, J. Coley, "Effects of Crime Seriousness and Offender Facial Attractiveness on Recommended Treatment", *Social Behavior & Personality an International Journal*, Vol. 21, No. 4, 1993, pp. 265 – 277.

　　⑧ A. C. Little, D. M. Burt, D. I. Perrett, "What is Good is Beautiful: Face Preference Reflects Desired Personality", *Personality & Individual Differences*, Vol. 41, No. 6, 2006, pp. 1107 – 1118.

品格有不同等级的描述，然后要求被试对图片刺激上的任务的吸引力做出判断，人们倾向于将图片上描述具有良好品格的人判断为具有吸引力，且该结果在随后的研究中得到证实。[①] 另外，Paunonen 的研究还表明，与具有不诚实的标签的面孔相比，受试者认为标记为诚信的面孔更具有吸引力。[②] 以上研究表明，背景信息对人们道德判断的影响的原因之一可能与情绪启动有关，例如，此前有研究表明道德性的情绪能够激励和指导人们的道德行为：启动积极的道德情绪（如自豪）可以激励个体表现良好；而启动消极情绪（如内疚）则会导致个体的不道德行为。[③]

前人对"美"与"善"的关系进行了大量的心理学研究，然而前人研究重点多集中在"美"与"善"的相互关系上，即"美"与"善"的相互融合性问题。诚然，这些研究都很重要，但与此同时，"美"是否可以带来"善"亦是另一个重要议题。Wang 等人为探索该问题设计了两个实验来进一步探讨不同吸引力的面孔是否会影响个体的诚信，该研究共选取 225 名被试，在实验 1 中设置了这样一个场景：作弊行为可以提高获得金钱的可能性。被试的行为均由一位年轻女性记录下来，该女性的面部吸引力分为三个等级——高吸引力、平均吸引力和低吸引力。而实验 2 则设置了一个更为诱人的场景，即作弊行为可以直接获得经济效益。最终结果显示，在两种实验情境下，当记录者的面孔吸引力为平均吸引力或低吸引力时，被试会产生更多的欺骗行为，而在高吸引力面孔作为记录者时，被试则产生更多的诚信行为。该实验结果表明，面部吸引力高的女性形象可以提升人们的道德行为倾向，且这种"提升"效应似乎是发生在无意识中的。这

---

① A. E. Gross & C. Crofton, "What Is Good Is Beautiful", *Sociometry*, Vol. 40, No. 1, 1977, pp. 85 – 90.

② S. V. Paunonen, "You Are Honest, Therefore I Like You and Find You Attractive", *Journal of Research in Personality*, Vol. 40, No. 3, 2006, pp. 237 – 249.

③ A. Fishbach, A. A. Labroo, "Be Better or Be Merry: How Mood Affects Self-Control", *Journal of Personality and Social Psychology*, Vol. 93, No. 2, 2007, pp. 158 – 173.

说明具有高吸引力的实验纪录者启动了被试的积极情绪背景，从而激励和指导被试做出更多的道德性行为。①

二　依恋理论下大众对诚信价值的感知

国外的众多研究表明，诚信的内涵往往囊括了真实、诚实、相信和信任等方面，总体而言，诚信的外在表现和内在要求就是真实性与诚实性的辩证统一。真实性指的是个体对自身而言是真实且诚实的，而诚实性则指的是当个体对他人产生某些行为时必须是诚实的。② Omri Gillath 等人认为，诚信的两大方面在人际关系中扮演着举足轻重的角色，而真实性和诚实性亦对亲密关系的建立和维系产生了重要的影响，为此他们将真实性和诚实性与成人依恋理论结合起来进行了一系列的研究，其结果显示：不安全依恋类型的焦虑和回避这两个维度上的被试往往在现实社会的人际交往中表现出不真实性和不诚实性；而当研究者无论是在意识层面还是在无意识层面启动被试的"安全基地"（secure base）时，被试的真实性水平都显著地提高了，并且能够有效地抑制被试的不诚实行为。③ 该项研究让被试在模拟的社会交往情境中完成测试，其结果表明不安全依恋类型的被试在人际交往中往往表现出不诚实或欺骗行为。

一般来说，一个人对他人越诚实、在人际交往中的态度越开放以及信任水平越高，其人际关系也就越和谐、越健康，然而说谎、欺骗等不真实的行为也时常在日常生活中发生，且这些行为还是导致部分当前社会上的诚信缺失现象的根源所在。我们可以大胆猜测——人们

---

① J. Wang, T. Xia, L. Xu, et al., "What is Beautiful Brings out What is Good in You: The Effect of Facial Attractiveness on Individuals' Honesty", *International Journal of Psychology*, 2015, pp. 1 – 8.

② R. J. Erickson, "The Importance of Authenticity for Self and Society", *Symbolic Interaction*, Vol. 18, No. 2, 2011, pp. 121 – 144.

③ Omri Gillath, Amanda K. Sesko, Phillip R. Shaver, et al., "Attachment, Authenticity, and Honesty: Dispositional and Experimentally Induced Security Can Reduce Self and Other Deception", *Journal of Personality and Social Psychology*, Vol. 98, No. 5, 2010, pp. 841 – 855.

为什么会说谎？其中一个原因可能是因为他们害怕来自他人的批判、指责或者拒绝，因为这些行为会让他们产生不适感，例如焦虑和安全感的缺失。大量的研究早已证明了不安全型依恋与说谎的高度相关性。相关的支持性研究结果不胜枚举，例如，国内就有一项研究选取了433名大学生被试，从人的态度、信念和道德判断角度探讨价值观层面的诚信水平差异，并进一步研究了不同的依恋风格对诚信价值观的影响。虽然从不同的角度阐释依恋水平与诚信价值观的关系问题，其研究结果亦得到与前人一致的结论——不安全型依恋与个体的真实性水平呈显著的负相关。① 在不安全型依恋的两个维度——焦虑和回避上，被试的诚信价值观得分显著地低于安全型依恋的被试，即不安全型依恋能够显著地负向预测个体的诚信价值观。另外，这类被试在实验中也报告更多的不诚信行为。而安全型依恋的被试的诚信价值观的得分则显著地高于不安全型依恋的被试的分，且他们往往表现出更高水平的诚信观念和行为。

由此可见，根据个体间不同的依恋风格，往往能够有效地预测个体的真实性和诚实性表现。从依恋内部工作模型理论来看，回避型依恋者对他人或者其自身以外的事物的态度比较消极，他们往往无视自身的情感体验或变化，亦不倾向于将他们的内心感受或想法向他人倾诉、表达以获得有效帮助；与此相反，焦虑型依恋者则是对自身持消极态度，所以他们往往需要源源不断地从外界获得爱和支持，这种消极态度会让个体产生"糟糕至极"的错误体验或信念，从而导致个体时常陷入自我价值的否定和焦虑中。② 由此可见两种依恋者内部工作模型和外部表现形式大相径庭，通过分析表明，回避型依恋风格者能够对自我保有基于事实的了解，但是他们往往拒绝在人际交往中主

---

① F. G. Lopez & K. G. Rice, "Preliminary Development and Validation of a Measure of Relationship Authenticity", *Journal of Counseling Psychology*, Vol. 53, No. 3, 2006, pp. 362 – 371.

② M. Mikulincer, P. R. Shaver & D. Pereg, "Attachment Theory and Affect Regulation: The Dynamics, Development, and Cognitive Consequences of Attachment-Related Strategies", *Motivation and Emotion*, Vol. 27, No. 2, 2003, pp. 77 – 102.

动地诚实地表达自我，这种所思、所想与行为的不一致就导致了他们的不诚实行为；而焦虑型依恋风格者在人际交往中的不诚实行为往往是来源于其对自我的认识不够客观和真实，所以即使他们的自我报告的真实性不低，但是由于他们过分地将自己的认知资源投向外部对自我的态度和评价，所以也就最终导致了他们也在人际交往中的不诚实行为。当这种社交行为中的不诚实行为拓展到态度和价值观的层面，那也就自然地与诚信问题直接相关。对于不安全型依恋者，尤其是回避型依恋者而言，他们更多地关注自我的内在体验和想法，更倾向于从自我利益的角度出发思考和看待问题，就诚信层面来说，也就意味着他们很难将诚信作为其立身处世的行为和道德准绳，所以他们的行为往往就会表现出不真实、不诚实的特点。而这项研究结果也能够很好地反应 Sherman 和 Cohen 的自我肯定（Self-Affirmation）理论，[①] 即当面临威胁时，个体会通过肯定与威胁信息无关领域的自我价值，来维持自我整体性，从而降低防御反应。而个体为应对威胁而选择的价值大都与亲密的人际关系相联系（如家庭成员或伴侣）。这种理论应用到诚信与依恋理论的内部工作模型理论上，也即是说对于不安全型依恋者，他们对亲密关系的态度往往是回避或者焦虑的。也就是说对安全型依恋的人来说，亲密关系能够降低他们在面对威胁时所产生的防御反应，而对于不安全型依恋者尤其是回避型依恋者来说，亲密关系本身对他们来说就是致命的，他们很难通过所谓的亲密关系来维持甚至加深他们对自身个人价值的认同。所以，当他们面临威胁时，不安全型依恋者所产生的防御机制就更难被打破或者降低以维持自我整体性，所以他们就更倾向于产生强烈的防御反应，例如隐藏自我或表现出不真实、不诚信的行为反应。

抵制诱惑（通过对自己内心的坚守）或不诚信（通过拒绝撒谎或欺骗）的行为需要个人力量、心理稳定性及对自己心理过程的内

① D. K. Sherman, G. L. Cohen, "The Psychology of Self-Defense: Self-Affirmation Theory", *Advances in Experimental Social Psychology*, Vol. 38, No. 6, 2006, pp. 183–242.

观。由依恋理论①推动的当代研究表明，这种个人力量和准确的自我认知的一个重要来源是个体所拥有的长期以来的支持性关系。② 根据 Adams 的说法："当被爱的时候，我们就会变得开放，而在开放中，我们则变得更加真实。"③ 相反在重要关系中的痛苦经历能够加剧依恋关系中的不安全感（对拒绝和抛弃的焦虑，对亲近和依赖的拒绝），进而导致个体对自我感知的扭曲及与人沟通时防御机制的混乱，以致减少自身的诚信。同时对自身价值的怀疑也可能增加一个人不诚信的倾向。

为了研究依恋与个体诚信之间的关系，Gillath 等人设计了 8 个实验来进行探索，这项研究一方面旨在探索气质、自我报告的依恋焦虑和回避与真实性以及不诚信之间的关系；④ 另一方面，实验性减少或增强被试的真实性或者诚信观念的影响。其中，实验 1 用来确定是否如预测的那样：不安全依恋、焦虑和回避与安全性的各个方面都负相关。而另外的 7 项实验是为了进一步探究真实性与不真实性、安全型依恋与不安全型依恋以及诚信与不诚信之间的关系，并以被试的自我报告及行为数据作为因变量。该研究结果支持该研究假设，即安全型依恋与真实性、诚信有关。⑤ 不同形式的不安全型依恋与不真实及不诚信的各个方面相关，此外，实验性地增强安全型依恋能够增强人们的诚信行为（实验 3、4）、减少撒谎的倾向（实验 6、7）并带来更少的作弊行为（实验 8）。

支持以上观点的还有来自 Ennis 等人⑥的一项研究，他们发现不

① J. Bowlby, "Attachment and Loss: Retrospect and Prospect", *American Journal of Orthopsychiatry*, Vol. 52, No. 4, 1982, pp. 664 – 678.

② M. Mikulincer, P. R. Shaver, "Attachment in Adulthood: Structure, Dynamics and Change", *Attachment Theory & Close Relationships*, 2007.

③ W. W. Adams, "Love, Open Awareness and Authenticity: A Conversation with William Blake and D. W. Winnicott", *Journal of Humanistic Psychology*, Vol. 46, No. 1, 2006, pp. 9 – 35.

④ O. Gillath, A. K. Sesko, P. R. Shaver & D. S. Chun, "Attachment, Authenticity, and Honesty: Dispositional and Experimentally Induced Security Can Reduce Self and Other Deception", *Journal of Personality and Social Psychology*, Vol. 98, No. 5, 2010, pp. 841 – 855.

⑤ L. Trilling, *Sincerity and Authenticity*, Cambridge, MA: Harvard University Press, 1972.

⑥ E. Ennis, A. Vrij & C. Chance, "Individual Differences and Lying in Everyday Life", *Journal of Social and Personal Relationships*, No. 25, 2008, pp. 105 – 118.

安全型依恋与撒谎有关。安全型依恋对情绪稳定及社会行为等大有裨益，[①] 它可以增强社会的稳定性和安全性。[②] 总之，该研究表明，安全型依恋能让人放弃各种防御机制，对他人更开放和诚信，并能够正视真实的自己。

第三节　大众对诚信价值的现实诉求

从近代中国被西方的坚船利炮打开国门到改革开放及至今日中国一跃成为全球第二大经济体，中国从被迫开户转变为主动融入全球化的潮流。而随着国门的打开，新思想、新思潮一并涌入，传统的价值观受到巨大冲击和挑战，而社会价值观在短期内的多元化难免使得人们传统的道德观和价值观崩塌，这就进一步导致了社会行为的失序。

据《中国社会心态研究报告（2014）："社会信任"终于及格了》研究显示：近年来，"社会信任"的整体态势逐渐往良好的方向发展，虽然提升的"幅度很小"，但总算是在连续数年的下滑趋势下逆势上涨，打了场差强人意的"翻身仗"，但是社会信任水平及其共享价值的建设仍然还有一段很长的路要走。[③] 本节内容旨在引导人们关注日常生活，回答现实问题，消除人民群众的种种社会疑虑。

---

① O. Gillath, E. Selcuk, P. R. Shaver, "Moving Toward a Secure Attachment Style: Can Repeated Security Priming Help?" *Social and Personality Psychology Compass*, Vol. 4, No. 2, 2008, pp. 1651 – 1666. M. Mikulincer, P. R. Shaver, "Attachment in Adulthood: Structure, Dynamics and Change", *Attachment Theory & Close Relationships*, 2007.

② K. B. Carnelley & A. C. Rowe, "Priming a Sense of Security: What Goes Through People's Minds?" *Journal of Social and Personal Relationships*, Vol. 27, No. 2, 2010, pp. 253 – 261. O. Gillath, J. J. Hart, E. E. Noftle & G. D. Stockdale, "Development and Validation of A State Adult Attachment Measure", *Journal of Research in Personality*, No. 43, 2009, pp. 362 – 373. J. Hart, P. R. Shaver & J. L. Goldenberg, "Attachment, Selfesteem, Worldviews and Terror Management: Evidence for a Tripartite Security System", *Journal of Personality and Social Psychology*, No. 88, 2005, pp. 999 – 1013.

③ 张渺：《中国社会心态研究报告（2014）："社会信任"终于及格了》，《中国社会科学报》2014 年 10 月 22 日。

一 儿童及大学生视角下诚信价值的现实表现

儿童在向他人学习时面临的一个主要挑战是知道何时接收他人的有效信息以及何时拒绝不正确或旨在误导其行为的信息。拒绝有效信息的儿童可能会错失宝贵的学习机会，而接收错误或误导性信息的儿童可能会被误导或操纵。由于诚信（honesty）是区分可信度（trustworthiness）的关键特征，所以对于儿童来说如何区分有效信息则成了儿童学习的关键技能，因为诚信（honesty）对信任（trust）和人际关系的发展来说至关重要。①

迄今为止，大多数关于儿童选择性信任的研究表明，儿童自4岁起就偏向于选择信任那些提供准确信息的人，② 并且在信息选择中能够有效地综合运用相关知识进行检索，③ 如信心表达。④

① Bacon F. Bacon, *Selected Philosophical Works*, Hackett Publishing, 1999. J. M. Tyler, R. S. Feldman, A. Reichert, "The Price of Deceptive Behavior: Disliking and Lying to People Who Lie to Us", *Journal of Experimental Social Psychology*, Vol. 42, No. 1, 2006, pp. 1 – 77.

② S. A. J. Birch, S. A. Vauthier, P. Bloom, "Three-and-Four-Year-Olds Spontaneously Use Others'Past Performance to Guide Their Learning", *Cognition*, Vol. 107, No. 3, 2008, pp. 1018 – 1034. K. Corriveau, P. L. Harris, "Preschoolers Continue to Trust a More Accurate Informant 1 Week After Exposure to Accuracy Information", *Developmental Science*, Vol. 12, No. 1, 2009, pp. 188 – 193. P. L. Harris, "Trust", *Developmental Science*, Vol. 10, No. 1, 2007, pp. 135 – 138. V. K. Jaswal, "Preschoolers Favor the Creator's Label When Reasoning About an Artifact's Function", *Cognition*, Vol. 99, No. 3, 2006. K. P. L . Harris, "Preschoolers Mistrust Ignorant and Inaccurate Speakers", *Child Development*, Vol. 76, No. 6, 2005, pp. 1261 – 1277. M. A. Koenig & A. L. Woodward, "The Beginnings of Mistrust: 24-Month-Olds'Sensitivity to the Prior Accuracy of the Source", *Developmental Psychology*, Vol. 46, 2010, pp. 815 – 826.

③ S. A. Birch, N. Akmal, K. L. Frampton, "Two-Year-Olds are Vigilant of Others'Non-Verbal Cues to Credibility", *Developmental Science*, Vol. 13, No. 2, 2010, pp. 363 – 369. S. Einav, E. J. Robinson, "When Being Right Is Not Enough: Four-Year-Olds Distinguish Knowledgeable Informants From Merely Accurate Informants", *Psychological Science*, Vol. 22, No. 10, 2011, pp. 1250 – 1253. V. K. Jaswal, "Preschoolers Favor the Creator's Label When Reasoning about an Artifact's Function", *Cognition*, Vol. 99, No. 3, 2006. E. Nurmsoo, E. J. Robinson, "Children's Trust in Previously Inaccurate Informants Who were Well or Poorly Informed: When Past Errors Can Be Excused", *Child Development*, Vol. 80, No. 1, 2010, pp. 23 – 27. E. J. Robinson, H. Champion, P. Mitchell, "Children's Ability to Infer Utterance Veracity from Speaker Informedness", *Developmental Psychology*, Vol. 35, No. 2, 1999, pp. 535 – 546. M. A. Sabbagh, D. A. Baldwin, "Learning Words from Knowledgeable Versus Ignorant Speakers: Links between Preschoolers' Theory of Mind and Semantic Development", *Child Development*, Vol. 72, No. 4, 2001, pp. 1054 – 1070.

④ S. A. Birch, N. Akmal, K. L. Frampton, "Two-Year-Olds are Vigilant of Others'Non-verbal Cues to Credibility", *Developmental Science*, Vol. 13, No. 2, 2010, pp. 363 – 369.

　　一项研究表明当告知儿童与之相处的对象一部分人存在欺骗倾向，而另一部分人是诚信的，那么即使是 3 岁的幼儿也倾向于选择相信诚信者所提供的信息。[1] 区分诚信和不诚信的信息来源并不是儿童有效理解诚信与信任之间关系的唯一途径，他们还需明白与其他个人特征相比，如某人的身体强壮程度、个人的洁净程度等，诚信对信任的影响更为直接。此前的研究表明，学龄前儿童在对信任的判断中对不同专业的人的信任程度存在差异。[2] 可能是与老年人相比，在儿童的认知中，对某些概念界限的划分还不够清晰所导致的，[3] 例如，5 岁的儿童认为有竞争力的个人也是值得信任的。亦有研究表明儿童在信任判断过程中可能难以权衡不同形式的信息，例如个体是否具备不同的专业知识。[4] 与幼儿是否能够以特定方式理解诚信的问题最直接相关的证据是，幼儿有时会根据与信任无关的特质信息做出与信任相关的判断。事实上，Fusaro，Corriveau 和 Harris 发现，3 岁和 4 岁的孩子会把体型看起来更健壮的成人当作是值得信任的。[5] 另外，Li 等人

① J. D. Lane, H. M. Wellman, S. A. Gelman, "Informants'Traits Weigh Heavily in Young Children's Trust in Testimony and in Their Epistemic Inferences", *Child Development*, Vol. 84, No. 4, 2013, pp. 1253 – 1268.

② C. M. Mills, C. H. Legare, M. Bills, et al., "Preschoolers Use Questions as a Tool to Acquire Knowledge from Different Sources", *Journal of Cognition and Development*, Vol. 11, No. 4, 2010, pp. 533 – 560.

③ P. E. Brosseau-Liard, S. A. J. Birch, " ' I Bet You Know More and Are Nicer Too! ' : What Children Infer from Others'Accuracy", *Developmental Science*, Vol. 13, No. 5, 2010, pp. 772 – 778. K. M. Cain, G. D. Heyman, M. E. Walker, "Preschoolers' Ability to Make Dispositional Predictions Within and Across Domain", *Social Development*, Vol. 6, No. 1, 1997, p. 23. G. D. Heyman, C. L. Gee, J. W. Giles, "Preschool Children's Reasoning about Ability", *Child Development*, Vol. 74, No. 2, 2003, pp. 516 – 534.

④ A. R. Landrum, C. M. Mills, A. M. Johnston, "When Do Children Trust the Expert? Benevolence Information Influences Children's Trust More Than Expertise", *Developmental Science*, Vol. 16, No. 4, 2013, pp. 622 – 638. J. D. Lane, H. M. Wellman, S. A. Gelman, "Informants' Traits Weigh Heavily in Young Children's Trust in Testimony and in Their Epistemic Inferences", *Child Development*, Vol. 84, No. 4, 2013, pp. 1253 – 1268.

⑤ M. Fusaro, K. H. Corriveau, P. L. Harris, "The Good, the Strong, and the Accurate: Preschoolers' Evaluations of Informant Attributes", *Journal of Experimental Child Psychology*, Vol. 110, No. 4, 2011, p. 574.

通过 5 个实验研究了 3—5 岁儿童（N = 496）对他人诚信行为的信任能力。结果显示，虽然 4 岁儿童能够在信任判断中区分诚信和不诚信行为，但只有 5 岁的儿童能够明显区分诚信和信任维度的无关信息（如清洁度）。他们倾向于相信诚信的个体而不是干净的个体，且不信任不诚信的个体而不是不干净的角色。而在他们的信任判断中，他们倾向于选择诚信的不干净角色而不是不诚信的干净角色。也就是说，即使是在儿童还未准确意识到哪些特征与信任特征密切相关时，儿童就已经倾向使用诚信作为选择性信任的基础。[①]

目前成就动机的研究主要集中在成绩预测，如学生的平均绩点、辍学率等，员工的 KPI 指标等。然而除了成就表现之外，大多数成就相关的人际背景还会产生各种其他有意义的心理现象。[②] 例如，前人研究表明成功的因果关系中包含的归因信息会引发傲慢和谦虚。而两项针对大学生的研究表明，在努力的背景下而非人际沟通的情况下，诚信行为会大大减少傲慢并增加谦虚的品质。也就是说，在人际交往中人们可以根据对方的谦虚度和傲慢度来判断一个人是否诚信，谦虚度愈高则对方诚信的可能性愈高，相反，傲慢度愈高则其诚信的可能性愈低。[③]

二　企业环境下诚信价值与经济效益的融合

涉及企业高管和公司欺诈的商业丑闻，以及当前的金融危机，

① Q. G. Li, G. D. Heyman, F. Xu & K. Lee, "Young Children's Use of Honesty as a Basis for Selective Trust", *Journal Experimental Child Psychology*, No. 117, 2014, pp. 59 – 72.

② S. Hareli, B. Weiner, "Social Emotions and Personality Inferences: A Scaffold for a New Direction in the Study of Achievement Motivation", *Educational Psychologist*, Vol. 37, No. 3, 2002, pp. 183 – 193.

③ M. D. Robinson, J. T. Johnson, S. A. Shields, "On the Advantages of Modesty: The Benefits of a Balanced Self-Presentation", *Communication Research*, Vol. 22, No. 5, 1995, pp. 575 – 591. S. Hareli, B. Weiner, J. Yee, "Honesty Doesn't Always Pay: The Role of Honesty of Accounts for Success Made in an Educational Setting in Inferences of Modesty and Arrogance", *Social Psychology of Education*, Vol. 9, No. 2, 2006, pp. 119 – 138.

都引发了对潜在（不）诚实行为的动机的质疑。关于商业道德的最有影响力的观点是标准化经济理论，其"基于利己假设，即假设所有人均是受自身物质利益驱使的"①。基于上述理论，个人是机会主义者，只有当某种行为符合他们自身利益时才会诚信行事。②

　　一些研究者曾经提出过这样的疑问：当做出诚信行为得不到好处，而欺骗行为又不会被发现时，那么人为什么要诚信呢？③ 且有一些人表示诸如欺骗、歪曲事实或虚张声势等行为在社交场合中不仅是常用的策略，而且被认为是社交场合中良好表现的必要条件。④ Shleifer 强调说，市场竞争无意中推动了欺骗和道德问题的对抗性发展。⑤ 显然上述观点对于增强市场中诚信行为的可能性来说是非常可悲的。而且他们还得出了这样的结论：背叛是成功经营的必要条件。

　　然而，上述结论却忽略了这样一个事实，即个体在说出真相时的倾向上有所不同，且忽视了道德价值观（如诚信）的指导性原则。当前的社会和认知心理学理论认为，个体可能倾向于认可受保护的价值观（被称为神圣价值观、禁忌价值观、道德使命等）。这些被个体视作绝对的核心价值观，已经进化为人们的信仰，成为一种自动化的

---

　　① E. Fehr, U. Fischbacher, "Why Social Preferences Matter: The Impact of Non-Selfish Motives on Competition, Cooperation and Incentives", *Economic Journal*, Vol. 478, No. 112, 2002, pp. C1 – C33.

　　② S. L. Grover, "The Truth, the Whole Truth, and Nothing but the Truth: The Causes and Management of Workplace Lying", *The Academy of Management Executive* (1993 – 2005), Vol. 19, No. 2, 2005, pp. 148 – 157. E. Somanathan & P. H. Rubin, "The Evolution of Honesty", *Journal of Economic Behavior and Organization*, No. 54, 2004, pp. 1 – 17.

　　③ A. Bhide & H. H. Stevenson, "Why be Honest When Honesty Doesn't Pay?" *Harvard Business Review*, Vol. 68, No. 5, 1990, pp. 121 – 130.

　　④ R. J. Lewicki, R. J. Robinson, "Ethical and Unethical Bargaining Tactics: An Empirical Study", *Journal of Business Ethics*, Vol. 17, No. 6, 1998, pp. 665 – 682.

　　⑤ Andrei Shleifer, "Does Competition Destroy Ethical Behavior?" *American Economic Review*, Vol. 94, No. 2, 2004, pp. 414 – 418.

过程，且免受权衡，尤其是受货币利益的权衡。① 将诚信视为一种保护价值，意味着诚实被赋予一种"道义美德"②。这样的价值是"无价"，所以即使是在金融激励下亦不易腐败。

Tanner 等人③认为，尽管商业行为中充满了欺诈，但是诚信是一种受保护的价值观，必定会有一些人去捍卫它，即使捍卫诚信的成本很高甚至并不符合个人利益至上的原则。为此研究者设计了两个实验，实验 1 中，研究者考察了公司管理人员把诚信作为一种受保护的价值时，即使成本很高，他们是否还会保持诚信行为？实验 2 中，研究了受保护的价值观对投资决策的影响，也就是说，当个体面临经济收益风险时，投资者是否依旧会重视他人的诚信。

这两个实验的结果表明，个体在说真话和强调诚信作为"道义美德"的作用时的倾向是不同的。将诚信作为受保护的价值观并不仅仅意味着诚实是有价值的，还因为它包括道德、承诺等附加成分。所以从这个角度看来，诚信是一种内在价值而非外在的工具性价值，表现

---

① S. Atran, R. Axelrod, R. Davis, "Social Science: Sacred Barriers to Conflict Resolution", *Science*, Vol. 5841, No. 317, 2007, pp. 1039 – 1040. J. Baron & M. Spranca, "Protected Values", *Organizational Behavior and Human Decision Processes*, No. 70, 1997, pp. 1 – 16. S. Lichtenstein, R. Gregory & J. Irwin, "What's Bad is Easy: Taboo Values, Affect, and Cognition", *Judgment and Decision Making*, Vol. 3, No. 2, 2007, pp. 169 – 188. L. J. Skitka, "Do the Means Always Justify the Ends, or Do the Ends Sometimes Justify the Means? A Value Protection Model of Justice Reasoning", *Personality and Social Psychology Bulletin*, Vol. 28, No. 5, 2002, pp. 588 – 597. Tanner, "To Act or Not to Act: Nonconsequentialism in Environmental Decision-Making", *Ethics & Behavior*, Vol. 19, No. 6, 2009, pp. 479 – 495. C. Tanner, D. L. Medin, "Protected Values: No Omission Bias and No Framing Effects", *Psychonomic Bulletin & Review*, Vol. 11, No. 1, 2004, pp. 185 – 191. P. E. Tetlock, "Thinking the Unthinkable: Sacred Values and Taboo Cognitions", *Trends in Cognitive Sciences*, Vol. 7, No. 7, 2003, pp. 320 – 324. P. E. Tetlock, O. V. Kristel, S. B. Elson, et al., "The Psychology of the Unthinkable: Taboo Trade-offs, Forbidden Base Rates, and Heretical Counterfactuals", *Journal of Personality & Social Psychology*, Vol. 78, No. 5, 2000, pp. 853 – 870.

② R. Folger, "Fairness as Deonance", in S. W. Gilliland, D. D. Steiner & D. P. Skarlicki, eds., *Research in Social Issues in Management*, New York: Information Age Publishers, 2001, pp. 3 – 33.

③ C. Tanner, R. Gibson, A. F. Wagner, et al., "How Much for Your Honesty? Honesty as a Protected Value and its Implications for Choices in Business", FINRISK working Paper, 2010.

为个体对以诚信换取个人利益（金钱等）行为的强烈抵抗。实验 1 的结果显示，当诚信被视为一种受保护的价值观时，货币利益的影响随之降低。并且个体的价值观越高尚，其对抗金钱诱惑的能力越强，态度越坚决。实验 2 的结果显示，CEO 所公布的其为公司带来的投资回报率随着其对诚信这一价值观的认可程度的加深而降低。而投资者则更倾向于选择投资忠于诚信这一价值观的 CEO 的公司，即使该 CEO 宣布投资者未来的投资回报比例比他的竞争对手低，而且当投资者更多地归因于那些报告低投资回报率的价值观时，投资者投资意向的差别会更加明显。因此实验 2 的结果表明，诚信作为一种受保护价值观可能具有经济意义：如果个人（如投资者）认为代理人（如 CEO）对诚信的承诺相对更大，这会对前者的行为产生重要的影响，因为它增进了投资者与代理人之间的信任。

上述研究表明，受保护的价值观对个人的行为具有可预测性。由于个体抱有坚定的诚信的价值观，所以即使是在其面对高昂的利益诱惑时依然能够忠于自我，不受利益的驱使而去做违背自身诚信本意的事情（免受欺诈、谨防腐败），同时也能避免这些人屈从于社会压力或者社会从众行为。此外，由于高诚信的被试的行为是受道德原则推动的，因此他们不需要额外付出大量的认知资源来监控和避免不当行为等。另外，他们更容易获得员工、客户、合作伙伴或股东等的信任。该实验结果还表明，对于那些能够吸引投资者的"诚信"代理人来说，他们身上可能存在一种重要的"利基"（niche），就当前实验结果来看，诚信度高更有可能发挥促进而不是阻碍作用。综上所述，让诚信作为一种受保护的价值观植根于我们的内心深处，可能会为商业投资带来回报。

三　大众对诚信体系的制度化建设的迫切需求

在日常生活中，我们经常会看到或亲身经历过一些不诚信的行为：乘公交车逃票、下载盗版音乐、非法逃税，等等。而为了减少大众的不诚信行为，相关部门也出台了相应的措施，例如，公交公司雇佣检票员、政府成立专门的监察部门以及音乐公司的版权维权等行为。显然，不诚信的行为会带来巨大的经济和社会成本。其中 Mazar 和 Ariely 的研究显示，不诚信的行为导致美国每年损失高达数亿美元的税收、工资或投资以及数十万的工作岗位等。① 所以研究（不）诚信行为的相关因素就显得尤为重要，并且这一现象已经引起了心理学②、经济学③和神经科学④等领域的重视。

一项研究选取 273 名大学生（51% 为男生）进行一个决策实验，该实验的目的是研究群体是否比个体更倾向于撒谎。研究结果显示，当欺骗行为符合最大的经济利益时，群体比个体更倾向于撒谎，但是当群体战略性地运用诚信时，群体的谎言比例就会少于个体。该研究结果显示，群体比个体更具有战略性，因为他们将采取最符合群体经济利益的任何行动方案。⑤

良好的社会制度能够减少人们违反规则的行为，如欺骗、逃税、商业欺诈等有损于经济发展和繁荣的因素，⑥ 然而即使是非常强大的

---

① N. Mazar, D. Ariely, "Dishonesty in Everyday Life and Its Policy Implications", *Journal of Public Policy & Marketing*, Vol. 25, No. 1, 2006, pp. 117 – 126.

② A. Polak, P. L. Harris, "Deception by Young Children Following Noncompliance", *Developmental Psychology*, Vol. 35, No. 2, 1999, pp. 561 – 568. A. E. Wilson, M. D. Smith, H. S. Ross, "The Nature and Effects of Young Children's Lies", *Social Development*, Vol. 12, No. 1, 2010, pp. 21 – 45.

③ Uri Gneezy, "Deception: The Role of Consequences", *American Economic Review*, Vol. 95, No. 1, 2005, pp. 384 – 394. N. Mazar, O. Amir & D. Ariely, "The Dishonesty of Honest People: A Theory of Self-Concept Maintenance", *Journal of Marketing Research*, Vol. 45, No. 6, 2008, pp. 633 – 644. M. Wenzel, "Motivation or Rationalisation? Causal Relations Between Ethics, Norms and Tax Compliance", *Journal of Economic Psychology*, Vol. 26, No. 4, 2005, pp. 491 – 508.

④ J. D. Greene, J. M. Paxton, "Patterns of Neural Activity Associated with Honest and Dishonest Moral Decisions", *Proceedings of the National Academy of Sciences*, Vol. 106, No. 30, 2009, pp. 12506 – 12511.

⑤ T. R. Cohen, B. C. Gunia, S. Y. Kim-Jun, et al., "Do Groups Lie More Than Individuals? Honesty and Deception as a Function of Strategic Self-Interest", *Journal of Experimental Social Psychology*, Vol. 45, No. 6, 2009, pp. 1 – 1324.

⑥ T. Besley & T. Persson, *Pillars of Prosperity: The Political Economics of Development Clusters*, Princeton University Press, 2011. P. M. Heywood ed., *Routledge Handbook of Political Corruption*, Routledge, 2014.

机构也无法避免欺骗的可能。运行良好的社会也需要以公民的内在诚信为基础。文化特征，例如个人主义还是集体主义，[1] 可能因道德责任感知范围的差异而影响违反规则的普遍性，而这一点在以个人主义为文化特征的社会中更加明显。[2] 各种心理学、社会学和伦理学的研究表明，违反规则的普遍性能够影响人们的内在诚信和遵守规则的内在意愿。一般来说，价值观、信仰等的代际传递过程强烈影响个体的世界观、人生观和价值观，从而使得个体之间产生了差异。[3]

另外，人们遵守规范的程度也取决于当前社会中违反规范的普遍程度，[4] 如果欺骗在社会中普遍存在却未受相应的惩罚，那么人们会认为在某些日常事务中不诚信是合理的，且不会损害他们诚实的自我概念。[5] 当某人经历过多的不公平事件后，欺骗就成了一种不可避免的行为，同时也增加了个体的乃至社会的不诚信感。国家制度、经济制度和商业文化等塑造了人们的道德价值观，[6] 同时也可能影响个体

① A. Greif, "Cultural Beliefs and the Organization of Society: A Historical and Theoretical Reflection on Collectivist and Individualist Societies", *Journal of Political Economy*, 1994, p. 102.

② N. Mazar, P. Aggarwal, "Greasing the Palm: Can Collectivism Promote Bribery?", *Psychological Science*, Vol. 22, No. 7, 2011, pp. 843 – 848. G. Tabellini, "Institutions and Culture", *Social Science Electronic Publishing*, Vol. 6, No. 2 – 3, 2007, pp. 255 – 294.

③ J. Henrich, R. Boyd, "The Evolution of Conformist Transmission and the Emergence of Between-Group Differences", *Evolution and Human Behavior*, Vol. 19, No. 4, 1998, pp. 215 – 241.

④ K. Keizer, S. Lindenberg, L. Steg, "The Spreading of Disorder", *Science*, Vol. 5908, No. 322, 2008, pp. 1681 – 1685.

⑤ F. Gino, S. Ayal, D. Ariely, "Contagion and Differentiation in Unethical Behavior: The Effect of One Bad Apple on the Barrel", *Psychological Science*, Vol. 20, No. 3, 2009, pp. 393 – 398.

⑥ S. Bowles, "Is Liberal Society a Parasite on Tradition?", *Philosophy & Public Affairs*, Vol. 39, No. 1, 2011, pp. 46 – 81. P. J. Zak, M. C. Jensen, "Moral Markets: The Critical Role of Values in the Economy", *Southern Economic Journal*, Vol. 76, No. 4, 2010, pp. 212 – 233. V. L. Crittenden, R. C. Hanna & R. A. Peterson, "Business Students' Attitudes Toward Unethical Behavior: A Multi-Country Comparison", *Marketing Letters*, Vol. 20, No. 1, 2009, pp. 1 – 14.

的诚信。① 一项跨越了全球 23 个国家的研究就证明了违反规则的频率与内在诚信之间的紧密联系。该项研究根据 2003 年腐败、逃税和政治欺诈的国家级数据编制了"违规流行率"（Prevalence of Rule Violations，PRV），并且进行了一个 die-rolling 匿名实验。② 该团队选取了 2568 名年轻的被试（学生）进行了实验，特别指出的是，这些被试在 2003 年时都是年轻的，所以他们没有对 2003 年的 PRV 产生影响。结果发现，PRV 指数与公民的内在诚信度成反比，且撒谎模式的细节符合心理学上关于诚信的相关理论。③ 这一结果支持制度与价值观文化共同演化的理论，④ 表明脆弱的社会制度和薄弱的价值观文化不仅催生社会的 PRV，对经济发展直接产生不利影响，而且还可能损害个体的内在诚信，危害个体乃至整个社会的发展。⑤

在所有富有成效的人际交往中，诚信和正直是必不可少的两个方面。这些概念在此前的专业文献中都有过精彩的论述，虽然措辞可能不同，但基本原则是相通的。成功的领导者更是将诚信与正直奉为其职业结构的基本要素。

也许绝大多数人都尊重并遵守这一观点，那是因为诚信和正直天生就让人有安全感，而不诚信则本就挟带着焦虑、忧虑和内疚。选择

---

① A. Cohn, E. Fehr, M. A. Maréchal, "Business Culture and Dishonesty in the Banking Industry", *Nature*, Vol. 7529, No. 516, 2014, pp. 86 – 89. O. Weisel & S. Shalvi, "The Collaborative Roots of Corruption", *Proceedings of the National Academy of Sciences*, Vol. 112, No. 34, 2015, pp. 10651 – 10656.

② U. Fischbacher, Franziska Föllmi-Heusi, "Lies in Disguise: An Experimental Study on Cheating", *Journal of the European Economic Association*, Vol. 11, No. 3, 2013.

③ N. Mazar, O. Amir & D. Ariely, "The Dishonesty of Honest People: A Theory of Self-Concept Maintenance", *Journal of Marketing Research*, Vol. 45, No. 6, 2008, pp. 633 – 644. S. Shalvi, J. Dana, M. J. J. Handgraaf, et al., "Justified Ethicality: Observing Desired Counterfactuals Modifies Ethical Perceptions and Behavior", *Organizational Behavior and Human Decision Processes*, Vol. 115, No. 2, 2011, pp. 181 – 190.

④ S. Bowles, "Is Liberal Society a Parasite on Tradition", *Philosophy & Public Affairs*, Vol. 39, No. 1, 2011, pp. 46 – 81.

⑤ S. Gachter, J. F. Schulz, "Intrinsic Honesty and the Prevalence of Rule Violations Across Societies", *Nature*, 2016.

诚信和正直是我们每天都要面对的生活事实，纳税、捐款、工作关系、提供有效真实的信息或者公司的季度报告等，这些可能仅仅是我们现实生活中很小的一部分，每个人都有充分的选择自由，而每个人的选择也都反映了该个体的基本价值体系。事实上，诚信和正直的选择并不能像我们开关灯一样随心所欲，相反的，它应该也必须成为一种我们稳定的生活方式甚至是价值观。

Kouzes 和 Posner 在他们的 *Credibility* 一书中报告了一项关于受人尊敬的领导者的关键特征的调查。这项涵盖了来自世界各地超过15000 人的调查结果表明，83％的受访者将诚信作为领导者最值得尊敬的性格属性。Kouzes 和 Posner 强调说："自 1981 年我们的研究开始起，无论我们在世界上的哪个地方，诚信始终都是领导者最重要的品质……"就该研究结果的一致性来看，其为诚信作为领导行为的基本原则提供了有力的证据。①

如果没有诚信和正直，管理者就无法建立信任，而没有信任就无法与他人建立合作关系。信任是使组织运作的催化剂，是组织的力量将个体与商业关系结合起来，并让它以具体的行为方式表现出来。例如，在纽约犹太钻石商之间的交易仅通过口头允诺就能够让一切商业活动正常运行，这是因为在犹太文化中，一个人的言论和声誉是无价的。可想而知，如果没有信守承诺这样简单的观念，那么大多数社交活动和商业交易都将停滞。信任滋养人们彼此之间的关系，而讲信用的人都是值得信任的。②

---

① J. M. Kouzes, B. Z. Posner, *Credibility*, San Francisco: Jossey-Bass Inc., 2014.

② James T. Scarnati, "Beyond Technical Competence: Honesty and Integrity", *Career Development International*, Vol. 2, No. 1, 1997, pp. 24 – 27.

第六章　不同信息表征对大众诚信的影响

诚信作为社会主义核心价值观在公民层面的价值准则之一，不仅仅是中华民族的传统美德，也是社会主义道德建设的重要内容，更是构建社会主义和谐社会的重要纽带。在这样的社会背景下，诚信建设作为一个重要的主题，引起了社会大众的广泛关注和讨论。尤其在高度信息化的 21 世纪，我们要如何更好地利用各种信息载体来宣传诚信和推进诚信建设，这一课题引起了很多中国学者的关心和研究。本章我们将从信息表征的角度来探讨诚信建设，以便寻找到一种更有效的思路来促进社会诚信，具体内容在以下三节中分述。

第一节　信息不同表征方式对不同情绪的启动效应

21 世纪的我们进入了信息化社会，在信息爆炸的时代我们无时无刻不在交换着信息。此外，随着新媒体的发展，信息载体越来越丰富多彩，对同样的信息可以采用多种表达方式。采用不同的信息表征方式是否会对我们的态度和决策产生不同的影响？这些影响是如何产生的？不同的表征方式与我们的情绪又有什么样的关系？以下是我们试图回答的内容。

一　信息表征方式

信息，指音讯、消息、通讯系统传输和处理的对象，泛指人类社会传播的一切内容。最初人类之间的信息主要通过声音或图像传递，传递速度慢、不精确且形式单一。随着人类社会的发展，人们逐渐掌握了文字这一工具，而文字也成了一种重要的信息载体。在现代社会，伴随着网络的发展，视频作为一种更生动的表达方式逐渐渗透在我们生活的方方面面。越来越丰富的信息传递方式展现了多样的信息表征方式。

　　信息表征方式既可以指信息在头脑中的表征，也指外界的信息表征方式。而在大众诚信方面，我们主要探讨外界的信息表征方式对诚信的影响。在探讨之前有必要介绍一下什么是"信息表征方式"。"信息表征方式"可以理解为信息的表达方式，外界信息在呈现给人们时有不同的表达方式。从表述内容讲，信息表述可以分为积极的表征和消极的表征两种。积极表征指的是用正面性质语言进行的信息陈述，例如，诚实守信是做人的根本，是世界上最美丽的花朵。消极表征是使用负面性质的语言进行的信息陈述，如，说谎是种可耻的行为。从信息表达形式来讲，可以分为口头表述和书面表述。口头表述主要指语言传递，通过听觉系统接收，书面表述以文字或图片的形式传递信息，通过视觉系统接收。[①] 可以归纳如图 6 - 1 - 1：

图 6 - 1 - 1　信息表征的方式

　　资料来源：郝红艳：《不同信息表征方式对大学生诚信态度的影响》，硕士学位论文，苏州大学，2009 年，第 1 页。

　　目前诚信宣传基本涉及所有的信息表征方式。首先，从表述内容

---

　　① 郝红艳：《不同信息表征方式对大学生诚信态度的影响》，硕士学位论文，苏州大学，2009 年，第 1 页。

讲，积极表征和消极表征均有采用，例如，诚信为人之本，人背信则名不达。信息表达形式上，有语音表述（如召开诚信宣传讲座）也有书面表述（如诚信标语和宣传画等）。当然也有声音和书面相结合的视频，譬如在电视、视频网站上投放关于诚信的公益广告等。其中，由于讲座、投放公益广告等方式的人力和资金方面的消耗较高，因此在实际生活中更多采用的是标语和图画的形式。

就现有研究文献看，单独探讨哪种表达方式更好的研究很少，只是在相关研究中有间接的涉及。人们关注的重点，主要是集中在信息表征方式对认知判断和决策、情绪启动和注意等方面的影响上。

二 框架效应与情绪

（一）框架效应

框架效应就是一种很典型的信息表达方式影响决策和行为的现象。准确来说框架效应主要涉及积极和消极两种表征方式，它最初是由 Tversky 和 Kahneman 提出的。框架效应（Framing Effect）是指由于问题表述的语境不同，对同一个问题的两种逻辑意义上相似的描述导致不同的决策判断的现象。[①]

关于框架效应最著名的例子就是"亚洲疾病问题"。实验假定美国即将爆发一种不寻常的疾病，预计疾病会侵袭 600 人。设想你有权力在 A、B 两个治疗方案中做选择。这里有两种表述，积极框架下的表述：方案 A 是你能拯救 200 人；方案 B 是 1/3 的可能性拯救 600 人，2/3 的可能性一个人也救不了。消极框架下的表述：方案 A 是 400 个人会死；方案 B 是 2/3 的可能性 600 人会死，1/3 的可能性一个人都不会死。

尽管两个困境中的两个选项的数字、概率以及结果都是一模一样

---

① A. Tversky, D. Kahneman, "The Framing of Decisions and the Psychology of Choice", *Science*, Vol. 21, 1981, pp. 211 – 217. X. Zhao, C. Huang, X. Li, et al., "Dispositional Optimism, Self-Framing and Medical Decision-Making", *International Journal of Psychology*, Vol. 50, No. 2, 2015, pp. 121 – 127.

的，它们只是表达框架上用了不同的方式。然而实验结果则表明多数人会在困境 1 选择 A，困境 2 选择 B。Kahneman 利用"亚洲疾病问题"证明了同一信息以积极和消极两种不同方式表述时，人们会做出不同的决定，在面临获得时是风险回避的；而面临损失时是风险偏好的。

Petrinovich 和 O'Neill 将框架效应放到道德决策上进行研究，也得出了相似的结果。研究者采用伦理学的著名思想实验"电车难题"，有一个疯子把五个无辜的人绑在电车轨道上。一辆失控的电车朝他们驶来，并且片刻后就要碾压到他们。幸运的是，你可以拉一个拉杆，让电车开到另一条轨道上。然而问题在于，那个疯子在另一个电车轨道上也绑了一个人。考虑以上状况，你是否应拉拉杆？实验里，对一半的参与者采用杀戮的措辞来表达：（1）"按下开关，将导致一个无辜的人死在侧轨道上。"（2）"什么也不做，将导致五个无辜的人死亡。"而对于另一半的参与者，采用拯救的措辞来表达：（1）"按下开关，将导致主跑道上的五名无辜者获救。"（2）"什么也不做，将导致一名无辜者获救。"要求被试表明他们对每一种选择的同意或不同意程度。①

"杀戮"（消极）和"拯救"（积极）的形式只在问题的措辞上有所不同：每个选择都会产生完全相同的结果。然而，当备选方案用拯救（积极）的措辞表达时，参与者们同意的可能性更大，更愿意采取行动。在积极和中立的框架下，人们可能会采取行动，选择能够为大多数人带来最大利益的替代方案。换言之，当决策困境用非负面（积极或中性）的术语描述时，人们倾向于功利主义。然而，当用一个否定的框架来描述困境时，人们可能什么都不做，倾向于直觉主义。总的来说，在道德决策中也观察到了显著的框架效应。

实际上我们的生活中也常常出现框架效应。比如，商店里做活动会

---

① L. Petrinovich, P. O'Neill, "Influence of Wording and Framing Effects on Moral Intuitions", *Ethology & Sociobiology*, Vol. 17, No. 3, 1996, pp. 145–171.

说"中奖率高达90%",而不会说"只有10%的概率不会中奖"。再比如,我们可能更喜欢标注含75%瘦肉而不是标注25%肥肉的肉类。还有个有趣的例子,有个吝啬鬼不小心掉进河里,好心人趴在岸边喊道:"快把手给我,我把你拉上来!"但这吝啬鬼就是不肯伸出自己的手。好心人开始很纳闷,后来突然醒悟,就冲着快要下沉的吝啬鬼大喊:"我把手给你,你快抓住我!"这吝啬鬼一下就抓住了这个好心人的手。尽管是同样的意思,但换种表述方式就能得到不同结果,框架效应给了我们的生活很多有趣的启示。这也引起很多学者的研究兴趣,框架效应究竟是怎么起作用的呢?背后又存在着什么样的机制在影响它呢?

(二)框架效应的脑研究

有部分学者试图采用脑研究的方法,来解释框架效应发生的神经生理机制。McElroy 和 Seta 使用脑电图做了两个实验,探讨了大脑两半球的活动与框架效应之间的关系。实验1使用手指轻敲的行为任务来诱导大脑半球的不对称激活。而实验2则采用单耳听力法。结合两个实验发现,当大脑右半球被选择性激活时,产生了框架效应,而当大脑左半球被选择性激活时,则没有观察到框架效应。初步说明框架效应与大脑右半球的加工有密切联系。[①]

Gonzalez 等人综合分析了不同框架下人们制定风险和确定性方案时的脑区的不同激活状况。该研究使用功能性磁共振成像(fMRI)来评估个体在做出风险决策时的大脑激活状况。成像结果显示,人们在风险决策时大脑的前额叶和顶叶皮质会被激活,这表明工作记忆和图像参与了决策过程。此外研究者还采用认知信息处理原理来解释框架效应。这一理论认为,之所以会出现框架效应,是因为个体在做决策时,总是倾向于花费最小的认知努力。[②]

----

① T. McElroy, J. J. Seta, "On the Other Hand Am I Rational Hemispheric Activation and the Framing Effect", *Brain & Cognition*, Vol. 55, No. 3, 2004, pp. 1 – 580.

② C. Gonzalez, J. Dana, H. Koshino, et al., "The Framing Effect and Risky Decisions: Examining Cognitive Functions with fMRI", *Journal of Economic Psychology*, Vol. 26, No. 1, 2005, pp. 1 – 20.

Zheng，Wang 和 Zhu 在研究中使用生命—死亡决策问题来探究框架效应的神经基础。通过功能性核磁共振成像发现，在决策中，大脑对语言和社交暗示的激活程度存在差异。在大的群体背景下，框架效应显著，参与者在消极（损失）框架下表现出更多的风险偏好。这种风险偏好差异主要是由右额下回的激活（包括布洛卡区同系物）来调节的。相反，在小团体情境中，框架效应减弱，而大脑右半球的脑岛和顶叶则被显著激活，这表明情绪在将选择偏好从最优模式转变为冒险倾向方面发挥了重要作用。①

Hanbing 等人在 2014 年的研究中发现框架效应可能是情绪处理和认知处理共同作用的结果。神经成像结果表明，杏仁核、前扣带皮层（ACC）和前额叶皮层（PFC）都会随着框架效应的出现而被激活。其中，情绪处理受杏仁核控制，而前扣带皮层和前额叶皮层在认知处理中起主导作用。需要注意的是虽然神经成像数据显示杏仁核和框架效应之间存在关联，但这种关联并不意味着因果关系。因为有研究发现，框架效应在杏仁核损伤的患者中依然存在。值得注意的是这个研究中同样发现了框架效应的偏侧化，即只有在大脑右半球时，才会能观测到明显的框架效应。研究者认为偏侧化的出现可能是由于大脑两半球不同的思维方式和对语境信息的差异处理。②

从这些脑研究中，我们可以初步推断框架效应主要与大脑右半球的加工有关，且从脑区的分布上来看，框架效应与人的情绪和认知有密切的联系。以往学者们在研究框架效应产生的过程以及框架效应发生的条件时，多数的研究完全集中在认知和人格上，比如国内研究证明，框架效应与人格特征存在相关关系，不同人格特质的人在框架中

---

① H. Zheng, X. T. Wang, L. Zhu, "Framing Effects: Behavioral Dynamics and Neural Basis", *Neuropsychologia*, Vol. 48, No. 11, 2010, pp. 3198–3204.

② L. Hanbing, X. Fuming, L. Bin, et al., "The Neural Mechanism of Framing Effect", *Journal of Psychological Science*, 2014.

的行为和产生的情绪反应很有可能不同。① 但逐渐地人们越来越重视情绪在一般决策任务中的重要性。

（三）框架效应与情绪

首先就国外来讲，Druckman 和 McDermott 在情绪与风险下框架效应的研究中发现，情绪明显地影响风险倾向。不同的消极情绪，在某些领域会产生相反的影响，有时愤怒鼓励更大的风险寻求，而痛苦则鼓励更谨慎的做法。这可能是由于积极和愤怒的情绪会增加人们对选择的信心。此外，他们还发现情绪可以缓和特定环境下的框架效应。②

Kahneman 和 Tversky 指出，不同性质的框架可以引发不同的情绪——消极框架引发消极情绪，积极框架引发积极情绪。由框架导致的不同情绪继而影响决策结果，产生框架效应。他们还提出了"框架效应"的展望理论③来说明决策者对付风险判断任务的风险决策。展望理论也称前景理论，该理论有三个基本原理：（1）大多数人在面临收益的时候是风险规避的；（2）大多数人在面临损失的时候是风险偏好的；（3）获得和损失是相对于参照点而言的，多数人对得失的判断往往根据参照点决定。举例来说，在"其他人一年挣6万元你一年收入7万元"和"其他人年收入为9万元你一年收入8万"的选择题中，大部分人会选择前者，这种基于参照的决策被称之为"参照依赖"。展望理论可以用来解释一些生活中的问题。比如，我们为什么不愿意离职，有时就算工作再怎么痛苦、老板再怎么刁难或同事再怎么白眼，一般人总是不敢冒险离职或创业。用展望理论来解释，那是因为我们把自己架设在获利框架之中，觉得处在现在的工作中，有

---

① 张银玲、苗丹民、罗正学等：《正负信息边框下人格特征对决策的影响作用》，《第四军医大学学报》2006年第4期。白湘云、王文忠、罗跃嘉：《行为与情绪的边框效应及其与个性的关系》，《心理科学》2007年第6期。

② J. N. Druckman, R. McDermott, "Emotion and the Framing of Risky Choice", *Political Behavior*, Vol. 30, No. 3, 2008, pp. 297 – 321.

③ D. Kahneman, A. Tversky, "Choices, Values, and Frames", *American Psychologist*, No. 39, 1984, pp. 341 – 350.

稳定的薪水和保障，所以偏向趋避风险，不敢贸然离职。

而我国学者庄锦英 2014 年的研究中同样发现：框架效应是通过影响情绪而间接发挥作用的。庄锦英的研究结果认为：框架与情绪均对决策的认知过程产生影响，并且其作用是相互独立的；个体决策过程中，积极信息（积极情绪、积极框架）导致自动加工，消极信息（消极情绪、消极框架）导致控制加工；积极信息使个体既能节省认知资源，又有利于做出符合当前环境的决策。①

刘国雄、方富熹和赵佳考察了 3—5 岁幼儿对 4 种与情绪关联程度不同的日常情境中，具有积极或是消极行为表现的故事主人公的情绪理解。结果表明：（1）绝大多数幼儿都能理解具有积极行为的主人公感到高兴，但对消极情绪认知要相对差一些。（2）60% 左右的 3 岁幼儿能认识到同样情境中具有不同行为表现的个体具有不同的情绪体验，尤其是 4、5 岁时，幼儿的这一情感观点采择能力获得较大发展并达到成熟水平。（3）幼儿的情绪归因以及情绪的性质与具体的情境有关。②

框架效应证明了不同信息表达方式会影响人们在投资、道德等方面的决策和行为。其中，情绪在框架效应中起着至关重要的作用，不同性质的框架可以引发不同的情绪，消极和积极的框架分别对应消极和积极的情绪。

三　不同信息表征方式对情绪启动的影响

正如上文所提到的，信息的表征很可能是通过情绪来影响人的行为的。所以，很多研究开始集中于信息表征方式对情绪启动的影响。在这些研究中，材料刺激所呈现的内容是不同的，内容有积极和消极之分，由不同内容的刺激来启动不同的情绪。

情绪启动是指当启动刺激与目标刺激的情绪效价相似时，个体目

---

① 庄锦英：《情绪边框影响决策认知过程的实验研究》，《心理科学》2004 年第 6 期。
② 刘国雄、方富熹、赵佳：《幼儿对不同情境中的情绪认知及其归因》，《心理学报》2006 年第 2 期。

标刺激的加工速度和注意选择上更为敏感，或者说得到加工易化的现象。[①] 郑希付在《不同情绪模式的图片刺激启动效应》中证明，通过图片能引起明显的情绪启动效应，积极启动刺激引发积极情绪；消极启动刺激能引发消极情绪，尤其是愉快情绪和悲伤情绪。研究还发现了情绪启动效果随时间而发生变化的趋势，消极情绪（悲伤情绪和恐惧情绪）随着时间的推移，强度锐减，在 3 分钟内基本恢复正常；但是，在短时间内（5 分钟），积极情绪（愉快情绪）随着时间的推移而产生了增长的趋势。[②] 除了上面所列出的以图片为启动刺激，已有的情绪启动实验使用的实验材料还包括与情绪有关的文字、图片和视频材料等。例如，近些年流行研究情绪启动下对注意偏向的影响，其中乔春玲等人以不同性质情绪的电影片段作为情绪启动实验材料，通过情绪与注意偏向结合的方法，考察在不同情绪下被试对情绪词是否会产生注意偏向。结果发现，电影片段能有效启动相应情绪，且不同情绪启动下会对情绪词产生注意偏向。[③]

不同的情绪启动材料分别属于不同的信息呈现方式，目前的情绪启动实验一般只涉及单一的信息呈现方式，很少有专门针对不同类型启动材料对情绪启动的影响的研究。但现实生活中我们所接收的情绪信息往往不是单一感觉通道传递的，而是多个感觉通道同时传递。所以有些研究者开始关注听觉与视觉这两种信息通道在情绪感知中的相互作用，如张芳文、马谐、陶云探讨了语音情绪词的启动对中学生情绪面孔分类的影响。个体在积极情绪词启动下，对情绪面孔的分类快于消极情绪词启动下的分类，存在积极情绪信息的加工优势；但是在消极语音情绪词启动下，被试对消极面孔的分类慢于对积极情绪面孔

---

① K. C. Klauer, J. Musch, "Affective Priming: Findings and Theories", in *The Psychology of Evaluation: Affective Processes in Cognition and Emotion*, Lawrence Erlbaum, 2003, pp. 7 – 49.

② 郑希付：《同情绪模式的图片刺激启动效应研究》，《心理学报》2003 年第 2 期。

③ 乔春玲、赵峻莹、陈晓晨：《大学生情绪启动对注意偏向的实证研究》，《现代交际》2018 年第 8 期。

的分类，出现了情绪启动的反转效应。[①] 此外也有把两种不同感觉通道的启动材料进行比较的。李紫菲、胡笑羽分别在图片（表情包）和文字（情绪词）两类启动条件下，要求被试对靶刺激外文生词进行喜好程度的判断。实验结果表明，无论是正性还是负性启动刺激材料，网络表情包的情绪启动效应均显著强于情绪词的情绪启动效应。[②]由于实验涉及的不是标准的情绪启动图片而是表情包，所以我们无法确定地得出图片材料引起的情绪启动效应是否比文字材料更显著，但这仍然启示我们不同信息表征方式确实会影响情绪启动效应。

总体而言，在已往的情绪启动研究中，研究结果都充分证明，不同的外部的刺激信息表征方式的确可以启动相应的情绪。接着，启动的情绪又进一步地影响人们的决策和行为。

第二节 相似信息的语音和图文表征对大众诚信的影响

众所周知，视频类的信息表征由于其经费和人力的消耗较大，故较少使用。在日常的诚信宣传中，我们更多的是采用语音（宣讲等）和图文类的表征来进行。为了更好地指导对大众的诚信宣传，本部分我们将重点关注语音和图文表征对大众诚信态度的影响，进而探讨应该采用怎样的表征方式更有助于提高大众诚信行为。

一 诚信态度

宋朝著名儒学家朱熹曾言："信犹五行之土，无定位，无成名，而水金木无不待是以生者。"将诚信比作五行之中的土，默默无闻，

---

① 张芳文、马谐、陶云：《语音情绪词启动影响情绪面孔感知》，《中国社会科学报》2019 年 8 月 5 日第 6 版。

② 李紫菲、胡笑羽：《网络表情包与情绪词对情绪启动影响的实验研究》，《赣南师范大学学报》2019 年第 4 期。

然而五行之中的水、火、金、木没有不依赖土而存在的，凸显了诚信不可替代的作用。英国文学史上最杰出的戏剧家莎士比亚也曾说过："没有一处遗产能像诚实那样丰富的了。"古往今来，诚信作为一种优良的品格一直被人们所赞颂，无数伟人告诫我们要守诚信，但实际上诚信不仅仅是个人的品格，还是一种道德行为。而行为很大程度上取决于我们的态度，所以在探讨诚信行为之前我们应该先了解一下诚信态度。诚信态度也可以概括为一个人的诚信观。

学者们对诚信观进行了不同角度的解释和分析。庞跃辉认为诚信观是一种被社会公众接受或赞同的社会意识，即社会认同意识，它的特征就是对于信用、信任、信誉等属性和价值的抽象概括中所形成的社会认同观念。① 蔡海江等人认为诚信观包括个体责任感、自我约束、个体对社会奖惩机制的看法、个体对主流行为是否诚信的看法、个体的人性观、个体的面子观和个体的胆量等几个方面。蔡海江、章可敦、杨华琴等人还在诚信观上对男生和女生进行了对比，发现男生对身边人群的诚信的评估高于女生，女生对主流行为是否诚信的评估高于男生。②

尽管诚实守信作为美好的品格特质一直为我们所提倡，但不诚信行为在各行各业仍然时有发生。要减少不诚信行为，首先要知道是什么在影响我们的诚信态度。目前关于诚信观的影响因素研究涉及不同行业，但在研究方法上很多采用的是建立结构模型的方式。譬如，Cronan 等人利用计划行为理论（TPB）再加上过去的学术不诚信行为和道德义务，共同模拟了学术诚信意愿的模型。为了验证该模型，研究采用了问卷调查法和回归分析的量化方法。根据这项研究的结果，发现态度、感知行为控制、主观规范以及过去的行为和道德义务，明显影响个人违反学术诚信的意图。③ 在中国，陈璇同样基于结构方程模

---

① 庞跃辉：《诚信观与社会认同意识》，《江海学刊》2003 年第 3 期。

② 蔡海江、章可敦、杨华琴：《当代大学生诚信水平与诚信观的调查》，《中国临床康复》2005 年第 9 期。

③ T. P. Cronan, J. K. Mullins, D. E. Douglas, et al., "Further Understanding Factors that Explain Freshman Business Students' Academic Integrity Intention and Behavior: Plagiarism and Sharing Homework", *Journal of Business Ethics*, 2017, pp. 1 – 24.

型（SEM）研究医药院校青年教师科研诚信态度与其所处科研诚信环境、科研诚信政策、个人自律能力等内外影响因素之间的关系。研究发现：科研诚信环境对科研诚信态度均有负性影响；而科研诚信政策和个人自律能力均对科研诚信态度产生积极影响。在此基础上他们提出提高高等医药院校青年教师诚信认知的几条建议。[①]

总的来说，关于诚信缺失的主要原因可以归纳为四种来源。一是学校因素：德育内容、方法、手段以及学校内部管理体制的不健全；二是家庭因素：家庭教育的缺陷；三是自身因素：自身的道德评价判断能力不够；四是社会因素：关于诚信的态度社会信用体制的不健全，网络的不良影响和社会转型时期市场求利的原则带来的负面影响等。[②] 目前来看，有越来越多的研究者在进行诚信研究时将目光转向了认知、情感等方面。

二 相似信息的语音和图文表征对大众诚信行为的影响

前面我们讲到不同形式的信息表征会影响我们的决策和行为，那么信息表征又是否会影响我们的诚信决策呢？

秦安兰和吴继霞研究探讨了日常生活情境和商业情境下，封面故事、识别概率、框架对诚信决策的影响。简单地只讨论信息表征与诚信决策的话，可以将研究结果概括为，在日常生活情境下，都出现风险回避，框架效应不明显；但相较消极框架而言积极框架下，人们更多地做出诚信行为决策。而商业情境下，框架效应显著，积极框架下风险回避、消极框架下风险寻求；同样是积极框架下，诚信行为决策更多。这可能是由于在商业情境下，消极框架下，人们最优先考虑经济收益，而较少考虑诚信道德。总的来说，两种情景下都是积极表达

---

① 陈璇：《高等医药院校青年教师科研诚信认知的调查研究》，《卫生职业教育》2017年第 23 期。

② 符子娇：《大学生诚信问题与现代诚信观教育》，硕士学位论文，海南师范大学，2007 年，第 3—7 页。

引起更多的诚信决策。[①]

我们从以上研究可以知道积极和消极的框架下，确实会影响诚信决策和行为。这也启示我们信息的不同表征或许也会对诚信态度产生影响。关于这一课题郝红艳曾做过相关研究，对诚信教育的方法从信息表征的角度进行了探讨，研究包括两个实验研究和一个访谈研究。[②]

首先，根据情绪启动验证实验，发现相似信息的不同表征方式确实可以启动被试不同的情绪，受到"积极事件＋积极情绪词"刺激的积极组被试，在消极情绪得分上显著低于消极组和控制组，反之亦然。然后，在相似信息的不同表征实验中，将被试随机分为积极语音组、消极语音组、积极图文组、消极图文组和控制组，并用大学生诚信价值观问卷考察情绪启动后的诚信态度。得出的结论是，积极的图文信息表征，在一定程度上改变了被试对诚信的认知态度，更能促使人们讲究诚信。最后，在访谈研究中验证了实验二得出的结论，并探讨了原因。研究得出两个主要结论：第一，积极图文的学习效果比消极图文信息更好，更能诱导人们去讲究诚信，而消极的图文信息可能只是起到让人不会去尝试同样的不诚信行为的一种束缚作用。第二，尽管积极图文比积极语音学习效果更好，但无法片面地得出图文信息比语音信息更激发诚信态度的结论。两种方式是否有显著差异还有待研究者们再进行单独的研究。

综合以上研究，我们做出以下几个思考：

第一，从积极还是消极表达上讲，无论是在日常生活情境下还是商业情境下，人们都应该尽量采用积极的表达方式（如：真诚才是人生最高的美德），更有助于增加诚信行为。

第二，从相似信息的不同表征上来讲，图文信息表征可能较语音

---

① 秦安兰、吴继霞：《不同情境下封面故事、识别概率、框架对诚信决策行为的影响》，《第十七届全国心理学学术会议论文摘要集》，2014年。

② 郝红艳：《不同信息表征方式对大学生诚信态度的影响》，硕士学位论文，苏州大学，2009年。

信息的表征更好。但综合考虑的话，我们还是更提倡将图文信息和语音信息结合起来，多方式的表达更能激发人们的情绪，从而激励我们采取诚信行为。在一般的公共场合，我们可以使用积极表达方式，这样不仅可以给人们提供一个诚信的模板，更能体现社会的文明。另外，我们可以分场合使用鼓励表扬诚信行为的发生，但是在某种特殊场合，比如在考场上，在作弊比较严重的场合，我们可以使用消极的表达方式，明确制止这种行为的发生。因此从整体上来看，图文表征比语音表征更能激发人们采取诚信行为。

第三节　注视眼和标语对大众诚信行为的影响

在上一节关于图文表征比语音表征更能激发人们采取诚信行为整体结论的基础上，本节将进一步就图文表征对诚信的影响进行论述。首先，图文表征又可以分为图片的表征和文字的表征。在查阅相关文献的基础上，我们发现带有眼睛的图片会产生注视眼效应，从而更有可能促进大众的诚信行为。而文字表征方面，在日常生活中，我们使用的多是标语的形式，故下面我们将进一步探讨什么样的标语会更有助于提高诚信行为。

一　注视眼效应

（一）注视眼效应的概念

注视眼效应（Fixation Effect）是指在有眼睛图片存在的情况下，诱发个体产生行为变化的现象。[1] 自 2005 年注视眼效应被 Haley 和 Fessler 发现以来，许多心理学者们对其进行了大量有趣的研究，其中关于注视眼对人类亲社会行为的影响是该领域研究的最多的内容。

---

[1] D. Nettle, Z. Harper, A. Kidson, et al. , "The Watching Eyes Effect in the Dictator Game: It's Not How Much You Give, It's Being Seen to Give Something", *Evolution & Human Behavior*, Vol. 34, No. 1, 2013, pp. 35 – 40.

人作为社会性的动物，总是会受到周围人的影响，当有他人在场时或者意识到自己正在被他人观察（或者可能会被观察）时，行为会较单独一人有所不同，比如更倾向于表现出亲社会行为、变得更加慷慨和合作。[①] 但后来的研究发现，有时仅仅呈现眼睛的图片，都会使人们表现出和真正被观察时一样的行为。甚至不必是真实的人眼，卡通眼睛图、机器人的眼睛照片，甚至是人脸配置中的三个点均能诱发被注视的感觉并引起行为的变化。[②]

Bourrat 和 Baumard 等人在监视的线索暗示对道德谴责的影响中，实验在不同的道德违犯行为的描述之间插入一张眼睛的图像或是一张鲜花的图像，当插入的是眼睛的图像时，被试对两种行为的道德可接受性明显降低，说明注视眼效应会增强人们的道德谴责。[③] 对于这一现象的解释，有人提出了两种假设，一种可能性是，眼睛的监控线索实际上影响了参与者对道德侵犯的感知，激活了他们对内在道德规范的意识。而另一种解释是，眼睛的形象激活了人们的"公众自我意识"——暗示参与者们注意自己给别人留下的印象，并相应地调整他们的行为。[④]

此后，研究者在许多自然情境下也发现了注视眼效应的存在。在有眼睛图像的情况下，人们更愿意自觉、诚实地支付饮料费用，给慈善机构更多的捐款，而更不太可能从大学校园里偷自行车等。这提示我们，注视眼效应可用于在一系列现实世界中减少反社会行为，甚至犯罪。

① R. Bull, E. Gibson-Robinson, "The Influences of Eye-Gaze, Style of Dress, and Locality on the Amounts of Money Donated to a Charity", *Human Relations*, Vol. 34, No. 10, 1981, pp. 895 – 905.

② M. Rigdon, K. Ishii, M. Watabe, et al., "Minimal Social Cues in the Dictator Game", *Journal of Economic Psychology*, Vol. 30, No. 3, 2009, pp. 358 – 367.

③ P. Bourrat, N. Baumard, R. Mckay, "Surveillance Cues Enhance Moral Condemnation", *Evolutionary Psychology*, Vol. 9, No. 2, 2011, p. 193.

④ J. M. Govern, L. A. Marsch, "Development and Validation of the Situational Self-Awareness Scale", *Consciousness & Cognition*, Vol. 10, No. 3, 2001, pp. 366 – 378.

（二）注视眼效应的理论解释

1. 名誉机制

个体之所以会出现注视眼效应，有一个普遍的解释是，人类的决策过程对隐含的观察线索非常敏感，而人们拥有管理自己在他人眼中的印象的动机，因此可能会通过改变行为来获得声誉。[①]

名誉机制理论认为，名誉会给人带来即时或潜在的奖赏，如得到他人的回报或帮助等，人们正是出于对奖励的期待才会产生一系列亲社会行为。[②] 由于被他人观察到自己的亲社会性行为是建立起自身良好声誉的重要途径，所以人们总是不自觉地对自己的行为是否在被观察保持着较高的敏感性。而注视眼图片作为一种细微的内隐声誉线索，可以唤起人们的敏感性，在这种情况下，眼睛的形象激活了"公众的自我意识"，使得参与者为了改善给别人留下的印象，而调整自己的行为。[③]

2. 规范效应

在有关注视眼的研究中，研究者们观察到了一种规范效应（规则心理），推测注视眼会增强社会规范的动机。规范效应理论认为，来自规范的压力使人们努力地与自己所属社会群体表现得相一致，并对行为偏离了群体规范的人进行惩罚，如使其受到群体中其他成员的排挤，甚至不再被看作群体的成员。[④] 人们可能是因为惧怕违背社会规则而受到惩罚，才使自己的行为尽量符合社会标准。这一观点可以解释社会规则明确情境下（譬如为饮品付款、垃圾分类、主动清理垃

①　R. M. Kowalski, M. R. Leary, "Strategic Self-Presentation and the Avoidance of Aversive events: Antecedents and Consequences of Self-Enhancement and Self-Depreciation", *Journal of Experimental Social Psychology*, Vol. 26, No. 4, 1990, pp. 322 – 336.

②　K. Sylwester, G. Roberts, "Cooperators Benefit Through Reputation-Based Partner Choice in Economic Games", *Biology Letters*, Vol. 6, No. 5, 2010, p. 659.

③　S. A. Knox, R. C. Viney, Y. Gu, et al., "The Effect of Adverse Information and Positive Promotion on Women's Preferences for Prescribed Contraceptive Products", *Social Science & Medicine*, Vol. 83, No. C, 2013, pp. 70 – 80.

④　C. A. Kallgren, R. R. Reno, R. B. Cialdini, "A Focus Theory of Normative Conduct: When Norms Do and Do not Affect Behavior", *Personality & Social Psychology Bulletin*, Vol. 26, No. 8, 2000, pp. 1002 – 1012.

圾）的眼睛效应。观察员的存在增加了因违反规范而受到惩罚的可能性，因此被观看或利用图像营造一种被观看的感觉应该能使人们更具规范性。另外，Bourrat，Baumard 和 McKay 在研究中发现，眼睛图片的存在使人们对违背社会准则的行为的容忍度降低，同时也更可能对这种违规行为施以道德惩罚，更是从反面验证了规则心理的存在。①

独裁者游戏可以证明规范效应的存在。首先，独裁者游戏分析的是匿名条件下，决策者的无条件捐赠（即利他主义），所以在该条件下明确的声誉激励应该是无关紧要的，不能贸然用名誉机制来解释。而且 Nettle 等人对独裁者游戏中存在的注视眼图片效应进行的元分析证实了行为规范的作用。该结果表明注视眼图片会使人们的捐赠金额更加接近于所有人捐款金额的中位数，即个体感知到的所属社会群体的行为规范，而不是单向地使人们变得更加慷慨，并不会增加捐赠金额的平均数。② 因此呈现注视眼图片会使人们表现得更倾向于符合规范水平。

两种理论解释的区别在于，虽然当亲社会行为是社会群体的规范时，两种理论解释都预测注视眼效应会增加亲社会性，然而，在某些情况下社会群体的规范不是亲社会的，在这种情况下，规范心理学预测注视眼效应会减少亲社会行为，而声誉管理的解释则预测注视眼效应会增加亲社会行为。

3. 社会监督线索

从进化的角度看，人类在进化过程中对各种信息的输入形式都非常敏感，尤其是面孔中的眼睛，由于常常传达出与观察相关的信息，大脑会对其进行选择性优先加工。③ 可以说，眼睛已成为一种特殊的

---

① P. Bourrat, N. Baumard, R. McKay, "Surveillance Cues Enhance Moral Condemnation", *Evolutionary Psychology*, Vol. 9, No. 2, 2011, p. 193.

② D. Nettle, Z. Harper, A. Kidson, et al., "The Watching Eyes Effect in the Dictator Game: It's not How Much You Give, It's Being Seen to Give Something", *Evolution and Human Behavior*, Vol. 34, No. 1, 2013, pp. 35 –40.

③ J. V. Haxby, E. A. Hoffman, M. I. Gobbini, "The Distributed Human Neural System for Face Perception", *Trends in Cognitive Sciences*, Vol. 6, No. 4, 2000, pp. 223 –233.

社会监督线索（social surveillance cue），它向人们提供了一种被观察、被监督的信息。当人们看到眼睛图片时，大脑就会无意识地自动激活被观察的感觉经验，进而表现得好像真的在受到监督。从决策的角度看，有证据表明人类在决策时，多数决策都是以内隐信息作为主要参考的，这是很多非理性偏差的根源。这一理论如图6-3-1所示。

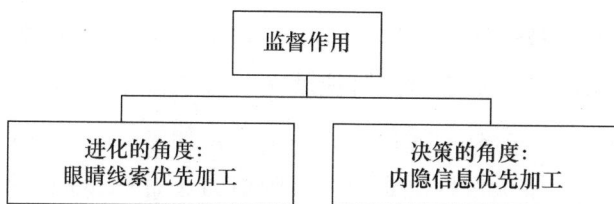

图6-3-1　社会监督线索理论

资料来源：张雪姣、刘聪慧：《亲社会行为中的"眼睛效应"》，《心理科学进展》2017年第3期。

（三）注视眼效应的影响因素

1. 匿名性

当有他人在场时，我们感受到评价的压力，会更容易做出符合社会规范的行为，这点得到越来越多的研究证明。比如，当人们的行为更有可能被他人所知时，行为就会表现得更合作。[1] 此外，Raihani 和 Bshary 利用网络劳动力市场 Amazon Mechanical Turk 进行了一个匿名的大型跨文化独裁者博弈游戏，结果并没有观察到"注视的眼睛"对慷慨的影响。这说明注视眼效应会受到匿名性的影响，一旦被试确认所处环境是真正匿名的，那么这种微弱的社会关注线索就不足以引发亲社会行为。[2] 而 Tane 和 Takezawa 让被试在黑屋子里进行实验时，

---

[1] J. Andreoni, R. Petrie, "Public Goods Experiments Without Confidentiality: A Glimpse into Fund-Raising", *Journal of Public Economics*, Vol. 88, No. 7, 2004, pp. 1605 – 1623.

[2] N. J. Raihani, R. Bshary, "A Positive Effect of Flowers Rather than Eye Images in A Large-Scale, Cross-Cultural Dictator Game", *Proceedings of the Royal Society Biological Sciences*, Vol. 1742, No. 279, 2012, pp. 3556 – 3564.

也发现注视眼效应明显低于预期。[①] Cai 等人在 2015 的研究中发现在完全匿名的情况下，注视眼图片甚至并不能显著减少不诚信行为。这些实验都证明了匿名性会减少注视眼效应。[②]

2. 瞳孔大小

人眼的独特形态使其具有一定的社会交往功能。瞳孔扩张反映了环境光线的变化，但也反映了人的兴趣和情绪等。[③] 此外，瞳孔大小是自主的，不能被控制，所以瞳孔的变化是一个人内在状态的真实反映，因此在做出社会决定时这可能就是观察者一个特殊的信息来源。[④] 一些研究检验了人们对于瞳孔放大的解释，拥有着大瞳孔的个体通常被他们的互动伙伴认为是正面的、有吸引力、有社交能力和值得信赖的，而那些有小或狭隘瞳孔的人则被认为是冷漠、遥不可及的。[⑤] 也就是说，人们会将瞳孔扩张作为社交信息的一种来源。因此，眼睛图片的瞳孔大小，也可能成为影响注视眼效应的一个因素。

3. 暴露时间

Sparks 和 Barclay 在他们的研究中发现，只接触眼睛图像很短一段时间的参与者会比那些没有接触眼睛的控制组和长时接触的暴露组更慷慨，而长时暴露组和控制组之间无显著差。[⑥] 说明注视眼效应会增加慷慨，但并不会持续太久时间。

Raihani 和 Bshary 推测平均募捐资金不受眼睛图像的影响是因为

① K. Tane, M. Takezawa, "Perception of Human Face Does Not Induce Cooperation in Darkness", *Letters on Evolutionary Behavioral Science*, 2011.

② W. Cai, X. Huang, S. Wu, et al., "Dishonest Behavior is not Affected by an Image of Watching Eyes", *Evolution and Human Behavior*, Vol. 36, No. 2, 2015, pp. 110 – 116.

③ L. Claudio, S. M. René, R. J. Eduardo, "Pupil Dilation Signals Uncertainty and Surprise in a Learning Gambling Task", *Frontiers in Behavioral Neuroscience*, Vol. 7, No. 1, 2013, pp. 1 – 8.

④ M. E. Kret, C. K. De Dreu, "Pupil-mimicry Conditions Trust in Partners: Moderation by Oxytocin and Group Membership", *Proceedings Biological Sciences*, Vol. 1850, No. 284, 2017.

⑤ N. A. Harrison, T. Singer, P. Rotshtein, et al., "Pupillary Contagion: Central Mechanisms Engaged in Sadness Processing", *Social Cognitive & Affective Neuroscience*, Vol. 1, No. 1, 2006, p. 5.

⑥ A. Sparks, P. Barclay, "Eye Images Increase Generosity, but not for Long: The Limited Effect of a False Cue", *Evolution & Human Behavior*, Vol. 34, No. 5, 2013, pp. 317 – 322.

实验中的被试大都经常上网长期接触广告，这为他们提供了充足的经验，让他们能够忽视那些无关紧要的任务，尤其是那些旨在吸引注意力和改变他们行为的刺激。并且，他们认为是由于刺激重复呈现或呈现时间较长而导致人们对眼睛图像的反应减弱或消失的（习惯化）。[①] 综上所述，眼睛图片暴露时间过长可能会导致注视眼效应降低。

二　注视眼对大众诚信行为的影响

大量关于注视眼图片与亲社会行为的研究表明，无论是在实验室实验还是在实地研究中，观察眼睛作为内隐声誉线索对亲社会行为都有积极的影响。受到这些研究的启发，Bourrat 等人首先将注视眼效应引入道德范畴，提出注视眼启动提升道德判断的苛刻性。[②] 此后陆续有很多学者就注视眼效应与道德进行了研究。

例如，Nettle 和 Bateson 等人的研究表明，带有相关口头信息的注视眼睛的图像（例如："自行车窃贼，我们正在监视你"）可以有效减少校园盗窃。[③] Sparks 和 Barclay 对比了在眼睛和鲜花图片下的道德谴责程度，发现在参与者暴露于监视线索的情况下（眼睛的图像），违规行为受到的谴责要比对照组（插入的图像是鲜花）更强烈。[④] 此外，这一效应在自然情境中也得到了大量证实，在提供饮料的诚实盒上贴了眼睛图片后收到的饮料费用是平时的三倍，这说明眼睛图像给

---

① N. J. Raihani, R. Bshary, "A Positive Effect of Flowers Rather than Eye Images in a Large-scale, Cross-cultural Dictator Game", *Proceedings of the Royal Society B: Biological Sciences*, Vol. 1742, No. 279, 2012, pp. 3556 – 3564.

② P. Bourrat, N. Baumard, R. Mckay, "Surveillance Cues Enhance Moral Condemnation", *Evolutionary Psychology An International Journal of Evolutionary Approaches to Psychology & Behavior*, Vol. 9, No. 2, 2011, p. 193.

③ D. Nettle, K. Nott, M. Bateson, " 'Cycle Thieves, We are Watching You': Impact of a Simple Signage Intervention Against Bicycle Theft", *Plos One*, Vol. 12, No. 7, 2012.

④ A. Sparks, P. Barclay, "Eye Images Increase Generosity, but not for Long: The Limited Effect of a False Cue", *Evolution & Human Behavior*, Vol. 34, No. 5, 2013, pp. 317 – 322.

了人们一种被观察着的感觉，从而更加以诚信准则行事。① 而在国内，金子率先做出实践，证明了注视眼效应会抑制道德伪善行为，注视眼图片与个体的公众觉察水平呈显著正相关，公众觉察水平越高，道德判断越严格。② 毕于明在注视眼对道德伪善的影响研究中，同样发现注视眼启动组被试更倾向于做出道德行为。③ 很多研究都表明注视眼的图片确实可以减少人们的不道德行为。那么诚信作为一种道德准则是否也会受到注视眼效应的影响呢？尽管相关研究是近些年才兴起的，能收集到的文献较少，但我们从这些研究中仍然可以获得一些启示。

国外对注视眼和诚信行为的研究在实验结果上存在一些争议。首先，注视眼的图像被用作一种隐含的声誉暗示。在此基础上 Cai 等人进行了三个实验来调查使用注视眼图片是否与不诚实有显著的关联。在该研究中，参与者有机会通过欺骗获得更高的经济利润（实验 1 和 2），或者表现得更聪明（实验 1 和 3）。值得注意的是，在不同的任务和不诚实动机下，这些结果是一致的。该研究结果证明了，注视眼图片暗示可能不会减少不诚实行为。研究还认为在干预不诚实行为时，明确的声誉暗示可能是必要的。④ 然而 Breen 等人则证明人们可能会通过模仿注视眼瞳孔扩张的方式减少不诚实行为。⑤ 而国内的一些学者也开始探索注视眼图片对不诚实行为的抑制效果。

中国人向来尊崇诚实守信的社会价值观，谨遵社会规范，且在中国集体主义很浓厚，所以我们往往更在意他人的评价。据此可以推测

---

① M. Bateson, D. Nettle, G. Roberts, "Cues of Being Watched Enhance Cooperation in a Real-World Setting", *Biology Letters*, Vol. 3, No. 2, 2006, p. 412.

② 金子：《注视眼图片对道德伪善的抑制作用研究》，硕士学位论文，吉林大学，2017 年。

③ 毕于明：《注视眼对道德伪善的影响》，硕士学位论文，河北师范大学，2019 年。

④ W. Cai, X. Huang, S. Wu, et al., "Dishonest Behavior is not Affected by an Image of Watching Eyes", *Evolution and Human Behavior*, Vol. 36, No. 2, 2015, pp. 110 – 116.

⑤ J. A. V. Breen, C. K. W. D. Dreu, M. E. Kret, "Pupil to Pupil: The Effect of a Partner's Pupil Size on (Dis) Honest Behavior", *Journal of Experimental Social Psychology*, No. 74, 2018, pp. 231 – 245.

社会关注线索的出现，可能会对中国人产生更大的影响。而新近的研究似乎间接地证明了这点，周相群等人针对注视眼图片对不诚信行为的抑制效果做出初次研究尝试，证明他人注视对个体的不诚实行为有一定的调控作用。这种调控作用会随着眼睛呈现状态和眼睛类型的变化而发生变化，直视且持续的注视在一定程度上会抑制不诚实行为。[①]丁新新采用情境测验实验范式、硬币抛掷任务变式以及自然情境实验范式，进一步检验注视眼效应对中国被试诚信行为的影响。[②] 结果表明，第一，注视眼图片能够减少不诚信行为，且受眼睛类型影响，其中直视眼对于不诚信行为的抑制作用较好。第二，不同情绪类型注视眼对诚信行为的监督作用不同，愤怒情绪眼对于诚信行为的监督效果较好的。第三，诚信与人格特质有联系，个体人格特质的开放性越弱、宜人性越强，越有利于诚信行为的表达。

　　总而言之，尽管国外就注视眼与诚信行为的研究存在争议，但就国内的研究来看，在中国社会文化背景下，注视眼的图片确实很可能做到有效抑制人们的不诚信行为。这启示我们在需要人们保持诚信的地方呈现一些眼睛的图片或者是类似眼睛的图片，或许会有意想不到的效果。

三　标语

（一）诚信标语的概念

《现代汉语词典》中，标语是指"用简短文字写出的有宣传鼓动作用的口号"。一个成功的口号应该是简短、简洁且容易被记住的。龙叶在 2019 年关于对外汉语标语口号阅读的教学策略的研究中，指出汉语标语主要包括以下几个特点：（1）词汇简约性。标语口号的语言结构可以是一个完整的句子，但大多数情况下是由词组

---

　　① 周相群、严璘璘、王哲等：《他人注视对不诚实行为的影响》，《心理学探新》2018年第 4 期。

　　② 丁新新：《注视眼对诚信行为的影响》，硕士学位论文，苏州大学，2019 年。

和短语等组成的，使得标语口号逐渐形成了一种简约的编码系统。（2）语法节略性。标语口号主要是实意的动宾短语、主谓短语、偏正短语或介词短语等，虚词和少数名词多被省略，有时用简短的同义词语替代。（3）语境隐藏性。标语口号的意义在于体现语言单位的运用意义，一定程度上简化了社会语境，具有高度的隐藏性。①例如，口号中包括中国传统文化所强调的"天人合一""和为贵"等特色标语。此外，刘凤玲还认为标语要具有音乐性和鼓动性。音乐性是指标语和口号应该醒目且朗朗上口。而鼓动性则是说的标语口号是带有目的性的，不仅要使人信服，还要能鼓励人们行动起来。②"标语"一词并不存在于我国古代典籍中，最初标语是由日本传入的。在我国，标语一词第一次公开发表是在 1947 年朱自清先生发表的《论标语口号》一文中。在当今社会中，标语少了朱自清先生所传达出的"革命性"，多了教育性和人文性。现代标语更多的是具有重要的社会教育功能，制约和规范着社会民众的行为，是社会文明程度的一种反映。

目前国内外学者还没有对诚信标语进行明确的定义和定性。诚信标语属于标语的下位概念，往往是为了宣传诚信规范而产生的。洪梦月在诚信标语对青少年诚信行为的影响研究中，将诚信标语定义为用简短的文字写出的以宣传和激发诚信意识和诚信行为为目的的简短语句。根据诚信标语的张贴时间，诚信标语可以分为临时性诚信标语和长期性诚信标语；根据诚信标语的表达方式，诚信标语可分为规范性标语（禁止/必须）、劝导性标语（应该）、启发性标语（名言警句）；根据诚信标语的呈现方式，分为文字类诚信标语和图文结合类诚信标语。③

---

① 龙叶、高永革、雷英杰：《对外汉语标语口号阅读的教学策略》，《汉字文化》2019年第 9 期。

② 刘凤玲：《标语、口号语言刍议》，《当代修辞学》1999 年第 1 期。

③ 洪梦月：《诚信标语对青少年诚信行为的影响》，硕士学位论文，苏州大学，2019 年。

（二）标语与相关概念的辨析

标语需要与口号、广告语、告示语和宣传语等概念相区别。首先，标语与口号经常一起出现，其实标语就是口号的书面形式，通常两者可以相互转化。标语作为书面语，在创作时语言组织更为正式，需仔细斟酌，而口号作为口语，更偏向于口语化。除此之外，在宣传时效方面，口号是短暂的，而标语是长期的。因此，在宣传时效方面，标语在相当长的一段时间内都能影响人们的言行。

广告语，又称广告词，有广义和狭义之分。广义的是指通过各种传播媒体和招贴形式向公众介绍商品、文化等服务内容的一种宣传用语。例如公益广告——"争做文明市民共创美好家园"。狭义的广告语指通过宣传的方式来增大企业的知名度，广告语也是市场营销里必不可少的使商家获得利润的手段及方式。标语是属于广告语的范畴。

告示语是上级部门通告大众的文件，是一种下行语言，且有相对稳定的格式，包括标题、正文、发文单位、发文日期等，常用于上下级之间、官方机构与普通大众之间。而标语是一种平行语言，无固定的格式，故要将二者区分开。

在《现代汉语词典》中，"宣传"是"对群众进行讲解，使群众相信并跟着行动"的意思。例如，"行车不规范，亲人两行泪"等宣传性的交通标语。宣传语是标语的一种，但标语除了具有宣传性的特点，还有警示性等其他特点。

综上所述，标语是书面化的口号，是公益广告语的一种，不同于告示语和宣传语。

（三）标语的相关研究

国内对标语的研究主要是从语言学、教育学和政治历史等角度出发进行定性分析。其中语言学的研究涉及较多，比如宋晓霞通过对中西方知名体育品牌广告文本的收集，从语言学视角出发，对比汉英两种语言在当前中西方体育广告语言创意中的运用，分析两者在音韵、词语、语言呈现方式、修辞运用方面的特点和异同，为中国体育品牌广告国际化提供借鉴。[1]

而在教育学角度，有些通过标语的演变探讨中国教育的发展。例如，谢翌、潘安童认为不同时期的教育口号会折射出那个时代的教育价值取向。[2] 在此基础上，夏小书通过探讨中华人民共和国成立以来各个时期的高考标语的演变，来发掘标语背后所蕴含的教育价值取向，以剖析教育价值嬗变的历史原因和"生命关怀"价值取向缺失的原因。[3] 还有些直接以校园标语为对象，研究标语在校园中的应用和改进。

在政治历史角度，标语很多时候可以反映特定时代的思想和文化，所以很多研究就某个特殊的历史时期标语进行分析来获取该时期的文化特点等。例如"文化大革命"时期的标语，因其独特的政治氛围和社会环境，造就了其独有的特点，故引起了一部分学者的兴趣。

除此之外，在心理学角度也有学者对标语进行了研究。王秉从心理学视角出发研究，指出准确确定受众心理突破口是使安全标语快速打动受众、保证安全标语效用最大化发挥的关键，并提出安全标语创作应从受众一致在乎的感情等七方面着手。[4] 杨雯婷则采用内隐联想测验（IAT）实验范式，研究了不同规范类校园标语下高中生的内隐态度，发现不同信息表达方式和呈现方式的规范类校园标语对高中生的内隐态度会产生不同的影响：与纯文字标语相比，高中生对图文结合类标语的内隐态度更为积极，与直白表达相比，对含蓄表达的标语内隐态度更为积极。[5] 白彦婷研究了学习类校园标语对高中生学业情

---

① 宋晓霞：《中西方体育品牌广告的语言学比较研究》，《成都工业学院学报》2018年第4期。

② 谢翌、潘安童：《新中国教育口号的价值嬗变与理性审思》，《教育理论与实践》2017年第4期。

③ 夏小书：《新中国高考标语教育价值取向的嬗变及其反思》，硕士学位论文，西南大学，2018年。

④ 王秉、姜威、吴超：《心理学视阈下的安全标语研究》，《中国安全科学学报》2015年第10期。

⑤ 杨雯婷：《高中生对规范类校园标语的内隐态度及教育对策研究》，硕士学位论文，天津师范大学，2012年。

绪启动的作用，发现与警示类校园标语相比，激励类校园标语能够提高学生的积极学业情绪和自我效能感。①

国外对标语和警示语并没有进行细致区分。国外对标语的研究主要集中在其警示意义上。例如，Ho 等人研究了香烟健康警示语的威慑效力，发现警示语中伤害的严重性及自身能够抵御这种伤害的能力是影响经常吸烟者的关键因素。② 除此之外，Armitage 在研究中指出尽管在包装酒精饮料上存在强制性的警告标签，但过量饮酒仍然会带来巨大的社会和经济成本。故他们根据自我肯定理论，在酒精警告标签上添加了一个基于自我肯定理论的简短声明。结果在研究中发现，自我肯定实施意向显著降低了随后的酒精消费量。③

四　标语对大众诚信行为的影响

国内外关于诚信标语对大众诚信行为的影响的实证研究还较少。

Bryan 等人通过实验室实验的方式研究了诚信标语的不同指向对大学生诚信行为的影响，发现与指向行为的标语（"请不要说谎"）相比，指向角色的标语（"请不要做个骗子"）下会产生更多的诚信行为，这说明人们往往注重对自己角色的评价，维护自己的道德角色不受侵犯。④ Pruckner 和 Sausgruber 通过一项现场实验和一项准现场实验的方式研究了诚信标语中的道德指向和法律指向对诚信行为的不同影响，发现与指向法律的诚信标语（这份报纸的价格是 0.60 欧元，偷纸是违法的）相比，指向道德的诚信标语（这份报纸的价格是

①　白彦婷：《学习类校园标语对高中生的学业情绪启动及其效应的研究》，硕士学位论文，河北师范大学，2014 年。

②　R. Ho，"Cigarette Health Warnings：The Effects of Perceived Severity，Expectancy of Occurrence，and Self-Efficacy on Intentions to Give up Smoking"，*Australian Psychologist*，Vol. 27，No. 2，1992.

③　C. J. Armitage，M. A. Arden，"Enhancing the Effectiveness of Alcohol Warning Labels With a Self-Affirming Implementation Intention"，*Health Psychology*，Vol. 35，No. 10，2016.

④　C. J. Bryan，G. S. Adams，B. Monin，"When Cheating Would Make You a Cheater：Implicating the Self Prevents Unethical Behavior"，*Journal of Experimental Psychology：General*，Vol. 142，No. 4，2013，pp. 1001 – 1005.

0.60 欧元，感谢你的诚实）下会产生更多的诚信行为，[1] 表明与受到法律惩罚相比，人们更倾向于维持和提高自己的道德形象。在国内很少有关于标语和诚信行为的研究，但有些关于标语和道德教育的研究暗示我们二者间有着密切的联系。吕霞飞从马克思主义科学理论出发，深入探讨了大学校园标语在立德树人方面的作用，肯定了标语对道德教育积极的促进作用。[2] 周阳认为校园标语是巩固"德育"的一种有效方式，并通过多种方法论证了，初中校园标语应具备知晓、导向和怡情的功能；总结了应遵循的十项原则和九项具体措施。[3]

从我国诚信标语的表达内容和表达方式来看，我国诚信标语更注重强调诚信行为的"得"，如"诚实者人爱之，守信者人敬之"，与失信行为的"失"，如"失信者受人唾弃不齿也"。那么在中国本土我们应该呈现什么样的内容？以什么样的方式来呈现诚信标语才能更好地促进诚信行为呢？国内有学者对这些问题进行了初步探索，洪梦月以青少年为对象研究了诚信标语对诚信行为的影响。分别从结果指向、诚信标语的字体颜色及呈现位置和标语与道德认同水平三方面展开研究。[4]

第一，在结果指向方面。与获益指向相比，损失指向诚信标语下青少年产生更多的诚信行为；在此基础上，法律损失指向和道德损失指向的诚信标语都能够抑制青少年的不诚信行为，但法律损失指向标语的抑制效果更好。这或许是由于与自身的道德情绪相比，外在的约束条件如制度和法律等更具有抑制和威慑作用，于是法律损失指向的标语对不诚信行为发挥了更强的抑制作用。

---

① G. J. Pruckner, R. Sausgruber, "Honesty on the Streets: A Field Study on Newspaper Purchasing", *Journal of the European Economic Association*, Vol. 11, No. 3, 2013, pp. 661 – 679.

② 吕霞飞：《大学校园标语在立德树人中的作用研究》，硕士学位论文，太原理工大学，2017 年。

③ 周阳：《初中校园标语存在问题及优化研究》，硕士学位论文，辽宁师范大学，2012 年。

④ 洪梦月：《诚信标语对青少年诚信行为的影响》，硕士学位论文，苏州大学，2019 年。

第二，在字体颜色和呈现位置方面。与黑色字体相比，白色字体诚信标语下能够产生显著更多的诚信行为；与垂直空间中部和下方相比，呈现在垂直空间上方的诚信标语能产生显著更多的诚信行为。2015年王可在对大学生诚信概念的隐喻表征的研究中就发现，背景的黑与白对被试的诚信判断和诚信态度有影响：当实验材料呈现在偏暗屏幕上时，被试更倾向于选择不诚信行为。① 同时环境的明暗也会影响被试的行为：相较于偏亮环境，偏暗环境下更容易出现不诚信行为。这是因为在黑暗环境中的被试更容易联想到负性道德特质，而明亮环境中的被试容易联想到正向道德特质。

第三，在诚信标语与道德认同水平方面。虽然诚信标语能够显著抑制不诚信行为，但诚信标语对低道德认同青少年的影响显著高于对高道德认同青少年的影响。因为高道德认同青少年的诚信行为主要是自我抑制；而低道德认同的青少年则是受到了标语抑制。

从以往的研究中我们可以得知，首先，正确的诚信标语是可以有效减少不诚信行为的，尤其是校园标语，它是进行"德育"的一种有效方式。其次，以青少年为对象的关于诚信标语的表征内容和表征方式的研究，为校园文化建设和青少年诚信教育提供了理论参考。校园标语是诚信教育中必不可少的一环。对于诚信标语的内容表征，除了名言警句之外，还可以从行为结果出发，选择损失指向的标语，如：诚信是沟通心灵的桥梁，善于欺骗的人，永远到不了桥的另一端。尤其在考试中，可以选择法律损失指向的标语以达到教育和威慑的作用，减少不诚信行为的产生。从诚信标语的表征方式来说，标语文字可以采用明亮的颜色呈现，并尽量悬挂在高处。诚信教育的首要任务是培养青少年将正确的道德价值内化为自身的道德行为准则，使青少年在不同情境中都表现出行为的一致性和稳定性，能够做到自觉遵守道德标准。对于个别道德认同水平较低的青少年，可以通过外部

---

① 王可：《大学生诚信概念的隐喻表征及明暗隐喻对诚信的影响研究》，硕士学位论文，苏州大学，2015年。

条件制约，如通过标语等软文化唤起其道德准则意识、法律威慑或适当惩戒。

　　总之，本章内容主要是探讨了不同信息表征对大众诚信的影响。首先探讨了信息表征方式对情绪的启动效应，积极表达启动积极情绪，消极表达启动消极情绪，且很多研究表明积极的表达方式，更有助于增加诚信行为。其次，分析了语音和图文表征对大众诚信态度的影响，发现图文信息表征可能较语音信息的表征更好。但综合考虑的话，我们还是更提倡将图文信息和语音信息结合起来。最后，在讲解了多种图文信息表征下，从注视眼和标语对大众诚信行为的影响来看，包含注视眼的图片确实可以有效抑制人们的不诚信行为。诚信标语是可以有效减少不诚信行为，且可以采用法律损失取向的表达形式以及颜色明亮的字体来抑制不诚信行为。简单来说，为了更好地控制不诚信行为，同时增加诚信行为，我们可以采用图片和文字结合的形式。其中，图片使用带有眼睛的图像；文字标语在表达内容上选择积极的，颜色选择明亮的，而且最好将标语和图片呈现在醒目的、较高的地方。当然，维护社会的诚信不光需要"软文化"的熏陶，也需要法律等的"硬要求"，二者相互推动才能共创诚信社会。

第七章　信任的传递及修复

　　信任是诚信因素之一，[1] 有关信任问题的研究由来已久，也越来越多地被不同领域研究者所重视。随着经济的全球化发展、科技快速进步，个体的活动交流范围在不断地扩大，人际关系也日渐变得复杂起来。所谓人无信不立，业无信不兴，国无信不安。国民信任状况会直接影响到一个国家的经济发展和社会安定。信息技术的革命对中国社会的影响重大，而在这场信息革命的推动下，我们步入了"后工业社会"，随之发生变化的还有信任的形态。我们的社会由过去的熟人社会转变为陌生人社会，在新浪潮的冲击下，原来的"习俗型信任"也不再适用于人民的生活，信任形态开始向"契约型信任"发生转变。

　　在过去几年中诸多社会事件发生后，人们总是归因于"社会道德败坏"，也总是对社会人际关系冷漠发出感慨，为人际信任危机而担忧。社会大众对于当前社会人际信任的现状有太多的不自信。而经过最近的调查研究发现信任情况有所好转，《社会心态蓝皮书》（2014）的调查数据也显示，整体的社会信任水平有回升，尽管上升幅度不大，但是在连续几年的信任水平下降之后，这是首度有回升的表现。有这样小幅度的上升改变令我们感到欢喜，但是要大幅提升社会信任水平以及得到能够适应陌生人社会的信任体系，还需要一个长期的过程来重建。[2] 而当信任通过不同的方式进行传递时，信任得到了修复，

---

　　① 吴继霞、黄希庭：《诚信结构初探》，《心理学报》2012 年第 3 期。

　　② 王俊秀、杨宜音：《社会心态蓝皮书：中国社会心态研究报告》，社会科学文献出版社 2014 年版，第 45—60 页。

在这一过程中信任可传递的特性对加快信任重建进程起着重要作用。在不同的环境下，信任传递的程度受其影响；在不同的情况下，信任修复也有着不一样的方式。

第一节　信任是可以传递的

信任在社会生活和经济的发展中起着重要作用，被看作是复杂社会系统的润滑剂和促进经济发展的重要因素。[①] 有学者研究指出，人与人之间的信任水平每提高 1 个标准差就会带来 1.15% 的经济增长。提升社会信任水平是一个漫长的过程。那么，如何能够加快信任水平上升的速度呢？若信任能通过一些方式在人群中进行传递，就能加快信任重建进程了。下文将对"信任是什么，信任能否传递，信任怎样传递"的相关问题进行探讨，以确定能否通过信任传递为提高社会信任水平提高帮助。

一　信任及其传递效应

（一）信任是什么？

马克思在讨论"人的本质"时提出了一个命题："人的本质是一切社会关系的总和。"[②] 这一观点说明了人的诞生与社会关系是密不可分的，社会关系的出现也标志着高级的心理现象的产生，而信任就是其中之一。在《汉语大词典》中对信任的解释有 3 个：（1）相信并加以任用；（2）谓相信；（3）任随，听凭。可见，自古以来中国人对信任的理解是不仅有内心的信任而且要有相应的外在行为。在英文中，trust 既可以作为名词也可以作为动词，意为相信、信赖。

---

① C. Calderon, A. Chong, A. Galindo, "Development and Efficiency of the Financial Sector and Links with Trust: Cross-Country Evidence", *Economic Development & Cultural Change*, Vol. 51, No. 1, 2002, pp. 189–204.

② 《马克思恩格斯文集》第 1 卷，人民出版社 2009 年版，第 501 页。

尽管关于信任的研究在增多，但不同研究者对信任的定义和理解存在着差别。只有在每个研究者各自不同的理论或具体研究框架之下，才能了解他们对信任的定义。不同的学科对信任都有着从各自角度出发的定义。经济学者认为可以把信任看成是无形的社会资本，而信任常常是人们在经过理性思考后选择的结果。[1] 其中著名的"经济人"假设是最具有代表性的。该理论认为人可以达到完全理性的"经济人"，应该从这个角度出发去考虑信任问题，将所有的可能与风险都进行分析。社会学家们普遍认为，信任通常随着社会关系的产生而随之产生，信任是社会制度和文化氛围的产物。信任的问题，从宏观上来看是对社会群体间存在的社会信任来进行研究，在微观上来说就是对社会个体间产生的人际信任来进行研究。社会学研究信任主要是关注其功能和作用，探究它的影响因素。个体的信任是通过不断社会学习与社会交往而形成的一种对未来的预期，这其中包括了对社会秩序的稳定和对跟自己有交集接触的人的信心。[2] 伦理学家们对信任的研究主要集中在"诚信"这个话题上，他们认为个人诚信守信的美德是建立人际间相互信任的关键因素，同时信任必然是对于他人而言的，是要考虑到他人的一种主观行为。其本质就是在这种具有主观性的社会活动中，即使个体知道可能是令人失望的结果，却会仍旧希望他期望中的社会活动能够实现。[3]

心理学家们主要从人的心理状态、变化和行为表现两个角度来探究信任和研究人际信任。他们认为信任是个体在社会活动的具体情景下所持有的心理状态和产生的心理反应，也是个体所有的一种心理特质，这种行为或特质受环境影响大。最早信任被定义为当个体预期到

① 古婷：《大学生人际信任相关因素的调查与实验研究》，硕士学位论文，山东师范大学，2011年。

② B. Barber, *The Logic and Limits of Trust*, New Brunswick, NJ: Rutgers University Press, 1983.

③ 古婷：《大学生人际信任相关因素的调查与实验研究》，硕士学位论文，山东师范大学，2011年，第3页。

某事没有按照之前所预想的那样发生，并且带来的坏处比带来的好处多时，他仍继续做某事的行为。最具代表性的就是经典的囚徒困境实验，该实验研究了人际间的合作与信任的关系，认为合作反映了信任的程度，而信任不仅是一种带有期望的信念，同时也具有冒风险的行为倾向。① 在各种生活情境中的信任往往都伴随着风险，大多数情况下由被信任者的行为带来。通过对信任研究的总结，发现许多研究认为信任是一种心理状态，即人们在对他人的行为和意图有积极的感受和期望时，即使他人的行为有不确定性，也愿意将自己置于危险的处境。② 若结合关于信任博弈的研究来看，可以认为信任是个体做出的一个选择，而这一信任行为是个体在自己有利益受损风险的前提下来提高对方收益的一种利他行为。

综合上述讨论，将信任定义为一方在不确定另一个人是否会做出对自己有利反应的情况下，预期对方做出与自己合作的选择的心理期待。由于东西方各国文化有着较大差异，而对于中国来说，现在的社会主义文化制度与封建主义下的中国传统文化也有所不同。信任的概念从产生到日常生活中的体现都不可避免地受到各种文化的熏陶，有多重内涵和表现。但在形式上，信任就是人际交往一方对其他人给予自己正面且积极反馈的心理期待。

（二）信任的影响因素

影响信任的因素主要有两个方面，一方面是个人因素，个人的心理特质、能力等因素的影响；另一方面则是人际因素。两者都在信任关系的建立中发挥着重要的作用，但是中西方的学者在研究有哪些因素会对信任产生影响时有着不同的关注点，既有相似的地方，也存在着不一样的观点。虽然他们在研究信任的影响因素时都对两方面的影

---

① M. Deutsch, "Trust and Suspicion", *The Journal of Conflict Resolution*, No. 2, 1958, pp. 265 – 279.

② D. M. Rousseau, S. B. Sitkin, R. S. Burt, et al., "Introduction to Special Topic Forum: Not so Different after All: A Cross-Discipline View of Trust", *Academy of Management Review*, Vol. 23, No. 3, 1998, pp. 393 – 404.

响因素进行了研究。但是在西方文化的背景下，学者对信任的研究更多地偏向于个人因素，着重强调了对方的能力与责任对信任产生的影响；而中国学者在研究中国人的信任时更注重于人际关系因素，不仅仅指先天血缘所带来的，还有后天形成的关系等。

1972 年美国学者维斯伯（Wisberg）提出"亲社会行为"一词，在他的《社会积极形式考察》一文中运用"亲社会行为"代表与侵犯等否定性行为相反的行为。他把亲社会行为列为同情、慈善、分享、协助、捐款、救灾和自我牺牲等行为。但不同领域的学者基于自己的学科背景给亲社会行为下定义也不尽相同。艾森伯格（Eisneberg）给亲社会行为的定义是：一切符合社会期望而对他人或群体有益的行为，不管帮助的动机如何，其行为后果是给受体带来好处的，主要包括分享、合作、谦让、助人、捐献、安慰、同情等形式。布特森（Batson）认为亲社会行为是一种帮助他人的行为，不管助人者动机是什么。经济学认为信任是人们理性选择的结果，个体所做的信任决策是一种风险决策，每一次的信任决策都是在他经过基于自己对利弊的计算后做的判断。克瑞普斯（Kreps）通过反复进行囚徒困境博弈实验来研究博弈下的信任机制，结果显示在博弈有持续进行的可能时会产生信任的结果。从这一角度来看，信任更像是一种合作行为。综上可以看出，信任和亲社会行为有着紧密的关系，如果从合作的角度来说，信任无疑也是一种亲社会行为。

（三）信任具有传递效应

对于人际信任与亲社会行为的关系，许多研究者对其进行了探究，部分研究结果表明个体的信任水平和亲社会行为有较大的关联，亲社会行为的表现往往会随着其信任水平的提升而增加。[1] 而信任水平表现较高的人也会倾向于做出对双方都有利的行为，选择共同完成

---

[1]　A. C. Cadenhead, C. L. Richman, "The Effects of Interpersonal Trust and Group Status on Prosocial and Aggressive Behaviors", *Social Behavior & Personality: An International Journal*, Vol. 24, No. 2, 1996, pp. 169–184.

一个目标，他们更倾向于选择与别人进行合作。① 而在对他人是否会做出合作行为进行预期时，信任在里面起了较大作用。个体对他人的信任程度对于他们之间的合作行为产生有较大的影响。

慷慨和亲社会行为具有传递效应（paying-it-forward），即如果帮助了一个人，受助者进而会帮助另一个人，而他再传递到下一个人，如此继续下去形成一种广义互惠（generalized reciprocity）。例如，在一项研究中，受试者首先被匿名分配金钱（总共 6 美元）或任务（总共 4 项任务：2 项有趣的任务和 2 项无聊的任务）。事实上，研究人员操纵匿名分配人员的分配结果，使其显得自私（受试者得到 0 美元或 2 个无聊任务）、公平（受试者得到 3 美元或 1 个有趣的任务和 1 个无聊的任务）和慷慨（受试者得到 6 美元和 2 个有趣的任务），然后检查受试者如何分配给自己和另一个匿名人。结果表明，被自私对待的受试者比其他群体表现出更自私的行为，也就是说，他们给自己分配了更多的钱或更好的任务。

可见在日常生活中，不管具体接受到的行为效价是积极的，还是消极的，人们习惯而不自知地运用着"获得什么就给予什么"的行动方针。我们把自私的传递效应定义为个体在遭遇他人自私对待后也倾向于自私地对待无辜他人的现象。那么，同样，我们把信任的传递定义为个体在遭受他人信任对待后也倾向于信任对待其他人的现象。

在通过实验室实验后对信任的传递性进行验证，发现信任和亲社会行为、自私行为一样具有传递性。② 实验通过让被试在电脑上完成信任博弈游戏，在信任博弈范式中，玩家分为信托人和受托人。第一轮中玩家 A 是信托人，决定投资一定钱数给玩家 B，第二轮中玩家 B 作为信托人决定投资一定钱数给玩家 C。通过调节第一轮中玩家 A 投

① P. A. Van Lange, et al., "A Social Dilemma Analysis of Commuting Preferences: the Roles of Social Value Orientation and Trust", *Journal of Applied Social Psychology*, Vol. 28, No. 9, 1998, pp. 796 – 820.

② 孙凯：《高中生个体情绪和环境明暗对信任传递的影响》，硕士学位论文，苏州大学，2016 年，第 12 页。

资 B 的钱数（自变量），记录 B 在下一轮投资中的钱数。结果显示，被试接受了信任的对待后，对第三方也表现出更多的信任行为，即信任具有传递性。有关投资博弈测量可靠性和有效性的研究表明，个体在投资博弈中的表现与其对他人可靠性的估计存在显著相关，[①] 且能够从被试在博弈中的表现来预测其在实际生活中会表现的行为。

二 不同类型信任的传递

（一）代际传递

在日常生活中，家长从小就会叮嘱未成年的孩子"不要和陌生人说话"。这样的告诫所折射出的是家长自身对于社会的可信度认知，同时家长也担心孩子由于轻信陌生人而受到伤害。那么，这样的叮嘱是否对孩子们起作用了呢？孩子们会因此认为社会是危险的，陌生人是不能信任的吗？面对这个问题许多孩子给出了自己的观点："你不知道一个陌生人他是什么样的人，也不知道他会不会对你造成伤害。虽然不是所有人都是坏的，也有很多好人，但是防人之心不可无；我们年纪还小，不能完全分辨他们的好坏，力量也不足以保护好自己，还有可能被欺骗。所以为了自己的安全，还是不要和陌生人说话的好。"从这些表现来看，孩子对于家长的教育和叮嘱接受和认可度还是较高的。在这一接受过程的同时，家长对于社会环境的看法、可信度的评价也影响着孩子自己对于社会可信度的判断，成为了其内在认知体系的一部分，由此形成了信任的代际传递。

社会学研究者在测量个人的信任水平时经常会用一个问题——"您认为社会上的人大多是可以信任的吗"，而不涉及对具体信任对象的评价。根据对这一问题的回答，人们有两种表现：高信任和低信任。它所反映的是个体结合自身对社会的认知和内在的价值观对于社

---

① S. V. Burks, J. P. Carpenter, E. Verhoogen, "Playing Both Roles in the Trust Game", *Journal of Economic Behavior & Organization*, Vol. 51, No. 2, 2003, pp. 195 – 216.

会上多数人的信任判断，体现了他的信任水平，这种信任即为普遍信任。[1]

就如同上文所举的例子中，家长在日常生活中对孩子的教育和引导都会影响孩子对陌生人和社会的信任水平。在调查中显示，信任水平较高的个体大都表示长辈叮嘱他们要警惕陌生人，不要轻信的较少或者没有。[2] 而许多研究证据也显示父母的信任水平会对其孩子的普遍信任水平有影响。在美国对许多家庭信任情况进行调查研究时发现，家长和孩子的信任水平有着显著的相关；如果家长的信任水平表现较高，那么孩子的信任水平也会较高，他们往往对陌生人表现出更高的信任倾向，相比较于家长信任水平较低的孩子，他们更容易相信他人；而如果家长表现出信任水平较低，就能预测出他们的孩子的信任水平也会较低。[3] 在中国的信任代际传递的研究中也发现了家长和孩子信任水平的相关，能够从家长的信任水平中预测出孩子的信任水平。[4] 在信任的代际传递上存在着性别差异，加拿大学者 Rotenberg 研究发现家庭中母亲的信任对孩子的信任水平影响较大，能够以此预测到他们的人际信任水平。[5] 中国学者在对中国家庭研究信任代际传递时也发现了性别差异的存在，家长和孩子的不同性别都有不同的表现。无论是家长还是孩子，都是男性的信任水平表现较高。且父母双方的信任水平都能预测出男孩的信任水平，但女孩的信任水平无法从

---

[1] J. B. Rotter, "A New Scale for Measurement of Interpersonal Trust", *Journal of Personality*, Vol. 35, No. 4, 1968, pp. 651 – 665.

[2] 尤斯拉纳：《信任的道德基础》，张敦敏译，中国社会科学出版社 2006 年版，第 67、125、172 页。

[3] 尤斯拉纳：《信任的道德基础》，张敦敏译，中国社会科学出版社 2006 年版，第 112 页。

[4] 池丽萍：《青少年家庭中信任的代际传递：基于议价博弈的调查》，《心理与行为研究》2014 年第 4 期。

[5] K. J. Rotenberg, "The Socialisation of Trust: Parents'and Children's Interpersonal Trust", *International Journal of Behavioral Development*, Vol. 18, No. 4, 1995, pp. 713 – 726.

家长的信任水平来预测。[①]

在日常生活中人们对于交往对象的信任程度除了受到普遍信任水平的影响，还会取决于对象的身份等信息。由于我们在社会交往中接触的人往往都有其社会角色，不同的社会角色也会影响到我们对其的信任水平，这种对不同群体的信任就是区别于普遍信任的特殊信任。特殊信任的对象包括许多种类，有个人人际关系的对象如朋友、邻居等，也有不同属性的群体如民族、地域等，还包括对不同行业的从业人员的信任，即对不同职业角色的信任。[②] 例如，医护人员被大家尊称为"白衣天使"，行使着救死扶伤的使命与责任。人们会从许多方面来了解这一群体，无论是生活中直接接触，从他人口中听闻还是新闻报道，都是人们用来帮助自己判断该群体可信度的信息。与普遍信任的代际传递一样，家长对各种社会属性角色的信任判断也会影响到孩子对这些社会角色的信任水平，即特殊信任的代际传递。[③] 在青少年对其他群体进行信任评价时所用到的信息来源是由直接的生活经验、他人传递的间接经验和媒体传播等组成。但是在其建立对各群体的信任时所能接触到这些群体的机会较少，了解程度也不高，想要通过自己的生活经验所得的信息来对他们进行信任判断较困难。所以他们的信息来源主要还是父母、老师等人根据他们自身的经历对各个群体的描述、评价以及网络和新闻媒体对他们的报道与传播。伴随着这一过程，青少年根据家长所传递的信息和评价建立了自己对于其他群体的信任，也就完成了家长对孩子的信任传递。

（二）坏苹果效应

坏苹果效应指的是当人们观察到他人的不道德行为后自身的道德

---

① 池丽萍：《父母与青少年的信任水平及代际传递》，《心理发展与教育》2013 年第 5 期。

② 池丽萍、辛自强：《信任代际传递的中介机制：一个概念模型》，《首都师范大学学报》（社会科学版）2013 年第 1 期。

③ 侯志瑾：《家庭对青少年职业发展影响的研究综述》，《心理发展与教育》2004 年第 3 期。

水准也会下降，在道德领域的研究中被广泛揭示。在实验室中研究者让被试完成矩阵任务，若完成的正确的结果越多所得到的奖励也就越高，同时还给予了他们一定的虚报任务结果的机会。研究者发现如果被试看到有一个人谎报了他的任务结果，得到了更多的奖励，那么他自己谎报的可能性也就越高。这种由于受到坏榜样存在的影响而表现出像他一样的不佳行为的现象被称为坏苹果效应。①

在人际交往的研究中也发现了坏苹果效应的存在，它对于人际信任有较大的影响。当人们观察到其他人的不可信行为也会对自身的信任行为产生影响，信任感被破坏，对于自己信任对象的可信度预期也有所减弱。② 信任他人意味着暴露自己的弱点，交往对象的可信性是个体是否信任对方以及信任是否能够得到保护的重要因素。③ 然而，在与陌生人进行单次交往的社会情境中，对方的可信性并不容易获得，尤其是交往对象可能通过各种策略使自己看起来可信。在这样的情境中，第三者的行为就提供了重要的参考。在不确定性情境中，人们会根据描述性规则来行事，使自己的行为与多数他人的行为保持一致。④ 这是人际信任中坏苹果效应之所以存在的主要动机因素。虽然Cialdini 等将描述性规则定义为群体中多数人的行为，但是在实际生活中，群体中某个人的行为是易得的，就足以被旁观者理解为描述性规则。第三者的不可信行为向个体传递了一个这一群体可信性较低的信号，即使他可能存在偏差，但是负性偏差使人们为了保证自己的利益不受损害，进而表现出较低的信任水平，认为这一群体的可信度较低。

---

① Francesca Gino, Shahar Ayal, Dan Ariely, "Contagion and Differentiation in Unethical Behavior: The Effect of One Bad Apple on the Barrel", *Psychological Science*, No. 20, pp. 393 – 398.

② 刘国芳、辛自强、林崇德：《人际信任中的坏苹果效应及其传递》，《心理与行为研究》2017 年第 5 期。

③ 刘国芳、林崇德：《构建信任指数 建设和谐社会》，《北京师范大学学报》（社会科学版）2013 年第 1 期。

④ R. B. Cialdini, R. R. Reno, C. A. Kallgren, "A Focus Theory of Normative Conduct: Recycling the Concept of Norms to Reduce Littering in Public Places", *Journal of Personality & Social Psychology*, Vol. 58, No. 6, 1990, pp. 1015 – 1026.

值得庆幸的是，人际信任中坏苹果对个体信任的影响会逐渐消失。[1] 实际上，尽管人们有自利的动机，却并不会因此做出完全自私的行为，往往力图在追求自我利益和维持道德自我间维持一个平衡。这成为应对"坏苹果效应"重要的人性基础。为了维持道德自我与未来收益，人们需要一个良好的声誉。在重复交往中，将进化出声誉机制；[2] 在与陌生人进行的单次交往中，将进化出声誉传递机制。[3]

三　信任传递的意义

虽然各个学术领域对信任的定义有所差异，但信任研究者对信任的研究有个共识。在社会发展中，人类个体之间存在着既合作又竞争的关系。而信任是人们进行合作的一种必要心理条件，信任可促进社会的发展。然而随着经济的快速发展和人们交流方式的改变，信任逐渐成为一种稀缺的资源。

人们之间的相互信任可以被看作是一种重要的社会资本。在个人交往层面，人们之间的信任关系能够起到促进人际关系良好发展的作用，也减少了他们之间交流所需要的成本。同时人际的信任对于社会和谐稳定的建设发展有积极的推动作用。

在经济活动的过程中信任起着重要的影响作用，有相当大的经济意义。由于在市场中有许多的经济活动不是在一个简短的时间内就能完成的，往往要持续较长一段时间才能完成交易、收验货、支付等环节。这一段较长时间差的存在使双方都需要承担一定的风险，且这类风险的大小和对方的可信任程度有关。在实际经济活动中，由于缺乏对对方的信任，人们往往需要采取许多措施来确保自身利益，减少风

---

[1]　刘国芳、辛自强、林崇德：《人际信任中的坏苹果效应及其传递》，《心理与行为研究》2017 年第 5 期。

[2]　G. Charness, N. Du, C. L. Yang, "Trust and Trustworthiness Reputations in an Investment Game", *Games and Economic Behavior*, Vol. 72, No. 2, 2011, pp. 1 – 375.

[3]　刘国芳、辛自强：《间接互惠中的声誉机制：印象、名声、标签及其传递》，《心理科学进展》2011 年第 2 期。

险可能造成的损失，但这种不信任的存在所造成的经济损失也是较大的。能够拥有较高可信度的企业和品牌能创造出更多的收益。

信任对经济的发展、社会的稳定至关重要，如何让信任传递下去值得我们思考。

第二节 不同明暗环境和情绪状态 对信任传递的影响

在信任传递的过程中，有很多因素会对其产生影响。不论是个人的内在因素，还是外在的环境因素都会对信任传递起到不可忽略的作用，信任传递的程度将受其影响。其中，在内在的因素中，情绪状态变化所带来的的影响不可忽视，也得到许多研究者的关注。究竟情绪的变化和信任传递有着什么样的关系，什么样的环境变化会对信任传递过程造成影响呢？

一 情绪与信任传递

（一）情绪与信任

人际信任是人与人之间关系的一种心理契约，是合作关系的基础，也是人际关系的重要组成部分。而会对信任产生影响的因素是多种多样的，包括各类自身因素和环境因素。在诸多影响因素中，个体的情绪对其信任水平的影响较大，是不可忽视的因素。

各种不同认知评估维度和认知成分一起的共同作用促进了不同情绪的产生。[1] 比如，和特定情绪相关的认知评价维度将对个人决断、行为和其他社会活动产生重要影响。[2] 具有不同确定性特征的情绪刺

---

[1] 丁如一、王飞雪、牛端等：《高确定性情绪（开心、愤怒）与低确定性情绪（悲伤）对信任的影响》，《心理科学》2014 年第 5 期。

[2] T. Kugler, T. Connolly, L. D. Ordóñez, "Emotion, Decision, and Risk: Betting on Gambles versus Betting on People", *Journal of Behavioral Decision Making*, Vol. 25, No. 2, 2012, pp. 123 – 134.

激会导致个体所有的风险感知不同。感到恐惧的人往往会表现出风险厌恶，而感到愤怒的人和感到快乐的人会倾向于做出高风险的选择。因此，个体会在受到不同的情绪影响时具有不同的评价维度，做出不同的处理方法。例如，如果个体对情绪有很高的确定性（如快乐和愤怒），他就会对当前情况有更多的确定性，并激活个体的启发式处理。反之，确定性较低的情绪（如恐惧、悲伤等）会使个体对现状感到不确定，从而激活个体的系统加工。① 当个体处于积极情绪中时，比如快乐，他们倾向于自上而下的过程。当个体处于消极情绪中时，他们倾向于根据细节自上而下地进行处理。显然，不同的情绪刺激或个人情绪在现实生活中扮演着重要的角色。在现实人际交往中，人际信任是决策的类型之一，也是人们面对环境中不确定的因素或事物时做出的一种期望或推断。那么个体的情绪便会影响到个体处理情绪信息时进行的加工过程，同时也会影响个体的判断和行为。当个体处于消极情绪之下时，往往对于所处环境中对自己可能产生威胁的潜在刺激更加敏锐。与之相反的是，在积极情绪之中的个体更能体会到舒适感和安全感。因此，处于积极情绪下的个体更愿意信任他人；而在消极情绪中的个体对他们的信任水平更低。并有研究证明情绪的变化会影响到大学生对于人际信任的判断。相比较于处于消极情绪状态下，积极情绪比对人际信任的判断水平更高，更易把他人个体判断为更加可信。②

　　而情绪不仅仅对主体具有影响，我们生活中接收到的繁杂信息中往往夹杂着各种情绪，特别是在人际交往中，我们感受到的情绪对我们的判断和行为有着直接而重要的影响。例如在进行交流时，带有不同情绪的语音会影响到个体对其可信度的判断。在印象形成

---

　　① L. Z. Tiedens, S. Linton, "Judgment Under Emotional Certainty and Uncertainty: The Effects of Specific Emotions on Information Processing", *Journal of Personality and Social Psychology*, Vol. 81, No. 6, 2001, pp. 973 – 988.

　　② 朱奕南：《不同情绪对大学生人际信任判断的影响》，硕士学位论文，江西师范大学，2016 年，第 30 页。

的过程中，语音是一个很重要的线索。带有高兴情绪的语音和其他
情绪的语音相比，个体对其的可信度更高。许多关于人际信任和积
极情绪研究都揭示并验证了他们之间的关系。在相关情境中，积极
情绪下的信任水平显著高于中性情绪和消极情绪，且情绪表达得越
清楚对可信度的影响越明显。而对信任对象背景线索的了解和分析
也会影响到积极情绪和人际信任之间的关系，即为线索效应。因为
根据被信任对象所呈现的语音，人们可以获得许多他的信息（如性
别、年龄和人格特质等），可通过这些线索对其背景进行推断。[1] 而
且不同可信度的情绪言语会影响到对中性人脸图像的可信度判断，高
可信度的情绪性言语会促使个体判断中性面孔值得信任，而低可信度
的情绪性言语则会促使个体判断中性面孔不值得信任。进而对被信任
对象的可信任程度进行评估，人们会以此为据来对后续的交往做出对
自己有利的选择。

　　积极情绪扩展与建设理论等理论提出积极情绪能够起到扩展注意
范围和思维活动序列等作用;[2] 它还能够进一步有利于个体心理资源
的发展：表现为维持、促进心理健康发展，适应新环境等个体内在方
面，在外部又能够促进人际沟通。而对于情绪的影响作用有多大这一
问题，情感信息模型提出只有有和无两种可能。如果有影响作用，那
么情绪就能完全影响信任判断。当情绪反应是积极的时候，就说明周
围环境是在掌控内的，是能够信任的，也会提高人际的信任；与之相
反，消极情绪表明周围环境不可控，对于他人的信任水平也会有所降
低。如果没有影响，那么情绪在个人进行对他人的信任判断时便完全
不起作用。[3] Winkielman 认为，在对情绪信息处理编码和提取信息的

---

① 曹文雯、吴继霞：《微表情对男女青年谎言识别能力的影响》，《青年研究》2015
年第 4 期。

② 何晓丽、王振宏、王克静：《积极情绪对人际信任影响的线索效应》，《心理学报》
2011 年第 12 期。

③ 何晓丽：《积极情绪对人际信任与人际互动影响的线索效应》，博士学位论文，陕
西师范大学，2013 年，第 15—16 页。

过程中存在心境一致性效应，① 这种心境一致性效应表现为有选择地对某些特殊信息的敏感化。对情绪一致信息的偏向，会使得个体更容易做出与情绪信息相一致的认知判断，进而使得积极者更积极，更正向地知觉他人与社会，增强对他人的信任；而消极者更消极，对同样的信息产生更多消极的知觉、认知。

（二）积极情绪促进信任的传递

在实验室研究中也证明了不同种类情绪的唤起会对被试的人际信任表现产生影响。愉快等积极情绪会提升被试的信任表现水平，愤怒、惊恐等消极情绪会降低个体的信任表现水平。② 在信任博弈的过程中，伴随着的情绪将会影响被试在信任行为上的表现。在被试做出信任决策前，对他唤起积极、消极和中性的情绪（在博弈游戏前让被试观看情绪激发视频来启动被试的情绪）。研究表明，被唤起正性情绪的被试所做的决策比负性和中性情绪下的被试所做的决策信任表现水平更高，给予对方更多数额的金币。③ 也有研究者在唤起被试积极或消极的情绪后，让他们对他人的可信任程度做出评价。研究结果显示，积极情绪体验下的被试比消极情绪下的被试信任水平高。④

二 明暗环境与信任

随着具身认知的兴起和发展，针对越来越多的具身效应，理论学家提出了概念隐喻理论（Conceptual Metaphor Theory，CMT）。隐喻实际上就是人们根据过去所拥有的经验，从已有的体验中抽取出不同的

---

① P. Winkielman, B. Knutson, M. Paulus, et al., "Affective Influence on Judgments and Decisions: Moving Towards Core Mechanisms", *Review of General Psychology*, Vol. 11, No. 2, 2007, pp. 179 – 192.

② J. R. Dunn, M. E. Schweitzer, "Feeling and Believing: The Influence of Emotion on Trust", *Journal of Personality and Social Psychology*, Vol. 88, No. 5, 2005, pp. 736 – 748.

③ R. B. Lount, C. B. Zhong, N. Sivallathan & J. K. Murnighan, *Getting off on the Wrong Foot: Exploring the Restoration of Trust*, 2004, https://www.researchgate.net/publication/255996588.

④ 刘子旻、张丽、杨东：《积极情绪对信任决策的影响研究》，《应用心理学》2014年第2期。

概念，是以原有的体验为原型架构出其他概念的图式，① 如 "软硬"
意向图式、"上下" 意向图式和 "甜苦" 意向图式等。个体把具体经
验与抽象的概念相结合，拓展了各个概念的理解，能够运用较为具象
的感知觉来体验和理解那些相对抽象的概念。②

　　而道德隐喻的研究也进入了一个新阶段。在不同的文化中，黑白
概念就与道德概念隐喻有着特定的联系。黑暗象征邪恶，而光明象征
善良。这在许多宗教文化里都有所表现。如，上帝、真主阿拉等象征
光明，象征纯洁、善良；恶魔伊普利斯、撒旦等则被冠上黑暗之名，
代表着罪恶、不公正。在日常生活中表达中，人们往往把白色赋予公
平、公正、纯洁、诚实等美好象征。在中国，当社会不太平或者动荡
不安时，人们形容那是 "最黑暗的年代"，贪污腐败的官员是 "黑心
肠"，而洗清冤屈则被称为 "真相大白"，而没有劣迹的人则被赞誉
为 "白玉无瑕"。明暗往往会被和黑白相关联。一般来说，具身认知
理论认为，从隐喻的角度上来看，黑或暗的视知觉概念往往是和不道
德相关联，而将白或明的视知觉概念与道德相关联。

　　当前，国内外有大量的实证研究证明明暗隐喻的存在，这些研究主
要关注情感效价概念的隐喻表征。③ 研究结果发现在黑暗的环境中人们
会产生负面的情绪如紧张、不安，反之则会感到安全、舒适。同时，
黑暗的隐匿特性会使在其中的人感到被隐藏，相反光明的去隐匿性就
会使人感到暴露在其他人视线下；个体在黑暗、明亮的隐喻作用下，
可能将关于亮度的知觉与人性道德因素联系起来；通过迁移投射到颜
色范畴，产生白好—黑坏的道德隐喻。明暗的道德隐喻也会影响个体的
道德认知判断，使处于黑暗环境中的个体联想到更多的负性道德特质。

---

① 殷融、叶浩生：《道德概念的黑白隐喻表征及其对道德认知的影响》，《心理学报》
2014 年第 9 期。

② 殷融、叶浩生：《道德概念的黑白隐喻表征及其对道德认知的影响》，《心理学报》
2014 年第 9 期。

③ 殷融、叶浩生：《道德概念的黑白隐喻表征及其对道德认知的影响》，《心理学报》
2014 年第 9 期。

殷融、叶浩生等研究者通过不同明亮环境中的博弈游戏，发现个体在黑暗环境中更容易产生在酬劳分配中会被不公平对待的预期。①

三　不同明暗环境下个体情绪对信任传递起主导作用

有研究发现，在评价对他人不诚信行为认可度时，白色背景下的个体的认可度高于黑色背景，也就是说白色背景下的个体对他人的诚信判断更宽容，这是由于隐喻一致性效应（metaphor consistency effects）造成的。该效应是指知觉体验能促进与隐喻映射方向一致的认知。例如，喝到苦茶的被试比喝到甜果汁的被试，对道德判断更加严苛。② 黑白视觉对被试对诚信的认知判断产生了同化作用，暗知觉会促进个体对不诚信行为有更差的感受，评判标准更加严苛。

黑白背景不仅对评价他人诚信行为有影响，对人们自身的行为表现也有影响。人们往往会在做出不诚信的行为之后遮掩自己的不道德行为，而在具有较强的掩盖作用的黑暗环境下，人们在做出一些不道德行为时，心理压力会相对较小，因此黑色背景诱发了被试的不诚信行为。在现实生活中进行情境实验也验证了，不诚信行为更容易在偏暗的环境下出现，被试在偏亮的环境中更倾向于做出诚信行为。③

以往研究结果都指出了环境的亮度影响信任传递的可能性，如：通过研究发现环境的亮度会影响到人们的认知判断，相较于明亮的环境，在黑暗环境中人们会更倾向于认为他人会不公正地对待自己。④有研究指出人们在黑暗的环境中会感到焦虑、恐慌，而在光明的环境

---

① 殷融、叶浩生：《道德概念的黑白隐喻表征及其对道德认知的影响》，《心理学报》2014 年第 9 期。

② K. J. Eskine, N. A. Kacinik, J. J. Prinz, "A Bad Taste in the Mouth: Gustatory Disgust Influences Moral Judgment", *Psychological Science*, Vol. 22, No. 3, 2011, p. 295.

③ 任俊、高肖肖：《中国人在不道德行为之后会做些什么？》，《心理科学》2013 年第 4 期。

④ 殷融、叶浩生：《道德概念的黑白隐喻表征及其对道德认知的影响》，《心理学报》2014 年第 9 期。

中则会感到安全、舒适。①

而在收到不同外界环境情绪刺激后，个体也会倾向于不同的行为反应。当个体处于被眼睛注视环境下时，会感受到行为被监督，从而减少不道德行为。但是带有不同情绪的眼睛对个体行为起到的监督效果是不同的。由于在消极情绪的刺激下，个体表现得更谨慎，具有风险规避倾向，② 若是做出不诚信行为便可能面临着被惩罚的风险，所以在消极情绪眼出现的时候，人们有意识选择更为诚信。在积极情绪刺激下，被试容易被积极情绪所感染，也会倾向于做出正面的行为表达。③ 实验证实带有悲伤、恐惧和中性情绪的眼睛对于个体行为的监督效果较差，带有愤怒、厌恶、惊讶和积极情绪的眼睛监督下的诚信行为表达更为积极。在七种情绪中，个体在带有愤怒情绪的眼睛的监督下效果最为明显，说明这种具有威胁性的情绪刺激唤起了被试规避风险的意识，从而做出了诚信行为的选择。

当明暗环境和情绪同时存在时，环境明暗的确影响了被试的状态。结合上述学者们的研究结果来看，环境明暗引起被试的情绪变化受后来情绪视频所引发的情绪状态影响而没有表现出来，即被试自身产生的情绪抵消了由环境明暗带来的情绪影响。

第三节　信任违背的修复策略

一　信任违背

信任违背是被信任方表现出的与信任方的预期不相符的行为。④

---

① C. B. Zhong, B. Strejcek, N. Sivanathan, "A Clean Self Can Render Harsh Moral Judgment", *Journal of Experimental Social Psychology*, Vol. 46, No. 5, 2010, pp. 861 – 862.

② 庄锦英：《情绪与决策的关系》，《心理科学进展》2003 年第 4 期。

③ 王长平：《愤怒情绪感染的性别差异及作用机制研究》，硕士学位论文，浙江师范大学，2014 年。

④ E. C. Tomlinson, B. R. Dineen, R. J. Lewicki, "The Road to Reconciliation: Antecedents of Victim Willingness to Reconcile Following a Broken Promise", *Journal of Management*, Vol. 30, No. 2, 2004, pp. 165 – 187.

信任是一个不断变化的动态过程，它不是一成不变的，较为容易地受到各种因素的影响；也不是那么强固有力的，在一定的程度上还是脆弱的。在信任关系中，被信任方和信任方作为主要参与其中的两个主体，当被信任方表现出与信任方所预期的情况不相符合的行为时，也就是发生了信任违背，信任方对于被信任方的信任意愿就会受到影响。这时信任方在做决策时，会对信任的风险进行重新评估，其信任意向可能由此降低。我们把做出失信行为的一方，也就是原来的被信任方，称为违背方；把需要被修复信任对象的一方，称为信任方。

（一）信任违背的类型

过去的研究者根据不同标准，对信任违背的类型进行了不同的划分。其中最经典的是按照信任违背的原因，分为能力型违背、正直型违背和善心型违背，这也是最被大家所广泛接受的分类。其中，能力型违背和正直型违背应用得更为广泛。能力型违背是指违背方由于自己的能力不足而导致无法兑现承诺而发生的违背事件。正直型违背是指违背方由于诚信品质等问题做出了违背正直、诚信等道德规则的行为而造成的承诺违背事件。善心型违背是指由于缺少对人的体谅、缺乏人文关怀所导致的违背信任，比如企业没有任何前兆地突然将孕期职员进行裁员，会影响留下来的员工对管理层和企业的信任。根据信任违背的意图将违背分为偶然的信任违背和故意的信任违背。[①] 其中偶然的信任违背是指违背方因为其他的计划而没有履行信任方的信任预期，而故意信任违背则是违背方出于伤害对方的目的而没有履行信任方的信任预期。已有研究发现，是否由违背方的不良意图所导致的信任违背，其后期进行信任修复的效果具有显著的不同。和其他原因所导致的信任违背相比，由欺骗而产生的信任违背更加不容易被修复。[②]

---

① M. E. Chan, "Why Did You Hurt Me? Victim's Interpersonal Betrayal Attribution and Trust Implications", *Review of General Psychology*, Vol. 13, No. 3, 2009, pp. 262 – 274.

② M. E. Schweitzer, J. C. Hershey, E. T. Bradlow, "Promises and Lies: Restoring Violated Trust", *Organizational Behavior and Human Decision Processes*, Vol. 101, No. 1, 2006, pp. 1 – 19.

鉴于存在不同的违背类型，在信任修复策略的研究中也需要考虑到不同的违背类型所匹配的是不同的修复策略，而不同的信任修复策略所适用的违背类型也不同。如在正直型违背情况下，否认的修复效果要好于道歉，而在能力型违背中则相反。在正直型违背情景下，突出对失信行为的束缚机制会取得更好的修复效果，而展现可信度的机制则对于修复能力型违背更有效。①

（二）信任违背带来的后果

信任违背会带来许多的消极结果，人们常常因为信任违背导致信任关系被破坏，这会造成许多物质和精神上的损失。其中给信任者带来的最直接的损失便是消极情绪体验。当信任方遭遇信任违背后，他对违背方的意愿由信任到不信任的转变过程受诸多因素影响，而情绪在其中起到相当重要的作用。当人们遭遇信任违背时，消极情绪不但会影响信任方关于违背方的认知评价，而且还会带来复杂而强烈的情绪反应（如生气和害怕等），进而共同影响最终的双方关系。②

那么消极的情绪反应是否会影响到信任修复呢？又会产生什么样的影响？情绪渲染说或许可以解答以上问题。个体的情绪状态会渲染他的信任经验和对他人可信度的判断。③ 情绪为信任者对受信者的信任修复行为的理解提供了心理的背景。这种心理背景可以渲染、影响个体的信任判断。④ 另一种观点是影响认知说，在信任违背后，信任

---

① N. Gillespie, G. Dietz, "Trust Repair After an Organization-Level Failure", *Academy of Management Review*, Vol. 34, No. 1, 2009, pp. 127 – 145.

② R. J. Lewicki, "Trust, Trust Development, and Trust Repair", M. Deutsch & P. Coleman, 2000.

③ G. R. Jones, J. M. George, "The Experience and Evolution of Trust: Implications for Co-operation and Teamwork", *Academy of Management Review*, Vol. 23, No. 3, 1998, pp. 531 – 546.

④ J. R. Dunn, M. E. Schweitzer, "Feeling and Believing: The Influence of Emotion on Trust", *Journal of Personality and Social Psychology*, Vol. 88, No. 5, 2005, pp. 736 – 748.

者产生的生气、害怕等消极情绪会影响其对受信者的信息加工与解释。[①] 消极情绪对信任修复的影响主要是通过影响信任者对受信者的可信度信息加工过程实现。情绪会使得个体忽略或有偏颇地解释受信者的能力、品格和正直的新信息，使得他们在加工新信息时带有偏见，而这些新信息在客观上是可以进一步发展信任的。该项研究给我们的启示是有效的信任修复不但要管理信任者的认知，还要修复信任者的情感，减少信任者的害怕和生气会提升受信者的可信度，降低不可信知觉。

二 信任修复及其机制

（一）信任修复

在信任违背发生后，为了使信任关系能够得到重建，就要进行信任修复。相较于中国，国外对于信任修复已经有了比较丰富的研究成果。有研究者指出信任包括信任信念和信任意愿，其中信任信念是指自己对对方的可信度的判断，是一种内在的态度；信任意愿是指自己愿意信赖别人的意愿，是一种表现出的外在行为。[②] 一些研究在此基础上提出信任修复的修复对象是信任方的信任信念和信任意愿，信任修复就是使这两者更加积极的活动。后来的研究在其基础上又加入了信任行为。而在信任修复过程中采取的活动与措施就被称为信任修复策略。前人将信任修复策略主要分为口头修复和实际行动修复两类。口头修复主要包括否认、道歉、承诺、找借口和沉默等。而实际行动修复主要包括实质性忏悔、监管、补偿、惩罚等。

从以往的信任修复的研究视角来看，大家关注了信任方和违背方两大主体，主要侧重于违背方的修复策略和信任方的防范策略及一些

---

① E. C. Tomlinson, R. C. Mryer, "The Role of Causal Attribution Dimensions in Trust Repair", *Academy of Management Review*, Vol. 34, No. 1, 2009, pp. 85 – 104.

② P. H. Kim, D. L. Ferrin, C. D. Cooper, et al., "Removing the Shadow of Suspicion: The Effects of Apology Versus Denial for Repairing Competence-Versus Integrity-Based Trust Violations", *Journal of Applied Psychology*, Vol. 89, No. 1, 2004, pp. 104 – 118.

个人特质对信任修复的影响。

（二）信任修复机制

1. 归因模型

根据维纳（Weiner）的归因理论中的归因点、可控性、稳定性三个维度，我们可以从认知角度进行展开。当信任关系遭到破坏时，我们可以从归因点、稳定性和可控性三个维度来对信任违背的原因进行分析。Tomlinson 和 Mayer 研究了信任方对信任违背的归因过程和归因结果对信任修复效果的影响，由此提出了信任修复的归因模型。他们认为在信任关系双方交往中，发生信任违背会给信任方带来消极的体验，其认知系统就会自动地分析寻找发生这种信任违背的原因。

信任方会再一次对违背方的能力、正直、善心或其他因素进行评价，而前三个皆为评判违背方可信度的指标。在重新评价时，信任方会按照信任违背的发生是因为违背方的内部原因还是外部原因造成的、这种结果对于违背方来说是可控的还是不可控的以及这种违背行为的出现是否具有稳定性这三个方面来对违背方的信任违背行为进行归因。如归因点是外部原因，例如信任违背是由于他人影响或环境迫使，而与违背方的内在人格变量无关，那信任方对违背方的可信度判断将不受损害。但是，如果违背信任是由于违背方的内部原因造成的，如违背方缺乏能力或诚信，那么违背信任会降低违背方的诚信判断，损害双方的信任。如果消极结果被认为是不可控制因素的结果，如外部环境，而不是违背方的选择，信任方对违背方的信任将不会受到影响。相反，这将归因于违背者的人格品德问题。当违背者在可控条件下主动选择违背信任时，信任者会认为其不可信。如果消极结果被归因为不稳定的因素导致的，那可能下次不会出现这样的消极结果，将有利于信任方对违背方的信任，反之如果消极结果被归因为稳定因素导致的，那信任方会认为以后还会出现这种违背行为，而选择不信任违背方。基于信任修复的归因模型，我们可以得出相比于能力型违背，善心型和正直型违背更容易被归因于稳定性和可控性的原因的结论，因而更难以修复。那些被归因于不稳定、不可控、外在因素的信任违背更容易被修复。

2. 动态双边模型

在以往信任修复研究中，研究者往往关注受信者或信任者，而忽视另一方。Kim 从信任双方视角，建构了信任修复的动态双边模型。[①] 他认为信任修复需要信任者与受信者的参与，信任的修复必然是双方共同努力的结果。他认为在信任修复过程中有三个因素十分重要：（1）信任者努力为受信者是不可信的观念辩护；（2）受信者努力提升信任者再次赋予信任的信念；（3）这两种努力的相对强度结果决定了信任能否被修复。[②] 信任修复过程中，双方努力的博弈结果有四种：成功修复、对峙、证实不可信、规避修复。

除了信任关系的双边参与这一特点，这还是一个动态变化的多层次模型。在信任修复过程中，受信者可以通过多层级的信任修复方式来提升自己的可信度，使修复的效果增大，最终成功修复信任。首先，在第一个层次上，当信任受到损害时，受信者应该首先努力证明自己的清白，并且必须能够用证据证明自己的清白。往往在第一个层次上，信任者倾向于认为受信者是错误的，并抵制对受信者信任的恢复。如果这一时期，受信者的努力大于信任者的抵制，则信任会很快得到修复。但值得注意的是，如果受信者的确存在信任违背行为，但却否认自己的责任，一旦实证信任者的关于受信者的信念是正确的，那么信任将会受到更为严重的损害，信任将难以修复。第二层级是在受信者不能否认过错的情况下，受信者可以选择内归因（违背责任归因于自身）或外归因（违背责任在于环境因素）。当受信者把责任完全或部分的归因于外部因素而也得到了信任方的认同时，那么违背行为对双

---

① P. H. Kim, K. T. Dirks, C. D. Cooper, "The Repair of Trust: A Dynamic Bilateral Perspective and Multilevel Conceptualization", *Academy of Management Review*, Vol. 34, No. 3, 2009, pp. 401 – 422.

② P. H. Kim, C. D. Cooper, K. T. Dirks, et al., "Repairing Trust with Individuals vs. Groups", *Organizational Behavior & Human Decision Processes*, Vol. 120, No. 1, 2013.

方信任不会造成很大影响。第三层级是在违背行为的确是由于受信者自身原因造成的，那么受信者可以选择把责任归因于不稳定因素，并可以通过承诺告诉信任者将来不会再发生违背行为。由于违背行为是由不稳定的内部因素造成的，可以在一定程度上修复信任者的信任。

3. 信任修复四阶段模型

Gillespie 和 Dietz 从信任修复时间视角，提出信任修复四阶段模型。[1] 这一模型认为信任修复主要经历四个阶段：即时反应、原因判断、干预实施和反馈评价。信任违背行为发生后，受信人应当立即对信任者的行为做出回应，并将违规原因告知信任者。在双方理解原因的基础上，受信者采取各种修复策略修复信任，修复结果需要信任者的信任评估反馈。信任修复的关键在于控制不信任，确认信任者的可信度。控制不信任可以提高信任者预测类似违规事件再次发生的能力。

现有的信任修复机制研究大多是基于理论分析和讨论，而实证研究较少。在缺乏理论研究的领域，运用定性研究构建理论是较好的选择。研究人员可以通过定性研究来探讨信任修复的主要因素结构和信任修复的动态过程。定性研究构建的理论源于社会现实，使我们对信任修复有了较为全面的认识，研究成果更具生态有效性。

三　信任修复策略及其有效性

（一）不同修复策略的修复效果

信任修复策略一直是信任修复研究的重点。一般来说，信任修复主要由受信人运用一定的修复策略进行。现有研究中已知的有效的信任修复策略可分为两大类：言语修复策略和非言语修复策略。言语修复策略包括道歉、否认、沉默、解释、承诺等。非言语修复策略包括自愿抵押担保、补偿和自我惩罚。

在信任违背后，受信者做何种反应更好？道歉、否认、承诺、解

---

① N. Gillespie, G. Dietz, "Trust Repair After an Organization-Level Failure", *Academy of Management Review*, Vol. 34, No. 1, 2009, pp. 127–145.

释，何种策略更利于修复信任？是单一策略修复效果好，还是复合策略修复效果更好呢？早期修复策略研究主要聚焦比较不同的策略的修复效果，对于以上问题给予了回答。

在言语修复策略中，道歉、否认和承诺研究成果较为丰富。道歉是指受信者声明意识到信任违背的自身责任并表达懊悔。否认是指受信者申明毫无证据的指控是不真实的，即告诉信任者自己是没有责任的，因此不会表达歉意。① 承诺则是指受信者对将来行为的一种许诺。道歉是受信者对自己过失的承认，这种承认会降低信任者的信任，道歉信息会让信任者重新评价受信者能力，并诊断受信者在将来的交往中再次出现违背的可能性。尽管如此，但道歉是表达歉意的信号，表达在将来的交往中避免类似违背的意向，这种表达会提升信任者的信任。总之，道歉对信任的积极影响大于消极影响。社会两难情境实验证明，至少在短期人际互动中，在重建合作方面，道歉比否认策略更有效。② 虽然道歉和承诺都被看作是受信者改变行为所释放的积极信号，在信任修复中可以增加受信者的可信度，但道歉加上承诺并没有比单一方式更有效。

而沉默策略在信任修复中并非理想的策略，因为该策略仅仅包含了极少的道歉和否认策略有效成分。对于正直违背来说，沉默与道歉一样，是对错误的一种承认，它没有否认策略修复效果好。对于能力型违背，沉默与否认一样，并没有向信任者展示赎罪的信号，它没有道歉的修复效果好。③

---

① P. H. Kim, D. L. Ferrin, C. D. Cooper, et al., "Removing the Shadow of Suspicion: The Effects of Apology Versus Denial for Repairing Competence-Versus Integrity-Based Trust Violations", *Journal of Applied Psychology*, Vol. 89, No. 1, 2004, pp. 104 – 18.

② W. P. Bottom, K. Gibson, S. E. Daniels, et al., "When Talk Is Not Cheap: Substantive Penance and Expressions of Intent in Rebuilding Cooperation", *Organization Science*, Vol. 13, No. 5, 2002, pp. 497 – 513.

③ D. L. Ferrin, P. H. Kim, C. D. Cooper, et al., "Silence Speaks Volumes: The Effectiveness of Reticence in Comparison to Apology and Denial for Responding to Integrity-and Competence-based Trust Violations", *Journal of Applied Psychology*, Vol. 92, No. 4, 2007, pp. 893 – 908.

（二）修复策略与相关因素的交互影响

各种不同的修复策略在使用时会受到各种因素的影响，而修复策略与相关因素之间是否有着交互作用，对信任修复效果产生影响呢？Kim 和其他研究者对其进行探究发现了不同违背类型下，修复策略的修复效果受个体认知归因点的影响。在能力信任违背的情况下，道歉比否认更有效。在正直信任违背的情况下，仅仅道歉被认为是不真诚的。对于那些更重视品德方面负面信息的人来说，否认比道歉更有效。因为道歉是对错误的承认，错误被认为是受信者缺乏诚信的结果。对于不同类型的信任违背，沉默策略的信任修复作用处于中间状态。此外，修复策略和违背类型会相互影响修复效果。

（三）信任者对信任修复效果的影响

在信任违背发生后，一般受信者都会有具体的修复行为变现，以修复双方的信任关系。在多数信任修复研究中，都是关注受信者的信任修复行为及其有效性，认为信任修复的主动方是受信者，在信任修复过程中，受信者的行为对信任修复效果有至关重要的影响。尽管许多研究的确表明受信者的信任修复行为可以显著地影响到信任者对于受信者的信任，但是这种影响效应其实还依赖于信任者的认知因素。若是受信者的信任修复策略要产生更好的修复效果，就离不开信任者的认可和理解。对信任者来说，如果信任是建立于不完整的信息基础上的话，那么在违背后受信者的可信度判断就会具有偏见性。[①] 由此可见，信任者的心理对于信任修复来说是一个极其重要的变量，信任者对于修复行为的认知和情感反应对修复效果具有重要影响。

从信任加工的角度来看，在信任修复过程中，信任者是信任修复信息的接收者，信任者对信息的感知和评价等加工过程直接会影响修复效果。信任者认知对信任修复的影响研究主要涉及两个方面：外显认知和

---

① D. L. Ferrin, P. H. Kim, C. D. Cooper, et al., "Silence Speaks Volumes: The Effectiveness of Reticence in Comparison to Apology and Denial for Responding to Integrity-and Competence-Based Trust Violations", *Journal of Applied Psychology*, Vol. 92, No. 4, 2007, pp. 893 – 908.

内隐认知。外显认知研究主要探讨了信任者的认知归因对信任修复的影响。内隐认知则主要研究了信任者的内隐认知理论对信任修复的影响。

（四）关系对信任修复的影响

其实在信任修复过程当中，信任者与受信者的亲疏关系是影响信任修复的一个重要变量。尤其是在中国社会是一个关系型社会的背景下，中国人的人际交往的特点，使得关系紧密程度不同的人际关系对个体的交往影响十分明显。而且不同于西方文化，在中国人进行信任评估时，更加注重与对方的远近亲疏，关系因素往往会被优先考虑，被看得重于个人因素。

对于关系远近不同的人来说，双方信任受信任违背的影响是否相同？信任违背对陌生人比熟人间的信任更具破坏效果，熟人比家人间的信任更易受到信任违背的破坏。[①] 亲疏关系会影响到个体对受信者所做出的信任违背行为的评价。人们往往对家人比熟人和陌生人的信任违背更宽容，报复意愿更小，关系越亲密，包容的程度也就越大。这或许是因为家人的替代关系较难获得，也正是因为熟人间的关系已经具有情义基础，即使出现了信任违背，人们为了保持这一段关系大多也会选择容忍。

（五）时间因素对信任修复的影响

在信任建立、发展和破碎的过程中时间是一个不可忽略的重要变量。当信任违背发生在信任的不同时间阶段，会造成怎样信任破坏效应的差距呢？

一种观点认为晚期违背比早期违背更具破坏性。早期的破坏会带来冷静、认知的、经济导向的反应，但晚期的破坏则会带来惊奇、情感、信任导向的反应，如更多的消极情感和人际影响。[②] 即时或早期

---

① 韩振华：《人际信任的影响因素及其机制研究》，博士学位论文，南开大学，2010年，第101页。

② W. P. Bottom, K. Gibson, S. E. Daniels, et al. , "When Talk Is Not Cheap: Substantive Penance and Expressions of Intent in Rebuilding Cooperation", *Organization Science*, Vol. 13, No. 5, 2002, pp. 497 – 513.

的中断或破坏可以使后续的交互更加积极，因为当前经验产生的期望表明未来交互中的任何变化或比较都是值得注意的。另一种观点则认为早期违背比晚期违背对信任的破坏更大。从信息加工角度来看，人们会对早期的信息看得更重，而发生在关系早期的信任违背会产生基础性的影响，这不良影响将更难克服。① 另外，从印象管理角度来看，首因印象在早期信任违背中起到了很重要的制约作用。最初的信息会给人十分强烈的印象，这会阻止后续的矛盾信息。

（六）修复策略研究不足之处

当前研究者对信任修复策略进行了许多研究，积累了不少的成果，接下来还需要对信任修复策略进行更深入的研究。目前，人们越来越关注信任修复策略的修复效果，而对影响信任修复策略修复效果的调控因素了解不深。对修复策略及其调节变量的研究可以让我们更清楚地来了解哪些变量与某个策略一起可以产生更好的修复效果，更好地应用于信任修复问题的解决。

---

① R. Lewicki & B. B. Bunker, "Developing and Maintaining Trust in Work Relationships", *Trust in Organizations: Frontiers of Theory and Reach*, Thousand Oaks, C. A.: Sage, 1996, pp. 114 – 139.

第八章　构建与诚信价值观认同相适应的日常生活世界

自古以来，诚信是中国人十分看重的一种可贵的道德品质，从传统文化中探究可以发现，中国人所说的"诚信"与许多西方文化中的诚信不尽相似，因此我们认为，中国人所倡导、追求的诚信与中华先民的日常生活息息相关，可能具有更为深厚的文化底蕴。因此，我们首先想要从中国传统文化中揭示出中国人诚信概念的结构维度，也就是中国人所说的诚信包含哪些方面，这也为进一步进行诚信隐喻的实验研究提供了定义。

从古至今，人们希望用各种方法来促使他人诚信，隐喻的表达方式和具身的表征方式便是其中的两种。我们从中国古代成语"扪心自问"中吸取出了"扪心"这一肢体动作，想要考察从传统文化角度来说，这是否是约束人们不诚信行为的一种方式。从另一方面来说，传统文化发展至今，其对当代中国人的影响力或许是有所下降的。那么在当代，人们又是如何促使他人做到诚信的呢？我们考虑到了现代社会生活中常用到的宣誓仪式。在宣誓仪式中我们通常都会有一个宣誓的肢体动作，因此我们想要探讨这样一个宣誓的动作是否能够影响当代中国人的诚信水平。

第一节　诚信概念的隐喻表征

隐喻是人类概念化世界和人类行为的基本方式，[①] 是以相似联想

---

① R. W. Gibbs ed. , *The Cambridge Handbook of Metaphor and Thought*, Cambridge and New York：Cambridge University, 2008, p. 26.

为心理基础的。隐喻在日常语言中无处不在，语言的隐喻表达实际上是概念隐喻在语言中的体现。这样的例子在语言中比比皆是，以至于我们根本没有意识到这是隐喻，例如"山头""山腰"和"山脚"反映的是用人的身体部位来指代山的不同高度，这是一种用我们自身最熟悉的比方来理解抽象概念的方式。汉语中有这样的隐喻表达，在英语中也同样存在类似的表达，如 the head of mountain，the foot of the mountain，这说明了不同语言间隐喻表达的普遍性。

一 道德概念的认知及其表征方式

概念（concept）是关于物体或其他实体种类的心理表征。[①] 表征（representation）是信息加工系统中代表外界事物或事件密码化的信息符号。[②] 概念能够提供一种有效的方式来表征我们对世界以及世界中物体的知识，也可以让我们进行准确的预测。[③] 概念在实践过程中通过抽象出事物的本质属性并推广到同类的其他事物而形成，它能使一类事物与另一类事物区别开来，这是判断和推理的基础。殷融、曲方炳和叶浩生认为，概念是人们对某个或某类事物所具有的属性及其包含的信息的认识与理解，它具有高度概括性，通常以特定的名称或符号形式来表示。概念与词密切相关，一方面概念是用词来表达、巩固和记载的，概念使词具有意义，成为有意义的符号。另一方面，多个不同的词可用来表达同一个概念，同一个词在不同的场合下也能表达不同的概念。[④]

关于概念是如何表征的，传统的离心认知理论认为，人类的概念

---

① ［英］M. W. 艾森克、［英］M. T. 基恩：《认知心理学》，高定国、何凌南等译，华东师范大学出版社 2009 年版，第 344 页。

② 林崇德、杨治良、黄希庭：《心理学大辞典》，上海教育出版社 2003 年版，第 74 页。

③ ［英］M. W. 艾森克、［英］M. T. 基恩：《认知心理学》，高定国、何凌南等译，华东师范大学出版社 2009 年版，第 344 页。

④ 殷融、曲方炳、叶浩生：《具身概念表征的研究及理论述评》，《心理科学进展》2012 年第 9 期。

系统独立于知觉—运动系统，概念表征系统本质上是非模态的抽象符号系统，这样的概念认知是表征认知，常常用词来表达、巩固和记载概念。一个概念可以用多个特征词表达其内涵，如诚信概念有诚实、信用、信任等特征；一个特征词也可以代表多个概念，如"诚"这个特征可以代表诚心、诚实等概念。因而人们头脑中的概念，通过词的宣示（anchoring）机制①，形成一张由特征词构成的语义网络。

用形象生动的词表达抽象概念的机制是隐喻机制。Lakeoff 和 Johnson 提出隐喻的认知论②，认为隐喻是人类赖以形成、组织和表达概念的不可缺少的认知工具和基础。隐喻首先是人类的一种基本思维、认知和概念化方式。隐喻是"借它类事物理解和体验该类事物"③。这里的"它类事物"是指隐喻的源域，是认知的基础，通常是人们所熟悉的、具体的东西。"该类事物"是目标域，是人们需要理解的抽象东西。与隐喻密切相关的另一认知机制是转喻。亚里士多德（Aristotle）在《诗学》中将转喻归为隐喻的一种。现代认知心理学家认为转喻是以事物间的邻近联想为基础，在同一认知域内用凸显、易感知、易记忆、易辨认的成分指代整体或部分，如"费唇舌"中"唇舌"指代"言辞"。汉语的象形文字和汉语中形象生动的成语是汉先民隐喻思维的具体体现。而成语是汉语中体现中国古代先民隐喻能力的典型语言表达，其重要特征是表意的双层性：字面义具有形象比喻作用或使人联想的作用，透过它曲折地表现出处于内层的真实意义。④

---

① 彭凯平、喻丰：《道德的心理物理学：现象、机制与意义》，《中国社会科学》2012年第 12 期。

② G. Lakoff & M. Johnson, *Metaphors We Live by*, Chicago：University of Chicago Press, 1980. G. Lakoff & M. Johnson, *Philosophy in the Flesh*, New York：Basic Books, 1999.

③ G. Lakoff & M. Johnson, *Metaphors We Live by*, Chicago：University of Chicago Press, 1980.

④ 刘叔新：《汉语描写词汇学》，商务印书馆 2005 年版，第 134 页。

　　宽泛地讲，道德是详细说明社会中对与错、好与坏、接受与不接受的评价性文化符号。① 人们对社会道德现象的认知有一个从具体到抽象的过程。最初对是非、好坏、善恶的认识是具体的，个体首先是在日常生活中接触到具体的道德现象，并从父母等身边人对具体道德事件的评价，获得直观的、感性的道德印象；然后在学校教育中接受正规的思想道德品质教育，掌握一般社会道德规范和道德原则。在一般的道德规范和原则的指导下，人们对丰富的道德事件和感性的道德实践进行体验、判断、加工、反思，并抽象出关于社会现象的一般和本质的特征，从而形成道德概念。因此，道德认知是人们对客观存在的道德关系及处理这种关系的原则和规范的认识。道德认知是在道德实践基础上，通过教育、训练和社会影响，在不断掌握道德概念、逐渐提高道德评价和道德判断能力的过程中而形成。② 道德概念（moral concept）是对社会道德现象的一般特征和本质特征的反映。③ 中西方都将诚信看作人的美德之一，在人的个人修养和人际互动中加以倡导，诚信概念的形成和诚信行为的塑造必然体现道德概念和道德行为形成的相似路径。

　　随着隐喻作为一种普遍的认知手段在认知心理学界成为研究热点以来，道德研究借助隐喻的研究视角，揭示了道德概念表征的具体性和具身性，以及道德心理的复杂结构维度，挑战传统离心认知观的具身认知理论坚持。道德这样的抽象概念也是多模态的，以知觉—运动经验为基础的。那么，抽象概念获得知觉—运动经验的认知机制是什么？认知学家们在各自认知研究视角和理论框架下，提出多种假设，最有影响力的当属概念模拟理论④和概念隐喻理论⑤。概念模拟理论

---

　　① J. H. Turner & J. E. Stets, *Handbook of the Sociology of Emotions*, New York：Springer, 2006.

　　② 林崇德、杨治良、黄希庭：《心理学大辞典》，上海教育出版社 2003 年版，第 197 页。

　　③ 林崇德、杨治良、黄希庭：《心理学大辞典》，上海教育出版社 2003 年版，第 195 页。

　　④ L. W. Barsalou, "Perceptual Symbol Systems", *Behavioral and Brain Sciences*, Vol. 22, No. 4, 1999, pp. 577 – 609.

　　⑤ G. Lakoff & M. Johnson, *Metaphors We Live by*, Chicago：University of Chicago Press, 1980. G. Lakoff & M. Johnson, *Philosophy in the Flesh*, New York：Basic Books, 1999.

强调情境或运动模拟在抽象概念表征中的作用。概念隐喻理论肯定了知觉—运动经验对抽象概念认知、表征和加工作用的同时，强调大多数抽象概念是通过源域中具体意象图式（如上下图式）向目标域（如道德图式）的结构映射来间接表征。图式（schema）是知识的一种表征方式，它是按一定格式组织在一起，用于表征事件、事件系列、规程、情景、关系和客体等的概念群，常用于说明复杂的知识组织。① 概念隐喻理论②认为抽象概念的隐喻认知会受到语言文化的影响。③ 道德隐喻，即道德概念的隐喻表征，不是随意的，而是根植于我们的身体构造、知觉—运动系统、生活经验和知识，道德概念保留具体概念图式的关键要素，显示出了隐喻一致性效应，如道德概念的黑白隐喻表征，④ 道德概念的上下空间一致性关系等。⑤

　　第二代认知理论，即具身认知理论认为，抽象概念表征是基于主体的身体体验，是关于主体身体经验的知识；概念表征存在于个体用来与外界交流的知觉和运动系统中；对概念知识的提取和加工会引起身体知觉—运动状态的变换。镜像神经元的发现支持了概念表征的具身性。隐喻的社会认知心理学研究证据⑥表明，知觉—运动经验与抽象概念，或通过情景—运动模拟，或以隐喻为中介建立关联，人类的

---

① 林崇德、杨治良、黄希庭：《心理学大辞典》，上海教育出版社 2003 年版，第 1266 页。

② G. Lakoff & M. Johnson, *Metaphors We Live by*, Chicago: University of Chicago Press, 1980, G. Lakoff & M. Johnson, *Philosophy in the Flesh*, New York: Basic Books, 1999.

③ D. Casasanto & L. Boroditsky, "Time in the Mind: Using Space to Think about Time", *Cognition*, Vol. 106, No. 2, 2008, pp. 579 – 593. 丁毅、纪婷婷、邹文谦、刘燕、冉光明、陈旭：《物理温度向社会情感的隐喻映射：作用机制及其解释》，《心理科学进展》2013 年第 6 期。李宏翰、许闯：《道德隐喻：道德研究的隐喻视角》，《广西师范大学学报》（哲学社会科学版）2012 年第 5 期。吴念阳、刘慧敏、郝静、杨辰：《空间意象图式在时空隐喻理解中的作用》，《心理科学》2010 年第 2 期。

④ 殷融：《道德概念黑白隐喻表征的心理现实性》，博士学位论文，南京师范大学，2014 年。

⑤ 王锃、鲁忠义：《道德概念的垂直空间隐喻及其对认知的影响》，《心理学报》2013 年第 5 期。

⑥ M. J. Landau, B. P. Meier & L. A. Keefer, "A Metaphor-Enriched Social Cognition", *Psychological Bulletin*, Vol. 136, No. 6, 2010, pp. 1045 – 1067.

知觉运动经验是抽象概念形成与表征的基础。[①] Caruso 和 Gino 的四个
实验证明了闭眼影响道德判断和行为，因为闭眼诱发人们更广的心理
模拟事件。当人们闭着眼睛而不是睁着眼睛来考虑情境时，对不道德
行为的判断会认为更不道德，而认为道德行为更道德。[②] 抽象概念的
隐喻认知影响常常发生在具体情境的身体参与过程中，如 Williams 和
Bargh 的研究证明了慷慨/关心—温暖的隐喻联结会影响人们的判断和
社会行为，他们发现被试身体感受到温暖后会更倾向于认为他人具有
"较温暖"的人格特质（慷慨、关心），并且会更愿意选择给朋友礼
物而不是给自己挑选礼物。[③] Williams 和 Bargh 认为，在感性认识基础
上形成的概念是相对稳定的，并构成对所反映事物的全部知识经验的
核心，它使有关的知识经验围绕这个核心构成一个系统。这种系统，
既有利于知识经验的记忆，又为人获得新的系统化的知识经验提供必
要的条件，使人能够凭借概念把已有的知识经验运用到各种情境中。[④]

　　对于道德概念来说，作为一种抽象概念，其认知形成不仅是学
校道德教育过程中道德知识积累的结果，更是具体情境中道德体验
积累的结果。因而人们在实际情境中的道德行为，受到道德认知的
影响，同时也受到情境因素的影响。可以说，道德行为不单单是遵
循道德规则和道德指令的结果，更是一个包含环境、身体和大脑认
知等因素的启发式过程的结果。近年来在具身认知理论影响下，道
德心理学家们对道德认知和行为的研究关注身体和道德情境的互
动，通过身体感知觉、身体动作探索身体对道德认知和道德行为的

---

①　D. Pecher, R. Zeelenberg & L. W. Barsalou, "Verifying Different-Modality Properties for Concepts Produces Switching Costs", *Psychological Science*, Vol. 14, No. 2, 2003, pp. 119 – 124.

②　E. M. Caruso & F. Gino, "Blind Ethics: Closing One's Eyes Polarizes Moral Judgments and Discourages Dishonest Behavior", *Cognition*, Vol. 118, No. 2, 2011, pp. 280 – 285.

③　L. E. Williams & J. A. Bargh, "Experiencing Physical Warmth Promotes Interpersonal Warmth", *Science*, Vol. 5901, No. 322, 2008, pp. 606 – 607.

④　L. E. Williams & J. A. Bargh, "Experiencing Physical Warmth Promotes Interpersonal Warmth", *Science*, Vol. 5901, No. 322, 2008, pp. 606 – 607.

作用，认为身体经验同道德认知的心理加工过程是互相内嵌和相互影响的。

情境化概念（situated conceptualization）理论认为，概念是以感觉通道、身体运动、物理和社会环境为基础而建构的，因而抽象概念不是孤立、抽象的概念，而是整合了具体情境信息，包含感觉、运动和内感受信息。当体验到社会情境如诚信的社会情境时，一个情境化概念就建立了。许多情景化概念的累积就在长时记忆中留下痕迹，形成关于这个概念的世界知识，即情景化概念群，这为概念模拟提供了丰富的资源。模拟是重演与一个概念样例（如具体的诚信事件）互动时所发生的大脑状态。模拟表现为大脑中基本的计算机制，它不仅是概念加工的关键，而且在认知加工的激活中起重要作用。概念模拟不是在真空中进行的，而是置于情境中的，例如学校或教室环境与银行环境中的要素所激活的长期记忆中关于诚信的情景化概念群是不同的。具体情境中的任何一个要素都能启动社会情境的其他方面，包括情感、评价、信仰和行为。置于不同情境中而产生的概念模拟，基于模式完备推理机制，预测情景化概念的其余部分，引发的情感和评价也不同。① Barsalou 和 Wiemer-Hastings 证明了即使具体概念与抽象概念分享共同的情境内容，但两种概念所蕴含的信息不同，具体概念蕴含了外部世界中边界清晰的部分如物体、环境和简单行为，而抽象概念是以具体情境为基础的。②

以彭凯平和喻丰的观点来总结抽象概念的三种表征方式就是，表征认知、隐喻认知和具身认知。其中表征认知发生在概念层面，由非模态的抽象符号的宣示而获得。隐喻认知发生在概念层面，由抽象概念通过形象生动的具体概念特征隐喻映射而形成，具体概念表达在具体情境中

---

① L. W. Barsalou, *Foundations of Embodied Cognition*, East Sussex: Psychology Press, 2016, pp. 11 – 37.

② L. W. Barsalou and K. Wiemer-Hastings, *Grounding Cognition: The Role of Perception and Action in Memory, Language, and Thinking*, Cambridge: Cambridge University Press, 2005, pp. 129 – 163.

激活了抽象概念，并进一步影响人们的判断和行为，这时隐喻认知在现实层面发生作用。具身认知发生在现实层面，以包括头脑在内的身体感知觉和运动状态去表征抽象概念，而身体又置身于现实情境中。[①]

二 诚信概念的结构隐喻表征

从概念认知、隐喻认知等视角的道德研究成果得到启发，我们认为诚信概念结构内涵的隐喻研究视角有一定的理论依据、方法论依据和基础。具体研究方法采用了汪凤炎和郑红的语义分析法，也叫"字形字义综合分析法"。[②] 它是通过分析诚信汉字的字形特点和成语蕴含的意义来揭示诚信的原始意义，揭示中国人诚信概念的结构维度，为进一步进行诚信隐喻实验验证提供诚信定义。

诚信自古至今是中国传统的道德观念。我们通过对古代先民"诚信"造字理据的探寻和诚信成语的分析，可以清楚地了解到，中国人诚信概念隐喻结构的心、言、行协调一致心理结构维度（图 8-1-1）。

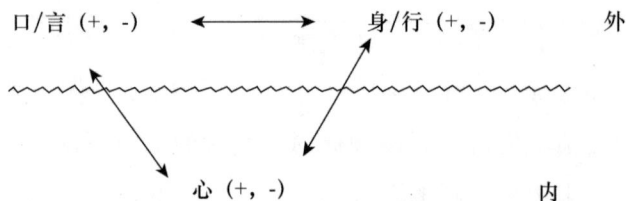

图 8-1-1 诚信概念心、言、行协调一致的结构维度

资料来源：冷洁、吴继霞：《从汉字、成语隐喻看诚信概念隐含的结构维度》，《苏州大学学报》（教育科学版）2016 年第 1 期。

第一，诚信是以个体为核心，借助于人体器官"心""口""身"为物质基础，这反映出了诚信是个体的内在本质属性。第二，诚信特

---

① 彭凯平、喻丰：《道德的心理物理学：现象、机制与意义》，《中国社会科学》2012年第 12 期。

② 汪凤炎、郑红：《智慧心理学的理论探索与应用研究》，上海教育出版社 2014 年版，第 15 页。

质和诚信行为的具体体现是个体一贯坚持心、言、行三者间的一致。心是个体内在思想观念、态度和情感的源泉；言必须是内心的思想观念、态度和情感的表达，这样的个体就心境平和，心胸坦然；行必须是内心思想观念、态度和情感的直观反映，言和行之间必须相互映照，这样的个体就真实可靠，自信沉着。第三，个体所处的纷繁复杂的具体社会文化情境和丰富的内心世界往往会打破一致性和对一致性的坚守，造成心、言、行三者间的冲突。符号"＋"在结构维度中表示言、行与内心一致，"－"表示两两之间的冲突。第四，诚信是在具体社会情境中个体的内心世界和外在世界的互动，表现为心、言、行三者协调的结果。作为个体的人不是孤立、静止地存在着，而总是处在一定的社会中，受到所处环境的影响，也受到所经历环境的塑造。人既有丰富的思想、稳定的价值观和独特的人格特质，又有丰富的社会关系和环境资源。诚信的心、言、行三者间的一致性在具体情境中往往呈现出丰富多彩的行为特殊性。因此，具体情境中的心、言、行三者不断协调以保证个体作为一个整体的和谐状态。

诚信的个体是心、言、行三者间的协调一致。心正如海平面下的冰山，往往通过明示的言语和行为表达其心意；言是心与行的必要纽带，言语不仅是个体内在思想观念、态度、情感和情绪的意义表达，而且是个体内在思想、态度、情感和情绪的行为表达，是人们言语行为以外的其他任何行为的解释和印证；行为是个体思想、态度、情感和情绪的具体落实。[①]

三 诚信概念结构的意义内涵

从字形和成语中概括出的诚信心、言、行协调一致的结构维度，是关于中国人诚信概念的意象图式。从上述诚信概念的结构维度看，言语、行为和心理三方面是诚信概念的基本组成要素，且"诚"和

---

① 冷洁、吴继霞：《从汉字、成语隐喻看诚信概念隐含的结构维度》，《苏州大学学报》（教育科学版）2016年第1期。

"信"在诚信概念中所侧重的要素不同。"诚"更侧重内"心"（思想和情感）的真实，"信"不仅有内心的表达，还有外在的"言""行"一致、说到做到的行为表现。这两字的创造反映了中国古代先民对诚信心理和行为的期望，中国古代思想家对诚信道德的解释中也多有这样侧重的体现。"所谓诚其意者，勿自欺"（《大学·礼记》），"由其不欺于中而言之，名之以忠，由其不妄于外而言之，名之以信"（《陆九渊集》卷三十二）。正所谓诚于中，信于外。"君子养心莫善于诚"（《荀子·不苟》），"意诚而后心正，心正而后修身"（《大学·礼记》），说明"诚"是内在诚信修养获得的重要途径；"与朋友交，言而有信"（《论语·学而》），"与国人交，止于信"（《大学·礼记》），说明"信"是外在的诚信行为规范和待人态度。

其次，以"心""口/言"为基本要素的"诚"的状态只有（不）诚信者本人知道，而以"口/言"和"身/行"为基本要素的"信"之行为，则更多地为外人所注意。重视"诚"还是"信"是区别中国传统的诚信观和现代诚信道德观的关键。

中国传统观念认为诚信是由内而外的修养养成。在中国古代思想家看来，"诚"是基础和根本，是自然和人之本真。《中庸》："诚者，天之道也；诚之者，人之道也。"孟子说："诚者，天之道也，思诚者，人之道也。"（《孟子·离娄上》）"信"是"诚"的外化，始终受"诚"状态的制约。张载在《正蒙·天道》中认为，"诚故信"；程颐在《周易程氏传·卷二》中有同样的观点，"故上下之信，惟至诚而已"。所以"不诚者失信"（《诸葛亮集》卷三《便宜十六策·阴察》）。尽管经典论著中，"信"要远超过"诚"，但是，在儒家思想家看来，"仁""义"是实现"信"的基础和人性本质，"良心者，本然之善心，即所谓仁义之心也"（《四书章句集注》）。而"诚"是实现"仁""义"之信的必要过程。"心者，身之主；意者，心之发。意发于心，则意当听命于心"，"意诚而后心正"（《朱子语类》卷十五）。宋儒周敦颐对"诚"与"信"的关系曾做过精辟的论述，"诚，五常之本，百行之源也"（《周子通书·诚下》）。"诚"是五常之一的"信"的本源和内在根据。"诚"即内在的精神状态，"信"是外在的行为表现。

现代社会的诚信更注重言行一致的守信行为塑造。① 随着我国传统社会逐渐向现代社会转化，传统的社会结构逐步解体，传统熟人社会特征日趋弱化，公共领域不断形成与扩大，不同领域、地域的人们作为公民涌入公共领域，理性的、不带私情的人际交往成为必须，履行公民职责成为有责任公民的必然和必须，以公德和契约性规则为基准的人际交往成为常态，更强调如平等、自由、民主、正义等道德标准的普遍性和以法律和契约为制约机制的外在行为的客观性。现代市场经济社会中，不像传统诚信那样以"诚"为本，诚信作为一种道德规范更加强调"信用"的一面。有别于传统"天人合一"的诚信范畴和个体德性修养为路径的诚信行为的塑造，现代社会通过诚信制度化和通过法律、契约的刚性机制塑造个体诚信行为。现代诚信首先是"信"的坚守，言行一致，说到做到，不管个体内心认可与否。

最后，心、言、行三要素是协调一致的关系。三要素的一致关系是诚信品行养成的终极目标。中国社会有着丰富的社会层次，存在着不同的社会群体，不同社会群体又有其内容丰富的群体文化。个人可以同时处在多个群体文化中，其行为表现出复杂多变的现象。处在这样的人文社会环境中，人的心、言、行三要素总是在不断协调中，其诚信心理和诚信行为表现出多样性。

中国传统文化中的诚信是关系社会中的个体为获得血缘群体的接纳、获得生存的安全感而必须具备的一种伦理智慧。也就是说，一个人只有诚信，才能在亲人、朋友、君臣的社会关系中生存并获得生存的意义感，否则就是不忠、不孝、不义、不仁。这样，在中国传统关

---

① 冀春贤：《从多维视角看现代诚信的内涵》，《郑州大学学报》（哲学社会科学版）2004 年第 1 期。陈延斌、王体：《中西诚信观的比较及其启迪》，《道德与文明》2003 年第 6 期。

系社会中，讲诚信是忠孝仁义这样的事。忠就是真的忠，孝就要真的孝，言语发自内心，言行一致，这就是诚信。费孝通先生指出，中国传统社会以"己"为中心，像石子投入水中一般，水的波纹一圈一圈地推出去，愈推愈远，也愈推愈薄，形成所谓的"差序格局"。①差序格局中的人际关系决定人们所采取诚信心理和诚信行为的依据是不同的。人们的"诚信"以对宗法等级制度的信守为前提和要求。为了信守这样的伦理道义，人与人之间的"信"也是可以置之度外的。所谓"信之所以为信者，道也；信不从道，何以为信"（《左传·谷梁传》）。"信"是否为信，取决于是否合"道"，即是否符合封建主义所要求的臣忠子孝。事实上，在儒德的排序中，无论是以"文""行""忠""信"为内容的四教，还是以"仁""义""礼""智""信"为内容的五常，"信"均位列末位。孔子在《论语·子路》中明确指出，"士"之"上者"为"不辱使命"，其次为"宗族称孝"，再次才是"言必信，行必果"，而且这也只是"小人"之所为。孟子则讲得更直白："大人者，言不必信，行不必果，惟义所在"（《孟子·离娄下》）。荀子也有类似的表述："天下之要，义为本，而信次之。"（《荀子·强国》）只因为"义"着眼于君臣关系，致力于维护等级制度，所以是"本"，而作为处理较为平等的"朋友"关系的"信"只能为"次"也就十分自然了。可见，就算是在中国传统的熟人社会，严格服从忠、孝、仁、义的伦理要求，人们仍需要有很多种诚信——君臣诚信、父子诚信、朋友诚信。传统人际网络中所需的多种诚信心理和诚信行为仍要求人们在心、言、行三者间不断协调。

步入现代社会后，特别是随着改革开放的深入和市场经济体制的完善，城镇化逐渐完成，人际间的诚信不再是以血缘和地缘为主要基础的传统道德诚信，诚信也不再是完全的熟人社会诚信。在当下中国

---

① 费孝通：《乡土中国 生育制度》，北京大学出版社 1998 年版，第 347 页。

特色的政治、经济、文化的背景下，社会中的诚信范畴内容较以往更丰富和多面。① 诚信主体除了有个人诚信，还有政府诚信、组织诚信、企业诚信。中国现有的政治体制决定了诚信不仅有以道德为依托的道德诚信，还有以法律为依托的法制诚信。就个人而言，不仅有以个人价值观为基础的个人诚信，还有以公德为基础的道德诚信；不仅有无功利的道义诚信，也有市场经济体制下的利益诚信。诚信范畴的内容如此多，其贯通于诚信者心理和行为的本质是所依据的个人价值观和社会道德为基础的内心和行为的一致。置身于实行人民民主专政与社会主义市场经济的当下中国，城镇化的社会结构变迁进程中，人们诚信心理的拥有和诚信行为的塑造更需要不断协调心、言、行三者之间的关系。

总之，本结构维度中"心"的部分包含了知、情、意三方面错综复杂的内涵，② 不同的诚信行为主体的"心"各有不同，即使在相同的情境中，针对同样的行为客体，心、言、行三者不断协调，也会呈现出多样的诚信心理和诚信行为。这样的诚信结构维度揭示了中国人诚信道德完整性的认知图式，体现了中国人诚信认知过程中全身心地投身于社会和文化关系网络中的体认过程和隐喻性概念化过程。③

第二节　在日常生活中使用"扪心"的诚信象征化动作

诚信概念在语言上的具身表达大量出现在我们古代的成语中，如"心口如一""言行一致""说一不二"和"言必信行必果"等，都表明身体动作与诚信的联系。上述研究通过对汉字和成语的语义分

---

① 王丹：《当代西方诚信思想对我国诚信教育的启示》，《教育探索》2008 年第 7 期。何小春：《中西诚信伦理的文化分野及其现代整合》，《中央社会主义学院学报》2009 年第 3 期。

② 中国社会科学院语言研究所词典编辑室：《现代汉语词典》，商务印书馆 2005 年版，第 1511 页。

③ 冷洁、吴继霞：《从汉字、成语隐喻看诚信概念隐含的结构维度》，《苏州大学学报》（教育科学版）2016 年第 1 期。

析，揭示了诚信概念的隐喻结构是心、言、行协调一致，说明诚信概念以身体及其行动为基础，通过心、言、行三者的一致关系展现诚信的态度和行为。尽管在日常语言中有大量体现诚信的心、言、行一致的隐喻结构，但这样的结构在现实中是否有影响作用还有待实验验证。日常口语中人们会说，摸摸你的良心或者扪心自问，意指我们要实话实说。本部分引入"手放在胸口"，即"扪心"动作作为象征化诚信之"心"。研究将抽象诚信概念转化为象征化的诚信之"心"，通过身体的参与而建立诚信心理和行为，寻找诚信具身认知的证据，揭示诚信隐喻结构的心理现实性。

一　个体诚信概念隐喻结构表征的证据

孔子有著名的"忠信"反省之思："吾日三省吾身：为人谋而不忠乎？与朋友交而不信乎？传不习乎？"（《论语·学而》）"反省"的肢体动作汉语有"扪心自问"的成语，意思是"摸着胸口问自己，表示反省"。根据《现代汉语字典》胸口是"胸骨下端周围的部分"。①"扪心"的具体动作是手摸着胸骨中、下部的位置。"扪心"是反省时的典型动作，出现在成语中为中国人广为熟知。日常生活中，我们还经常听到人们说："你摸着你的良心说"，同时，会看到人们不自觉地用右手摸着胸正中部或轻轻拍着胸口，似乎采用这样的肢体动作同时说出的话是真实的良心话。因此，我们想要探讨"扪心"动作是否是中国人表达诚信的象征化动作？"扪心"动作是否能引发人们对他人更多的信任和自己更诚实的行为？

冷洁的研究以苏州地区在校大学生为被试，采用情境诱发范式，并根据诚信的心、言、行协调一致的结构维度及诚信的定义，即诚信是言语与内心一致，行为与内心一致，以探讨中国人诚信的象征化动

---

① 中国社会科学院语言研究所词典编辑室：《现代汉语词典》，商务印书馆 2005 年版，第 1530 页。

作对诚信判断和诚信行为的影响。[1] 研究共包括三个系列实验，实验
1 在去情境的条件下，调查"扪心"肢体动作的诚信的象征性特征；
实验 2 和实验 3 采用模拟具体情境的方法，考察"扪心"动作诚信象
征化对诚信判断和诚信行为的影响。

实验 1 的结果表明，具体的"扪心"肢体动作能够使人联想到抽
象的诚信特征，如正直、诚恳、诚实、真诚、忠实等。抽象的诚信人
格特质能够通过具体身体动作表达出来，说明诚信有具体物象基础，
反映了诚信概念的隐喻特征，即"扪心"动作与诚信人格特质的关
联性，"扪心"是内在诚信的外化，是象征性地表达诚信的肢体动
作。Lakoff 和 Johnson 认为，抽象概念通过具体概念进行表征，这种
表征方式就是隐喻。

实验 2 进一步发现，"扪心"动作引发人们对动作者言语的高可
信度评价，更相信动作者的言语是诚信的，而非夸大其词的。这说明
了"扪心"动作是个体诚信人格特质的外化，激活了人们的诚信概
念图式，最终导致了人们对动作者的言语做出更诚实的判断，体现了
诚信的心言一致的结构维度。根据隐喻理论，[2] 具体概念启动抽象概
念及其相关的所有经验，故而可以对多种心理变量产生影响。

实验 3 的结果发现，"扪心"动作可以启动人们的诚信概念表征中
心、言、行一致的结构维度，因而相对于做控制动作（"手放在胯部"的
肢体动作）的被试，做"扪心"动作的被试在对女士容貌的评价上更容
易做出符合内心的评价，从而产生更少的善意谎言。这表明了"扪心"
动作是个体诚信人格特质的外化，它激活了动作者自己的诚信概念图式，
引发了动作者自己更诚实的行为，体现了诚信的心行一致的结构维度。

该研究结果证明，诚信抽象概念具有具体物象的基础，并通过具

---

[1]　冷洁：《大学生诚信的具身研究视角：诚信隐喻结构表征及其证据》，博士学位论
文，苏州大学，2019 年。

[2]　G. Lakoff & M. Johnson, *Metaphors We Live by*, Chicago：University of Chicago Press,
1980.

体概念要素的隐喻映射而获得。一系列实验证明了诚信具有心言一致和心行一致的隐喻结构表征。尽管受到文化差异的影响，诚信的象征化动作不同，当前的研究结果与 Parzuchowski 和 Wojciszke[①] 研究中前三个实验结果一致，说明诚信概念的隐喻性是文化普适的。

诚信概念的隐喻结构揭示了诚信事件中的具体要素，以及要素间的关系，是诚信事件的具体投射。前人的研究表明，具体概念与抽象概念共享共同的情境内容，但两种概念所蕴含的情境信息不同，具体概念蕴含了大量的事物和场景信息，而抽象概念蕴含了大量事件和内在感受信息。[②] 当前的研究借助模拟面试场景和评价他人外貌的事件，通过加入"扪心"动作的成分，部分验证了诚信概念的心、言、行协调一致的结构维度：诚信抽象概念依据人体具体器官和具体行为表达心言一致和心行一致的"诚信"的概念。日常生活中，人们认为口是心非、言清行浊的行为是不诚的表现；表里如一、说一不二的人则是可信的。诚信概念这样的结构表征正是人们头脑中关于诚信事件中的基本要素及要素间关系的凝练表达。"扪心"动作具有中国文化特征，是中国人表达诚信的象征化动作，心言一致和心行一致是中国人的隐喻结构表征。

冷洁的研究结果支持感知和行为之间存在联结。[③] 自动社会行为研究表明，社会交往中某种结构的自动激活将直接影响行为。自动激活方式包括结构的典型场景。[④] 对社会行为规范的研究发现，情境线

---

① M. Parzuchowski & B. Wojciszke, "Hand over Heart Primes Moral Judgments and Behavior", *Journal of Nonverbal Behavior*, Vol. 38, No. 1, 2014, pp. 145 – 165. M. Parzuchowski & B. Wojciszke, "From the Heart: Hand over Heart as an Embodiment of Honesty", *Cognitive Process*, No. 14, 2014, pp. 237 – 244.

② L. W. Barsalou and K. Wiemer-Hastings, *Grounding Cognition: The Role of Perception and Action in Memory, Language, and Thinking*, Cambridge: Cambridge University Press, 2005, pp. 129 – 163.

③ 冷洁：《大学生诚信的具身研究视角：诚信隐喻结构表征及其证据》，博士学位论文，苏州大学，2019 年。

④ J. A. Bargh, M. Chen, L. Burrows, "Automaticity of Social Behavior: Direct Effects of Trait Construct and Stereotype-Activation on Action", *Journal of Personality & Social Psychology*, Vol. 71, No. 2, 1996, pp. 230 – 244.

索启动场景的心理表征，且当任务目标与具体场景匹配时，人们才会按照具体场景的社会规范调整行为方式。如 Aarts 和 Dijksterhuis 的研究中，看过图书馆图片的"参观图书馆"目标组被试，相对于看过图书馆图片的"不参观图书馆"控制组被试，在之后的实验过程中说话声音更轻。[①] "扪心"动作脱离情境的意义有很多，如表达"我""相信我""真诚"等意义，正是具体情境和明确的目标表征使人们对肢体动作意义产生了具体化的预测。[②] 实验 1 中，"扪心"动作启动了被试的诚信概念表征，被试用"真诚""诚恳""可依赖"等诚信的多个类属成员，对交际对象进行特征描述；实验 2 中，面试者言语的可信度是面试场景中评判的目标，"扪心"的象征化动作引发的正是被试对应聘者夸大自我描述的更多信任；实验 3 中，善意的谎言作为人际交往中体现礼貌的方式之一，是人们顺利进行人际交往的重要原则，但有时候却与事实冲突。"扪心"动作启动了诚信结构图式，从而引发人们诚实地表达了对容貌最没有吸引力的女士的判断，抑制了善意的谎言。因此，"扪心"的肢体动作对个体在日常交际情境中自动地保持诚信心理和诚信行为是有益而有效的。

二　个体诚信概念隐喻表征对其诚信道德行为的影响

前人的研究表明，个体的学术诚信行为同时会受到同伴行为的环境因素和诚信道德认同的个体因素的影响。冷洁进一步探讨了在模拟考试的情境下，多种因素对大学生考试诚信程度的影响，同时验证诚信概念的隐喻结构。[③] 冷洁在实验 4、实验 5 和实验 6 分别考察环境

---

① H. Aarts, A. Dijksterhuis, "The Silence of the Library: Environment, Situational Norm, and Social Behavior", *Journal of Personality and Social Psychology*, Vol. 84, No. 1, 2003, pp. 18 – 28.

② L. W. Barsalou, *Situating Concepts*, New York: Cambridge University Press, 2009.

③ 冷洁：《大学生诚信的具身研究视角：诚信隐喻结构表征及其证据》，博士学位论文，苏州大学，2019 年。

因素的同伴（不）诚信行为作为、个体因素的诚信道德内化作为和诚信提醒的"扣心"的诚信象征化动作三种因素中两两组合对大学生考试诚信程度的影响；实验 7 考察三因素对大学生考试行为的影响强度，提出对大学生诚信教育的启示。

其实验 4 的结果发现，"扣心"的动作使得受到"同伴不诚信行为"环境因素影响的被试做出了更多的诚实行为。"扣心"的象征化动作有时是中国人反思过去行为时伴随的肢体动作，且实验 1 也证明了"扣心"动作能唤起人们的诚信概念图式，使人们联想到"诚实""真诚"等内涵，具有诚信提醒的作用。当前实验结果进一步证明，"扣心"动作能够抑制被试的作弊倾向。Bereby-Meyer 和 Shalvi 对一系列相关研究的综述发现，诚信行为是日常规范的行为，而不诚信行为则需要付出深思的努力，但是在诱惑的情境中，降低自我控制会增加不诚信行为，而鼓励深思和反思则增加诚信行为，尤其是被试面对内群体成员的不道德行为后，会感到内疚而做出道德行为进行补偿。① 因此，当前实验结果中，受到"同伴不诚信行为"环境因素影响的被试，相对于受到"同伴诚信行为"环境因素影响的被试，在看到"扣心"动作后，能够更诚实地报告考试成绩，减少了作弊的行为。

其实验 5 的结果发现，与不看到"扣心"动作的被试相比，看到"扣心"动作照片或做此肢体动作的被试在词汇测试中更诚实。根据 Aquinio 等的研究，人们依据他们工作自我概念中道德认同可及性程度的不同而表现不同水平的诚实度。② 对于那些道德认同处于中心地位且容易可及的个体，他们有更强的动机依照道德规则行事；而那些

---

① Y. Bereby-Meyer & S. Shalvi, "Deliberate Honesty", *Current Opinion in Psychology*, No. 6, 2015, pp. 195 – 198.

② K. Aquino, D. Freeman, A. Reed, W. Felps & V. K. Lim, "Testing a Social-Cognitive Model of Moral Behavior: the Interactive Influence of Situations and Moral Identity Centrality", *Journal of Personality & Social Psychology*, Vol. 97, No. 1, 2009, pp. 123 – 141.

道德认同不易可及者，除非道德认同有情境激活，因而使道德认同成为工作自我概念中得到可及。"扪心"的象征化动作对高内化者的影响是进一步强化道德规则在自我概念中的可及性，因而增加诚信行为的程度；而对低内化者而言，其诚信道德规则并不处于自我概念的中心地位，"扪心"动作可能强化了其他个人价值观在自我概念中的可及性，因而在有作弊诱惑的情境下可能反而增加了不诚信行为的程度。

其实验7的结果进一步验证了"同伴行为"的环境因素和诚信道德内化中的两维度，即诚信道德象征化和诚信道德内化，对个体考试诚实/作弊行为的影响。其中，诚信道德内化强度最强，"同伴行为"的环境因素不可忽略，"扪心"的诚信象征化动作具有重要的提示作用。道德认同理论认为，道德认同是个体坚持道德信仰，是个体依据道德行事的动力之一。① 正如以往的研究结果一样，诚信道德象征化对个体诚信行为的影响不确定。道德认同象征化是个体通过行为向他人证明行为主体的道德认同。有研究表明，高道德认同象征化领导，在做出对社会负责任的行为后，更可能做出对社会不负责任的行为。② 当受到诋毁时，高道德认同象征化个体更可能采取报复行为，因为他们更需要通过行为向他人证明他们受到不能容忍的对待。③ "同伴行为"的环境因素对个体的考试行为的诚实程度有影响作用。与实验5和实验6的结果一样，受到"同伴不诚信行为"的环境因素影响的被试，相对于受到"同伴诚信行为"的环境因素影响的被试，更诚实地自报考试成绩，可能是面对内群体成员的不道德行为激发了他们的

① A. Blasi, *Character Psychology and Character Education*, Notre Dame: University of Notre Dame Press, 2005, pp. 67 – 100.

② M. E. Ormiston & E. M. Wong, "License to Ill: The Effects of Corporate Social Responsibility and CEO Moral Identity on Corporate Social Irresponsibility", *Personnel Psychology*, No. 66, 2013, pp. 861 – 893.

③ L. J. Barclay, D. B. Whiteside & K. Aquino, "To Avenge or not to Avenge? Exploring the Interactive Effects of Moral Identity and the Negative Reciprocity Norm", *Journal of Business Ethics*, Vol. 121, No. 1, 2014, pp. 15 – 28.

诚信意识，因而选择做出更多的诚实行为。

综上所述，诚信道德内化是个体行为诚信的道德基础。当面临尊重友情和坚持诚信规则两种价值观冲突时，被试一致认同，遵守诚信规则是诚信行为的价值观基础，并且诚信道德高内化的被试始终能够坚持诚信行为，即使在有作弊诱惑的情境下，也能做到更诚实。因此，加强大学生诚信道德认同是诚信教育的重点。

冷洁的研究还认为，诚信的象征化可以提高个体的诚信意识。[①]其研究采用的"扪心"动作是诚信的象征化动作，具有提高诚信意识的作用（实验1），不仅引发他人对动作者的信任（实验2），而且引发动作者自己的诚信行为（实验3），从而实现了个人诚信。尽管"扪心"的诚信象征化动作的道德提醒作用有限，但在特定的情境中可抑制考试作弊倾向（实验4）。因此，在日常生活中，适当地使用"扪心"的象征化动作，可起到潜移默化的影响作用。

第三节　在日常生活中使用"宣誓"的诚信象征化动作

宣誓，古代也叫起誓，是以最郑重的形式，向誓言接受者表明自己，并请接受誓言者监督，在起誓的那件事上把对自己的监督和处置全权交给誓言接受者。例如，在作证言之前在法庭上起誓，就是对在场的人员保证自己证言的诚实性；如果说谎，甘愿接受来自法律的相应惩罚。在加入党派及其附属组织时宣誓，就是把自己交给了党派及其附属组织监督和处理。由此可见，宣誓可以起到约束人心、使其自觉守法的作用。

在当代，宣誓被无形地渗透到日常生活的各个方面。随着历史的发展，宣誓这个在古代极具法律约束力的概念，也逐渐被弱化为只需

---

① 冷洁：《大学生诚信的具身研究视角：诚信隐喻结构表征及其证据》，博士学位论文，苏州大学，2019年。

要道德和良心的约束，因此宣誓作为一种教育、一种警诫、一种约束值得被重新重视起来。

一　宣誓的内涵与意义

就宣誓的内涵而言，宣誓通常是在正式场合进行，并伴有正式的仪式，它可以包含广泛的内容，其中最常见的是官方规定的仪式。通常将宣誓分为三种类型：一个是在重大事件期间发出的誓言，如大规模工程人员的宣誓、运动员的宣誓、入党的宣誓、加入军队的宣誓等；第二个是宣扬国威的仪式，如建军节和国庆节的阅兵以及各种颁奖大会等；第三是日常生活中的应用，如向军旗、首长敬礼，唱国歌、军歌等。

从古代兄弟的义结金兰，再到现代社会的大规模仪式活动，宣誓都贯穿其中。其中一些是法律或有关规范要求宣誓的，如某些地区的行政首长和法官，西方国家的总统等必须宣誓，中国共产党党员、共青团员加入组织，裁判员和运动员在运动会开幕式上的郑重承诺及学校的升旗、兵役，甚至成人礼都应当宣读誓言。2018 年《中华人民共和国宪法修订案》第四十条为宪法第二十七条增加一款，作为第三款：国家工作人员就职时应当依照法律规定进行宪法宣誓。宪法的规定肯定了宣誓在当代社会的重要意义，也启发我们去关注宣誓的每一个细节。

就宣誓的意义而言，宣誓之所以能够约束他人的言行，是因为在正式场合进行宣誓，能在一定程度上增强宣誓者的责任心、使命感和神圣感，同时也能起到鼓舞他人、带动他人奋进的作用。[①] 在法律尚未被制定的现代国家兴起前，抑或在已制订法律的情况下，道德基于心理上的定式，能够约束人们遵守社会规范，对于维持社会秩序有一定的效果。其中宣誓正是宣誓人公开地向他人声明自己应该遵守的行为规范和准则，并且会对此负责的想法。这是通过对宣誓人提出了更

---

① R. D. Laing, *The Politics of Experience*, New York：Ballantine Books, Inc. , 1967, p. 34.

高的道德要求，来增加原本的规范对其产生的心理强制性。"一言既出驷马难追""一诺千金""言必信、行必果"，这些俗语都体现出了对于个人"言行一致"的要求。由此看来，宣誓的意义主要在于，一个人公开表示自己的决心，以示坚决信守。

人类创造各种各样符号的目的，是为了把复杂的事物简单化。因此，首先有一个相对的、可被感知的简洁形式便是各种符号的特征之一。其次，还要具有表现被表现事物的能力，也被称为符号的"能指"，而符号所代表或指称的事物被称为符号的"所指"。简言之，能指是符号的形式，所指是符号的意义。仪式中象征性的符号，与日常事物或习见现象没有直接的相似性或关联性，符号所指与符号形式（如行为、动作、器物、声音等）之间没有直观和本质的联系，它们之间的关系只存在于仪式当事人及特定社会群体约定俗成的"文化代码"中。

就符号形式而言，仪式符号大致可以分为：语言形式的符号、物件形式的符号、行为形式的符号和声音形式的符号，而这几种形式的符号有时是相互包容、难以分解的。在宣誓仪式中，每种形式的符号都各有其不同的表现形式。语言形式的符号有誓词的表达，物件形式的符号有国袍、法袍、法槌等道具，行为形式的符号有宣誓的动作、现场人员的起立，声音形式的符号有誓词的高声宣读。根据上述的符号形式来看，这些符号本身在宣誓仪式中只是"能指"，而它们的象征意义与形式之间形成约定俗成关系的"所指"。法官所穿着的法袍象征了他成熟的思维方式和独立的判断能力，并代表了他直接对自己的良心负责。它也表明了从业者在精神上的自主权；他们不被允许受威胁而行事或屈服于某些压力。①

二 具身认知视角下的道德诚信研究

具身认知（embodied cognition）也被称为"涉身"认知②，是指

---

① 贺卫方：《法边馀墨》，法律出版社 2015 年版，第 43 页。
② 孟伟：《如何理解涉身认知?》，《自然辩证法研究》2007 年第 12 期。

身体在认知过程中起到了关键作用，认知是因为身体的体验及其活动方式而产生的。除了研究与道德隐喻相似的诚信隐喻外，研究者也依据具身认知理论展开对诚信的研究，主要是身体动作对诚信的影响。前人研究已经表明，人的认知、情感和行为会受到身体移动[1]、手势[2]、姿势[3]、面部肌肉收缩[4]、手臂移动[5]和头部移动[6]的影响。而不少研究也已表明，不同的身体姿势对诚信会产生不同的影响。大体上，身体姿势可以分为两类：有实际意义的身体姿势和无实际意义的身体姿势。前者的相关研究如做出扩张的身体姿势相较于紧缩的身体姿势会让被试表现出更多的不诚实行为。[7] 有实际意义的身体姿势通常是后天逐渐习得的一种具有特定意义的姿势，这些姿势往往存在文

① T. Mussweiler, "Doing is for Thinking! Stereotype Activation by Stereotypic Movements", *Psychological Science*, No. 17, 2006, pp. 17 – 21. F. Strack, L. L. Martin & S. Stepper, "Inhibiting and Facilitating Condition of Facial Expressions: A Non-Obtrusive Test of the Facial Feedback Hypothesis", *Journal of Personality and Social Psychology*, No. 54, 1988, pp. 768 – 777.

② T. Schubert, "The Power in Your Hand: Gender Differences in Bodily Feedback from Making a Fist", *Personality and Social Psychology Bulletin*, No. 30, 2004, pp. 757 – 769.

③ J. Chandler & N. Schwarz, "How Extending Your Middle Finger Affects Your Perception of Others: Learned Movements Influence Concept Accessibility", *Journal of Experimental Social Psychology*, Vol. 45, No. 1, 2009, pp. 123 – 128.

④ M. Parzuchowski & A. Szymkow-Sudziarska, "Well, Slap My Thigh: Expression of Surprise Facilitates Memory of Surprising Material", *Emotion*, No. 8, 2008, pp. 430 – 434. F. Strack, L. L. Martin & S. Stepper, "Inhibiting and Facilitating Condition of Facial Expressions: A Non-Obtrusive Test of the Facial Feedback Hypothesis", *Journal of Personality and Social Psychology*, No. 54, 1988, pp. 768 – 777.

⑤ J. Förster & F. Strack, "Motor Actions in Retrieval of Valenced Information: a Motor Congruence Effect", *Perceptual and Motor Skills*, Vol. 85, No. 2, 1997, pp. 1419 – 1427. S. Schnall, J. Benton & S. Harvey, "With a Clean Conscience", *Psychological Science*, Vol. 19, No. 12, 2008, pp. 1219 – 1222. S. Schnall, J. Benton, & S. Harvey, "With a Clean Conscience: Cleanliness Reduces the Severity of Moral Judgments", *Psychological Science*, No. 19, 2008, pp. 1219 – 1222.

⑥ T. Loetscher, Urs Schwarz, Michele Schubiger & Peter Brugger, "Head Turns Bias the Brain's Internal Random Generator", *Current Biology*, Vol. 18, No. 2, 2008, pp. R60 – R62.

⑦ A. J. Yap, A. S. Wazlawek, B. J. Lucas, A. J. Cuddy & D. R. Carney, "The Ergonomics of Dishonesty: the Effect of Incidental Posture on Stealing, Cheating, and Traffic Violations", *Psychological Science*, Vol. 24, No. 11, 2013, pp. 2281 – 2289.

化和地域差异，其中有些可能还带有宗教的意义。① 通常在如美、德、英、俄等国家，人们会用"把手放在心上"这一动作有关的短语来表达诚实。譬如他们常说"打从心眼里"或一边说话，一边做出"把手放在心上"这样的动作来证明他们言语的真实性。如 Parzuchowski 和 Wojciszke 就探讨了这一手势动作与诚实之间的关联。他们的结果表明，做"手放在心上"的人比做"手放在肩膀上"的人会被他人认为更加诚实，并且自身的欺骗和说谎行为也会更少。② 由此看来，不同的手势动作会影响他人对自身道德水平的评价，也会促使个体自身表现得更为诚实。

阎书昌等人的研究中采用 Zhong 和 Liljenquist 的范式，③ 在中国文化的背景下以中国大学生为被试，用中文材料进行研究，却并未在中国人身上发现相同的"洗手减轻罪恶感"的效应，说明了道德的具身研究的跨文化一致性问题值得探索。④ 据此，我们不得不思考，身体的活动方式对道德范畴下的诚信是否也会受到文化的影响？例如我们从小时候加入少先队开始，到入团、入党，甚至某些特定的入职仪式中采用的"右手握拳、举到太阳穴旁"的动作是中国文化中所独有的，它有别于其他国家的宣誓动作。因此，我们以中国文化中的宣誓动作为研究对象，从具身认知的角度来探索这一动作与诚信之间的关联。

三　宣誓动作对个体诚信认知和行为的影响

陈璐对宣誓动作的研究分为三个子研究，以苏州地区在校大学生

---

① 肖湘伶：《具身视角下宣誓姿势对评价与预测他人道德行为的影响》，硕士学位论文，山东师范大学，2017 年。

② M. Parzuchowski & B. Wojciszke, "Hand over Heart Primes Moral Judgments and Behavior", *Journal of Nonverbal Behavior*, Vol. 38, No. 1, 2014, pp. 145 – 165.

③ C. B. Zhong & K. Liljenquist, "Washing Away Your Sins: Threatened Morality and Physical Cleansing", *Science*, Vol. 5792, No. 313, 2006, pp. 1451 – 1452.

④ 阎书昌：《身体洁净与道德》，《心理科学进展》2011 年第 8 期。

为研究对象，采用多种研究范式，从意识到行为层面逐步探索宣誓的诚信象征化动作对诚信的影响。[①]

研究 1 分为预实验和正式实验两个部分。预实验采用自由联想的实验范式，搜集实验所需的词汇材料，并初步考察无意识层面宣誓动作与诚信概念之间的联系。研究 1 采用内隐联想测验（IAT）范式，从内隐层面间接证明宣誓动作与诚信概念之间存在自动联结。

研究 2 采用 Srull & Wyer[②] 提出的模糊行为故事实验范式，再根据 Herr[③]，Banaji、Hardin 和 Rothman[④]，Chandler 和 Schwarz[⑤] 改编后的方法进行再改编，探讨受到宣誓动作启动的被试，是否会认为他人更具有诚信的特质。

研究 3 采用矩阵计算任务范式[⑥]并根据实验目的对任务流程进行了调整，探讨当启动被试看到宣誓动作，是否会减少被试在有机会为了获得更多利益时做出的不诚信行为，并进一步比较宣誓动作与扪心动作对诚信行为影响的异同。

研究 1 的结果表明，将诚信词与宣誓的象征化诚信动作放在一起时，被试认知上的矛盾较小、反应所用的时间较短，同时 IAT 效应值

---

① 陈璐:《宣誓动作对大学生诚信认知和行为的影响》，硕士学位论文，苏州大学，2019。

② T. K. Srull, R. S. Wyer, "The Role of Category Accessibility in the Interpretation of Information About Persons: Some Determinants and Implications", *Journal of Personality and Social Psychology*, Vol. 37, No. 10, 1979, pp. 1660 – 1672.

③ P. M. Herr, "Consequences of Priming: Judgment and Behavior", *Journal of Personality and Social Psychology*, Vol. 51, No. 6, 1986, pp. 1106 – 1115.

④ M. R. Banaji, C. Hardin & A. J. Rothman, "Implicit Stereotyping in Person Judgment", *Journal of Personality and Social Psychology*, Vol. 65, No. 2, 1993, pp. 272 – 281.

⑤ J. Chandler & N. Schwarz, "How Extending Your Middle Finger Affects Your Perception of Others: Learned Movements Influence Concept Accessibility", *Journal of Experimental Social Psychology*, Vol. 45, No. 1, 2009, pp. 123 – 128.

⑥ F. Gino, S. Ayal & D. Ariely, "Contagion and Differentiation in Unethical Behavior: The Effect of One Bad Apple on the Barrel", *Psychological Science*, Vol. 20, No. 3, 2009, pp. 393 – 398. N. Mazar, O. Amir & D. Ariely, "The Dishonesty of Honest People: A Theory of Selfconcept Maintenance", *Journal of Marketing Research*, Vol. 45, No. 6, 2008, pp. 633 – 644. C. B. Zhong, V. K. Bohns & F. Gino, "Good Lamps are the Best Police: Darkness Increases Dishonesty and Self-Interested Behavior", *Psychological Science*, Vol. 21, No. 3, 2010, pp. 311 – 314.

的大小也说明了宣誓动作和诚信特质之间存在中等强度的内隐联结。也就是说，当人们看到一个人做出宣誓的肢体动作时，会自动地认为这个人拥有更多的诚信特质；而看到一个没有做这一动作的人，则只会自动地从这个人的外貌特征等外部因素来推断这个人的特质，这与我们的假设相符合。这一结论也表明，虽然在常见的宣誓活动中，宣誓的动作总是伴随着誓词和外部环境等符号形式出现的，通常是重大、正式的场合，不适合日常生活中普遍应用，可能会有作秀之嫌，但现在仅仅将宣誓中的肢体动作分离出来，它也具有一定的象征性，能够使人们联想到进行宣誓的人所应当具备的人格特质，并且这一动作表征是自动的、无意识的，这为在日常生活中使用"宣誓"的诚信象征化动作提供了一部分证据。

研究 2 的结果表明，做宣誓动作的人会被他人认为更具有诚信的人格特质，也就是说，身体经验的确会影响一个人的认知因素，随后认知因素再对他人的判断产生影响。这也说明，诚信作为一种对人的社会性评价，这一概念的可及性会影响人们对他人后续相关或无关的方面的判断和评价。

研究 3 的结果表明，在一项表面上看起来与自身能力有关的测试中，看到宣誓动作或"扪心"动作的被试，在报告自己的成绩时会比看到不做动作的被试更诚实，具体表现为谎报答对题数的人数更少，以及谎报的答对题数也更少。这一结果说明，在中国文化下，当代的宣誓动作可以提高人们的道德诚信水平。我们还发现了，（不）诚信行为的人数明显受到了性别因素的影响，表现为女性被试在看到宣誓动作后说谎的人少于诚实的人，而看到无动作后说谎的人多于诚实的人；在男性被试中则没有发现这一效应。Shelton 和 Hill 指出，大多数测验中欺骗发生在成绩较差或成绩焦虑特别强烈的学生身上，[1]而 Hetherington 和 Feldman，Newstead、Franklynstokes 和 Armstead 的研

---

[1] J. Shelton & John P. Hill, "Effects on Cheating of Achievement Anxiety and Knowledge of Peer Performance", *Developmental Psychology*, Vol. 5, No. 1, 1969, pp. 449 – 455.

究得出了相当一致的结论，即学业成绩和学生欺骗行为之间存在负相关。学业成绩越好的学生会出现更多频率的欺骗行为，这或许也可能是本实验中在没有看到宣誓动作情况下，女大学生不诚信行为人数显著更多的一部分原因，她们在这种与自身能力有关的测试中可能比男性被试更在意自己的表现，因而在参照成绩换算等级表时，受到自尊心的驱使她们更希望通过谎报自己的成绩来体现出自己的能力水平。另一方面，这也可能与女性的认知加工特点有关。[①] 顾海荣发现，男生对知觉层次的信息量更加敏感、更易形成整体知觉，而女生比男生更加善于观察和辨认细小特征，因此在看到一个人的照片时女生更能抓住细节（手部的动作），更容易对这一动作的内涵和意义进行加工，从而影响到自己的行为。[②] 这也启示我们在日常生活中运用"宣誓"的诚信象征化动作来增强道德诚信约束力的时候要考虑到性别的差异和活动内容的性质等。如果一项活动与自身能力越相关、越容易暴露自己的实际情况，那么当有机会说谎时，参与者就越有可能做出不诚信的行为，这种情况下使用"宣誓"的动作，或许其警示效果会更好。

研究 3 还进一步比较了中国当代宣誓仪式中的宣誓动作和出自传统文化成语中的"扪心"动作对大学生自身诚信行为影响。结果显示，虽然从不诚信人数上看，宣誓动作对不诚信行为的抑制效果更好，但从谎报成绩上看，宣誓动作和"扪心"动作都能降低被试谎报的成绩，也就是都能减少被试的不诚信行为程度。从这一结果来看，宣誓动作和"扪心"动作都具有抽象诚信概念的象征性，都能促使人们做出更诚信的行为。

[①] E. M. Hetherington & S. E. Feldman， "College Cheating as a Function of Subject and Situational Variables"， *Journal of Educational Psychology*， Vol. 55， No. 4， 1964， pp. 212 – 218. S. E. Newstead， A. Franklynstokes & P. Armstead， "Individual Differences in Student Cheating"， *Journal of Educational Psychology*， Vol. 88， No. 88， 1996， pp. 229 – 241.

[②] 顾海荣：《图形认知任务中的视知觉加工层次研究》，硕士学位论文，华东师范大学，2010 年。

根据进化心理学理论观点，认知是具身的认知，因为身体已经不仅仅是普通物理学意义上的客体了，而是被赋予了生物学的意义，身体动作和经验都包含了适应的意义。一些身体的动作、手势等被赋予了道德上的内涵，正如 Parzuchowski 和 Wojciszke 研究的做出"把手放在心上"动作的人，会被评价为更诚实，这一结论对个体间的社交沟通具有十分重要的启示，[①] 有利于个体的社会适应。当前所研究的宣誓动作也是具有中国文化下丰富的道德内涵，通过日常的生活经验，人们逐渐把"宣誓"这一手势与正直、诚实、责任等与宣誓仪式中密切相关的抽象道德概念联系在一起，因而当它单独出现时，这一联结表现为宣誓的象征化动作影响了人们对他人的感知和自身的诚信行为，从而产生一种规范自身行为的有效方式。

尽管在不同文化背景下与诚信有关的手势动作各有不同，但我们猜想这些动作都基于相似的机制对知觉和道德有关的行为产生影响。彭凯平和喻丰也指出，即使在不同的文化中，譬如美国和中国，人们也遵从许多相同的认知机制。[②] 彭凯平和喻丰提出的物理变量对道德判断或道德行为的影响机制两阶段模型在中美文化中也都是适用的，但是文化的差异会使抽象概念的认识产生意义上的差异，例如陈璐的研究所证实的宣誓动作（中国）以及 Parzuchowski 和 Wojciszke 研究的"手放在心上"的动作（波兰）。[③] 诚然，陈璐的研究中的宣誓动作是当代中国文化所特有的，在其他文化下，如美国人在法庭等场合的起誓动作可能是举起平伸的右手来寓意所说的都是真话，这一特定动作也许在美国文化下也能影响个体的诚信行为。另一方面，除了暗

① M. Parzuchowski & B. Wojciszke, "Hand over Heart Primes Moral Judgments and Behavior", *Journal of Nonverbal Behavior*, Vol. 38, No. 1, 2014, pp. 145 – 165.

② 彭凯平、喻丰:《道德的心理物理学：现象、机制与意义》,《中国社会科学》2012年第12期。

③ M. Parzuchowski & B. Wojciszke, "Hand over Heart Primes Moral Judgments and Behavior", *Journal of Nonverbal Behavior*, Vol. 38, No. 1, 2014a, pp. 145 – 165. M. Parzuchowski & B. Wojciszke, "From the Heart: Hand over Heart as an Embodiment of Honesty", *Cognitive Process*, No. 15, 2014, pp. 237 – 244.

示诚信的手势动作，也有一些特定的与不诚信相关联的动作。美国人在说谎时很有可能手指会放在背后并交叉，这个动作会显示出这个人不可信的特点。同样地，当法国人手掌朝下摆动时，可能会表现出更多的不诚信行为。[①] 又如在印度和巴基斯坦，人们会通过扬起脖子来表示否定，而通过向两肩摆动头来表示肯定，这与在大多数国家点头表示同意、摇头表示反对的习惯差异极大，这些动作很有可能产生具身效应跨文化的差异。研究 3 比较了同是中国文化中特有的"扪心"动作和宣誓动作，前者是中国古代成语中形成的，后者是当代中国通用的，这两个动作虽然都是特定文化中后天习得的，对诚信行为的影响效果也差不多，但是宣誓动作激活的更多是与诚实、责任心、正直等有关的概念，要求的是一个人说话做事要对自己负责任，要有正义感，而扪心动作出自成语"扪心自问"，激活的更多是反省的概念，要求一个人拷问自己的良心，说话做事是否对得起自己的良心。因此虽然同样是以身体动作的方式来影响行为，但二者对个体认知机制的作用方式是有差异的。未来的研究可以着眼于探究这些动作背后的原理——例如区分文化习得的动作与先天倾向的动作的差异。

叶红燕和张凤华认为情绪和认知因素是身体经验影响道德判断过程中的中介变量，身体经验会影响情绪和认知因素，然后再对道德判断产生影响。[②] 例如 Schaefer 等人发现被试坐到坚硬的椅子上后会做出更严苛的道德判断，而接触到柔软的椅子的被试感受到了更多的消极情绪。[③] 吴鹏、范晶和刘华山的研究证实了道德的双加工模型，指出道德情绪对网络助人行为的直接影响及道德推理的部分中介作用。[④]

---

① M. Parzuchowski & B. Wojciszke, "Hand over Heart Primes Moral Judgments and Behavior", *Journal of Nonverbal Behavior*, Vol. 38, No. 1, 2014a, pp. 145 – 165.

② 叶红燕、张凤华:《从具身视角看道德判断》,《心理科学进展》2015 年第 8 期。

③ M. Schaefer, L. Cherkasskiy, C. Denke, C. Spies, H. Song & S. Malahy, et al., "Incidental Haptic Sensations Influence Judgment of Crimes", *Scientific Reports*, Vol. 8, No. 1, 2018, p. 6039.

④ 吴鹏、范晶、刘华山:《道德情绪对网络助人行为的影响——道德推理的中介作用》,《心理学报》2017 年第 12 期。

肖湘伶发现，正义感和忠诚感能够部分中介宣誓姿势对预测他人道德行为的影响。[①] 然而在 Parzuchowski 和 Wojciszke 的研究中没有发现情绪受到手部动作（"手放在心上"）的影响，[②] 因此宣誓动作对道德诚信的影响中情绪因素的作用还值得进一步的探索。或许在不同文化下不同的肢体动作对他人的知觉和自身的诚信行为是由情绪唤起引发的，探究具身道德中不同具身线索的中介变量可以成为未来研究的方向。

　　个体差异也是一个不可忽视的调节变量。例如陈璐的研究 3 中发现了女生在看到宣誓动作后诚信的人数会明显更多，而在看到无动作后不诚信的人数明显更多，这可能显示出了女性更容易对细节进行加工的特点使得她们在实验过程中更容易注意、加工并且受到宣誓动作的影响，更容易地将宣誓的象征化动作与自我的道德诚信要求相匹配，或是在没有宣誓动作影响下更在意自己在能力测验中的表现。[③] 另外，女生在看到无动作后更多的不诚信行为也提示了可能这一部分人中存在成绩较差、考试焦虑等问题，[④] 这些因素在一定程度上就会影响大学生在能力有关测试中的诚信行为。简言之，个体的性别、特质、对图像的加工方式等差异会体现在对外界的感受性上以及体验到的身体或状态改变的剧烈程度，会进而引发人们在相同情境刺激下所产生的具有差异性的判断和行为。此外，人格上的差异或许也会影响到个体对具身或者隐喻认知的使用，[⑤] 这也值得具身认知领域的进一步探索。

---

　　① 肖湘伶：《具身视角下宣誓姿势对评价与预测他人道德行为的影响》，硕士学位论文，山东师范大学，2017 年。

　　② M. Parzuchowski & B. Wojciszke, "From the Heart: Hand over Heart as an Embodiment of Honesty", *Cognitive Process*, No. 15, 2014, pp. 237-244.

　　③ 顾海荣：《图形认知任务中的视知觉加工层次研究》，硕士学位论文，华东师范大学，2010 年。

　　④ J. Shelton & Johnp. Hill, "Effects on Cheating of Achievement Anxiety and Knowledge of Peer Performance", *Developmental Psychology*, Vol. 5, No. 1, 1969, pp. 449-455.

　　⑤ 彭凯平、喻丰：《道德的心理物理学：现象、机制与意义》，《中国社会科学》2012 年第 12 期。

综上所述，宣誓的诚信象征化动作可以提高个体的诚信意识，诚信概念与宣誓动作具有一定的内隐联结关系（研究 1），不仅能够促使他人对动作者诚信特质的认可（研究 2），还可以促进个体约束自己的行为，提高个人道德诚信水平（研究 3）。[①] 因此，在日常生活中采用独立于宣誓仪式的宣誓象征化动作可以成为中国人道德诚信教育的一种方式。

---

① 陈璐：《宣誓动作对大学生诚信认知和行为的影响》，硕士学位论文，苏州大学，2019 年。

第九章　提升大众诚信识别的洞察力

"人无信不可，民无信不立，国无信不威。"诚信无论对于我们国家还是个人，都是极其重要的立身之本，是个人或组织行驰于路、行走世间的基本要素。一方面个体自身要做一个诚信的人，另一方面，我们还要做一个智慧的人，即具备一定的诚信识别能力和洞察力。

回顾历史，当整个社会对诚信的关注度突然提高时，往往都与社会的转型、社会流动性增强和诚信资源的缺失密切相关。[①] 随着新的时代背景下城市化进程的推进，越来越多的人涌入城市中，社会结构由"熟人社会"逐渐向"陌生人社会"转变。人们每天都可能会与大量的陌生人打交道。[②] 那种基于"熟人社会"的纽带关系已经发生断裂，原本建立在亲缘关系、熟人关系上的共同体被打破，人际关系的约束力减弱，个体在日常生活中违背诚信的代价也有所下降。过去，假如某人不守信用、违背诺言，会受到身边熟人的道德谴责。因此过去个体在违背诚信时，不仅需要考虑违背诚信所获得的利益，同时还会考虑违背诚信的言行对自身人际关系的冲击和损害。但在现代社会，个体在日常生活中的相处对象更多是陌生群体，人们没有过去那么多的时间去慢慢了解他人，道德谴责的影响也不一定会切实影响到个人生活。那么，如何在简短的相处中，较快地判断他人的诚信水平，对于我们生存和适应就显得尤为重要。

---

① 秦安兰、吴继霞：《诚信概念的历史嬗变及其启示》，《征信》2014 年第 5 期。

② 张禹青：《传统、现代和后现代：社会信任的三个维度——关于社会信任的本土化探索》，《云南民族大学学报》（哲学社会科学版）2012 年第 2 期。

　　诚信是一簇将不同的品质特征捆绑在一起的一个复杂、厚重的概念。① 吴继霞、黄希庭认为诚信是指个体在一定关系中所表现出的以诚实、信用、信任为核心的比较稳定的心理品质和行为倾向。② 要判断一个人是否诚信，我们就需要分析他的心理特点和行为特点。反过来，我们也可以根据一个人的心理和行为特点，来推断他是否具有诚信的品质。因此，本章将主要围绕诚信心理的三个成分——信用、诚实和信任，帮助人们根据一些外显的、容易观察到的心理特点和行为特点来推断个体的诚信水平，从而提高人们的诚信洞察力。

第一节　基于他控力知觉评估陌生人信用的可能性

　　"人而无信不知其可也"，信用是对行为的一种规范要求，是指人与人在合作、交往中对他人诚实守信。信用作为一种心理现象，是一个社会认可的"自我"，也是个人社会影响力的代称。③ 信用就是讲承诺，中国人讲究通过自己"亲力亲为"获得信用。但是，在陌生人社会背景下，如何在短时间内评估他人的信用？当人们在理解和评价他人信用时，哪些信息是我们评估时所需要的有效信息？本节提供了一个新的视角——他控力知觉。任蕴哲通过质性访谈发现，受访者多次在"守信"这个主题上提到自我控制能力，结合情境实验，她进一步验证了自我控制能力对于评价个人信用时的重要作用。④ 因此，我们尝试从他控力知觉角度，帮助个体理解如何从这个角度评估陌生人的信用水平。

---

　　① S. van Hooft, "Integrity and the Fragile Self", *Australasian Journal of Philosophy*, Vol. 81, No. 3, 2003, pp. 451 –453.

　　② 吴继霞、黄希庭：《诚信心理学研究的理论思考》，《西南大学学报》（社会科学版）2010 年第 6 期。

　　③ 吴继霞、黄希庭：《诚信结构初探》，《心理学报》2012 年第 3 期。

　　④ 任蕴哲：《信任与信用及其关系——质性研究及他控力知觉角度的实证研究》，硕士学位论文，苏州大学，2013 年，第 4 页。

一 信用的特质论与知觉论视角

古今中外，人类对于"信用"的理解和追求从未停歇。在英文中，信用是 credit，来自拉丁语动词 credo，它的意思是"我相信"，其原始意思是"我给予信任"。① 信用的一般意义指遵守诺言，实践成约，从而取得别人的信任。"信用"一词很早就出现在中国古代的典籍中，"诚者，天之道也；思诚者，人之道也""人无信不立""言而无信，不知其可也""一言既出，驷马难追""童叟无欺"等为人处事的基本准则，集中反映了我国古代的信用思想和信用原则。在中国传统文化中，作为道德准则的信用强调无论对人还是对己，都必须发自内心的诚和实。②

而从心理学视角研究信用时，往往会借鉴信息加工的思路。研究者们将信用过程看作是一种信息加工的过程，所涉及的对象包括信息发送者（被信任方）和信息接收者（信任方），总结起来，主要有两种不同的角度——特质论和知觉论。其中，特质论关注信用产生的前提条件，而知觉论则从信息接收者的知觉结果来理解信用。

特质论认为信用是一种个人特质，具有这种特质的人，他所发送的信息容易取得信息接收者的信任。③ 也就是说，特质论认为个体是否讲信用，取决于他自身是否具有值得信任的特质。比如，张某在与王某打交道的时候是讲信用的，同样，张某在与刘某、吴某等其他人打交道的时候，也是讲信用的。张某昨天是讲信用的，他今天也会是讲信用的，明天他依然会讲信用。所以张某的讲信用是一个稳定的特质，具有跨时间、跨情境的一致性。

特质论研究被信任者的一般特征，对于领导者的信用研究认为，

① 喻敬明、林钧跃、孙杰：《国家信用管理体系》，社会科学文献出版社 2000 年版，第 2 页。

② 谭中明：《社会信用管理体系——理论、模式、体制与机制》，中国科学技术大学出版社 2005 年版，第 2—3 页。

③ R. R. Dholakia & B. Sternthal, "Highly Credible Sources: Persuasive Facilitators or Persuasive Liabilities?" *Journal of Consumer Research*, Vol. 3, No. 4, 1977, pp. 223 – 232.

信用是领导最重要的品质,[①] 领导者的信用核心是言行一致。在一项调查人们对信用的理解的研究中,信用的特质描述主要包括兑现承诺、遵守诺言、证明所说的话、诚实、说真话、可靠和值得信任。[②] 美国在个人信用评估的"3C"模型——性格(Character)、能力(Capacity)、抵押(Collateral)中也将性格放在首位。可见,特质论者认为信用是一种稳定的个性特质,但是它不是一种单纯的特质,在不同的人群中,其核心特质有所不同。王淑芹认为信用的构成要素有信任心理、规则要求、利益需求、约定形式、践行约定、价值评价。[③] 在任蕴哲的研究中,信用是指特质论的信用,是被信任者值得他人信任的品质。她通过质性访谈的结果发现,信用的心理结构包括11个部分:承诺兑现、经济活动、客观性评价性、个人品质、信用有判断标准、信用有弹性、信用的过程、社会文化环境的影响、外在表现、内在心理、事情的性质(见图9-1-1)。个人品质是信用的本质,这点反映在她的访谈中对信用品质的描述最多,信用是个人品质,是个人标签,是可信的品质,等等。[④] 具体的品质有自控力、守时、守信、认真、诚信等。良好的个人品质往往具有较高的信用度。[⑤]

与特质论不同,知觉论则认为信用是信息接收者(信任方)对信息来源可信度的一种知觉。大多数研究者支持知觉论的观点,认为不同的个体对于同一个信息的知觉结果是不同的。[⑥] 比如张某认为讲信用的那个人,李某未必认为他是一个讲信用的人。这种视角强调了知

① James M. Kouzes & Barry Z. Posner, "The Credibility Factor: What Followers Expect from Their Leaders", *Managment Review*, Vol. 79, No. 1, 1990, pp. 29–33.

② K. Mattarozzi, A. Todorov & M. Codispoti, "Memory for Faces: the Effect of Facial Appearance and the Context in Which the Face is Encountered", *Psychological Research*, Vol. 79, No. 2, 2015, pp. 308–317.

③ 王淑芹:《信用伦理研究》,中央编译出版社2005年版,第7—13页。

④ 任蕴哲:《信任与信用及其关系——质性研究及他控力知觉角度的实证研究》,硕士学位论文,苏州大学,2013年,第28页。

⑤ 谭中明:《社会信用管理体系——理论、模式、体制与机制》,中国科学技术大学出版社2005年版,第4页。

⑥ 陈松林、王重鸣:《基于知觉论和特质论的信用研究》,《心理科学》2006年第3期。

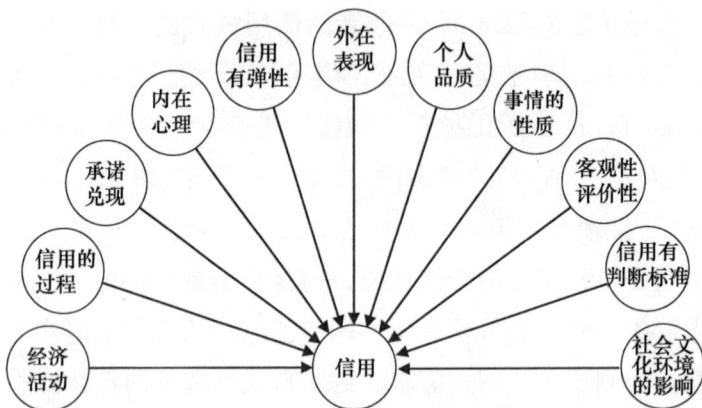

图 9 - 1 - 1 信用心理结构图

资料来源：任蕴哲：《信任与信用及其关系——质性研究及他控力知觉角度的实证研究》，硕士学位论文，苏州大学，2013 年，第 28 页。

觉主体的差异性，而不是信息来源的一个不变特征。[①] 知觉论者主要从信息来源可靠性、权威性的知觉上进行研究，只是知觉的侧重点有所不同。如 Hovland、Janis 和 Kelley 认为信用知觉包括可靠性知觉和专长知觉；[②] Applbaum 和 Anatol 认为信用知觉包括可靠性知觉、客观知觉、活力知觉和专长知觉；[③] Mayer 等认为信用包括个体对他人能力（ability）、诚信（integrity）和善意（benevolence）的知觉，[④] 这个结构得到了许多人的认可。这些因素中包括了对他人性格、能力、动

---

① C. I. Hovland, I. L. Janis, H. H. Kelley, "Communication and Persuasion", *Audio-Visual Communication Review*, Vol. 2, No. 2, 1954, pp. 135 – 142. Roger C. Mayer, James H. Davis & David Schoorman, "An Integration Model of Organizational Trust", *The Academy of Management Review*, Vol. 20, No. 3, 1995, pp. 709 – 734. K. L. Keller, D. A. Aaker, "The Impact of Corporate Marketing on a Company's Brand Extensions", *Corporate Reputation Review*, Vol. 4, No. 4, 1998, pp. 356 – 378. Maathuis Onno, Rodenburg John & Sikkel Dirk, "Credibility, Emotion or Reason?" *Corporate Reputation Review*, Vol. 6, No. 4, 2004, pp. 333 – 345.

② C. I. Hovland, I. L. Janis, H. H. Kelley, "Communication and Persuasion", *Audio-Visual Communication Review*, Vol. 2, No. 2, 1954, pp. 135 – 142.

③ R. F. Applbaum & K. W. E. Anatol, "The Factor Structure of Source Credibility as a Function of the Speaking Situation", *Communication Monographs*, Vol. 39, No. 3, 1972, pp. 216 – 222.

④ Roger C. Mayer, James H. Davis & David F. Schoorman, "An Integration Model of Organizational Trust", *The Academy of Management Review*, Vol. 20, No. 3, 1995, pp. 709 – 734.

机、知识等领域的知觉，是一种理性的知觉。但也有研究者认为不仅有理性分析，还有情感影响。[①] 任蕴哲通过访谈发现，客观性评价也是信用主要特征之一，区别于信任的主观性，客观性评价包括对信用的理性考察、第三方、客观范围、客观事实等。[②] 这说明了信用具有理性特征、它是具体的、可感的，其结果受到价值评价。信用的判断标准，不仅包括了社会上的道德标准、规则制度、社会评价的判断，也包括了个人评价，甚至因判断的对象不同而有所变化。也就是说，不同的知觉对象可能对同一个人的信用有不同的知觉评价结果，体现了信用评价的知觉结果差异。

信用的知觉结果差异还可能是个体对事情性质的判断差异、个体对结果的满意度等主观因素所造成的。从任蕴哲的访谈研究中可以发现，信用虽然是一种判断标准，但是它又是具有弹性的。[③] 在访谈中，有不少人提到"某些失信的行为是可以接受的"，或者"当失信的原因可以理解的时候也可以接受"，并不影响一个人的信用。而在社会、文化、环境等方面，影响信用的有社会大环境、信用发生的情境、周围的道德环境、社会文化背景，以及文化差异带来的不同。个人信用会受到一个社会的文化、历史、道德和经济发展水平的影响。[④] 以上个体的主观因素和社会文化因素，共同导致了信用知觉的个体差异，让每个人对同一个知觉对象产生不同的信用评价结果。

二　个人自我控制能力与遵守信用的关系

信用好坏，已经成为现代人能否成就大业的一个重要基础。讲信

---

① Maathuis Onno, Rodenburg John & Sikkel Dirk, "Credibility, Emotion or Reason?" *Corporate Reputation Review*, Vol. 6, No. 4, 2004, pp. 333–345.

② 任蕴哲：《信任与信用及其关系——质性研究及他控力知觉角度的实证研究》，硕士学位论文，苏州大学，2013 年，第 1 页。

③ 任蕴哲：《信任与信用及其关系——质性研究及他控力知觉角度的实证研究》，硕士学位论文，苏州大学，2013 年，第 27 页。

④ 喻敬明、林钧跃、孙杰：《国家信用管理体系》，社会科学文献出版社 2000 年版，第 25 页。

用、守信用、有信用就是诚实、真实无欺的表现，具体表现为"遵守诺言、践行约定"。任蕴哲在关于信用的质性研究中通过访谈发现，被访谈者会多次提及个体的自控力与信用的联系，尤其提到，自控力强的个体导致其兑现承诺的能力更高，因此更容易有信用，等等。[①] Perry和 Gail 的研究也表明，内控力高的人比外控的人有更高的信用水平。[②] 基于这样的事实，我们尝试探讨自控力与遵守信用之间的关系。

首先，自控力就是自我控制能力，是个体为了保持或促进合作，抑制不必要的自动行为倾向的能力。它侧重于通过个体意志的努力，在具有冲突的情境中表现出来的对自我的控制能力。Rothbart 和 Bates 认为，自我控制也被称为"努力控制"，涉及那些本质上以高级控制过程为基础的、控制个体行为反应性的过程，如情绪性反应。[③] 早期展现出来的保持和提高注意力方面的能力差异，以及启动和自愿抑制行为的能力与自控能力都是有关系的。自控力与抑制主导或优势行为的能力有着更深的关联。[④] 总的来说，自我控制能力帮助个体抵制对情境的即时反应，高自控力的个体能够控制他们情绪的影响（比如愤怒），帮助人们在沮丧甚至必须要处理可怕情况时，避免被痛击。

Hofmann，Friese 和 Strack 基于一些对于饮食、酒精和性行为控制等方面的研究提出自控力的模型，他们从冲动行为的前兆、沉思的前兆、情境或外在边界条件三者之间的调控来探讨自控力，他们强调自控力是个体内部的自然冲动与外部文化需求之间的监管机制。[⑤] 高自

---

① 任蕴哲：《信任与信用及其关系——质性研究及他控力知觉角度的实证研究》，硕士学位论文，苏州大学，2013 年，第 27—29 页。

② Perry & Vanessa Gail, "Giving Credit Where Credit is Due: The Psychology of Credit Ratings", *Journal of Behavioral Finance*, Vol. 9, No. 1, 2008, pp. 15 – 21.

③ M. K. Rothbart & J. E. Bates, "Parent Report in the Study of Temperament", *Infant Behavior & Development*, Vol. 19, No. 1, 1996, pp. 276 – 276.

④ G. Kochanska, K. T. Murray & E. T. Harlan, "Effortful Control in Early Childhood: Continuity and Change, Antecedents, and Implications for Social Development", *Developmental Psychology*, Vol. 36, No. 2, 2000, pp. 220 – 232.

⑤ W. Hofmann, M. Friese & F. Strack, "Impulse and Self-Control from a Dual-systems Perspective", *Perspectives on Psychological Science*, Vol. 4, No. 2, 2009, pp. 162 – 176.

控力的个体具有较高的情感控制能力，他们在日常生活中受情感体验的影响较小。① 同时，这种高控制力的特征与个体的人格特征有很高的一致性，在他人看来，这类人都表现为不太外向的、不容易心血来潮的。

在任何社会中，自我控制能力都是与他人相处的很重要的前提。人类的自我控制能力是与生俱来的社会属性。一个人如果不能控制他的思想、情绪或者行为的话，就很容易在遭遇挫折时陷入愤怒的情绪，容易缺乏建设性地解决冲突的能力、参与反社会行为等。②

其次，自我控制能力与大五人格的宜人性显著相关。③ 其中，宜人性在保持与他人的积极关系中起到了激发性的作用。比如，Jensen-Campbell 等人将宜人性定义为一种抑制讨厌倾向的能力。在群体情境中，抑制过程需要控制自私和讨厌的倾向。与其他同伴相比，高宜人性的个体确实对人际交往中的冲突反应更加具有建设性，在内部相互依赖的群体任务中，表现出更多的合作行为，被他们的父母描述为更加具有竞争性和社交技能。④

自我控制能力还与个体的责任心有着显著的关联。⑤ 责任心由与自我控制相关的多种个性特征所组成。比如，责任心和自我控制都是努力地指向一个注意对象的能力，在多个可选择的行为中表现出特定行为的能力，在任务中坚持的能力。有较高责任心的个体能够在一个

① D. L. Zabelina, M. D. Robinson & C. L. Anicha, "The Psychological Tradeoffs of Self-control: a Multi-Method Investigation", *Personality & Individual Differences*, Vol. 43, No. 3, 2006, pp. 463 – 473.

② K. D. Vohs, R. F. Baumeister, "Ego-Depletion, Self-Control, and Choice", *Handbook of Experimental Existential Psychology*, New York: Guilford, 2004, pp. 398 – 410.

③ L. A. Jensen-Campbell, J. M. Knack, A. M. Waldrip, et al., "Do Big Five Personality Traits Associated with Self-Control Influence the Regulation of Anger and Aggression?" *Journal of Research in Personality*, Vol. 41, No. 2, 2006, pp. 403 – 424.

④ L. A. Jensen-Campbell, J. M. Knack, A. M. Waldrip, et al., "Do Big Five Personality Traits Associated with Self-Control Influence the Regulation of Anger and Aggression?" *Journal of Research in Personality*, Vol. 41, No. 2, 2006, pp. 403 – 424.

⑤ L. A. Jensen-Campbell, J. M. Knack, A. M. Waldrip, et al., "Do Big Five Personality Traits Associated with Self-Control Influence the Regulation of Anger and Aggression?" *Journal of Research in Personality*, Vol. 41, No. 2, 2006, pp. 403 – 424.

枯燥的任务中坚持更长时间。① 个体的责任心还与广泛的工作表现、亲社会行为、人际关系等息息相关。

综上可知，自我控制能力是一种控制即时的情绪反应和行为表现的能力，这种能力可以帮助人们在面对复杂情境时，做出更有利于个体长期利益、更加有利于个体主观幸福感的行为选择。自我控制能力是一种稳定的特质，高自控力的人通常被描述为更能控制行为、更久的延迟满足、更强的发起和维持行为的能力，以及在没有外界监督的情况下更能不做出社会不允许的行为。那么，自我控制能力与遵守信用的关系如何，可以从以下几点进行分析。

第一，从概念上看，自我控制的品质同信用品质内涵有一致的地方。当自我利益处在冲突情境中时，自我控制行为和守信行为都需要个体克服即时的、自私的反应，做到冷静思考，理性抉择，为了长期的利益和长期的幸福感，能够努力做到放弃眼前的既得利益。自控力作为一个因素，同时存在于信任和信用的稳定结构中，因此，自控力可以作为一个连接信任和信用的桥梁，② 通过个人品质连接。由编码参考点可知，自控力和信任、信用都有关联，但与信用的联系更紧密一些，在访谈中，被访谈者也多次提及自控力与信用的联系。比如自控力强导致兑现承诺的能力更高，因此更容易有信用。

第二，守信行为需要高自控力来实现。那些能够控制自己行为的个体，常常会从社会关系中获益，比如群体内归属感、同伴的接纳、高质量的关系。③ 同样，守信行为也是如此。人们判断一个

---

① C. Sansone, D. J. Wiebe, C. Morgan, "Self-Regulating Interest: The Moderating Role of Hardiness and Conscientiousness", *Journal of Personality*, Vol. 67, No. 4, 1999, pp. 701 – 733.

② 任蕴哲:《信任与信用及其关系——质性研究及他控力知觉角度的实证研究》，硕士学位论文，苏州大学，2013 年，第 27 页。

③ L. A. Jensen-Campbell, K. T. Malcolm, "The Importance of Conscientiousness in Adolescent Interpersonal Relationships", *Personality and Social Psychology Bulletin*, Vol. 33, No. 3, 2007, pp. 368 – 383. K. D. Vohs, N. J. Ciarocco, "Interpersonal Functioning Requires Self-Regulation", in R. F. Baumeister & K. D. Vohs, eds, *Handbook of Self-Regulation: Research, Theory, and Applications*, Guiford Press, 2004, pp. 392 – 407.

人的信用，往往是根据观察者对个体或者团体在较长时间中的承诺和践诺情况做的综合评价。个体能够重视自己的承诺，并且认真履行诺言，他就会获得较高的信用评价，而在守信过程中，个体要重点考虑信任博弈对自己信用度造成的长远影响，而不能仅仅考虑单次博弈的后果。

第三，高自控力者更容易获得信任。在 Mayer 等人的信任模型中，能力包括一系列能使被信任方在某个特定领域发挥影响的技能、胜任力和个性。[①] 信任方会从被信任方先前的行为和经验来推断他是否值得信任。高自控力的个体表现出的奉献行为和适应行为会给合作方一种更值得信任的印象。这种为了双方良好关系，而愿意放弃自身利益的亲缘行为，给他人一种模糊的证据，即对方持有仁慈的动机，因为他们对这段关系有所承诺。其实，这些行为不仅体现受信方的动机，同时也体现了受信方能够不顾代价实践这些行为的能力。[②] 因为这些行为超越个人利益、具有亲缘关系的特性，需要付出代价和努力，要求努力自我控制，受信方只有将动机（对关系的承诺）和能力（自我控制）整合起来，才能做出更加有利于信任方的行为。[③]

三 基于他控力知觉评估陌生人信用的可能性

当代中国文化下的诚信，要求人们诚实待人赢得信用，以信用取信于人。另一方面，人们基于什么信息对他人的信用进行评价？在陌生人社会背景下，人们交往的频率少、时间短。要在短时间内通过交往经验来了解一个人的信用，难度是很高的。但是一个人的自控力水

① Roger C. Mayer, James H. Davis & David F. Schoorman, "An Integration Model of Organizational Trust", *The Academy of Management Review*, Vol. 20, No. 3, 1995, pp. 709 – 734.

② F. Righetti, C. Finkenauer, "If You Are Able to Control Yourself, I Will Trust You: The Role of Perceived Self-Control in Interpersonal Trust", *Journal of Personality and Social Psychology*, Vol. 100, No. 5, 2011, pp. 874 – 886.

③ E. J. Finkel, W. K. Campbell, "Self-Control and Accommodation in Close Relationships: An Interdependence Analysis", *Journal of Personality and Social Psychology*, Vol. 81, No. 2, 2001, pp. 263 – 277.

平是相对容易得到的个人信息，它在日常生活中是较容易被观察的个体外显性的行为。

所谓他控力知觉（perceived self-control），是指个体对他人的自我控制能力的感知，是观察者感知到他人的自我控制能力。信任者是能够知觉到被信任者的自控力的。实验中要求被试知觉他人的自我控制能力，虽然不是对自己自控能力的知觉，但是它仍可能受到被试自身的自控力水平的影响，同时也会受到知觉者以及外在环境的影响。①

在合作背景下，个体如果察觉到某人具有较高的自控力，一般会认为自己能在合作中获得更多的收益。正如 Righetti 和 Finkenauer 的研究结果所发现的，"假如你能控制自己的行为，我就会选择相信你"②。自控力可以帮助个体克服自私、冲动的行为，它在抑制冲动行为、满足即时需要和长远利益中扮演了关键的角色。

被信任者的自控力影响到他在具有冲突的情境中信守承诺的特征，增加了信任者对其成功守信的预期，因而形成信任。从降低信任风险的角度来看，如果一个被认为使事情向好的方向发展，并且有能力控制自己生活的人，信任者信任此人的风险就较小。研究表明，信任者感知到的他人的自控力能够影响感知者对他的信用的评价，高自我控制的人被认为值得信任，相反低自我控制的人不值得信任。③ 人们在社会交往和互动中，因一方讲求信用、信守承诺会形成另一方对其的信任态度。④ 也就是说，被感知的自控力能够影响一个人的信用，并且决定其被信任的程度。杨中芳、彭泗清认为，在日常的信任关系

---

① 吴继霞、任蕴哲：《基于他控力知觉评估陌生人信用》，《中国社会科学报》2016年9月5日第6版。

② F. Righetti, C. Finkenauer, "If You Are Able to Control Yourself, I Will Trust You: The Role of Perceived Self-Control in Interpersonal Trust", *Journal of Personality and Social Psychology*, Vol. 100, No. 5, 2011, pp. 874 – 886.

③ F. Righetti, C. Finkenauer, "If You Are Able to Control Yourself, I Will Trust You: The Role of Perceived Self-Control in Interpersonal Trust", *Journal of Personality and Social Psychology*, Vol. 100, No. 5, 2011, pp. 874 – 886.

④ 邹勤：《社会信任结构与社会信用体系建设研究》，《四川师范大学学报》（社会科学版）2006年第4期。

建立中，个人的信任经验和特质虽然重要，但是没有交往对象的认可及回报，也不会有信任行为。而他控力知觉的产生，正是对交往对象，尤其是能力部分的认可的开始，在认可的基础上评估其信用，即基于他控力知觉评估陌生人信用，从而产生信任行为。

在 Perry 和 Gail 的研究中，那些经济知识水平相当的人，内控力高的人比外控的人有更高的信用水平。[1] 任蕴哲编制了可以引发他控力知觉的行为情境材料和情绪情境材料，通过实验验证了，他人的自控力能够引起观察者的他控力知觉，然后又通过实验进一步证明了他控力能够影响信用评分。[2] 研究发现，无论是行为情境还是情绪情境中，高他控力知觉组在信用评分上均显著高于低他控力知觉组。这表明他控力知觉可以影响信用评分，可以成为评估信用的一个测量指标。

第二节　通过识别微表情提升大众谎言识别能力

弗洛伊德曾经说过，如果一个人用眼睛去看，耳朵去听，他确信没有人能保持住秘密。他的这段话指出了谎言识别的两种主要方法：一是关注非言语线索，用眼睛去看，即观察人们所做的动作，是否出现笑容，视线转移，面部表情等；二是关注言语线索，用耳朵去听，即分析说话的内容，说话的音调、语速、是否出现口吃等。通过微表情来识别个体是否说谎，即是采用的第一种关注非言语线索的方法。[3] 在与陌生人的交往中，通过对其微表情的观察，有利于帮助个体判断对方是否说谎，是否诚信，为个体下一步的人际交往决策提供证据。

Ekman 多年的研究认为，微表情是判断个体是否说谎的有效指标

---

① Perry & Vanessa Gail, "Giving Credit Where Credit is Due: The Psychology of Credit Ratings", *Journal of Behavioral Finance*, Vol. 9, No. 1, 2008, pp. 15 – 21.

② 任蕴哲：《信任与信用及其关系——质性研究及他控力知觉角度的实证研究》，硕士学位论文，苏州大学，2013 年，第 42—45 页。

③ 刘莉贞：《盲、聋人的识谎与说谎研究》，硕士学位论文，浙江师范大学，2006 年。

之一，同时，经过微表情能力的训练，个体可以提高自己的谎言识别能力。微表情是指极大地压缩了正常表现时间的完整的情绪性表情，它包含了普通表情的全部肌肉动作，但时间非常短暂，1/15 秒至 1/5 秒左右。微表情能够提供说谎线索，即隐瞒情绪的破绽，具有非常丰富的信息。① 这一原理与面部肌肉的运动有关。面部肌肉的运动构成不同的表情，人们可以控制面部肌肉，但是有些部位的肌肉控制比较容易，而有些部位的肌肉控制则比较难。因此，那些难以控制的肌肉，相对就比较"诚实"。当说谎者想要装出假的表情时，不随意肌便会不听使唤。尽管说谎者试图隐瞒内心的真实感受，但却很难阻止或打断这类肌肉的活动，从而暴露了说谎的意图。

本节通过阐述大众在谎言识别能力中的三个特点，帮助人们了解个体在谎言识别中的基本表现。接着，通过对微表情识别能力与谎言识别能力的关系阐述，帮助人们了解微表情在谎言识别中的重要作用。最后，通过对过去研究的梳理，引导个体学会从个体泄露出来的情绪线索中，来识别微表情，从而判断个体是否说谎，是否诚信。

一　大众谎言识别能力的特点

（一）人们的谎言识别能力并不高

谎言识别是一种可以被测量的能力。② 根据已有研究，人们的谎言识别能力并不高，与随机概率差不多。③ Bond 和 DePaulo 总结了 206 篇研究报告，结果发现人们的谎言识别正确率只有 47%。④

---

① P. Ekman, *Telling Lies: Clues to Deceit in the Marketplace, Politics, and Marriage*, WW Norton & Company, in Corporated, 2001.

② M. O'Sullivan, "Unicorns or Tiger Woods: Are Lie Detection Experts Myths or Rarities? A Response to on Lie Detection 'Wizards' by Bond and Uysal", *Law and Human Behavior*, Vol. 31, No. 1, 2007, pp. 117 – 123.

③ C. F. Bond, B. M. Depaulo, "Individual Differences in Judging Deception: Accuracy and Bias", *Psychological Bulletin*, Vol. 134, No. 4, 2008, pp. 477 – 492.

④ C. F. Bond, B. M. Depaulo, "Accuracy of Deception Judgments", *Personality & Social Psychology Review*, Vol. 10, No. 3, 2006, pp. 214 – 234.

事实上，对于人际交往中所获取信息真实性的检测，是一个精细复杂和需要高度建构的认知过程。① 但 Ekman 等人的研究发现，人群中存在一些识谎高手，如美国特务机关人员、中央情报局工作人员和地方司法长官，他们的谎言识别正确率显著高于一般群体，分别达到了 64%、73% 和67%。②

根据 Undeutsch 假想，源自对真实经历记忆的陈述在内容和质量上都会与凭空编造或幻想出来的陈述有所不同。谎言识别过程中，人们需要将一个人说真话和说谎话的表现进行比较，找出不同之处，然后再依此"线索"做出判断。

（二）对不信任的个体，人们更倾向于做出谎言判断

中国大学生谎言识别过程中存在"取假偏见"，他们对谎话的识别正确率显著高于真话，并且对谎话的识别正确率（59.1%）显著高于偶然概率50%，对真话的识别正确率（46.6%）显著低于50%。③ 也就是说，面对不信任的陌生他人时，中国大学生更倾向于做出关于"谎话"的判断。这一发现与 Virj 的结果恰好相反，Virj 的研究中，被试识别真话的正确率为67%，识别谎话的正确率为44%。这可能与中西方不同的文化背景有关。

不同的文化背景会影响个体在谎言识别中采取取真偏见还是取假偏见。比如，中国学生的一般信任低于日美两国的学生。④ 美国的社会组织不依赖于血缘关系，他们对于不具血缘关系的人也具有较高的信任，因此他们在与陌生人交往过程中，更可能选择信任他人，做出

---

① R. Kraut, "Humans as Lie Detectors", *Journal of Communication*, Vol. 30, No. 4, 1980, pp. 209 – 218.

② P. Ekman, M. O'Sullivan, "Who Can Catch a Liar?" *American Psychologist*, Vol. 46, No. 9, 1991, pp. 913 – 920. P. Ekman, M. O'su Uivan, Mark G. Trank, "A Few Can Catch a Liar", *Psychological Science*, Vol. 10, No. 3, 1999, pp. 263 – 266.

③ 曹文雯、吴继霞：《微表情对男女青年谎言识别能力的影响》，《青年研究》2015年第4期。

④ 王飞雪、［日］山岸俊男：《信任的中、日、美比较研究》，《社会学研究》1999年第2期。

谎言识别的"取真偏好"，即认为大多数人说的都是真话。[①] 而中国人则不同。中国人的信任是建立在血缘关系基础之上的信任。[②] 中国人强调，通过个人实践诚信赢得信任，却并不鼓励信任他人。[③] 因此，在中国文化背景下，对于不相识的陌生人，他们彼此之间并没有信任的基础或者建立信任的可能性。因此，他们可能更加倾向于做出谎话的判断，更可能持有"取假偏好"，对不具血缘关系的人缺乏信任，在陌生人的谎言识别中，更容易出现"取假偏好"，即选择不信任对方，以保护自己，避免承担相信他人可能冒的风险。[④]

（三）包含正性情绪的谎言更容易被识别

当存在情绪线索时，人们的谎言识别正确率比没有情绪线索时高。那些包含正性情绪的谎言，其被识别的正确率显著高于包含中性、负性情绪的片段。[⑤] 这可能与人们对正性表情的识别能力优于对负性表情的识别有关。[⑥] 比如，许多人难以区分假装的痛苦和真正的痛苦，[⑦] 但是对于"杜乡微笑"（真笑）和"官夫人剪彩的微笑"（假笑）的差异，人们就比较容易识别。

上述现象，也可能与中国被试掩饰负性情绪的能力有关。中国文化背景下，儒家所提倡的"克己复礼为仁""不迁怒"，要求人们克制自己

---

① T. R. Levine, S. A. Mccornack, "The Dark Side of Trust: Conceptualizing and Measuring Types of Communicative Suspicion", *Communication Quarterly*, Vol. 39, No. 4, 1991, pp. 325 – 340. T. R. Levine, H. S. Park, S. A. Mccornack, "Accuracy in Detecting Truths and Lies: Documenting the 'Veracity Effect'", *Communication Monographs*, Vol. 66, No. 2, 1999, pp. 125 – 144.

② 王绍光、刘欣：《信任的基础：一种理性的解释》，《社会学研究》2002 年第 3 期。

③ 吴继霞：《诚信品格的养成》，安徽教育出版社 2009 年版，第 76 页。

④ G. D. Bond, L. A. Thompson, D. M. Malloy, "Vulnerability of Older Adults to Deception in Prison and Nonprison Contexts", *Psychology and Aging*, Vol. 20, No. 1, 2005, pp. 60 – 70.

⑤ G. Warren, E. Schertler, P. Bull, "Detecting Deception from Emotional and Unemotional Cues", *Journal of Nonverbal Behavior*, Vol. 33, No. 1, 2009, pp. 59 – 69. 曹文雯、吴继霞：《微表情对男女青年谎言识别能力的影响》，《青年研究》2015 年第 4 期。

⑥ 敖文玲、王传刘、何金彩：《脑卒中对面部表情认知的影响》，《2009 年浙江省神经病学学术年会论文汇编》，2009 年。

⑦ M. L. Hill, K. D. Craig, "Detecting Deception in Facial Expressions of Pain: Accuracy and Training", *The Clinical Journal of Pain*, Vol. 20, No. 6, 2004, pp. 415 – 422.

的情绪，尤其是负面情绪，因此，中国人大多不喜欢在别人面前表现出自己的负性情绪。与美国大学生相比，中国学生的面子观呈现出集体主义趋势，表现出更高的群体和社会依赖性，强调人际关系，考虑个体和集体的相互依存关系。① 因此，在他人面前表现出自己的悲伤和难受，可能会被视为没面子、懦弱或不坚强，对于男性尤其如此。所以他们在观看视频，体验到负性情绪时，可能会习惯性地将这种负性情绪压抑下去，不予示人。对于识谎者来说，要识别这样的谎言难度就比较大。

二　微表情识别能力与谎言识别能力的关系

（一）微表情识别与谎言识别能力显著正相关

许多研究发现，人们对微表情的识别能力与谎言识别能力存在显著正相关。② Ekman 和 Sullivan 利用微表情识别测验（Brief Affect Recognition Test，BART）发现了微表情识别能力和谎言识别正确率呈显著正相关（$r = 0.27$，$p < 0.02$）。③ 在另一项测验中，主试向被试快速地呈现一些表情图片，每张图片仅呈现 1/25 秒。当考虑到性别差异时发现，男生的微表情识别能力与谎言识别正确率显著正相关，而女生的微表情识别能力与谎言识别正确率无显著相关。④ Kassin 和 Fong 通过对被试的言语和非言语识别的训练可以显著提高他们的谎言

---

① 赵赟：《中美面子观的实证研究——以大学生群体为研究对象》，《贵州社会科学》2010年第 10 期。

② M. G. Frank, P. Ekman, "Appearing Truthful Generalizes Across Different Deception Situations", *Journal of Personality & Social Psychology*, Vol. 86, No. 3, 2004, pp. 486 – 495. P. Ekman, M. O'Sullivan, "Who Can Catch a Liar?" *American Psychologist*, Vol. 46, No. 9, 1991, pp. 913 – 920. P. Ekman, M. O'Sullivan, "From Flawed Self-Assessment to Blatant Whoppers: The Utility of Voluntary and Involuntary Behavior in Detecting Deception", *Behavioral Sciences & the Law*, Vol. 24, No. 5, 2006, pp. 673 – 686. M. G. Frank, P. Ekman, "The Ability to Detect Deceit Generalizes Across Different Types of High-Stake Lies", *Journal of Personality and Social Psychology*, Vol. 72, No. 6, 1997, pp. 1429 – 1439.

③ P. Ekman, M. O'Sullivan, "Who Can Catch a Liar?" *American Psychologist*, Vol. 46, No. 9, 1991, pp. 913 – 920.

④ 曹文雯、吴继霞：《微表情对男女青年谎言识别能力的影响》，《青年研究》2015年第 4 期。

识别的正确率。① 上述结果提示，通过微表情识别训练来提高人们的谎言识别能力时，应当考虑微表情识别训练对男性和女性的效果差异。

（二）微表情训练可以显著提高个体的谎言识别能力

微表情识别能力是对情绪表情的认知能力，是被试对面孔信息或表情图片的认知加工能力。认知的基础是神经细胞，神经细胞的可塑性是人类一生行为发展和变化的重要基础，因为大脑的发展从根本上会涉及一系列大脑功能和结构的改变，即认知可塑性。根据对视觉特征的加工研究发现，可塑性水平可以通过系统训练而表现出行为增强的练习效应。② 既然微表情识别能力是一种具有可塑性的认知能力，那么通过训练，我们可以显著提高个体的微表情识别能力。③ 由图可知，男生和女生的微表情识别能力在经过训练之后都有了显著的提升，但是这种提升对于谎言识别正确率的影响却依然存在性别差异。微表情训练后，男生对中性—谎话、负性—真话上的识别正确率都有显著提高，而女生仅在负性—真话的识别上有所提高。该结果提示我们，微表情识别能力与谎言识别能力两者的关系存在性别差异，其关系在男生身上似乎更加紧密。

三 利用微表情线索提高谎言识别能力

对微表情的识别能力是谎言识别能力的一个重要影响因素。④ 因此，通过对微表情识别能力的训练，提高人们捕捉微表情的能力，必

---

① S. M. Kassin, C. T. Fong, "'I'm Innocent!': Effects of Training on Judgments of Truth and Deception in the Interrogation Room", *Law & Human Behavior*, Vol. 23, No. 5, 1999, pp. 499 – 516.

② 游旭群:《视觉特征提取加工中的认知可塑性》,《心理科学》2004 年第 1 期。

③ 曹文雯、吴继霞:《微表情对男女青年谎言识别能力的影响》,《青年研究》2015 年第 4 期。

④ M. G. Frank, P. Ekman, "The Ability to Detect Deceit Generalizes Across Different Types of High-Stake Lies", *Journal of Personality and Social Psychology*, Vol. 72, No. 6, 1997, pp. 1429 – 1439. M. G. Frank, P. Ekman, "Appearing Truthful Generalizes Across Different Deception Situations", *Journal of Personality & Social Psychology*, Vol. 86, No. 3, 2004, pp. 486 – 495.

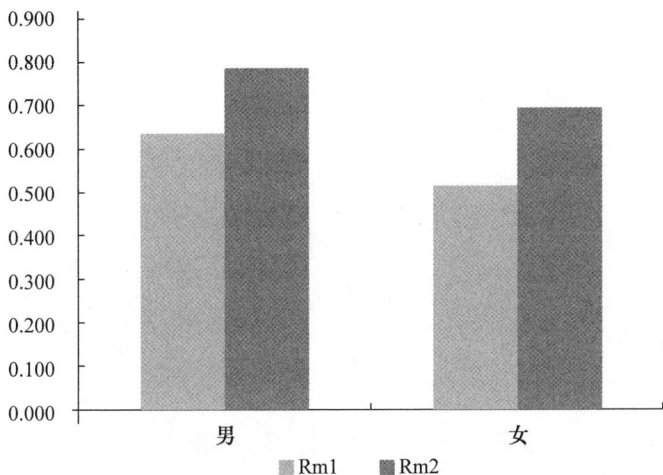

图 9 - 2 - 1　微表情训练性别差异

资料来源：曹文雯、吴继霞：《微表情对男女青年谎言识别能力的影响》，《青年研究》2015
年第 4 期。

将有助于提高人们的谎言识别能力。那么，提高微表情的识别能力，
可以从两个方面入手。

首先，关注情绪性表情，并了解不同表情的面部肌肉表达差异。
人们对有情绪线索的视频判断正确率显著高于对无情绪线索的视频判
断正确率，并且两者都与随机概率存在显著差异。这个结果表明，当
存在情绪线索时，更加有利于人们完成谎言识别任务。[①] 同时，被试
在正性情绪下的谎言识别正确率显著高于中性、负性情绪线索。因
此，在与陌生人交往过程中，关注讲话者在讲话过程中的情绪状态和
面部表情的矛盾之处，可以帮助人们判断被试有没有说谎。

第二，采用 Ekman 的微表情识别训练工具来提升微表情识别能
力。Ekman 在 2002 年研制出第一个微表情训练工具（Micro Expres-

[①]　G. Warren, E. Schertler, P. Bull, "Detecting Deception from Emotional and Unemotional
Cues", *Journal of Nonverbal Behavior*, Vol. 33, No. 1, 2009, pp. 59 – 69. 曹文雯、吴继霞：
《微表情对男女青年谎言识别能力的影响》，《青年研究》2015 年第 4 期。

sion Training Tool，METT）。该工具包含前测（pre-test）、训练（train-
ing）、练习（practice）、复习（review）、后测（post-test）。五个部
分。其前测程序是测量未受训练之前人们的微表情识别能力。训练部
分，Ekman用视频的方式讲授识别微表情的要点，并对容易混淆的几
组表情进行讲解，让学习者明白两种表情的区别。练习部分，学习者
练习使用在训练部分学习到的技巧对微表情进行识别。在复习部分，
让学习者进一步巩固学习到的技巧。后测程序与前测程序相同，但是
使用了与前测不同的数据集，以测量被试接受训练后的微表情识别能
力。前测成绩和后测成绩的差异，反映了被试微表情识别能力的变
化。理论推断和实证研究结果都表明，微表情识别训练确实可以较大
幅度提高人们对微表情的识别能力。[①]

第三节　合理运用面孔可信度和语音
可信度刻板印象

俗话说，"相由心生，声如其人"。我们常常会通过他人的面孔
和声音来推断他是怎样的一个人，心理学上叫作特质推断。特质推断
是指，观察者在缺少明确目标的情况下，根据行为者的行为推论其人
格特质或印象形成的过程。[②] 这种基于面孔或语音的快速人格特质推
断所形成的印象，不一定非常准确，而且也可能受到刻板印象的干
扰，但它却可以帮助人们用最少的认知资源，快速完成对互动对象的
认知和判断。[③]

---

① 游旭群：《视觉特征提取加工中的认知可塑性》，《心理科学》2004 年第 1
期。曹文雯、吴继霞：《微表情对男女青年谎言识别能力的影响》，《青年研究》2015
年第 4 期。

② 王沛、贺雯：《社会认知心理学》，北京师范大学出版社 2015 年版，第 143—144 页。

③ A. Oleszkiewicz, K. Pisanski, K. Lachowicz-Tabaczek, et al., "Voice-Based Assess-
ments of Trustworthiness, Competence, and Warmth in Blind and Sighted Adults", *Psychonomic
Bulletin & Review*, Vol. 24, No. 3, 2017, pp. 856 – 862.

根据心理学研究发现，不同的面孔、不同的声音的确会给他人留下不同的第一印象。人们倾向于将积极或消极的特质与面孔、声音联系在一起。[1] 社会交往过程中，个人印象的形成可能是同时基于面孔和声音信息的。[2] 在陌生人交往中，初次见面时所形成的初始信任，会影响后续的人际交往决策。可信度是特质推理的一个重要方面，直接决定个体在人际互动中采取接近还是回避的基本反应，是社会交流互动的门控机制（Gating Mechanism）。因此，本节拟介绍人们对面孔可信度和语音可信度的印象形成的特点，帮助人们了解面孔可信度、语音可信度印象形成中的刻板印象，学会合理利用刻板印象的提升效应，避免出现刻板印象的认知偏差。

一　面孔可信度刻板印象的特点

基于面孔的可信度做出信任评价是社会环境中尤为重要的一项决策，决定着社会交往中趋避反应的行为模式。[3] 区分潜在的合作者和欺骗者的能力在社会合作中是非常重要的一项能力。[4] 面孔可信度是由个体面孔结构或特征所决定的可信任程度，主要通过评价者对陌生人面孔的信任评价获得。过去的研究发现，人们能够从面孔图片中探测出个体是否合作或是否可信的信号，[5] 或者通过观看一段自然谈话

① D. S. Berry, "Vocal Attractiveness and Vocal Babyishness: Effects on Stranger, Self, and Friend Impressions", *Journal of Nonverbal Behavior*, Vol. 14, No. 3, 1990, pp. 141 – 153. D. S. Berry, "Vocal Types and Stereotypes: Joint Effects of Vocal Attractiveness and Vocal Maturity on Person Perception", *Journal of Nonverbal Behavior*, Vol. 16, No. 1, 1992, pp. 41 – 54. M. Zuckerman, R. E. Driver, "What Sounds Beautiful is Good: The Vocal Attractiveness Stereotype", *Journal of Nonverbal Behavior*, Vol. 13, No. 2, 1989, pp. 67 – 82.

② M. Zuckerman, V. Sinicropi, "When Physical and Vocal Attractiveness Differ: Effects on Favorability of Interpersonal Impressions", *Journal of Nonverbal Behavior*, Vol. 35, No. 2, 2011, pp. 75 – 86.

③ M. V. Wout, A. G. Sanfey, "Friend or Foe: The Effect of Implicit Trustworthiness Judgments in Social Decision-Making", *Cognition*, Vol. 108, No. 3, 2008, pp. 796 – 803.

④ Robert L. Trivers, "The Evolution of Reciprocal Altruism", *The Quarterly Review of Biology*, Vol. 46, No. 1, 1971, pp. 35 – 57.

⑤ M. Okubo, A. Kobayashi, K. Ishikawa, "A Fake Smile Thwarts Cheater Detection", *Journal of Nonverbal Behavior*, Vol. 36, No. 3, 2012, pp. 217 – 225.

的视频，① 或者观看被试大声朗读一篇小故事。② 在面孔可信度的印象形成中，主要存在以下几个特点。

（一）不同的面孔物理特征被感知为可信度不同

为什么仅仅依靠短暂的面孔接触就能对陌生人做出稳定的信任判断呢？这与人们在印象形成中常常存在过度泛化效应有关。一些特定的面部结构特征可能为面孔特质推断提供了依据。③ Todorov，Baron 和 Oosterhof 等提出了面孔可信度模型，他们认为眉骨高低、颧骨高矮、脸颊宽窄、鼻梁高低这四个面孔物理特征与面孔可信度的评价存在显著关系。④ 高内眉、高颧骨、宽脸颊、浅鼻梁的面孔看上去相对更可信。Strirrat 和 Perrett 发现面孔的宽高比例也会影响面孔的可信程度的高低。⑤ 男性的面孔越宽，在信任游戏中，越不容易得到他人的信任。

（二）愤怒面孔被知觉为低可信，快乐面孔被知觉为高可信

心理学行为实验和脑核磁成像研究结果都证明了面孔可信度与情绪的表达和感知存在许多联系，在面孔可信度评价中存在情绪泛化效应。⑥ 面孔的"愤怒—高兴"表情的评价与面孔的可信度评价间存在密切的关系。⑦ 愤怒、厌恶的面孔常常被感知为不可信面孔，快乐的

① R. Oda, N. Yamagata, Y. Yabiku, et al., "Altruism Can Be Assessed Correctly Based on Impression", *Human Nature*, Vol. 20, No. 3, 2009, pp. 331 – 341.

② W. M. Brown, B. Palameta, C. Moore, "Are There Nonverbal Cues to Commitment? An Exploratory Study Using the Zero-Acquaintance Video Presentation Paradigm", *Evolutionary Psychology*, Vol. 1, No. 1, 2003, pp. 387 – 395.

③ A. Todorov, S. G. Baron, N. N. Oosterhof, "Evaluating Face Trustworthiness: A Model Based Approach", *Social Cognitive and Affective Neuroscience*, Vol. 3, No. 2, 2008, pp. 119 – 127.

④ A. Todorov, S. G. Baron, N. N. Oosterhof, "Evaluating Face Trustworthiness: A Model Based Approach", *Social Cognitive and Affective Neuroscience*, Vol. 3, No. 2, 2008, pp. 119 – 127.

⑤ M. Stirrat, D. I. Perrett, "Valid Facial Cues to Cooperation and Trust: Male Facial Width and Trustworthiness", *Psychological Science*, Vol. 21, No. 3, 2010, pp. 349 – 354.

⑥ D. Bzdok, R. Langner, S. Caspers, et al., "ALE Meta-Analysis on Facial Judgments of Trustworthiness and Attractiveness", *Brain Structure & Function*, Vol. 215, No. 3 – 4, 2011, pp. 209 – 223.

⑦ N. N. Oosterhof, A. Todorov, "The Functional Basis of Face Evaluation", *Proceedings of the National Academy of Sciences*, Vol. 105, No. 32, 2008, pp. 11087 – 11092. N. N. Oosterhof, A. Todorov, "Shared Perceptual Basis of Emotional Expressions and Trustworthiness Impressions From Faces", *Emotion*, Vol. 9, No. 1, 2009, pp. 128 – 133.

面孔常常被感知为可信面孔。[①]与合作者相比，当模特表现出愤怒时，欺骗者的面孔图片会被评为可信度更低。[②]

情绪泛化假说（emotional overgeneralization hypothesis）认为评价者之所以能够对中性情绪的陌生面孔做出多种不同的特质判断，是大脑对面部表情信息的过度泛化加工所导致的。评价者进行面孔特质推断与解读某些面部表情使用的是类似信息。[③]而 Oosterhof 和 Todorov 发现随着面孔结构参数的改变所引起的面孔不可信程度的增加，那些中性情绪面孔被评价为生气的程度也随之增加。冯淑丹通过改变同一张面孔的不同维度，得到各个面孔在不同的效价和不同可信度水平的图片，将其作为最后通牒游戏中的提议者照片，结果发现面孔的效价和可信任水平对个体决策的影响是相同的，同样证明了情绪泛化假说。[④]

（三）种族差异带来面孔可信度评价差异

不同的种族对于面孔可信度判断也有影响。被试为两组高加索人、两组亚洲人，要求他们对高、中、低可信度面孔进行判断。结果发现，只有白种人（尤其是匈牙利人）在评价中、低可信度面孔时表现出了偏见。而两组亚洲样本没有表现出明显的偏见。[⑤]在 moon-

① N. N. Oosterhof, A. Todorov, "The Functional Basis of Face Evaluation", *Proceedings of the National Academy of Sciences*, Vol. 105, No. 32, 2008, pp. 11087 - 11092. N. N. Oosterhof, A. Todorov, "Shared Perceptual Basis of Emotional Expressions and Trustworthiness Impressions From Faces", *Emotion*, Vol. 9, No. 1, 2009, pp. 128 - 133.

② M. Okubo, A. Kobayashi, K. Ishikawa, "A Fake Smile Thwarts Cheater Detection", *Journal of Nonverbal Behavior*, Vol. 36, No. 3, 2012, pp. 217 - 225.

③ L. A. Zebrowitz, J. M. Montepare, "Social Psychological Face Perception: Why Appearance Matters", *Social and Personality Psychology Compass*, Vol. 2, No. 3, 2008, pp. 1497 - 1517. C. P. Said, N. Sebe, A. Todorov, "Structural Resemblance to Emotional Expressions Predicts Evaluation of Emotionally Neutral Faces", *Emotion*, Vol. 9, No. 2, 2009, p. 260 - 264.

④ 冯淑丹：《面孔可信任度对最后通牒博弈中决策及公平感的影响研究》，硕士学位论文，西南大学，2013 年。

⑤ Birkás, Béla, M. Dzhelyova, Lábadi, Beatrix, et al., "Cross-Cultural Perception of Trustworthiness: The Effect of Ethnicity Features on Evaluation of Faces' Observed Trustworthiness Across Four Samples", *Personality and Individual Differences*, Vol. 69, 2014, pp. 56 - 61.

lighting 游戏中，请被试进行类似于信任博弈的游戏，结果发现，被试更加信任美国本土人，但不那么信任移民者。[1] 据此可以推测，人们对于本族人的面孔具有天然的信任感，而对于其他种族的面孔，则表现出较高的警惕性和不信任。

二 语音可信度刻板印象的特点

语音是人类的"听觉面孔"（auditory face），是第一印象形成中的重要线索之一。我们常常会通过别人的声音来推断对方是"怎样的人"。人们在人格特质推断中存在刻板印象，倾向于认为某种特定的语音反映了某些特定的人格特质。人们每天都会花很多时间听各种人讲话的声音，它为人类社交关系的发展提供了许多可用信息。基于讲话者的声音，人们可以对讲话者的性别、年龄和人格特质等进行推断，以此来获得对方的个人信息，调整后续社交行为。[2]

"未见其人先闻其声"，光听某人的声音，人们很容易就可以对此人形成一个初步印象。不管这种印象正确与否，它都一定会影响后续的人际交往。早在 1931 年，Pear 就通过英国的电台，开展了第一个基于声音的印象形成研究。他搜集了 4000 个听众对于 9 个读者的多项特质评价，结果发现不管讲话者是否真的拥有某种人格特征，人们都倾向于认为某些特定的语音反映了个体的对应人格特质，证明了语音特质推断中存在一定的刻板印象。

人们主要依据直觉进行快速的语音特质推断，这种推断基于非常简短的语音即可产生。[3] 研究者发现一个二维"社交语音空间"可以概括所有男性和女性语音的评价，其中信任是非常重要的一个维度，而每个成分都受到不同的语音声学特征组合的影响。语音可信度判断

---

① J. C. Cox, W. H. Orman, "Trust and Trustworthiness of Immigrants and Native-Born Americans", *Journal of Behavioral and Experimental Economics*, Vol. 57, 2015, pp. 1 – 8.

② 曹文雯：《基于人类语音推断人格特质》，《中国社会科学报》2017 年 8 月 14 日第 6 版。

③ M. A. Phil, T. Alexander, B. Pascal, et al., "How Do You Say 'Hello'? Personality Impressions from Brief Novel Voices", *PLoS ONE*, Vol. 9, No. 3, 2014, p. e0090779.

中也存在刻板印象，概括起来主要有如下几点。

（一）不同的陌生人语音被知觉为不同的可信度

曹文雯将 71 名被试对 108 段陌生人语音可信度评分数据进行信度分析，克隆巴赫 α 系数分析结果显示，所有被试的语音可信度评分内部一致性系数为 0.98，男声可信度评分一致性系数为 0.96，女声可信度评分一致性系数为 0.97。这个结果与其他基于非言语线索的印象形成研究结果类似。[①]

将 108 段语音可信度得分进行平均，发现 108 段语音具有不同的可信度，语音可信度在"低可信度"到"高可信度"的评价上连续分布，范围从 3.34—6.48。其中，有 54.63%（59 段）的语音可信度为 4.5—5.5，可信度居中；有 16.67%（18 段）的语音可信度小于 4.5，可信度为较低；有 28.70%（31 段）的语音可信度大于 5.5，可信度为较高。对其分布进行正态检验，KMO 值显著性为 0.200 > 0.05，结合 Q – Q 图可知可信度均值呈正态分布。

表 9 – 3 – 1　　　　　　108 段语音可信度均值分布表

可信度得分	1—2.99	3—3.99	4—4.99	5—5.99	6—6.99	7—9.00
语音数量	0	7	39	55	7	0
百分比%	0	6.48	36.11	50.93	6.48	0

资料来源：曹文雯：《语音可信度及其认知加工特点》，博士学位论文，苏州大学，2019 年。

根据 108 段语音可信度的均值分布表（表 9 – 3 – 1），可以看出，语音可信度均值比较集中。87.04% 的语音可信度均值在 4—5.99 之

---

① D. S. Berry, "Vocal Attractiveness and Vocal Babyishness: Effects on Stranger, Self, and Friend Impressions", *Journal of Nonverbal Behavior*, Vol. 14, No. 3, 1990, pp. 141 – 153. D. S. Berry, S. Brownlow, "Were the Physiognomists Right?: Personality Correlates of Facial Babyishness", *Personality and Social Psychology Bulletin*, Vol. 15, No. 2, 1989, pp. 266 – 279.

间，1—2.99、7—9.00 两个区间的频次都为 0，说明被试对这些语音可信度的直觉判断结果，其得分是相对集中在中位数附近，并且没有可信度特别高或特别低的判断。这个结果与事实情况是相符的，因为这代表的是个体对陌生人语音的第一印象。

（二）女声的语音可信度评分更高

不同性别的被试对非言语线索的可信度感知存在较高的一致性，[①]但是人们对于男声、女声的可信度评分却表现出显著差异。曹文雯的研究发现，被试对女声的可信度判断显著高于男声。[②] 说明语音本身的性别信息是影响语音可信度判断的重要因素。这个结果与 Oleszki ewicz 等人的结果是一致的。[③]

性别是个体最突出的生物学特征。总的来说，无论在内隐还是外显层面上，被信任者性别均会对人际信任水平产生显著影响，女性更容易获得信任。[④] 在信任博弈游戏中，女性比男性更可信，男性比女性更信任他人。[⑤] Vukovic 等人的研究也发现，相比男性化的声音，部分女性被试具有强烈的倾向，认为女性化的声音更加可信。[⑥]

但是，可信度判断这种快速的直觉判断是出于个体趋利避害的生

[①] K. Mattarozzi, A. Todorov, M. Codispoti, "Memory for Faces: The Effect of Facial Appearance and the Context in Which the Face is Encountered", *Psychological Research*, Vol. 79, No. 2, 2015, pp. 308 – 317.

[②] 曹文雯:《语音可信度及其认知加工特点》，博士学位论文，苏州大学，2019 年。

[③] A. Oleszkiewicz, K. Pisanski, K. Lachowicz-Tabaczek, et al., "Voice-Based Assessments of Trustworthiness, Competence, and Warmth in Blind and Sighted Adults", *Psychonomic Bulletin & Review*, Vol. 24, No. 3, 2017, pp. 856 – 862.

[④] 刘影:《外显和内隐人际信任的性别差异：女性的信任优势》，硕士学位论文，宁夏大学，2016 年。

[⑤] H. A. Rau, *Trust and Trustworthiness: A Survey of Gender Differences*, Social Science Electronic Publishing, 2011.

[⑥] J. Vukovic, B. Jones, D. R. Feinberg, et al., "Variation in Perceptions of Physical Dominance and Trustworthiness Predicts Individual Differences in the Effect of Relationship Context on Women's Preferences for Masculine Pitch in Men's Voices", *British Journal of Psychology*, Vol. 102, No. 1, 2011, pp. 37 – 48.

存发展所需要的。[①] 而女性作为弱势群体，与男性相比，往往被认为威胁性更小。从生存威胁的角度，男性的危险性高于女性，这也可能是男声可信度被认为低于女声的原因之一。高微等通过模拟社会求助情境，考察第一印象对于陌生社会成员之间的初始信任的影响，结果发现，与男性相比，大学生对女性求助者初始信任程度更高。[②] 大学生选择信任决策条件下，信任女性求助者的概率为61%，信任男性求助者的概率为41%，同时对男性求助者进行信任决策时反应显著高于女性求助者；大学生选择拒绝信任决策条件下，拒绝女性求助者的概率为39%，拒绝男性求助者的概率为59%。

（三）音高的增加会降低语音可信度

语音可信度评价会受到语音自身声学特性的影响，其中音高是影响语音可信度的首要因素。曹文雯发现男声的语音可信度得分与音高值存在中等程度的正相关。从声学参数来讲，所有语音可以表征为一个由基频（fundamental frequency，f0）、共振峰频率（formant frequency）所组成的二维空间。[③] 其中，语音的基频是人们区分两个不同语音的第一要素。[④] 人们改变自己音高、音调，来达到不同的社交目的，同样，从知觉者的角度，具有不同声学参数的语音，也给人们留下不同的印象。

目前，是否"有理不在声高"，研究者们还没有得出一致的结论。有些研究发现，相比音高较低的讲话者，音高较高的讲话者被知觉为更加可信。而 Klofstad，Anderson 和 Stephen 却发现较低音高

①　M. H. Chang & E. Al, "Predictors of Response to Immunosuppressive Therapy with Antithymocyte Globulin and Cyclosporine and Prognostic Factors for Survival in Patients with Severe Aplastic Anemia", *European Journal of Haematology*, Vol. 84, No. 2, 2010, pp. 154 – 159.

②　高微、罗涤、蒲清平：《大学生初始信任决策的影响研究》，《中国青年研究》2012年第 4 期。

③　O. Baumann, P. Belin, "Perceptual Scaling of Voice Identity: Common Dimensions for Different Vowels and Speakers", *Psychological Research*, Vol. 74, No. 1, 2010, pp. 110 – 120.

④　J. Kreiman, B. R. Gerratt, K. Precoda, et al., "Individual Differences in Voice Quality Perception", *Journal of Speech, Language, and Hearing Research*, Vol. 35, No. 3, 1992, pp. 512 – 520.

的领导者被员工评价为更有能力、更诚信。① 但是对于同一段语音，音高的增加的确会降低语音可信度的评价。曹文雯采用 Praat 提取每个语音（ni hao）标准段的音高值，结果发现，在元音 i 上，高可信度组的男声在每一个音高取值点上都显著低于低可信度组。在元音 ao 上，高可信度组的男声在前七个音高取值点都显著低于低可信度组。可见，音高较低的讲话者，或者讲话者降低音高，会被知觉为更加可信。②

三　合理利用刻板信息，推断陌生人可信度

对于陌生人可信度的感知，不只是一个单纯的非言语行为的操纵，它至少会受到面孔本身或语音本身的影响。③ 比如不同的语音来自不同的个体，每个个体的语音又由其发声器官、发声方式等所决定，同时受到生理基础、心理状态的影响。④ 根据上面两小节对于面孔可信度、语音可信度的刻板印象的特点总结，我们可以发现不同的面孔、不同的语音会被知觉为不同可信度，包含特定情绪的面孔，包含特定音高的语音，都会给人们留下不同的刻板印象。正确看待这些刻板印象，有助于我们对陌生人的可信度推断，有助于我们在后续的人际交往过程做出恰当的决策。

（一）客观看待"相由心生，声如其人"

首先，不同的面孔和语音确实会在初始交往中给他人留下不同的

---

① C. A. Klofstad, R. C. Anderson, N. Stephen, et al., "Perceptions of Competence, Strength, and Age Influence Voters to Select Leaders with Lower-Pitched Voices", *PLOS ONE*, Vol. 10, No. 8, 2015, p. e0133779.

② Mariëlle Stel, E. Van Dijk, P. K. Smith, et al., "Lowering the Pitch of Your Voice Makes You Feel More Powerful and Think More Abstractly", *Social Psychological & Personality Science*, Vol. 3, No. 4, 2012, pp. 497 – 502.

③ E. Tsankova, A. J. Aubrey, E. Krumhuber, et al., *Facial and Vocal Cues in Perceptions of Trustworthiness*, Computer Vision-ACCV 2012 Workshops, Springer Berlin Heidelberg, 2013.

④ S. M. Hughes, M. J. Pastizzo, G. G. Gallup, "The Sound of Symmetry Revisited: Subjective and Objective Analyses of Voice", *Journal of Nonverbal Behavior*, Vol. 32, No. 2, 2008, pp. 93 – 108.

第一印象，但这种差异不可以简单认为是由面孔或语音自身的物理属性直接造成的。在与零接触的陌生人交往过程中，无论是基于面孔，还是语音的特质推断过程，都存在过度泛化效应。① 如娃娃脸的人被认为具有更多与孩子相似的属性，同样，那些拥有孩子般声音的成人，也会被认为拥有更多孩子般的心理属性。他们会被评价为较虚弱、能力较差和较温暖。这种过度泛化效应也体现在对于面孔和语音可信度的判断上，两者通过不同的物理参数体现出来。面孔的结构差异、语音的声学参数差异，都是造成初始可信度差异的原因，但究其根本，是因为可信度判断与个体情绪表达之间存在直接的关联。根据面孔可信度的研究发现，面孔可信度是基于面孔情绪效价的一种判断，体现为情绪泛化效应，两者是基于相同的神经基础。② 马东云发现语音可信度判断中也存在情绪泛化效应。③

从人类发展的长河中来看待基于面孔或语音的可信度判断的刻板印象的产生，仔细分析这种泛化现象产生的原因，则会发现另有深意。对于不可信刺激的警觉和保持，是人类的本能和共性。这种认知偏差是人们在漫长的进化过程中积累下来的能力，为的是帮助人类在短时间内进行快速、但未必准确的特质推断，从而及早识别潜在危险，及早确认对方产生可能威胁的能力。④ 因此，在日常与陌生人交往过程中，人们应知晓面孔和语音可信度存在刻板印象，对于不可信的陌生人面孔和语音要提高警惕，同时，也应从理性层面明白，这是由各种过度泛化效应所造成的，对这些信息要进行客观处理，避免以貌取人或以声取人。

---

① J. M. Montepare, L. Zebrowitz-Mcarthur, "Perceptions of Adults with Childlike Voices in Two Cultures", *Journal of Experimental Social Psychology*, Vol. 23, No. 4, 1987, pp. 331 – 349.

② A. D. Engell, A. Todorov, J. V. Haxby, "Common Neural Mechanisms for the Evaluation of Facial Trustworthiness and Emotional Expressions as Revealed by Behavioral Adaptation", *Perception*, Vol. 39, No. 7, 2010, pp. 931 – 941.

③ 马东云：《情绪语音对可信度判断的影响》，硕士学位论文，苏州大学，2019 年。

④ N. N. Oosterhof, A. Todorov, "The Functional Basis of Face Evaluation", *Proceedings of the National Academy of Sciences*, Vol. 105, No. 32, 2008, pp. 11087 – 11092.

（二）合理利用面孔和语音的刻板印象，提升初始可信度

在零接触的陌生人交往中，基于面孔"以貌取人"的现象和基于语音"声如其人"的现象在客观现实中是一定存在的。对每一个个体而言，不同的面孔和声音的确会给他人留下不同的可信度。面孔和声音这两者的生理基础是与生俱来的，难以改变的。但是人们在面孔或语音上的情绪表达，是自己可以主观调控的。比如，进化心理学研究发现，灵长类动物在幼年，就能通过改变语音的音高、时长、强度，向母亲或同伴表达情绪，并诱发相应的生理变化。[①] 因此，根据以上研究结果，我们应当注意以下几点，避免在初次交往中给他人留下低可信或不可信的初始印象，阻碍下一步人际交往的推进。

首先，与他人初次见面时，应尽量避免出现愤怒的表情。根据情绪泛化理论，面孔可信度与愤怒—高兴表情的表达具有一致性，面孔的愤怒情绪评分越高，其可信度越低。愤怒的表情容易提高他人的警惕，给别人留下不可信的印象。其次，在初次交往中，应尽量避免使用频率过高的声音说话。过去研究发现，负性情绪状态的语音表达方式主要以音高的增加为特征，体现在多种声学参数中，比如峰值频率。[②] 较高的音高可能会给人一种讲话者在表达负性情绪的印象，而这种负性情绪往往释放出的是具有威胁性的信号，导致被试无法确定讲话者的意图，处在较高的警惕状态。第三，用积极的表情和适当的音高与人交流，必将大大提高他人所知觉到的初始可信度，为后续人际交流打下良好基础。"眼前一笑皆知己，举座全无碍目人"。高兴的表情表达的是一种愿意与他人交往的态度，是一种友好与礼仪。而适当的音高反映出的是一种内在平和的情绪，也是一种令人感到安全的状态。人类在漫长的进化过程中，正是通过这样的方式沟通和交往。

---

① L. Schrader, D. Todt, "Contact Call Parameters Covary with Social Context in Common Marmosets, Callithrix J. Jacchus", *Animal Behaviour*, Vol. 46, No. 5, 1993, pp. 1026 – 1028.

② E. Scheiner, K. Hammerschmidt, Uwe Jürgens, et al., "Acoustic Analyses of Developmental Changes and Emotional Expression in the Preverbal Vocalizations of Infants", *Journal of Voice*, Vol. 16, No. 4, 2002, pp. 509 – 529.

第十章 社区诚信价值观培育的个案研究

第一节 问题的提出

诚信作为社会主义核心价值观之一，既是人类社会千百年传承的道德传统，也是社会主义道德建设的重点内容，是个人行为层面上必须遵守的基本道德规范，更是新形势下社会主义市场经济发展和建设社会主义现代化国家的内在要求。诚信观在概念形式上与人生观、幸福观等相同，涉及主体对特定问题的根本看法与态度。庞跃辉认为诚信观是一种重要的社会认同意识，在个人需求的诚信行为心理基础上形成社会需求的诚信行为群体心理，社会群体包括组织性的（企业经营，政府管理等）、行业性的（金融、医疗、教育、科研等）和地区性的（城市、社区等）。[①] 王东根据主体将诚信观划分为社会诚信观与个人诚信观。社会诚信观是一定社会对诚信伦理的社会认同和主流价值取向，反映了国家、民族、社会和文化形态在诚信问题上的态度，个人诚信观则是个体对诚信的理解、态度和价值判断，所影响的是个人在公共生活中的行动特点和生活处境。[②] 根据庞跃辉的划分，本章所讲的社区诚信观是在社区个体诚信行为需求意识的基础上形成的社区群体诚信行为需求意识。社区是社会的缩影，也即王东所划分

---

① 庞跃辉：《诚信观与社会认同意识》，《江海学刊》2003 年第 3 期。

② 王东：《诚信观培养：诚信教育的有效途径》，《教育科学》2008 年第 1 期。

的社会诚信观，指特定社区对诚信伦理的社会认同和主流价值取向。从诚信观的主体看，包括社区中的个体和群体；从观念形成上看，是社区主体的集体意识，来源于个体和群体对诚信根本看法与态度的"共同"部分，也即社区诚信的公众观，而非观念的叠加总和。

综上，社区诚信观是社区中个体和群体对社区诚信的含义、价值和判断标准的系统性认识，是对社区诚信的根本看法和态度。社区诚信观由内容、价值和标准三个方面构成。社区诚信观的内容即知道什么是社区诚信，获得对社区诚信行为的多样性和丰富性的认知；价值即社区诚信的"意义"问题，反映社区对诚信价值的确定；标准即社区主体判断诚信行为的标准。

社会建设过程中学术界一直试图从理论和实践方面出谋划策，事实上，社会的复杂性往往导致这种自上而下的推行效用打了折扣和难以真正应用。以诚信建设为例，近年来有数百篇与诚信教育和建设相关的文章，大多数为理论指导，不少学者指出目前诚信建设遭遇的困境，指明可能的出路。但结合国内诚信建设现状，困境仍然存在，出路大同小异，不得不令人深思，仅仅自上而下的建设模式是否能够在中国这样一个拥有广阔的领土、庞大的人口、多样的文化的国情下建设诚信。换句话说，自上而下理论指导的模式可能不足够达成诚信教育和建设的目标，必须从实际出发，以"小步快走，实践探索"的方式尝试建设诚信。

社区是人们在一定区域里经营集体生活的共同体，是社会结构的基础环节。作为社会的一个基本组成单元，除了具有鲜明的地域和地理要素特征外，还因其成员、历史文化、建设发展等具备鲜明的社会特质，[①] 各种社会事务、社会问题、社会矛盾都会在社区中展开。同整个大社会相比，社区显得更具体形象，易于把握，更具操作性，整个社会普遍存在的一些现象必然会在各个社区里有所表现。从一定意

① 季玉群、邹玲燕、吴秋怡：《文化治理视角下的社区关系与信任构建——基于南京B 社区戏剧工作坊的实验研究》，《东南大学学报》（哲学社会科学版）2017 年第 2 期。

义上说，社区研究是研究整个社会的起点。研究下沉，深入社区，通过接触社区的实际现状，了解社区的运行模式，更易把握社会建设过程中存在的问题，找到切合实际、发挥最大化效能的解决方法，可以说以社区为基点培育诚信价值观是社会诚信建设必经的一个过程。我们应了解社区的地方特点，结合社区实际，在国家方针政策的指导下实践探索，不断因地制宜地进行改革和建设。此外，随着社区各种功能的完善发展，越来越与居民生活密切相关。社区居民通过参加各种组织、各种活动，使社区建设渐趋完善，各种功能得以建立和发挥。因此，以社区为基点培养诚信价值观是社会精神文明建设的重要组成部分。

第二节　社区诚信价值观培育的理论分析

根据方亚琴对社区信任的界定，社区信任是指某一特定社区中的居民对社区其他居民以及重要社区组织的信任程度，是一种以空间为边界而不是以人为边界的信任。[①] 本章认为，以社区空间为边界比较符合中国社区的实际状况，社区诚信观是以社区空间为边界个体及群体对社区诚信的根本看法和态度。列斐伏尔提出空间特性即社会空间是社会的产物，以社区空间为边界，那么社区内社会实践的生产物都有可能是诚信的影响因素。方亚琴通过个案研究验证了社区的社会空间特征会通过影响网络、认同和规范对社区信任的形成和发展产生作用。也有研究者从社区居民的关系网络、群体形成的制度规范和物理环境三方面探讨了社区中研究诚信心理的可能性。[②] 结合已有研究，本章从现实社区中的物理环境、社区管理的制度规范以及社区居民的

---

① 方亚琴：《网络、认同与规范：社区信任的形成机制——以三个不同类型的社区为例》，《学术论坛》2015 年第 3 期。

② 黄聪慧、吴继霞：《社区心理学诚信本质、研究路径与展望》，《社区心理学研究》2019 年第 1 期。

人际互动三个方面分析社区诚信价值观培育的理论基础。

一 物理环境对诚信的影响

物理环境与心理是相互影响的，具身认知视角下两者相互联系并产生作用，具体指身体的各部分构造决定了其机能的特点，环境作为身体的包容场所，两者与身体保留的经验共同影响着认知，既参与认知过程也限制认知过程，其研究集中于具身认知对道德判断的影响。支撑具身认知的理论主要有概念隐喻理论、知觉符号理论和感知运动模拟隐喻理论。概念隐喻理论认为抽象概念的理解过程需要感知觉经验的参与，这种经验来自于具体概念；知觉符号理论认为，知觉符号既是不同感觉通道表征的结果，也是认知的材料，认知模拟过程中外界参照物对知觉符号产生作用；感知运动模拟隐喻理论认为身体感觉运动与理解抽象概念紧密相连，抽象领域与具体领域相互影响，隐喻映射具有双向效应。有研究者将这种具体情境中物理变量的改变对人的道德判断和道德行为产生影响的研究方向称之为道德的心理物理学，环境的明暗、洁脏、上下、轻重、香臭、热冷、软硬、强弱、左右、高低、大小、远近、甜苦等都会对道德行为产生影响。[①] 彭凯平、喻丰提出从物理变量到抽象道德概念之间的转化涉及三种思维策略——表征认知、隐喻认知和具身认知。表征认知与隐喻认知从概念层面上将两者建立语义联系，具身认知则通过具体的身体状态和动作的变化与道德概念建立联系。诚信归属道德范畴时，有研究者采纳该观点，论述了诚信道德是以感觉、身体及其运动、物理和社会情境为基础进行认知判断，符合道德属性和人际互动要求的身心合一。[②]

一些具体研究证实了物理环境对诚信的影响。通常"黑"被指代

---

① 彭凯平、喻丰：《道德的心理物理学：现象、机制与意义》，《中国社会科学》2012年第12期。

② 冷洁、吴继霞：《诚信道德受具身认知机制约束》，《中国社会科学报》2018年1月4日第4版。

不好的事物，也是藏污纳垢之所，研究表明处在黑暗房间的参与者有更多的不诚实行为，戴墨镜的参与者相比于戴透明眼镜的参与者表现得更自私。黑暗的体验导致个体内心虚幻的匿名感，从而引发不诚信行为；① 签名本身是一种承诺，这种承诺会启动个体的自我认同感。游戏中在自我报告成绩之前要求签名，启动的自我认同感会促使个体做出更多的诚实行为，也即上位签名，而下位签名在自我报告成绩之后启动自我认同感，对个体行为不能产生影响，签名的位置效应是由于启动自我认同感的时段不同导致；② 此外，张贴的标语也会对诚信产生影响，一些研究结果提示如何更高效地利用标语。与标语内容指向具体的行为（例如，请不要欺骗）相比，标语内容为对身份角色的描述（例如，请不要做欺骗者）时，在该环境下的个体有更多的诚信行为，③ 说明人们更注重对自己角色的评价，维护自己的道德身份不受侵犯；与标语内容包含法律的警示（例如，偷报纸是违法的）相比，标语内容包含道德提醒（例如，谢谢你的诚实）时，自助购买报纸有更多的诚信行为，④ 表明人们更愿意从道德上约束自己的行为，与内化的社会规范中对诚实的偏好是一致的。还有研究发现注视眼以及注视状态也可以警示人们的道德行为，在他人注视下人们倾向于遵循社会规则，前提注视是伴随的状态，而不是偶尔的；伴随注视状态下，直视眼对不诚实行为的抑制效果更好，斜视眼则没有。⑤

① C. B. Zhong, V. K. Bohns & F. Gino, "Good Lamps Are the Best Police: Darkness Increases Dishonesty and Self-Interested Behavior", *Psychological Science*, Vol. 21, No. 3, 2010, pp. 311 – 314.

② 李贺、莫雷、罗秋玲、莫然等：《签名对个体诚实度和道德感的影响》，《心理学报》2014 年第 9 期。

③ C. J. Bryan, G. S. Adams & B. Monin, "When Cheating Would Make You a Cheater: Implicating the Self Prevents Unethical Behavior", *Journal of Experimental Psychology General*, Vol. 142, No. 4, 2013, pp. 1001 – 1005.

④ G. J. Pruckner & R. Sausgruber, "Honesty on the Streets: A Field Study on Newspaper Purchasing", *Journal of the European Economic Association*, Vol. 11, No. 3, 2013, pp. 661 – 679.

⑤ 周相群、严璘璘、王哲、胡信奎、许跃进：《他人注视对不诚实行为的影响》，《心理学探新》2018 年第 4 期。

现在所倡导的绿色文明是物理环境对心理变量产生作用的某种外在形式，人与自然相互作用，追求人类社会与自然环境的双赢式发展。诚信是建设文明社区的应有之义，居民在追求可持续的幸福生活时，必然需要在社区中以诚信的方式建立人与人之间、人与环境之间的可持续发展。发展绿色经济要求企业践行诚信，遵守产业链循环的规则，避免违规导致的资源耗损。发展绿色文化要求各职业工作者们养成诚信的工作方式和生活方式，让守诚实、值得信任、讲信用和富有责任心成为生活中的常态。发展绿色政治要求政府部门做实事，尽责任，谋求社会持续稳定。

二 制度规范对诚信的影响

规则感是个体做出不诚信行为的影响因素之一，规则对于欺骗行为，特别是儿童的欺骗行为存在抑制作用。在儿童阶段，对规则更为敏感的儿童更少出现欺骗行为。[①] 规则反映到日常生活中是多样化的，可以是强制性的制度，比如法律，《民法通则》《合同法》等诸多法律中规定了诚实守信的法律原则；也可以是约定俗成的规范，比如标语的张贴，社会主义核心价值观、签名、注视眼图片等都是通过唤起人们心中诚信的道德规范以达到制约不诚信行为的目的。针对当前社会中的不诚信现象，有研究者指出，建立一套成熟的市场经济竞争规则是解决诚信缺失问题的有效方法。[②]

目前我国尚未建立与诚信管理直接相关的法律，现行的法律体系中，在已颁布的《民法通则》《合同法》等诸多法律中规定了诚实守信的法律原则，但过于笼统抽象难以操作。总体而言，国家发布了《社会信用体系建设规划纲要（2014—2020 年）》为诚信社会建设的

---

① 刘秀丽、车文博：《西方关于儿童欺骗研究的新进展》，《心理科学》2005 年第 1 期。

② 徐秀娟、高春花：《当代中国社会诚信道德的缺失与重构——以社会主义核心价值观建设为视角》，《伦理学研究》2016 年第 4 期。

总体规划，并就此在建立社会信用信息记录、舆论宣传、建立奖惩机制等方面提出具体的实施意见。除了法律内容涉及诚信，法律本身的公信力、法律实施的公信力都会对诚信产生影响。司法诚信是法律发挥作用的保障，然而付诸实践是难题，主要表现在法律与道德之间的冲突。道德在立法层面难以得到支撑，后续的执法过程也难以体现；法律解决问题的预期效果不能符合社会预期，也会引发对法治的质疑；目前的法治系统不能适应失信行为的动态变化，诸多限制导致人们对司法的不信任。研究者提出需要重视诚信法治的研究，以诚信的法治和法治的诚信为基本内涵。[①]

制度规范的具体实施上，强调建立完善的社会信用体系，培育以契约为核心的诚信文化，以适应市场经济的要求。也有研究者从经济学角度提出，要重视非正式信誉机制的作用，市场经济中可以通过增加诚信收益和提高失信成本来管理人们的诚信行为。[②] 在奖惩制度上也发生了一些改变，过去重奖励、讲道德，现在同时强调给予惩罚，且惩罚力度会依法而定。各部门各行业逐步加大对失信人员跨部门协同监管和联合惩戒力度，凡被法院列为失信被执行人，将限制出行，甚至被限制高消费，在银行授信、开展经营活动等方面也会受到惩戒。CCTV1 的《今日说法》栏目曾报道，浙江省李氏父子多年来故意伪造汽车落水事故进行骗保，15 起骗保案件涉案金额高达 500 多万元。最终在案件破获后，李氏父子因失信违法行为犯保险诈骗罪，分别被判处有期徒刑 14 年和 9 年 6 个月，处罚金额共 25 万元整。

三　人际互动对诚信的影响

解读孔子思想中的诚信，诚信是立身之本、处世之本，也是为政之本。[③] 反言之，立身处世中人与人之间的互动也会影响诚信的建立与

---

① 付子堂、类延村：《诚信的自由诠释与法制规训》，《法学杂志》2013 年第 34 期。
② 宋学明、宋斌：《社会诚信体系形成的经济学分析》，《江汉论坛》2014 年第 5 期。
③ 夏海：《论语与人生》，北京大学出版社 2007 年版，第 112—118 页。

发展。中国文化赋予的"人"不是一个独立的个体，而是包含着与己相关的他人，也即形成"关系"（guanxi 不是 relationship）。"关系"形成后，关系双方则自然而然需要遵守这样的准则：以社会身份界定自己与对方的互动规范，使互动符合角色伦理规范；关系越近的双方越发亲密，相互信任和承担责任；通过互动建立和中断关系。[①] 也就是说，中国社会特有的人际互动使得互动双方关系建立后，自发地从伦理和社会规范上约束了彼此的行为，并且行为的发生具有可预见性，诚信的伦理要求也基于人际互动后对关系双方行为的规定与约束产生。

关系的亲疏远近影响人际信任的水平，血缘亲属制度规定了人与人之间的心理距离，使信任、情感和义务随之变化。季玉群等研究表明社区居民人际信任的水平与居民关系的亲密程度呈正相关，居民之间的关系越近，人际信任水平越高，表现为个体对处在家庭关系、邻里关系、社会服务关系、制度关系中他人的信任水平递减。[②] 中国传统文化强调个体践行诚信以"赢得信任"，但不重视主动"信任他人"，这种观念也可能是不信任陌生人的潜在原因之一。[③] 此外，城市社区中组成结构的变革、外来人员的混杂、人口流动的频繁使得社区居民关系疏远，人情相对冷漠，人际互动有限，出现人际信任愿望强烈、但信任感低的现象。[④] 农村社区与城市社区最主要的区别在于，社区成员彼此熟悉，人际互动频繁且能够形成关系网络，人际信任相对更高且稳固。[⑤]

这种血缘亲属、生活距离等客观因素对诚信水平有一定的预测作

① 杨宜音：《关系化还是类别化：中国人"我们"概念形成的社会心理机制探讨》，《中国社会科学》2008 年第 4 期。

② 季玉群、邹玲燕、吴秋怡：《文化治理视角下的社区关系与信任构建——基于南京 B 社区戏剧工作坊的实验研究》，《东南大学学报》（哲学社会科学版）2017 年第 2 期。

③ 吴继霞、黄希庭：《诚信心理学研究的理论思考》，《西南大学学报》（社会科学版）2010 年第 6 期。

④ 赵文龙、李丽、刘莉、贾萍萍：《城市社区治理中的信任机制及特点研究——以某混合社区为例》，《宝鸡文理学院学报》（社会科学版）2016 年第 1 期。

⑤ 周霞：《传统与现代农村社区信任结构解读——基于布迪厄场域理论视角》，《经济与社会发展》2010 年第 3 期。

用，但实际生活中人不断地处于接人待物的活动中，主观互动更能影响诚信的建立、发展与维持。已有的研究表明信任是可传递的，父母的信任水平能够预测孩子的信任水平，[①] 信任破坏也具有传递效应，第三者的不可信行为会破坏观察者的信任，[②] 道德情绪在信任违背和信任修复过程中发挥着作用。[③] 除了个体与个体之间的互动，个体与群体、群体之间也存在互动，例如居民与各社会组织以及各社会组织之间，医患信任是社会人士以及学者一直关注的热点问题，研究报告表明医院是中国城市居民信任程度最低的公共事业部门，普通群众看病难、看病贵的问题持续多年未得到缓解。[④] 根据这些结果，社区中通过人际互动建立信任并最终形成整个社区的信任氛围，可构成个体—群体—社区的人际互动信任模型（详见图 10-2-1）。

模型中人际互动分三步，互动初始、互动过程和互动结果，每一步产生一种人际信任，最终形成社区的信任氛围，社区的信任氛围又会影响到人际信任的维持与发展，从而进入下一个循环。互动初始形成原始性信任评价，社区内制度的公平、公正、公开、奖惩及监督影响个体和群体对制度的信任，个体的刻板印象、社会组织事件和公众形象以及媒体传播的信息影响彼此的信任评价。原始性信任评价以及互动过程中的沟通模式、接触体验、处理结果、印象形成等形成即时性信任评价。互动结果可能出现个体与个体、个体与群体之间的信任建立，也可能出现互动双方的信任破坏，并且信任建立和信任破坏都具有传递效应，前两步形成的信任评价都会对信任传递产生影响。当信任破坏出现时，需要进行信任修复，主要策略可为言语（道歉、解

---

① 池丽萍：《父母与青少年的信任水平及代际传递》，《心理发展与教育》2013 年第 5 期。

② 刘国芳、辛自强、林崇德：《人际信任中的坏苹果效应及其传递》，《心理与行为研究》2017 年第 5 期。

③ 严瑜、吴霞：《从信任违背到信任修复：道德情绪的作用机制》，《心理科学进展》2016 年第 4 期。

④ 饶印莎、周江、田兆斌、杨宜音：《城市居民社会信任状况调查报告》，《民主与科学》2013 年第 3 期。

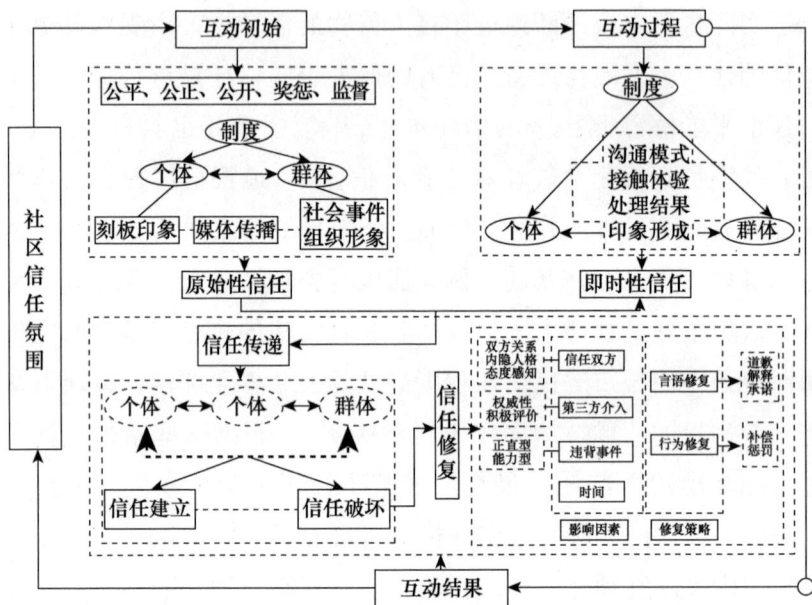

图 10 - 2 - 1　个体—群体—社区的人际互动信任模型

资料来源：作者自制。

释和承诺等）和行为（补偿和惩罚等）修复。[①] 此外，信任双方特征
（如关系、内隐人格、态度感知）、第三方介入（如第三方的权威性、
评价性质）、违背事件（正直型信任违背、能力型信任违背）和时间
也会影响到信任修复的效果。通过这个模型可以看出，社区诚信培育
是一个多元参与的过程，媒体在报道社区事件时注意其措辞与方式，
社区居民的言论传播需客观且积极，社区组织自身要建立完善制度规
范，组织成员要遵守组织制度，弘扬组织文化等。

第三节　个案分析：姑苏模式的建构与成效

一　案例引入

通过理论分析和已有研究的指导，本章总结出在社区诚信观培育

————————

① 秦安兰：《人际信任修复理论与实证研究》，中国财政经济出版社 2018 年版，第 82 页。

过程中可能产生影响的三个方面：物理环境、制度规范和人际互动。为了深入考察这三个方面对社区诚信价值观培育的影响，笔者以苏州市姑苏区的两个"明星社区"（大公园社区和钮家巷社区）作为样本进行个案研究，主要于 2019 年 7 月以多次走访和对社区工作者及居民深度访谈的方式进行。选择"明星社区"更能为理论分析提供实证依据，以更全面更详细的事例反映物理环境、制度规范和人际互动带来的影响。

本研究选取的两个社区都是姑苏区内的老城区，地理位置偏市中心，周围分布园林等旅游景点及高校，道路相对拥挤，人口密度大。因位置及历史文化因素，在社区的空间特性上与其他区域的社区有明显的区别，社区居民以老年人、本地人为主，社区规模不大，稳定性较高，住宅户型老房屋偏多，分布较密集，辖区内分布几十家企事业机关单位和百余家临街商店，人流量较多。

大公园社区是姑苏区双塔街道的核心社区，位于苏州古城中心，东起凤凰街，西至五卅路，北临干将路，南到十梓街。面积 0.3 平方公里，有居民小区四个，现有住户约 1521 户，人口约 3771 人。辖区有苏州广播电视局、苏州日报社、苏州卫生局、苏州红十字血站、苏州一中等单位。社区居委会有社工 7 人，包括社区书记一名。因位置临街，来往人流量极大，在居委会门口，设有一自助饮水处，为来往行人提供免费饮水。一楼设有工作站，社区办公处，同时也是昌和公益坊的驻扎点，二楼至五楼分布公益坊内 15 家社会组织的办公点，以及为社区居民提供的各种活动室。室内宽敞明亮，墙面和楼道间张贴有社区居委会和社会组织的相关介绍，室内布局现代化风格比较明显。

钮家巷社区成立于 2006 年 12 月，位于苏州古城的东北隅，东起相门河、西至临顿路、南起干将路、北至大儒巷、中张家巷，辖区面积 0.37 平方公里，现有户籍居民约 2396 户，6080 人，流动人口2157 人。辖区内有建于清代的潘世恩宅（苏州状元博物馆）、董氏义庄等一大批历史古迹，有着十分丰富的人文景观。另有平江实验学校、苏州市平安保险公司、苏州宏盛投资（集团）有限公司等19家企事业单位。社区内设有社区党委、社区居委会、社区工作站和综合治理办公室，现有工作人员10名，党员255名，下设9个党支部，38个居民小组长。作为一个典型的古城区老旧社区，该社区存在老年人口多、背街小巷多、古建老宅多、外来流动人口多和生活配套设施少等"四多一少"现象，辖区居民对社区的依赖性较强。与大公园社区不同的是，钮家巷社区离开主街道，位于小巷子里，按照指示牌进入大门后，看到的是一片小树林，社区工作人员称之为"小花园"，穿过其后是社区居委会，一楼是工作站及社区工作人员办公处，二楼至四楼是各种活动中心，建筑风格及室内布局朴素温馨。钮家巷社区在近十年中，获得数十项荣誉，其中屡次获得先进社区、文明社区称号，其书记张英缨是市、区人大代表，多次被《苏州日报》等新闻媒体报道。

笔者在正式访问一周前对两个社区进行了走访，正式访谈时共4位研究人员（苏州大学心理系博士生和硕士研究生）对8位社区内人员（社区书记、社区工作者和居民）进行了访谈。

二　社区环境管理的成效

（一）社区环境洁净卫生

笔者对两个社区居委会走访时发现，虽然建筑布局不同，但周边环境都很洁净，尤其是钮家巷社区，虽然位于小巷子中，但没有出现藏污纳垢的现象，并且已经开展垃圾分类的工作。走访期间，看到保洁人员数次对周边环境的巡视。

通过对社区工作者访谈得知，社区工作尤其重视社区环境的干净舒适，社区卫生一直都是工作者和居民关注的问题。针对这种老城区社区，居委会每年都会在老鼠、蟑螂和苍蝇等常见污染源出没较多的地方和繁殖季，给社区居民分发相应药物，同时也会协调卫生部门等社会组织和志愿者们对社区重点角落进行清理。在卫生方面产生的问题，大公园社区工作站的工作人员表示会及时并且尽量以大家都满意的方式解决。他讲述了一个案例，社区中有居民自家装修产生了大量的建筑垃圾，因协议中拉走建筑垃圾按次数计算费用，所以大量垃圾囤积在小区楼下，时间久了有居民在上面丢弃生活垃圾，天气渐热气味非常难闻。在居民向社区反映了该问题后，他立马到现场查看，并且联系了户主，户主因费用方面的问题一开始未能承诺清理，但在该社工数次联系，耐心劝说以及当面沟通后，装修住户终于同意承担费用及时清理建筑垃圾。该工作人员表示这样的例子在工作中很常见，居民在这方面非常重视，作为为居民服务的工作者也会做好相应服务。

钮家巷社区书记也表示，如果有居民在辖区内看到某处垃圾没有处理，或者脏乱差的现象，随时可以告知居委会，居委会会立即协调环保人员进行打扫。社区书记表示，她很感谢这些环保工作者们，即使有时打扫工作不在他们的职责范围或者工作时间之内，都会尽量帮忙处理。此外，对于老城区小区楼道内的陈年污渍，社区每年都会联系相关社会组织和志愿者们进行打扫，对于辖区内店面门面不整洁的商铺，也会加强管理。

大公园社区的居民组长陆老师（原开放大学校长）也谈道，就小区内是否应该设置垃圾箱，居民们到陆老师家中协商了六次，最终确定不在小区内设置垃圾投放箱，下午固定时间段内有垃圾车进入小区，居民们统一送到楼下。这样既可以避免垃圾投放箱散发的气味，又保证了小区内的美化，还"强迫"性地给居民们提供了每天交流两三句的时间和地点。

居住钮家巷的一位居民提到环境卫生，表示居委会很用心，垃圾分类活动不仅涉及大、中、小年龄段的居民，还编了一段垃圾分类的顺口溜，让居民更易习得分类规则，非常接地气且更具实效。

（二）宣传报道营造良好氛围

笔者在走访钮家巷社区时看到，从社区大门进入社区内部的"小花园"走廊上，挂了一块块的警示语，两边的走廊也被称之为"廉心园"，牌子上写着"廉洁在我心，自律在我行""俭以养德，廉以立身""以廉为荣，以贪为耻，以勤为标，以情为戒""廉洁自律"等。社区工作者谈道，每天上班看到这些标语，都会告诫自己承担好身为社工的责任。

在精神文明宣传方面，苏州一直都积极地执行。社区工作者表示苏州是人文比较好的城市，在精神文明这一块一直都做得很好。每个小区都有文明城市宣传栏，张贴有海报，社区会定时分发一些宣传的小册子，在日常出行的交通工具上也会播放公益广告。

社区居民表示这些标语很常见，一直生活在这样的氛围下，受到的影响是潜移默化的，不需要刻意举办活动，遵守诚信已经是深入人心的规范。

此外，钮家巷社区的工作人员提到，因为社区乃至整个苏州的诚信氛围都不错，社区在诚信方面的宣传力度没有刻意突出，对于带来积极影响的居民，会推选为榜样人物。社区居委会也会为之报道。工作人员谈道，有个伯伯在超市买菜时捡到钱包，因非常信任社区工作者，第一时间选择送到社区居委会，由社区联系民警找到失主。失主当即想给出酬谢，伯伯果断拒绝。事后社区进行了报道，对伯伯的诚信之举表示感谢，也为其他居民树立榜样作用。

三 社区有效的工作机制

（一）党建引领、协商共治

两个社区的书记都介绍道，目前社区工作的指导方针是党建引领、协商共治。党建引领即依靠街道社区党组织的核心领导作用，开展社区服务，协商共治即社区内事务通过规范化的流程由社区居民、社区居委会、社会组织等多方面协商共同治理。在这个指导方针下，两个社区各有其工作重点和服务特色。

大公园社区总结为"党建引领、多元参与、共建共治"，具体而言是"一核两化、三方共建、四级联动"。一核指发挥街道社区党组织领导核心作用；两化指区域化、网格化，党建格局全面深化；三方共建指街道社区党委、单位党建、行业党建共驻共建，互联互动；四级联动指市、县级市（区）、街道、社区党组织四级联动体系全面建立。在这种工作机制下，大公园社区党委作为第一党建网格核心，推行"一线争先，一体行动"的工作风格，昌和公益坊也顺应而生，自 2013 年成立以来，逐渐形成成熟的运行模式，作为社会组织党建引领的示范阵地，坚持党建引领、发挥社区党委的核心领导作用，以昌和公益坊为载体，聚集优秀项目，培育优秀社工队伍。

大公园社区书记苏家蓉谈道，要充分发挥社区党委的作用，开展活动时，组织党员干部们带头参与，从自身做起，为居民树立榜样作用。社区书记举例表示，在社区商铺整改过程中，对于一些门面不干净不整洁又不愿意打扫的商户，由党员干部们带头对其进行义务整改，一次两次过后，商户们自然心中有愧，从而承担起自己的责任。居民组长陆老师也表示，2004 年之前他所居住的社区比较混乱，经常发生失窃事件，居民对社区居委会、社区党委的评价都非常糟糕，不信任社区的工作。陆老师作为一名优秀党员，自身又有着较高的学识修养，他自述实在看不下去，自发担任了居民自治组长，对居民进行劝说，给社区工作提供建议，让每家每户装上防盗门，整改楼道等设施。在他担任自治组长的十年间，不断配合社区整治小区内出现的各种事情，并逐渐形成一定的规范。至今虽然陆老师已经退休，但他俨然是居民和社区工作者心中的领军人物，历届社区书记新上任都会到陆老师家进行拜访。对陆老师当年的举措，陆老师自述，从大处讲，为了增强老百姓对中国社会、中国共产党的信任，从小处讲，是为了居民的自身安全，更多的是作为一名党员内心深深的觉悟。

此外，在"党建引领，协商共治"的工作模式下，大公园社区产生了首个协商民主解决难点问题的案例，即"净旧貌，换新颜"社区环境微治理项目。项目在民治路 42 号小区开展，该小区是大公园社区的一个自治小区，也是一个老小区，居民楼建造于 20 世纪 90 年代左右，房屋外观陈旧，绿化无人修整。由于小区居民一定的流动性，且物业人员的积极性和效率极差，导致出现失效的物业管理，也使得小区的绿化环境和公共设施暴露出修缮的需求。该项目完成后，不仅环境美化，邻里氛围也变得友好。社区工作者进一步总结了自治小区协商民主的一般方法（见下表），通过首个协商民主案例的成功为以后工作的开展总结方法，提供经验。

表 10 - 3 - 1　　　　　　　自治小区民主协商的一般方法

序号	阶段	工作重点	核心要素
1	议题反馈	1. 建立议题反馈渠道 2. 搜集小区议题	共识 参与 协商 博弈 反馈
2	梳理议题	1. 分类 2. 分配处理方式	
3	需求调研	1. 明确议题相关需求 2. 确定利益相关方	
4	明确成员	1. 形成协商的 6 + X 2. 明确成员各自角色功能	
5	民主协商	1. 协商过程保障居民参与权 2. 决策过程保证民主、公正 3. 形成具体方案进行公示 4. 理性接纳反馈，未尽事宜再次协商	
6	利益博弈	1. 发挥居民、社区、社工三方功能 2. 促成个人利益与公众利益的平衡	
7	公示实施	1. 公示协商结果 2. 引导居民参与方案实施	
8	成效评估	1. 开展专业社工成效评估 2. 总结宣传小区治理成效	

资料来源：大公园社区居委会宣传栏，2019 年 7 月。

钮家巷社区的特色是"政社互动、三社联动"，政社互动指全力推进政府行政管理与基层群众自治的有效衔接和良性互动，着力解决政府与群众自治组织的纵向关系，厘清各自的权利边界，通过社区减负增效，让社区从法理上回归本位，引导居民主动参与社区自治。具体而言，街道指导开展政社互动、监督评估，社区依法履职，依法协助，实施评估；街道培育孵化，购买社会组织服务，社会组织对街道工作提出建议。三社指社区、社工和社会组织，在基层党组织的引领下，通过政府保障支撑，以社区为平台、社会组织为载体、社会工作为抓手、其他社会力量为辅助，着力解决"联"的纽带效应，挖掘"动"的核心内涵，围绕居民的需求，通过规范的工作制度和严谨的操作流程，充分发挥协商民主的作用，真正实现居民自治和社会多元主体参与社区治理的有效工作机制。具体而言，社区为社工提供了服务管理的平台，社工为社区提供人才支撑，介入管理；社区支持、指导监督社会组织的工作，社会组织参与社区服务；社工是社会组织的重要组成要素，社会组织为社工提供服务载体。

钮家巷社区书记张英缨谈道，为充分发挥政府行政管理与居民自治在社区管理中的作用，在社区中推行基层网格化治理，每一个网格中都注入了社区党委、社工、公安、城管、环卫、物业以及居民志愿者等力量，网格具有自我协调统筹能力，出现问题可以就地快速解决。走访期间笔者观察到，钮家巷社区推行基层网格化管理也有一项完善的工作制度，分为五个方面：上岗公示、工作例会、巡查走访、情况报告以及考核奖惩。尤为重视网格化信息安全和保密工作，要求网格内三实信息（实有人口、实有房屋、实有单位）中涉及的个人隐私的信息，未经同意发布的突发事件、群体性事件信息和评论，以及不得公开的工作业务数据信息等，作为重点内容进行保密；并且将该工作落实责任制，各社区工作站站长作为信息安全和保密工作第一责任人，建立保密工作制度，明确责任分工，落实工作举措；同时强化业务培训，将信息安全和保密知识列入系统管理员、网格长、网格员岗前业务知识能力培训课程，增强网格队伍信息安全保密意识，保证其掌握工作技能；平时也会加强日常管理，加强对系统管理员、网格长、网格员工作账号密码使用情况的日常管理，若发生工作岗位调整，督促及时交回工作账号密码。对于该项工作，区、街道对落实情况进行督察、并纳入年度综合工作和日常网格化考核体系之中，对工作未按要求落实，或因发生信息泄露事件造成重大影响的，取消所有当年相应评优奖励资格，并根据情况进行责任追究。

同时钮家巷社区率先试点了居民自治项目化工作，通过引入第三方社会组织等专业力量，将居民需求分类筛选汇总、组团式解决，建立"党建引领、民主协商、项目运作、协同共治"的社区治理机制，形成一套成熟的社区居民自治项目化流程（详见图 10 - 3 - 1）。

社区书记谈道，在这样的工作机制下社区完成了老城记忆——古井老井维护、凤池弄晾衣架改造等多个项目，切实解决了社区长期存在的一些"老大难"问题，得到居民群众的广泛认可和普遍支持。古井老井见证了不尽的古往今来，既是古城苏州的眼睛和活名片，也是苏州的文化符号之一。古井老井维护项目历时三年，做好古井老井的调查统计、清淤加盖、建章立制、落实责任工作，项目重点是做好古井老井的长效管理工作，并邀请围井而居的老居民口述井的历史文化故事。项目完成后，钮家巷社区特地装帧了《饮水思源》的小册子，记录辖区内 24 口老井背后的故事。此外，对凤池弄的居民而言，靠河而居，生活中晾衣服难免会影响平江街道景区的美观，也会出现衣服掉落河中的问题。社区收集了居民反映的问题后，通过自治项目化流程对此事进行了商议处理，对凤池弄晾衣架进行了改造，既保证了景区的美观又给居民带来便利。

（二）推进社工职业发展、规范社工考核管理

目前而言，社区工作者职位不管是薪资待遇还是竞升空间都相对较低，收获往往与付出不成比例。大公园社区的陆老师谈道，现在的社工逐渐年轻化，文化程度普遍提升，在处理问题方式上也更积极，但社工的待遇问题还比较落后，为此也需要考虑社区工作者们的付出。在这个问题上，两个社区书记为社区工作者们争取到一个职业竞升的机会，社区书记可以报考事业编制，也是姑苏区首创的招聘机

发布公告					入户调查、问卷调查等	
征集需求	社区"两委"	项目需求征集	征集渠道	民情日记、民情信箱等	
筛选梳理				民意征集会、民情恳谈等	
归类汇总				开放空间会议	

民主评议	社区议事会	需求项目初选
预选项目		

公示结果	社区居委会	需求项目公示

项目方案初选	共治协商小组	项目征集方案征集初选
社会组织资格审查		

项目决策	召开项目评议会 差额选出	社区党委代表	
		评议委员会	

需求项目初选	承接方 共治协商小组	评议委员会	
		评议委员会	
		评议委员会	
		评议委员会	

结项报告	社区居委会	需求项目公示	评议委员会	
双述双评		绩效反馈	评议委员会	
结果公示			评议委员会	
评选表彰				

共治协商小组自我管理项目后续工作	自治管理	

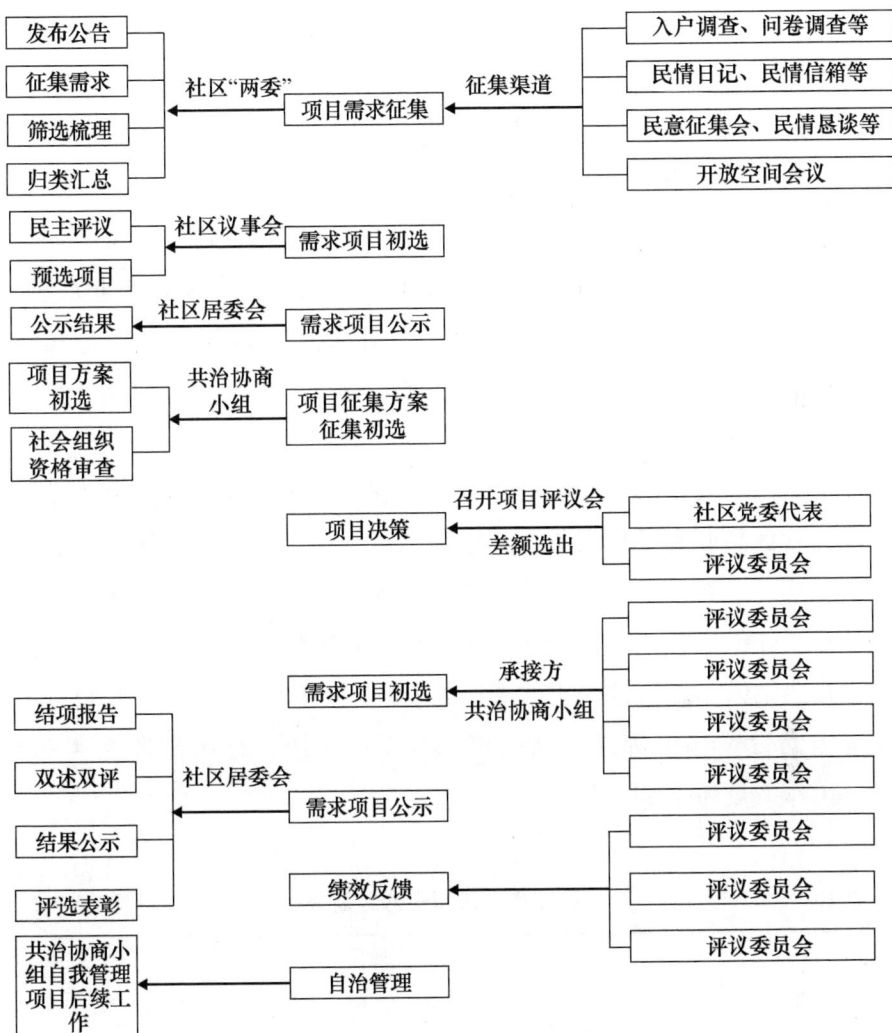

图 10 - 3 - 1　社区居民自治项目化流程

资料来源：钮家巷社区居委会宣传栏，2019 年 7 月。

制。钮家巷书记张英缨提到，为社工谋求福利是一个现实的问题，社区工作者们自身也有家庭，在为居民付出的同时，也希望能尽量满足自身的需求。她用自身发展叙述了一个社工的职业经历，2008 年张英缨书记通过公开招聘，成为钮家巷社区的一名社工，自此在基层扎下了根，十年来她从一名普通的社工成为社区党委书记、居委会主任，并成为市、区两级人大代表和市劳模。通过自身的职业经历，张英缨书记对社工们的职业发展很有感悟，并提出社工的待遇模式，即从"待遇留人"到"事业留人"，再到"感情留人"。具体而言，社区工作者们先能够享受到工作相应的待遇，在基本需要满足后追求事业上的成就，并最终真诚地热爱这份工作，关爱辖区内的居民。

此外，为强化管理，规范入职渠道、劳动用工，加强职业培训，提升服务能力，社区内实施等级绩效薪酬制度，以规范社工考核管理，推进人才奖励工作，对社区工作者进行了三岗十八级划分（详见表 10 - 3 - 2）。

根据社区承担的工作职责和具体事务，社区工作者岗位分为社区正职、社区副职和工作人员。其中社区正职包括社区党组织书记、居委会主任、工作站站长；社区副职包括社区党组织副书记、居委会副主任；工作人员包括其他纳入社区工作者管理的一般社区工作者。各岗位按照纳入姑苏区社区工作者队伍管理的社区工作年限、受教育程度等因素设置相应等级，社区正职为 7—18 级，社区副职为 4—15 级，工作人员为 1—12 级。

表 10 - 3 - 2　　　　　　社区工作者三岗十八级划分

等级	岗位			基本工资系数
	社区正职	社区副职	工作人员	
18 级	34 年及以上			1.48
17 级	31—33 年			1.44
16 级	28—30 年			1.40
15 级	25—27 年	34 年及以上		1.36
14 级	22—24 年	31—33 年		1.32
13 级	19—21 年	28—30 年		1.28
12 级	16—18 年	25—27 年	34 年及以上	1.24
11 级	13—15 年	22—24 年	31—33 年	1.21
10 级	10—12 年	19—21 年	28—30 年	1.18
9 级	7—9 年	16—18 年	25—27 年	1.15

续表

等级	岗位			基本工资系数
	社区正职	社区副职	工作人员	
8级	4—6年	13—15年	22—24年	1.12
7级	3年及以下	10—12年	19—21年	1.09
6级		7—9年	16—18年	1.06
5级		4—6年	13—15年	1.03
4级		3年及以下	10—12年	1.00
3级			7—9年	0.99
2级			4—6年	0.98
1级			3年及以下	0.97

资料来源：大公园社区居委会宣传栏，2019年7月。

对社区工作者而言，要做好社区工作，规范社工考核管理、提升社区管理者的凝聚力和战斗力至关重要。钮家巷社区一直把加强基层党组织建设、完善制度建设作为首要任务来抓，先后制定了《社区工作人员守则》《社区党员行为规范》等20多项规章制度，把社区的各项工作很快地纳入了制度化规范化之中。钮家巷社区还积极推动居务公开工作，每月在社区宣传橱窗公示栏中及时把党建工作经费、居委会工作经费、工作站工作经费账目公布出去，全面接受群众的监督。

四 为居民提供各类服务赢得信任

（一）繁琐而值得的为民服务

在问及社区提供的服务时，大公园社区的工作者谈到这样一件事情，某老板买下辖区内小区街道的一间门面房想开餐饮店，但距离居民楼不到15米，餐饮店与居民区之间的距离范围，不符合工商部门为了排烟不影响居民的要求。就此事20多个居民向社区反映，社区工作者当即与居民前往查看。因店面还在装修，老板不在店里，社区工作者承诺居民会解决好这件事情，让居民先行回家，等联系到老板后，双方再碰头商议。商议过程双方态度都比较坚持，老板因租金已付，商量能否有折中的办法，最终无法调解成功。社区工作者表示事情会继续跟踪，同时向上级反馈，上级相关部门实地查看后，发现确实存在不合规定的情况，餐饮店被强制停工，历时半个月事情终于得到解决。社区工作者表示，举这个例子只是想说明社区对居民提供服务一直都是尽心尽责，不论耗时多久，只要承诺了就会做到，如果无法承诺也会给居民合理的解释。

钮家巷居民表示，社区内年满 80 岁的老人，社区会安排社会组织人员每月上门进行一次 3 小时的志愿服务，为老人打扫卫生、陪老人聊天等。提到社区为居民提供的服务，被访居民 A 表示非常满意，举了多个例子。笔者后期了解到，A 所叙述的其中一个事例是凤池弄居民低电压改造。凤池弄是紧邻平江路的一条历史老街，受到平江历史街区整体规划限制，不好开挖，高压电线一直排不进该区域。每到夏天，电压一直在 125V—195V 之间动荡，居民家中空调、电扇等无法正常使用，这让居住在弄堂里的 100 多位居民夏季非常辛苦。为此，张英缨书记多次和供电公司沟通联系，并在市人大代表会上提出了"关于历史老街——凤池弄居民低压电改造的建议"，最终帮助凤池弄居民实现"用电梦"。此外，仓街平价菜场建设也是社区居民们叙述，新闻媒体报道过的事例。在仓街平价菜场新建时，为了清除位于仓街 24 号的无证废品收购摊点，张英缨书记一次次奔走，最终联系上级部门联合执法清除了这个无证废品摊点；同时又牵头联系原平江路街道、区物价局，提出了在社区入口建"菜场"的计划，得到了有关方面的赞成和支持。为将这一惠民大事做好做实，她组织召开了居民听证会，通过制定方案、方案公示、施工公示、联合环卫部门清除废品垃圾等一系列环节，不仅清除了一个卫生死角，还仓街周边居民文明卫生的环境，又新建成了一个平价农产品直销店，深受社区居民的欢迎。

两个社区受访的居民们都表示，能说的例子太多，除了这些大一些的事情，很多日常生活中的小事说不过来，下雨天社区会安排社工甚至书记亲自在辖区内巡查，路面是否有积水，老小区房屋是否漏水；每逢节假日，都会到孤寡老人家中进行慰问，一次不落；听闻社区内有老人摔倒或者生病住院，也会进行探望；有重要事情处理期间，社工们每天都会加班，周末接着上班也是常有的事情，书记凌晨还在处理事务回复居民消息都已成习惯。

（二）组织社区活动

除了这些繁琐但值得的为民服务，社区还为居民们提供了各类主题的活动，为退休后的老人们提供休闲场所。正如笔者走访所见，社区内配有多个活动室，随处可见被频繁使用的痕迹。大公园社区工作者谈到每年都会针对老年人开展健康讲座，主要是关于老年人慢性病知识的讲解，包括疾病来源、患病症状、预防方法以及发病措施。针对小朋友也会有相应的主题活动，例如好家风的传承、二十四孝故事的学习。钮家巷社区居民表示，针对二十四节气，社区都会召集老人们做一些手工或者是应景的活动，例如包饺子、裹粽子、做香袋等，活动采用游戏的方式，既娱乐了大家，又传递了节日蕴含的意义，还是老人们相聚聊天的好机会。

社区工作者谈到，除了这些固定的活动，针对社会上的热点事件，也会及时开展相应的活动。例如，针对媒体多次报道的养狗事件，社区也接到上一级组织的要求，在社区内开展宣传文明养犬的活动，社区工作者以及民警挨家挨户进行宣传。对于这样的活动方式，辖区内居民接收信息比较迅速且准确，效果也会比较明显，宣传当日就有一住户主动上交了一条。

第四节　结论与启示

根据访谈结果可以得知，两个社区能够成为双塔街道和平江街道的"明星社区"离不开诸多因素的影响。相比于其他社区，这两个社区的工作者们在职责之内总是多做了一些事情，多思考了一些方法，多提供了一些服务，当然也多收获了荣誉和信任。从与社区居民们的交谈中，处处体现的是对社区书记、社工的信任与感谢。从与社区工作者的交谈中，感受到的是对工作的负责与耐心。从与社区书记的交谈中，体会到了书记对社区的责任、对居民的关爱、对事业的向往。钮家巷社区书记张英缨谈道，区别于其他企事业单位，社工本身就具有一种公益性，身在其位就要真心为居民做事。社区内不诚信事件几乎"零概率"，居民对社区工作者们坚定的信任，社区工作者对工作的负责，社区收获的诸多荣誉都是这两个社区诚信价值观氛围极高的体现。总结访谈结果，可以认为这两个社区的做法验证了之前的理论分析，即可以从社区的物理环境、制度规范和人际互动三方面培育社区诚信价值观。

一 重视社区的环境布置，营造诚信氛围

对社区卫生的紧抓与严格执行，符合目前所倡导的绿色文明形态，在生态上做到保护环境、低碳节能与垃圾分类；在方式上多宣传教育，鼓励绿色文明执行者。当问及社区在环境方面的工作带来的影响时，居民们都表示生活在一个干净的社区心情自然会很好，感觉到舒适，居民之间也不易产生矛盾。社区工作者们则表示对环境的重视不仅仅是为了保护环境，通过这些细微的工作，居民与社区之间的情感联系更加紧密。虽然工作内容繁琐，但这些细节的积累，使得双方的信任感更强烈，对社区其他方面工作的开展非常有利。

在宣传标语方面，不仅仅是张贴海报或者分发册子这样的方式，更多地融合了社区工作者们的思考。比如钮家巷社区的"廉心园"，就在一个简易且不算现代化布局的走廊上，悬挂了一块块带有警示作用的牌子，让进入社区的居民体会到社区工作者对自己的约束，让在社区工作的人员时刻谨记事务的公开公明公正。隐喻中"上位"带有严肃、高贵或者示范的作用，观看者需要用仰视的视角，悬挂警示语的方式可能会超出警示语内容本身带来的告诫作用，相比于树立警

示牌的方式，上位和仰视的视角给警示语赋予更多地庄严蕴义。此外，钮家巷社区对垃圾分类的宣传，编了一段顺口溜，正如内容所说，"残羹剩饭瓜果皮，菜叶内脏绿筒进（厨余垃圾）；玻璃金属可乐瓶，纸盒塑料蓝筒进（可回收垃圾）；电池药品杀虫剂，日化用品红筒进（有害垃圾）；尿片瓷片香烟蒂，快餐用品黄筒进（其他垃圾）"。生活化的用语适宜全年龄段的居民，相比于仅仅分发一下册子，介绍何为厨余垃圾、有害垃圾、可回收垃圾和其他垃圾，这种方式减少了居民不看册子的概率，减轻了居民记忆分类的负担。对环境整治多做一些事情，对整治方式多一些思考，带来的效果也会更好。

二　坚定制度规范对诚信价值观培育的有效性

诚信社区建设过程中，有学者提出树立标准（即行为规范）是诚信文化建设的第一步。"规"即画出一个圈来，"范"就是立一个榜样，要朝那个方向去做。通过制度规范约束行为，行为形成习惯，习惯天长日久则成自然。① 社区中制度规范的有效性，体现在能否反应诚信要求，能否提供诚信监督与管理，能否对失信行为给予惩罚，能否使社区居民形成诚信的共同观念等。党建引领的指导方针就是社区工作的"规"，发挥基层党组织的领导核心作用就是培育社区诚信价值观的有效手段。大公园社区对党组织活动尤其关注，紧抓党员干部的清正廉洁，关于党组织的任何活动都非常健全正规。陆老师谈道，即使有党员生病了，其政治生活记录都要健全，按照规定，递交党费之类的很合规矩。这种"规"使得社区工作从根本上清正廉洁。社区内对诚信榜样人物的宣传就是"范"，钮家巷社区为拾金不昧的伯伯写报道做宣传，为讲诚实守信用的居民树立宣传榜，都是引导居民朝着诚信的方向去发展。

在制度上，社区工作者的三岗十八级划分，居民自治项目化流

---

① 诚信社区建设课题组：《城市治理中引入诚信社区建设的可行性研究——上海市浦东新区洋泾街道的调研与思考》，《宁夏社会科学》2015 年第 4 期。

程，基层网格管理的工作制度，网格化信息安全和保密的工作制度，网格员工职责等也都是用来约束社区工作者的有效手段，包含了各部门之间的监督与管理，制约与平衡。在工作中公开、公正、公明，以保证社区工作务实，履行职责，接受监督，是社区书记们谨记的规约。网格化管理后，居民事务一般先向居民组长反映寻求帮助，能就地实时解决的不上报到社区，如果解决不了再找社区，这样的方式即保证了解决问题的高效性，也是社区对居民组长、居民骨干的信任。

对社区工作者来说，履行规章制度就是在自己的职责范围内做好应该做的事情，不越权不推脱。例如餐饮店问题，社区的职责是调解而无权对餐饮店执行停业手段，需要及时上报上级部门，这种不越权不推脱的行为合乎规定，带来的结果才能让居民信任，让餐饮店老板信服。此外，除了对居民，对同事对上级都要言行一致，承诺了要做到，做不到要解释，这是所有社区工作者提到诚信都会谈到的话语。正如社区工作者所说，他们的一言一行都可能代表着社区的形象，能不能将事情做好，能不能对居民负责，都可能影响到社区诚信。

在访谈中，居民们对于小区内的失信行为不了解有何惩罚机制，或者没有遇到过。但也有谈到，某辖区内理发店或者蛋糕店，在临关门的前一天还在办理会员之类的欺诈行为，以及店大欺客的现象也确实存在。对于不能发现失信行为或者已经存在失信行为，要完善社区诚信规范，建立失信的监管惩处机制。除了呼吁相关部门完善相关的诚信法规，例如《信用法》《公平交易法》《个人隐私权法》等，对一些涉及诚信的现行法规，《民法通则》《物权法》《合同法》等，要补充诚信建设所需的相关内容。在基层社区，也需要制定一些居民公约、市民守则等规范居民的日常行为，并对违反契约的居民给予相应的处罚。① 此外，要加强社会征信系统的建设，对社区党委、社会组织、商业、个人信用依法采集和客观记录，建立信用档案，从而提供

---

① 诚信社区建设课题组：《城市治理中引入诚信社区建设的可行性研究——上海市浦东新区洋泾街道的调研与思考》，《宁夏社会科学》2015 年第 4 期。

诚信的参考信息。例如，户主或者商铺答应整改的地方不作为或者未按时完成，就可以记录其信用问题。

三　举办各类主题活动，为居民搭建交往互动的平台

就如何进行社区居民的诚信养成教育，有研究者提出社区的服务功能、文化功能对诚信品德的养成最为直接、最为有效。[①] 具体来讲，在社区开展文化活动要注意积极倡导，寓教于乐；面向大众，教育形式要灵活多样；根据当地经济、人员、风俗民情等量力而行；坚持资源共享，共驻共建。在社区服务中，首先社区服务人员要树立诚信理念，其次将诚信作为社区服务事业自身建设的重要内容；最后要合理利用社会舆论监督。

钮家巷书记张英缨谈道，从以前到现在，社区服务经历了"订餐—点餐—餐谱"的变化。过去的服务内容是社区提供的，社区规划好活动的主题让居民参与，是一种订餐式的服务，且数量还不多；后来权力下放，居民可以提出自己的诉求，但社区自身建设不够，能力有限，虽然居民可以点餐，但种类少，能提供的经费、人力等并不能满足居民的需求；现在社区自身建设起来了，可以给居民餐谱了，居民有需求也能够尽量满足，各类主题的活动都可以举办，通过活动的举办，给居民们搭建更多交往互动的平台和机会。

社区居民们也提及，社区举办的多样化活动，例如健康讲座、道德讲堂、插花书画、编制手工、学习英语，甚至跳舞合唱读报等，给退休在家的老人们又一个展示自我、交流沟通的机会与空间。有研究者通过在戏剧工作坊的实验研究，探索社区关系与社区信任之间的关系，得出从制度信任这一原点出发，通过激活社区公共生活、完善相关政策法规、建立制度保障，可以构建社区信任，以和谐社会关系促

[①] 张道理：《小康社会，诚信为本——发挥社区优势，搞好公民诚信道德建设》，《西南民族大学学报》（人文社科版）2005 年第 12 期。

进实现社会善治。① 不仅苏州姑苏区如此，苏州园区也通过举办各类主题活动，为居民搭建互动的平台。苏州园区湖西社区定期举办各类精神文明类主题活动，比如"小举动大文明"主题公益宣传画征集活动，主要针对社区儿童，孩子们通过画笔表达对诚信的理解与向往，让孩子们从小根植诚信教育的理念。"湖西文明情景剧"则是社区居民以发生在自己身边的故事为基础撰写剧本，2016 年居民自编自演的《王伯伯出行记》，描述了王伯伯遇到的各类不诚信事件，从反面阐述了现代社会对诚信品质的渴求。社区居民通过参与活动，不仅打开封闭的陌生人交往模式，认识了一些朋友，形成一个关系网络，扩大信任圈，还会在社区生活中，逐渐实践诚信，抵制不诚信行为。

① 季玉群、邹玲燕、吴秋怡：《文化治理视角下的社区关系与信任构建——基于南京 B 社区戏剧工作坊的实验研究》，《东南大学学报》（哲学社会科学版）2017 年第 2 期。

结　语

　　日常生活是诚信价值观得以形成和发展的重要领域，也是马克思主义理论研究中的一个重要范畴，蕴含着人类价值认同与社会共识建构的深层机制。因此，本书以培育和践行社会主义核心价值观内容之一的"诚信"为关键问题，旨在研究如何构建认同社会主义核心价值观的日常生活世界。

第一节　本书主要内容概括

一　诚信价值观与日常生活的关系

　　本书对诚信价值观的内涵进行了深入剖析。从人格心理学角度界定，诚信是指个体在一定关系中所表现出的以诚实、信用、信任为核心的比较稳定的心理品质和行为倾向。[①] 从多个研究视角看，诚信反映了一种人格特质，表现为一种人际关系，体现着一种行为方式和蕴含着一种道德观和价值观，涉及诚实、责任、信用、公正、信任、宜人、友善等内涵。我们还提出了关于中国人诚信的两个理论：一是诚信由诚实、信用、信任和责任心四因素构成；二是诚信四因素关系特点及其结构。[②] 从本质上看，中国长期坚持的是一种道德诚信，西方所奉行的是制度诚信。诚信可以归纳为去本体论制度性、公共性和责任自律特征。

---

① 吴继霞：《诚信品格的养成》，安徽教育出版社 2009 年版，第 36 页。
② 吴继霞、黄希庭：《诚信结构初探》，《心理科学》2012 年第 3 期。

本书还提出诚信作为社会主义核心价值观，是马克思关于人的自由全面发展的重要指标，也是中国特色社会主义市场经济发展的道德基石，更是新时代中国特色社会主义制度优越性的重要体现。

诚信是日常生活价值重建的立足点和现实途径。诚信是民众有尊严幸福生活的立足点，也是形成日常生活良序与良俗的立足点，更是践行道德法律规范约束的立足点。中国由于其悠久的历史文化和复杂的社会构成，日常生活领域庞大且结构顽固，面临着异常沉重的枷锁与羁绊，中国实现现代化必须面对日常生活的批判与重建。诚信作为中国传统美德，在日常生活中已形成以主观自律为支撑，以人格为前提，以家庭和熟人为模式的图式与结构，这与以他律、契约和陌生人为主要特征的现代化诚信结构存在分歧，也从一定程度上阻碍了中国诚信价值观的教育与践行。

如何将现代诚信价值观转换成一种日常生活中自发的道德共同体是我们面临的重要问题，这归根到底需要我们从日常生活中去汲取，再渗透到日常生活中去。我们可以从与诚信相适应的民众生活满意度的日常生活需求、与诚信相适应的民众认同的日常生活实践以及与诚信相适应的民众道德理想建构的日常生活交往等三个方面，将诚信观融入人们的日常生活。

二 日常生活中诚信维系的必要性、影响因素和难度

大众对诚信有着现实诉求，比如人们近年来对社会信任的高度关注，又比如儿童对于可信和不可信个体的区分和识别，再比如企业对于诚信价值和经济效益融合的需求大，等等。诚信是社会对人们的共同要求，违背诚信将会付出沉重代价，同时违背了诚信，彼此的信任关系也难以被修复和宽恕。因此，诚信是大众保持较高生活满意度的前提，也是预测普通百姓能否走向幸福的重要指标，诚信的人往往更容易获得幸福。

目前，从我国诚信建设的成就来看，"诚信"已被确立为科学立

法、严格执法、公正司法和全民守法的价值导向，并建立了符合当前社会特征的征信制度。这些成就将对日常生活中诚信价值观的确立产生积极的影响。然而，随着近现代化历史进程的推进和社会政治、经济、文化领域的一系列变革，以及经济全球化和价值观多元化的发展，尤其是我国改革开放以后，各种诚信危机事件不同程度地出现在各行各业中。违反诚信的行为都是要付出高昂的代价。诚信行为是一个需要理性决策的过程，但人类的理性是有限的，人们很难时刻保持理性状态。比如，日常生活中，说谎是人们的一种生存策略，我们很难要求个体时刻做到绝对的诚信。幸运的是，人们的自我印象管理需求、环境中的外在监督（如注视眼和标语）和自我意识的健全都会促进个体的诚信行为。

由于个体差异的存在，每个人对诚信的理解与践行是不同的。日常生活中并不是处处充满着诚信，同诚信所对立的谎言与欺骗作为一种生存策略在日常生活中是非常普遍的。正是因为这些问题的存在使得日常生活中如何维系诚信，就变得有些棘手。每个人对诚信的理解是不同的，在你看来的失信行为，在他人眼里却是合理的；为了生存或不同的立场，人们不得不说谎，这些都是需要我们去思考。因此，只有以诚信价值观引领和规范日常生活，以上存在的问题才有可能加以统一协调和解决。

三　日常生活中诚信价值观的培育

新时代社会主义诚信价值观必须面对变化了的日常生活，从内容、形式等方面进行理论创新和传播手段创新，通过民众的主动和广泛的参与，汇集民众智慧，并在日常生活世界中培育和践行诚信价值观，从而真正维护和实现民众的根本利益。随着时代的变迁，从历时和共时角度来看，诚信的内涵也是在不断变迁的。因此，我们看待个体诚信不诚信这个问题，也应当随着时代变化而发生变化，日常生活中诚信价值观需要培育。具体可以在人们的日常人际交往过程中体现：

第一，人们要学会看到诚信的有限性和个体差异性来源。比如，不安全型依恋者的不诚信行为主要表现在对事实的歪曲和防御上，其对自己和对他人的欺骗，往往是由于其早年没有与世界建立基本的信任连接，缺乏对他人的基本信任，所以很难做到诚信。

第二，社会要加强诚信教育。从家庭、学校和社会多个场域中进行诚信教育，同时，发挥大众媒体的宣传和价值引导功能，采用大众喜闻乐见的方式和恰当的信息表征方式，弘扬诚信社会核心价值观，让诚信价值观真正入脑入心。

第三，在全社会建立健全诚信制度。从完善相关法律法规到指定行业规范等，用制度来约束人的不诚信行为，在整个社会形成"守信光荣，失信可耻""守信得益，失信失利"的良好氛围，等等。

四　在日常生活中践行诚信价值观

我们认为，只有当一项理论思想或政策不是自上而下地强行实施，而是真正进入相关民众的日常生活中，被民众广泛地实践与重复，并最终转化为人们习以为常的共同结构和图式，这一政策或思想才能真正地获得其有效性并得以广泛践行。

本书发现，信任是可以传递的，当个体被他人所信任，或者因信任他人受益，他就会将信任行为传递给他人。同时，当信任关系出现破裂时，我们也可以用言语策略（如道歉、否认、沉默、解释、承诺）和非言语策略（自愿抵押担保、补偿和自我惩罚）来修复。从这个角度来看，人人都是诚信价值观的践行者和传播者。

本书强调在日常生活中践行诚信价值观，提出要着力构建诚信价值观的日常生活基础，将民众看作是日常生活诚信价值观培育和践行的主体力量，着力强化诚信价值观的日常生活维度。从古至今，人们都希望用各种方法来促使他人言行诚信。

本书还从诚信心理隐喻的表达方式和具身的表征方式角度进行了

有益的探索。我们从中国古代成语"扪心自问"中吸取出了"扪心"这一肢体动作以及"宣誓"这一动作，发现它们都可以在一定程度上约束人们的不诚信行为。

本书还认为，社区是连接人们日常生活的重要纽带，可以强化日常生活中传统节日及传统文化的公共性、赋予诚信价值观以民众公共性法则和规范的表现形式。我们也深入社区，践行诚信价值观用解剖麻雀式的方式探究并归纳出可能的有效机制。

第二节　本书的主要特色

一　具有理论意义和应用价值

本书是从中国问题和中国语境出发形成的思考，关注日常生活的诚信价值观的培育与实践路径，具有重要的理论意义和应用价值。本书从日常生活的角度切入，对诚信价值观的培育和践行进行了深入系统的研究，创新性地提出了在日常生活中培育和践行社会主义核心价值观的命题、思路、内容和方法。通过剖析和整合诚信的国内外具有代表性的理论，提出诚信的本质是一种价值观，因而既具有人格特质的稳定性，也会受到社会情境和社会实践的影响，是在日常生活中不断养成的稳定的心理品质。

在此基础上，通过建构诚信价值观与日常生活关系的综合性框架，论证了我国公民的诚信水平既是马克思关于人的自由全面发展的重要指标，也是中国特色社会主义市场经济发展的道德基石，更是新时代中国特色社会主义制度优越性的重要体现等的重要观点。这些观点的确定，使得本书在理论上获得了实质性突破，为具体研究确立了新的方向和视角。

围绕着上述这些观点，本书从"失信（说谎）的实质及其抑制""以诚信价值观引领和规范日常生活""大众对诚信的践行路径（认知、情感、现实、信息表征等）""构建有助于诚信发展的日常生活"

"如何提升大众诚信建设的自我能力"等方面，通过理论与实证研究相互结合的渐进式的论证，证实诚信是日常生活价值重建的立足点和现实途径，说明了如何在日常生活中践行诚信价值观。值得一提的是，本书以社区中的诚信建设作为理论与实践相结合的发生域，通过个案研究证实了其理论与实践进路的科学性和可行性。

二　主要创新观点

本书在建立了诚信与日常生活关系新的考察框架下的社会语境中，拓展了两者及相关关系的研究，从而为诚信价值观的培养和践行提供了新的理论思考和方式方法，并以新的研究成果丰富和发展了诚信理论以及践行诚信的思路方法，呈现以下主要创新观点。

第一，信任是可以传递的。当个体被他人所信任，或者因信任他人受益，他就会将信任行为传递给他人。从这个角度来看，人人都是诚信价值观的践行者和传播者。

第二，信任是可以修复的。当信任关系出现破裂时，人们可以根据事件的不同性质和类型等，选择用言语（如道歉、否认、沉默、解释、承诺）和非言语（自愿抵押担保、补偿和自我惩罚）修复策略等进行修复。

第三，明亮或整洁的环境会降低人的不诚信行为。从诚信概念的隐喻角度出发，社区中物理环境的明暗、整洁或脏乱对于个体的诚信行为是具有隐射作用的。本书的研究发现，当个体在明亮或整洁的环境中，做出不诚信行为的概率大大降低。

第四，个体自身要做到诚信。本书研究表明，个体可以通过他控力知觉来推断他人的信用高低。因为一个高度自我控制的人，往往对自己的行为具有更强的控制力，其信用水平也较高。与此同时，研究还表明个体通过对他人面孔和语音信息的感知，推断他人的可信度，判断对方是否值得信任。因此，我们要争做诚信之人，同时我们也要客观看待和运用人们对于面孔可信度和语音可信度的刻板印象，提高自身的可信度。

第五，个体也要学会如何提高自己的诚信洞察力。时代的变迁，我们已经身处陌生人的社会，与陌生人打交道需要个体提高自己的诚信洞察力。也就是说，个体要学会做到"察言观色"，但却不要"以貌取人"或"以音取人"。

第六，诚信作为一种生存方式。人要穿越日常生活，建立意义世界，诚信就赋予人与日常生活的关系以意义，从而使诚信作为一种生存方式。日常生活是诚信价值观得以形成和发展的重要场所，它也是马克思主义理论研究中的一个重要范畴，蕴含着人类价值认同与社会共识建构的深层机制。

第七，大众是日常生活诚信价值观培育和践行的主体力量。在日常生活中践行诚信价值观，提出要着力构建诚信价值观的日常生活基础，将大众看作是日常生活诚信价值观培育和践行的主体力量，着力强化诚信价值观的日常生活维度，等等。

三　研究方法的创新

本书始终坚持马克思主义的立场、观点和方法，并运用习近平新时代中国特色社会主义思想来分析和解决问题，显示了正确的学术方向。本书在具体研究中运用了质性和量化的研究手段，对日常生活中诚信价值观的培育与践行进行了有益的探索，以新的研究成果丰富和发展了诚信理论以及践行诚信的思路方法，为诚信价值观的日常培育和实践提供了理论和方法的参照。

用质性的研究范式，对中国传统文化中诚信的含义进行梳理，并对当代诚信的含义和特征进行了归纳，从汉语中的字词和成语揭示出诚信概念隐喻并提供了心理学的证据。比如，我们从诚信概念的隐喻角度出发，揭示了社区物理环境的明暗、整洁或脏乱对于个体的诚信行为是具有影射作用的。我们还运用个案的方式，探讨了诚信价值观培育和实践的姑苏模式。

我们运用实验的范式进行了不同信息表征对大众诚信的影响，信任的传递及修复研究等。其中，不同信息表征即语音、图文，包括注视眼、标语等信息的呈现，也具有重要的方法价值。我们还用准实验的方式探讨了明暗环境、注视眼、标语等方式对人的诚信行为的影响。除此之外，本书还吸收了社会心理学和比较文化研究的方法，拓展了相关领域的研究。

我们对以上方法的运用，得到了许多值得肯定和推广的理论上的发现。实证研究的成果很好地为具体的诚信价值观的日常培育和实践提供了可供参考、可以操作的具体做法和措施，从实践角度将诚信价值观的培育和践行落到了实地。

第三节　本书存在的研究问题与展望

一　本书存在的研究问题

本书在日常生活中诚信价值观的"教育干预、试点"方面还有提升的空间。对此，我们已经在社区的试点方面做了部分工作，本书第十章个案研究就已经呈现了这方面的内容。

十八大以来，党中央把诚信建设特别是诚信制度建设摆在重要位置，着力解决诚信方面存在的突出问题，诚信建设由此取得了明显进展和成效，讲诚信、重诚信、守诚信的社会氛围日益浓厚，通过制度建设形成诚信建设的长效机制也逐渐成为社会的共识。党的十九届四中全会审议通过的《中共中央关于坚持和完善中国特色社会主义制度、推进国家治理体系和治理能力现代化若干重大问题的决定》（以下简称《决定》），着眼更好保障和推动社会主义先进文化繁荣发展、不断巩固全体人民团结奋斗的共同思想基础，创造性提出"坚持以社会主义核心价值观引领文化建设制度"，并做出战略部署，提出一系列重大举措，为新时代践行作为社会主义核心价值观的诚信提出了新的要求。其中，完善诚信建设长效机制，健全覆盖全社会的征信体系，加强失信惩戒是中央确定的重大举措之一。《决定》还提出，必须加强和创新社会治理，完善党委领导、政府负责、民主协商、社会协同、公众参与、法治保障、科技支撑的社会治理体系，建设人人有责、人人尽责、人人享有的社会治理共同体等。在我国诚信建设取得成就和成效的同时，诚信缺失仍然是社会普遍关注的一个突出问题，也成为社会治理中的一个战略性问题。在社会治理现代化过程中，如何进一步建立健全和完善诚信制度，由此形成诚信建设的长效机制，既是现实发展的需要，也是诚信研究从内涵研究到制度研究再到长效机制研究在理论上有待深化的研究课题。

二　研究展望

相关研究领域不同角度不同层次的研究都逐渐指向一个重要问题：推进诚信建设制度化是一个渐进、持续、长期的过程。这一问题的解决是要研究如何形成诚信建设的协同治理长效机制，学界对此尚未明确提出并展开论述。这是未来需要研究的主要问题。

相关研究领域突出成果集中在作为德性的诚信和作为制度的诚信研究方面，尚未出现构建长效机制的重要研究，因而从德性研究到制度研究再到长效机制研究，不仅是诚信建设的现实要求，也是学术研究的重要任务。长期以来诚信建设研究分别从不同的学科、不同的领域展开，尚未整合到社会治理体系中，将构建诚信建设长效机制视为国家治理现代化的一个部分，视为社会治理制度的一部分，这是未来可以着力研究的主要问题。

如果上述发展和突破的空间侧重于宏观，那么关于诚信建设的理论基础、制度设计、教育体系、奖惩机制、干预模式、评估体系等关键问题需要在社会治理体系的大背景中进行研究，从而可以充实诚信建设的长效机制。

参 考 文 献

中 文

（魏）王弼注：《老子道德经注校释》，中华书局 2008 年版。

（宋）朱熹：《四书章句集注·中庸章句》，上海书店 1987 年版。

（汉）许慎撰、（宋）徐铉杨校定：《说文解字》，中华书局 1963 年版。

（宋）程颢、程颐：《二程集》，中华书局 1981 年版。

卞绍斌：《法则与自由：康德定言命令公式的规范性阐释》，《学术月刊》2018 年第 3 期。

曹文雯、吴继霞：《微表情对男女青年谎言识别能力的影响》，《青年研究》2015 年第 4 期。

曹文雯：《基于人类语音推断人格特质》，《中国社会科学报》2017 年 8 月 14 日。

曹文雯：《语音可信度及其认知加工特点》，博士学位论文，苏州大学，2019 年。

陈劲、张大均：《中国传统诚信观的演变及其特征》，《道德与文明》2007 年第 3 期。

陈丽君、王重鸣：《中西方关于诚信的诠释及应用的异同与启示》，《哲学研究》2002 年第 8 期。

陈璐：《宣誓动作对大学生诚信认知和行为的影响》，硕士学位论文，苏州大学，2019 年。

陈松林、王重鸣：《基于知觉论和特质论的信用研究》，《心理科学》

2006 年第 3 期。

陈延斌、王体：《中西诚信观的比较及其启迪》，《道德与文明》2003
　　年第 6 期。

池丽萍、辛自强：《信任代际传递的中介机制：一个概念模型》，《首
　　都师范大学学报》（社会科学版）2013 年第 1 期。

池丽萍：《父母与青少年的信任水平及代际传递》，《心理发展与教
　　育》2013 年第 5 期。

池丽萍：《青少年家庭中信任的代际传递：基于议价博弈的调查》，
　　《心理与行为研究》2014 年第 4 期。

丁如一、王飞雪、牛端等：《高确定性情绪（开心、愤怒）与低确定
　　性情绪（悲伤）对信任的影响》，《心理科学》2014 年第 5 期。

丁新新：《注视眼对诚信行为的影响》，硕士学位论文，苏州大学，
　　2019 年。

丁毅、纪婷婷、邹文谦、刘燕、冉光明、陈旭：《物理温度向社会情
　　感的隐喻映射：作用机制及其解释》，《心理科学进展》2013 年第
　　6 期。

方亚琴：《网络、认同与规范：社区信任的形成机制——以三个不同
　　类型的社区为例》，《学术论坛》2015 年第 3 期。

方勇译注：《墨子》，中华书局 2011 年版。

费孝通：《乡土中国 生育制度》，北京大学出版社 1998 年版。

冯友兰：《三松堂全集》，河南人民出版社 2000 年版。

傅根跃、王玲凤：《为集体或为个人情境下小学儿童对说谎或说真话
　　的理解和道德评价》，《心理科学》2005 年第 4 期。

高微、罗涤、蒲清平：《大学生初始信任决策的影响研究》，《中国青
　　年研究》2012 年第 4 期。

高学德：《中国社会信任调查报告》，载王俊秀、陈满琪主编《中国
　　社会心态研究报告（2016）》，社会科学文献出版社 2016 年版。

郝红艳：《不同信息表征方式对大学生诚信态度的影响——诚信教育

方法的探索研究》，硕士学位论文，苏州大学，2009 年。

何小春：《中西诚信伦理的文化分野及其现代整合》，《中央社会主义学院学报》2009 年第 3 期。

何晓丽、王振宏、王克静：《积极情绪对人际信任影响的线索效应》，《心理学报》2011 年第 12 期。

洪梦月：《诚信标语对青少年诚信行为的影响》，硕士学位论文，苏州大学，2019 年。

侯志瑾：《家庭对青少年职业发展影响的研究综述》，《心理发展与教育》2004 年第 3 期。

胡功胜：《"日常生活"的诱惑及其陷阱》，《福建论坛》（人文社会科学版）2017 年第 6 期。

黄聪慧、吴继霞：《社区心理学诚信本质、研究路径与展望》，《社区心理学研究》2019 年第 1 期。

黄楠森：《马克思主义与"以人为本"——回答以人为本研究中的几点疑问》，《中国高教研究》2004 年第 4 期。

黄寿祺、张善文：《周易译注》，上海古籍出版社 2007 年版。

季玉群、邹玲燕、吴秋怡：《文化治理视角下的社区关系与信任构建——基于南京 B 社区戏剧工作坊的实验研究》，《东南大学学报》（哲学社会科学版）2017 年第 2 期。

贾彦茹、张守臣、金童林、张璐、赵思琦、李琦：《大学生社会排斥对社交焦虑的影响：负面评价恐惧与人际信任的作用》，《心理科学》2019 年第 3 期。

蒋璟萍：《诚信的伦理学分析》，中南大学出版社 2004 年版。

金建萍、杨谦：《比较视域下诚信价值观的现代意蕴》，《中国特色社会主义研究》2015 年第 4 期。

金民卿：《诚信在社会主义核心价值观建构中的意义》，《前线》2014 年第 11 期。

冷洁、吴继霞：《诚信道德受具身认知机制约束》，《中国社会科学报》2018 年 1 月 4 日。

冷洁、吴继霞：《从汉字、成语隐喻看诚信概念隐含的结构维度》，
《苏州大学学报》（教育科学版）2016 年第 1 期。

冷洁：《大学生诚信的具身研究视角：诚信隐喻结构表征及其证据》，
博士学位论文，苏州大学，2019 年。

李贺、莫雷、罗秋铃、莫然等：《签名对个体诚实度和道德感的影
响》，《心理学报》2014 年第 9 期。

李宏翰、许闯：《道德隐喻：道德研究的隐喻视角》，《广西师范大学
学报》（哲学社会科学版）2012 年第 5 期。

李慧敏：《诚信与教育》，中国政法大学出版社 2015 年版。

厉飞飞：《大学生就业诚信及其与职业价值观关系研究》，硕士学位
论文，苏州大学，2007 年。

梁漱溟：《中国文化要义》，学林出版社 1987 年版。

林崇德、杨治良、黄希庭主编：《心理学大辞典》，上海教育出版社
2003 年版。

刘国芳、林崇德：《构建信任指数 建设和谐社会》，《北京师范大学学
报》（社会科学版）2013 年第 1 期。

刘国芳、辛自强、林崇德：《人际信任中的坏苹果效应及其传递》，
《心理与行为研究》2017 第 5 期。

刘国芳、辛自强：《间接互惠中的声誉机制：印象、名声、标签及其
传递》，《心理科学进展》2011 年第 2 期。

刘怀玉：《论列斐伏尔对现代日常生活的瞬间想象与节奏分析》，《西
南大学学报》（社会科学版）2012 年第 3 期。

刘怀玉：《日常生活批判：走向微观具体存在论的哲学》，《吉林大学
社会科学学报》2007 年第 5 期。

刘利译注：《左传》，中华书局 2007 年版。

刘叔新：《汉语描写词汇学》（第 2 版），商务印书馆 2005 年版。

刘秀丽、车文博：《西方关于儿童欺骗研究的新进展》，《心理科学》

2005 年第 1 期。

刘子旻、张丽、杨东：《积极情绪对信任决策的影响研究》，《应用心理学》2014 年第 2 期。

龙男男：《中西诚信文化比较研究》，硕士学位论文，哈尔滨工业大学，2013 年。

卢勇：《论培育和践行社会主义核心价值观的人民主体思想》，《理论月刊》2015 年第 4 期。

罗朝明：《信任、情感与社会结构》，《中国社会心理学评论》2017 年第 2 期。

罗竹风主编：《汉语大词典》（第一卷），上海辞书出版社 1986 年版。

马东云：《情绪语音对可信度判断的影响》，硕士学位论文，苏州大学，2019 年。

马莲、付文忠：《青年价值观引导的日常生活向度探析——以马克思主义日常生活理论为视角》，《中国特色社会主义研究》2017 年第 3 期。

潘东旭、周德群：《现代企业诚信：理论与实证研究》，经济管理出版社 2006 年版。

庞跃辉：《诚信观与社会认同意识》，《江海学刊》2003 年第 3 期。

彭代彦、闫静：《社会信任感与生活满意度——基于世界价值观调查（WVS）中国部分数据的实证分析》，《当代经济研究》2014 年第 6 期。

彭聃龄主编：《普通心理学》（第 4 版），北京师范大学出版社 2012 年版。

彭凯平、喻丰：《道德的心理物理学：现象、机制与意义》，《中国社会科学》2012 年第 12 期。

彭泗清：《中国社会学年鉴（1995—1998）》，社会科学文献出版社 2000 年版。

秦安兰、吴继霞：《诚信概念的历史嬗变及其启示》，《征信》2014 年第 5 期。

秦安兰：《人际信任修复理论与实证研究》，中国财政经济出版社 2018 年版。

饶印莎、周江、田兆斌、杨宜音：《城市居民社会信任状况调查报告》，《民主与科学》2013 年第 3 期。

任俊、高肖肖：《中国人在不道德行为之后会做些什么?》，《心理科学》2013 年第 4 期。

任蕴哲：《信任与信用及其关系——质性研究及他控力知觉角度的实证研究》，硕士学位论文，苏州大学，2013 年。

史冰、苏彦捷：《儿童面对不同对象的欺骗表现及其相关的社会性特点》，《心理学报》2007 年第 1 期。

宋学明、宋斌：《社会诚信体系形成的经济学分析》，《江汉论坛》2014 年第 5 期。

宋音希：《回归生活世界：日常生活批判理论之发展探微》，《特区实践与理论》2018 年第 4 期。

孙凯：《高中生个体情绪和环境明暗对信任传递的影响》，硕士学位论文，苏州大学，2016 年。

汪凤炎、郑红：《智慧心理学的理论探索与应用研究》，上海教育出版社 2014 年版。

王登峰、崔红：《人格结构的中西方差异与中国人的人格特点》，《心理科学进展》2007 年第 2 期。

王东：《诚信观培养：诚信教育的有效途径》，《教育科学》2008 年第 1 期。

王国轩、张燕婴译注：《论语·大学·中庸》，中华书局 2010 年版。

王俊秀、杨宜音主编：《社会心态蓝皮书：中国社会心态研究报告》，社会科学文献出版社 2014 年版。

王俊秀、杨宜音主编：《中国社会心态研究报告（2012—2013）》，社会科学文献出版社 2013 年版。

王可：《大学生诚信概念的隐喻表征及明暗隐喻对诚信的影响研究》，硕士学位论文，苏州大学，2015 年。

王磊：《社会信任与家庭幸福感的关系初探——基于中国家庭幸福感热点问题调查数据的研究》，《中国社会心理学评论》2018 年第 1 期。

王淑芹：《信用伦理研究》，中央编译出版社 2005 年版。

王小锡主编：《社会主义核心价值观研究丛书：诚信篇》，江苏人民出版社 2015 年版。

王锃、鲁忠义：《道德概念的垂直空间隐喻及其对认知的影响》，《心理学报》2013 年第 5 期。

魏建国：《诚信建设与良法之治互动中的法治现代化》，法律出版社 2013 年版。

吴继霞、黄希庭：《诚信结构初探》，《心理学报》2012 年第 3 期。

吴继霞、黄希庭：《诚信心理学研究的理论思考》，《西南大学学报》（社会科学版）2010 年第 6 期。

吴继霞、任蕴哲：《基于他控力知觉评估陌生人信用》，《中国社会科学报》2016 年 9 月 5 日第 6 版。

吴继霞：《诚信品格的养成》，安徽教育出版社 2009 年版。

吴念阳、刘慧敏、郝静、杨辰：《空间意象图式在时空隐喻理解中的作用》，《心理科学》2010 年第 2 期。

吴宁：《日常生活批判——列斐伏尔哲学思想研究》，人民出版社 2007 年版。

吴鹏、范晶、刘华山：《道德情绪对网络助人行为的影响——道德推理的中介作用》，《心理学报》2017 年第 12 期。

武胜男：《列斐伏尔与赫勒日常生活批判理论比较》，《学术交流》2017 年第 4 期。

夏海：《论语与人生》，北京大学出版社 2007 年版。

徐国栋：《客观诚信与主观诚信的对立统一问题——以罗马法为中

心》，《中国社会科学》2001 年第 6 期。

徐秀娟、高春花：《当代中国社会诚信道德的缺失与重构——以社会主义核心价值观建设为视角》，《伦理学研究》2016 年第 4 期。

许大平：《日常生活批判及其当代意义》，博士学位论文，复旦大学，2003 年。

许永兵：《中国企业诚信缺失的根源及对策：一个基于博弈论的分析》，《生产力研究》2004 年第 5 期。

严瑜、吴霞：《从信任违背到信任修复：道德情绪的作用机制》，《心理科学进展》2016 年第 4 期。

阎书昌：《身体洁净与道德》，《心理科学进展》2011 年第 8 期。

杨伯峻译注：《孟子译注》，中华书局 1960 年版。

杨方：《诚信内涵解析》，《道德与文明》2005 年第 3 期。

杨方：《诚信内在结构解析》，《伦理学研究》2007 年第 4 期。

杨威：《启蒙与批判：日常生活世界的文化重建之路》，《北京大学学报》（哲学社会科学版）2006 年第 S1 期。

杨宜音：《关系化还是类别化：中国人"我们"概念形成的社会心理机制探讨》，《中国社会科学》2008 年第 4 期。

杨中芳、彭泗清：《中国人人际信任的概念化：一个人际关系的观点》，《社会学研究》1999 年第 2 期。

姚琦、乐国安、赖凯声、张溣、薛婷：《信任修复：研究现状及挑战》，《心理科学进展》2012 年第 6 期。

叶红燕、张凤华：《从具身视角看道德判断》，《心理科学进展》2015 年第 8 期。

殷融、曲方炳、叶浩生：《具身概念表征的研究及理论述评》，《心理科学进展》2012 年第 9 期。

殷融、叶浩生：《道德概念的黑白隐喻表征及其对道德认知的影响》，《心理学报》2014 年第 9 期。

余玉花：《论诚信价值观》，《思想理论教育导刊》2016 年第 3 期。

喻敬明、林钧跃、孙杰：《国家信用管理体系》，社会科学文献出版社 2000 年版。

翟学伟：《信用危机的社会性根源》，《江苏社会科学》2014 年第 1 期。

张道理：《小康社会，诚信为本——发挥社区优势，搞好公民诚信道德建设》，《西南民族大学学报》（人文社科版）2005 年第 12 期。

张建新、周明洁：《中国人人格结构探索——人格特质六因素假说》，《心理科学进展》2006 年第 4 期。

张晶、吴继霞：《中国人诚信的当代价值内涵》，《东吴学术》2014 年第 6 期。

张雪姣、刘聪慧：《亲社会行为中的"眼睛效应"》，《心理科学进展》2017 年第 3 期。

赵娜、周明洁、陈爽、李永鑫、张建新：《信任的跨文化差异研究：视角与方法》，《心理科学》2014 年第 4 期。

赵子真、吴继霞、吕倩倩、李世娟：《诚信人格特质初探》，《心理科学》2009 年第 3 期。

郑莉：《现代性语境下的世俗化理论研究》，《宗教社会学》2013 年第 0 期。

中国社会科学院语言研究所词典编辑室编写：《现代汉语词典》第 5 版，北京商务印书馆 2005 年版。

周辅成：《西方伦理学名著选辑》下，商务印书馆 1987 年版。

周霞：《传统与现代农村社区信任结构解读——基于布迪厄场域理论视角》，《经济与社会发展》2010 年第 3 期。

周相群、严璘璘、王哲、胡信奎、许跃进：《他人注视对不诚实行为的影响》，《心理学探新》2018 年第 4 期。

朱辉宇：《道德在社会治理中的现实作用——基于道德作为"隐性制度"的分析》，《哲学动态》2015 年第 4 期。

朱慧玲：《诚信的现代特征》，《道德与文明》2012 年第 3 期。

庄锦英：《情绪与决策的关系》，《心理科学进展》2003 年第 4 期。

邹小华、胡伯项：《构建社会主义核心价值认同的日常生活世界》，《南昌大学学报》（人文社会科学版）2013 年第 1 期。

邹小华：《社会主义核心价值认同的日常生活维度》，《理论与改革》2012 年第 5 期。

［英］艾森克·M. W.、基恩·M. T.：《认知心理学》，高定国、何凌南等译，华东师范大学出版社 2009 年版。

［美］厄内斯特·波伊尔：《基础学校——一个学习化的社区大家庭》，王晓平等译，人民教育出版社 1998 年版。

［美］弗兰西斯·福山：《信任：社会道德与繁荣的创造》，李宛蓉译，远方出版社 1998 年版。

［美］米尔顿·弗里德曼：《弗里德曼文萃》，高榕、范恒山译，北京经济学院出版社 1991 年版。

［美］威廉·贝内特：《美德书》，何吉贤等译，中央编译出版社 2000 年版。

［美］尤斯拉纳：《信任的道德基础》，张敦敏译，中国社会科学出版社 2006 年版。

［德］海德格尔：《存在与时间》，陈嘉映等译，生活·读书·新知三联书店 1999 年版。

［匈］阿格妮丝·赫勒：《日常生活》，重庆出版社 2010 年版。

［德］胡塞尔：《欧洲科学危机和超验现象学》，张庆熊译，上海译文出版社 1988 年版。

［英］安东尼·吉登斯：《现代性的后果》，田禾译，译林出版社 2000 年版。

［德］康德：《道德形而上学原理》，苗力田译，上海人民出版社 2002 年版。

［捷］科西克：《具体的辩证法——关于人与世界的研究》，傅小平译，社会科学文献出版社 1989 年版。

［法］亨利·列斐伏尔：《日常生活批判》，叶齐茂等译，社会科学文献出版社 2007 年版。

［德］尼克拉斯·卢曼：《信任：一个社会复杂性的简化机制》，瞿铁鹏、李强译，上海人民出版社 2005 年版。

［德］马克思、恩格斯：《共产党宣言》（单行本），人民出版社 2015 年版。

［德］马克思、恩格斯：《马克思恩格斯文集》第 1、2、3 卷，人民出版社 2009 年版。

［德］马克思、恩格斯：《马克思恩格斯文集》第 7 卷，人民出版社 2009 年版。

［美］迈尔斯：《社会心理学》第 11 版，侯玉波等译，人民邮电出版社 2016 年版。

［英］罗伯特·帕特南：《使民主运转起来》，王列、赖海榕译，江西人民出版社 2001 年版。

［法］阿兰·佩雷菲特：《信任社会：论发展之缘起》，邱海婴译，商务印书馆 2005 年版。

［瑞士］皮亚杰、海德尔：《儿童心理学》，吴福元译，商务印书馆 1980 年版。

［德］马克斯·韦伯：《经济与社会》（下），林荣远译，商务印书馆 1997 年版。

［德］盖奥尔格·西美尔：《社会学：关于社会化形式的研究》，林荣远译，华夏出版社 2002 年版。

［德］哈贝马斯：《交往行动理论》第 2 卷，洪佩郁、蔺青译，重庆出版社 1994 年版。

［美］赫伯特·西蒙：《科学迷宫里的顽童与大师：赫伯特·西蒙自传》，陈丽芳译，中译出版社 2018 年版。

［古罗马］西塞罗：《论义务》，王焕生译，中国政法大学出版社 1999 年版。

[美] 熊彼特：《经济发展理论》，何畏等译，商务印书馆1997年版。

[英] 休谟：《人性论》（下），关文运译，商务印书馆1980年版。

英 文

M. Ahmad and S. G. Hall, "Trust-Based Social Capital, Economic Growth and Property Rights: Explaining the Relationship", *International Journal of Social Economics*, 2017, 44 (1).

C. Alain, A. M. Michel, T. David & L. Z. Christian, "Civic Honesty around the Globe", *Science*, 2019, 6448 (365).

R. Bachmann, N. Gillespie & R. Priem, "Repairing Trust in Organizations and Institutions: Toward a Conceptual Framework", *Organization Studies*, 2015, 36 (9).

Caiquan Bai, Yuan Gong & Chen Feng, "Social Trust, Pattern of Difference, and Subjective Well-Being ", *SAGE Open*, 2019, 9 (3).

L. J. Barclay, D. B. Whiteside & K. Aquino, "To Avenge or Not to Avenge? Exploring the Interactive Effects of Moral Identity and the Negative Reciprocity Norm", *Journal of Business Ethics*, 2014, 121 (1).

C. M. Barnes, J. Schaubroeck, M. Huth, S. Ghumman, "Lack of Sleep and Unethical Conduct", *Organizational Behavior and Human Performance*, 2011, 115 (2).

L. W. Barsalou and K. Wiemer-Hastings, *Grounding Cognition: The Role of Perception and Action in Memory, Language, and Thinking*, Cambridge: Cambridge University Press, 2005.

L. W. Barsalou, *Foundations of Embodied Cognition*, East Sussex: Psychology Press, 2016.

T. E. Becker, "Integrity in Organizations: Beyond Honesty and Conscientiousness", *Academy of Management Review*, 1998, 23 (1).

S. Belli, F. Broncano, "Trust as a Meta-Emotion", Metaphilosophy,

2017，48（4）.

J. Bender, A. M. O'Connor, A. D. Evans, "Mirror, Mirror on the Wall: Increasing Young Children's Honesty Through Inducing Self-awareness", *Journal of Experimental Child Psychology*, 2018, 167.

Y. Bereby-Meyer & S. Shalvi, "Deliberate Honesty", *Current Opinion in Psychology*, 2015, 6.

D. S. Berry, S. Brownlow, "Were the Physiognomists Right?: Personality Correlates of Facial Babyishness", *Personality and Social Psychology Bulletin*, 1989, 15（2）.

T. Besley & T. Persson, *Pillars of Prosperity: The Political Economics of Development Clusters*, Princeton University Press, 2011.

S. Bowles, "Is Liberal Society a Parasite on Tradition", *Philosophy & Public Affairs*, 2011, 39（1）.

J. A. V. Breen, C. K. W. D. Dreu, M. E. Kret, "Pupil to Pupil: The Effect of a Partner's Pupil Size on (Dis) Honest Behavior", *Journal of Experimental Social Psychology*, 2018, 74.

C. J. Bryan, G. S. Adams & B. Monin, "When Cheating Would Make You a Cheater: Implicating the Self Prevents Unethical Behavior", *Journal of Experimental Psychology General*, 2013, 142（4）.

D. Bzdok, R. Langner, S. Caspers, et al., "ALE Meta-Analysis on Facial Judgments of Trustworthiness and Attractiveness", *Brain Structure & Function*, 2011, 215（3-4）.

W. Cai, X. Huang, S. Wu, et al., "Dishonest Behavior is not Affected by an Image of Watching Eyes", *Evolution and Human Behavior*, 2015, 36（2）.

E. M. Caruso & F. Gino, "Blind Ethics: Closing One's Eyes Polarizes Moral Judgments and Discourages Dishonest Behavior", *Cognition*, 2011, 118（2）.

G. Charness, N. Du, C. L. Yang, "Trust and Trustworthiness Reputations in an Investment Game", *Games and Economic Behavior*, 2011, 72 (2).

L. Claudio, S. M. René, R. J. Eduardo, "Pupil Dilation Signals Uncertainty and Surprise in a Learning Gambling Task", *Frontiers in Behavioral Neuroscience*, 2013, 7.

A. Cohn, E. Fehr, M. A. Maréchal, "Business Culture and Dishonesty in the Banking Industry", *Nature*, 2014, 516 (7529).

Brian L., Connelly, T. Russell, Crook, G. James, Combs, "Competence-and-Integrity Based Trust InInterorganizational Relationships: Which Matters More?" *Journal of Management*, 2015, 44 (3).

J. C. Cox, W. H. Orman, "Trust and Trustworthiness of Immigrants and Native-Born Americans", *Journal of Behavioral and Experimental Economics*, 2015, 57.

C. R. Critcher, Y. Inbar, D. A. Pizarro, "How Quick Decisions Illuminate Moral Character", *Social Psychological and Personality Science*, 2013, 4 (3).

T. P. Cronan, J. K. Mullins, D. E. Douglas, et al., "Further Understanding Factors that Explain Freshman Business Students' Academic Integrity Intention and Behavior: Plagiarism and Sharing Homework", *Journal of Business Ethics*, 2017, 147 (1).

J. Du, W. Li, B. Lin, Y. Wang, "Government Integrity and Corporate Investment Efficiency", *China Journal of Accounting Research*, 2018, 11 (3).

J. R. Dunn, M. E. Schweitzer, "Feeling and Believing: The Influence of Emotion on Trust", *Journal of Personality and Social Psychology*, 2005, 88 (5).

R. J. Erickson, "The Importance of Authenticity for Self and Society", *Symbolic Interaction*, 2011, 18 (2).

K. J. Eskine, N. A. Kacinik, J. J. Prinz, "A Bad Taste in the Mouth: Gustatory Disgust Influences Moral Judgment", *Psychological Science*, 2011, 22 (3).

K. Corey Fallon, April Rose Panganiban, Peter Chiu & Gerald Matthews, "The Effects of a Trust Violation and Trust Repair in a Distributed Team Decision-Making Task: Exploring the Affective Component of Trust", *Advances in Social & Occupational Ergonomics*, 2017, 487 (27).

F. Gino, M. E. Schweitzer, N. L. Mead, D. Ariely, "Unable to Resist Temptation: How Self-Control Depletion Promotes Unethical Behavior", *Organizational Behavior and Human Performance*, 2011, 115 (2).

Nurullah Gur, Christian Bjørnskov, "Trust and Delegation: Theory and Evidence", *Journal of Comparative Economics*, 2017, 45 (3).

Michael P. Haselhuhn, Maurice E. Schweitzer, Laura J. Kray, Jessica A. Kenned, "Perceptions of High Integrity Can Persist After Deception: How Implicit Beliefs Moderate Trust Erosion", *Journal of Business Ethics*, 2017, 145 (1).

Florian Hawlitschek, Timm Teubner & Christof Weinhardt, "Trust in the Sharing Economy", *Die Unternehmung*, 2016, 70 (1).

F. John Helliwell, Haifang Huang & Shun Wang, "New Evidence on Trust and Well-Being", *The National Bureau of Economic Research*, 2016, 31 (15).

M. Hoffman, E. Yoeli, M. A. Nowak, "Cooperate Without Looking: Why We Care What People Think and Not Just What They Do", *Proceedings of the National Academy of Sciences*, 2015, 112 (6).

D. Hugh-Jones, "Honesty, Beliefs about Honesty, and Economic Growth in 15 Countries", *Journal of Economic Behavior & Organization*, 2016, 127.

K. Kasmaoui, M. Mughal, J. Bouoiyour, "Does Trust Influence Economic

Growth? Evidence from the Arab World", *Economics Bulletin*, 2018, 38 (2).

Joonhyeong Joseph Kim, Minjung Nam & Insin Kim, "The Effect of Trust on Value on Travel Websites: Enhancing Well-Being and Word-of-Mouth Among the Elderly", *Journal of Travel & Tourism Marketing*, 2019, 36 (1).

T. Kugler, T. Connolly, L. D. Ordoneez, "Emotion, Decision, and Risk: Betting on Gambles Versus Betting on People", *Journal of Behavioral Decision Making*, 2012, 25 (2).

G. Lakoff & M. Johnson, *Metaphors We Live by*, Chicago: University of Chicago Press, 1980.

G. Lakoff & M. Johnson, *Philosophy in the Flesh*, New York: Basic Books, 1999.

M. J. Landau, B. P. Meier & L. A. Keefer, "A Metaphor-Enriched Social Cognition", *Psychological Bulletin*, 2010, 136 (6).

A. R. Landrum, C. M. Mills, A. M. Johnston, "When do Children Trust the Expert? Benevolence Information Influences Children's Trust More than Expertise", *Developmental Science*, 2013, 16 (4).

J. D. Lane, H. M. Wellman, S. A. Gelman, "Informants' Traits Weigh Heavily in Young Children's Trust in Testimony and in Their Epistemic Inferences", *Child Development*, 2013, 84 (4).

H. Elizabeth Lazzara et al., "Understanding Teamwork in the Provision of Cancer Care: Highlighting the Role of Trust", *Journal of Oncology Practice*, 2016, 12 (11).

AmbroseLeung, Chery Kier, Tak Fung, Linda Fung & Robert Sproule, "Searching for Happiness: The Importance of Social Capital", *Journal of Happiness Studies*, 2011, 12 (3).

Q. G. Li, G. D. Heyman, F. Xu & K. Lee, "Young Children's Use of

Honesty as a Basis for Selective Trust", *Journal of Experimental Child Psychology*, 2014, 117.

Mariëlle Stel, E. Van Dijk, P. K. Smith, et al., "Lowering the Pitch of Your Voice Makes You feel More Powerful and Think More Abstractly", *Social Psychological & Personality Science*, 2012, 3 (4).

Lina María Martnez, Daniela Estrada & Sergio I. Prada, "Mental Health, Interpersonal Trust and Subjective Well-Being in a High Violence Context", *SSM-Population Health*, 2019, 8.

K. Mattarozzi, A. Todorov, M. Codispoti, "Memory for Faces: The Effect of Facial Appearance and the Context in Which the Face is Encountered", *Psychological Research*, 2015, 79 (2).

N. Mazar, P. Aggarwal, "Greasing the Palm: Can Collectivism Promote Bribery?" *Psychological Science*, 2011, 22 (7).

C. AshtonMichael, Lee Kibeom, "Honesty-Humility, the Big Five, and the Five-Factor Model", *Journal of Personality*, 2005, 73 (5).

C. AshtonMichael, K. Lee, M. Perugini, P. Szarota, et al., "A Six Factor Structure of Personality-Descriptive Adjectives: Solutions form Psycholexical Studies in Seven Languages", *Journal of Personality and Social Psychology*, 2004, 86 (2).

I. Mukashema, E. Mullet, "Unconditional Forgiveness, Reconciliation Sentiment, and Mental Health Among Victims of Genocidein Rwanda", *Social Indicators Research*, 2013, 113 (1).

AnneMusson & Damien Rousselière, "Social Capital and Subjective Well-Being", *Wealth (s) and Subjective Well-being*, 2019.

D. Nettle, Z. Harper, A. Kidson, et al., "The Watching Eyes Effect in the Dictator Game: It's not How Much You Give, It's Being Seen to Give Something", *Evolution & Human Behavior*, 2013, 34 (1).

R. Oda, Y. Kato, K. Hiraishi, "The Watching-Eye Effect on Prosocial Lying", *Evolutionary Psychology*, 2015, 13 (3).

M. Okubo, A. Kobayashi, K. Ishikawa, "A Fake Smile Thwarts Cheater Detection", *Journal of Nonverbal Behavior*, 2012, 36 (3).

A. Oleszkiewicz, K. Pisanski, K. Lachowicz-Tabaczek, et al., "Voice-Based Assessments of Trustworthiness, Competence, and Warmth in Blind and Sighted Adults", *Psychonomic Bulletin & Review*, 2017, 24 (3).

M. E. Ormiston & E. M. Wong, "License to Ill: The Effects of Corporate Social Responsibility and CEO Moral Identity on Corporate Scial Irresponsibility", *Personnel Psychology*, 2013, 66 (4).

M. Parzuchowski & B. Wojciszke, "From the Heart: Hand over Heart as an Embodiment of Honesty", *Cognitive Processing*, 2014, 15 (3).

M. Parzuchowski & B. Wojciszke, "Hand over Heart Primes Moral Judgments and Behavior", *Journal of Nonverbal Behavior*, 2014, 38 (1).

G. J. Pruckner & R. Sausgruber, "Honesty on the Streets: A Field Study on Newspaper Purchasing", *Journal of the European Economic Association*, 2013, 11 (3).

D. G. Rand, A. Peysakhovich, G. T. Kraft-Todd, G. E. Newman, O. Wurzbacher, M. A. Nowak, J. D. Greene, "Social Heuristics Shape Intuitive Cooperation", *Nature Communications*, 2014, 5 (1).

D. G. Rand, V. L. Brescoll, J. A. C. Everett, V. Capraro, H. Barcelo, "Social Heuristics and Social Roles: Intuition Favors Altruism for Women but not for Men", *Journal of Experimental Psychology: General*, 2016, 145 (4).

F. Righetti, C. Finkenauer, "If You are Able to Control Yourself, I Will Trust You: The Role of Perceived Self-Control in Interpersonal Trust", *Journal of Personality and Social Psychology*, 2011, 100 (5).

R. C. Roberts, *Emotions in the Moral Life*, Cambridge University Press,

2013.

J. Ross, J. R. Anderson, R. N. Campbell, "Situational Changes in Self-Awareness Influence 3 - and 4 - Year-Olds' Self-Regulation", *Journal of Experimental Child Psychology*, 2011, 108 (1).

Fabio, Sabatini, Francesco, Sarracino, "Online Networks and Subjective Well-Being", *Kyklos*, 2017, 70 (3).

M. Schaefer, L. Cherkasskiy, C. Denke, C. Spies, H. Song & S. Malahy et al., "Incidental Haptic Sensations Influence Judgment of Crimes", *Scientific Reports*, 2018, 8 (1).

S. Shalvi, J. Dana, M. J. J. Handgraaf, et al., "Justified Ethicality: Observing Desired Counterfactuals Modifies Ethical Perceptions and Behavior", *Organizational Behavior and Human Performance*, 2011, 115 (2).

S. Shalvi, O. Eldar, Y. Bereby-Meyer, "Honesty Requires Time (and Lack of Justifications)", *Psychological Science*, 2012, 23 (10).

Elias Soukiazis & Sara Ramos, "The Structure of Subjective Well-Being and Its Determinants: A Micro-Data Study for Portugal", *Social Indicators Research*, 2016, 126 (3).

A. Sparks, P. Barclay, "Eye Images Increase Generosity, But not for Long: The Limited Effect of a False Cue", *Evolution & Human Behavior*, 2013, 34 (5).

M. Stirrat, D. I. Perrett, "Valid Facial Cues to Cooperation and Trust: Male Facial Width and Trustworthiness", *Psychological Science*, 2010, 21 (3).

L. Z. Tiedens, S. Linton, "Judgment Under Emotional Certainty and Uncertainty: The Effects of Specific Emotions on Information Processing", *Journal of Personlity and Social Psycholgy*, 2001, 81 (6).

E. C. Tomlinson, B. R. Dineen, R. J. Lewicki, "The Road to Reconciliation: Antecedents of Victim Willingness to Reconcile Following a Broken Promise", *Journal of Management*, 2004, 30 (2).

H. Tzieropoulos, "The Trust Game in Neuroscience: A Short Review", *Social Neuroscience*, 2013, 8 (5).

J. Vukovic, B. Jones, D. R. Feinberg, et al., "Variation in Perceptions of Physical Dominance and Trustworthiness Predicts Individual Differences in the Effect of Relationship Context on Women's Preferences for Masculine Pitch in Men's Voices", *British Journal of Psychology*, 2011, 102 (1).

J. Wang, T. Xia, L. Xu, et al., "What is Beautiful Brings Out What is Good in You: The Effect of Facial Attractiveness on Individuals' Honesty", *International Journal of Psychology*, 2015.

O. Weisel & S. Shalvi, "The Collaborative Roots of Corruption", *Proceedings of the National Academy of Sciences*, 2015, 112 (34).

J. A. Weller & E. W. Thulin, "Do Honest People Take Fewer Risks? Personality Correlates of Risk-Taking to Achieve Gains and Avoid Losses in HEXACO Space", *Personality and Individual Differences*, 2012, 53 (7).

P. Winkielman, B. Knutson, M. Paulus, et al., "Affective Influence on Judgments and Decisions: Moving Towards Core Mechanisms", *Review of General Psychology*, 2007, 11 (2).

A. J. Yap, A. S. Wazlawek, B. J. Lucas, A. J. Cuddy & D. R. Carney, "The Ergonomics of Dishonesty: The Effect of Incidental Posture on Stealing, Cheating, and Traffic Violations", *Psychological Science*, 2013, 24 (11).

Hongbiao Yin, Shenghua Huang & Wenlan Wang, "Work Environment Characteristics and Teacher Well-Being: The Mediation of Emotion Regulation Strategies", International Journal of *Environmental Research and*

Public Health, 2016, 13 (9).

X. Zhao, C. Huang, X. Li, et al., "Dispositional Optimism, Self-Framing and Medical Decision-Making", *International Journal of Psychology*, 2015, 50 (2).

C. B. Zhong, B. Strejcek, N. Sivanathan, "A Clean Self Can Render Harsh Moral Judgment", *Journal of Experimental Social Psychology*, 2010, 46 (5).

C. B. Zhong, V. K. Bohns & F. Gino, "Good Lamps are the Best Police: Darkness Increases Dishonesty and Self Interested Behavior", *Psychological Science*, 2010, 21 (3).

后　记

　　本书稿是我承担的国家社科基金项目"日常生活中诚信价值观的培育与践行研究"（批准号：14BKS080）的最终成果，2020 年 2 月获得全国哲学社会科学办公室颁发的结项证书。同时，该书稿也是苏州大学校级重点科研机构"心理与行为科学研究中心"的成果之一。

　　这一成果是我十余年来关于诚信研究的系列之一。我首先感谢我的合作老师黄希庭先生，先生非常支持我从事中国人的诚信心理研究，希望我在这个领域做出成绩来。2008 年在西南大学心理学部基础心理学博士后流动站，我就中国人诚信量表编制等内容做进站开题报告，时任主席的王登峰教授建议我做中国人诚信的理论模型探索，并建议我的硕博士生们可以在此模型基础上编制量表云云。登峰教授对中国人本土心理学的深邃思考和建议，坚定了我进一步从事中国人诚信心理探索的信心。2009 年，当我通过自上而下的理论梳理，建立起中国人的诚信是由诚实、信用和信任构成的三因素模型时，黄先生非常高兴并将我的拙著《诚信品格的养成》纳入其主编的"人格科学研究书系"在安徽教育出版社出版。2012 年，我采用自下而上的质性研究范式，提出了中国人的诚信是由诚实、信用、信任和责任心构成的四因素模型，并且发现责任心是诚实、信用和信任的必要条件，但不是充分条件；诚实是信用和信任的基础；四因素是一个有机的整体，构成一个诚信的人所具备的人格特质。我对自己提出的诚信三因素模型的修正，黄先生给予了肯定和鼓励。于是我撰写了《诚信结构初探》，刊登在《心理学报》上。五年之后，《中国社会科学评价》2017 年第 1 期发表的肖宏等《从文献大数据看近十年我国哲学社会科学学术发展状况（2006—2015 年）》一文积极评价了拙作。在2011—2015 年哲学高被引文献 TOP 10 中，拙作排名第 4。在不断探索的过程中，我和我的研究团队关于诚信的研究思路变得开阔了，也开始接地气了。

2014 年，我在既往研究的基础上成功申报了"日常生活中诚信价值观的培育与践行研究"的国家社科项目。该课题以培育和践行社会主义核心价值观内容之一的"诚信"为关键问题，研究如何构建认同社会主义核心价值观的日常生活世界。本书稿正是基于这样的思考，以诚信价值观的培育与践行为重点，密切诚信与生活世界的内在关联，构建了与社会主义核心价值观相适应的日常生活世界的基本框架。在研究中，我以诚信价值观的培育与践行为引领，突出个体在日常生活中的自觉意识、道德担当和践行能力，将诚信等核心价值观落实到中国语境和现实生活中，成为生活世界的内在部分；从诚信价值观认同的中国问题出发，通过对日常生活的批判性重建，为社会主义核心价值体系的构建提供良好的社会现实基础。

本书稿的研究思路、理论框架和纲目由我统一设计和规划，由此派生出了一系列的论文、硕博士生的毕业论文选题。参与其中的学生根据我的讲课内容，整理了部分学术短论。本书的第 1—10 章，分别由谢韵梓、汪李玲、吴朋倩、张郑敏、张新鑫、覃晓倩、徐荣、陈璐、曹文雯和黄聪慧根据我的要求整理了书稿的相关资料。全书的撰写和定稿均由我完成。我也要感谢我的研究生团队小伙伴们的支持！在这个"诚信研究"的学术殿堂里，我们是一个学术共同体，在完成项目的同时，我也在传帮带中见证了他们的学术成长，这也是我做导师的乐趣！

诚信是个古老的话题，也是个常讲常新的命题。本书稿只是本人的一得之见，书中的疏漏和错误在所难免，还请读者诸君指正。借此机会，我也对评审和同意资助本书出版的苏州大学人文社科处的专家和领导们表示由衷的谢意，向中国社会科学出版社王茵副总编、王丽媛编辑对本书稿的关心和支持表示诚挚的谢意！

吴继霞

2020 年 7 月于苏州